Der Grundsatz der gerechten und billigen Behandlung in Investitionsschutzverträgen

Europäische Hochschulschriften

European University Studies

Publications Universitaires Européennes

Reihe II **Rechtswissenschaft**

Series II Law

Série II Droit

Band/Volume **5543**

Stefanie Pieck

Der Grundsatz der gerechten und billigen Behandlung in Investitionsschutzverträgen

Historische Entwicklung und heutige Ausprägung des Grundsatzes

Unter besonderer Berücksichtigung der Rechtsprechung internationaler Schiedsgerichte

PL ACADEMIC RESEARCH

Bibliografische Information der Deutschen Nationalbibliothek
Die Deutsche Nationalbibliothek verzeichnet diese Publikation in der Deutschen Nationalbibliografie; detaillierte bibliografische Daten sind im Internet über http://dnb.d-nb.de abrufbar.

Zugl.: Bonn, Univ., Diss., 2013

D 5
ISSN 0531-7312
ISBN 978-3-631-64804-9 (Print)
E-ISBN 978-3-653-03670-1 (E-Book)
DOI 10.3726/978-3-653-03670-1

PL Academic Research ist ein Imprint der Peter Lang GmbH.
Peter Lang – Frankfurt am Main · Bern · Bruxelles · New York · Oxford · Warszawa · Wien

Dieses Buch wurde vor Erscheinen peer reviewed.

www.peterlang.com

Für meine Eltern

Vorwort

Diese im Dezember 2011 abgeschlossene Arbeit lag im Wintersemester 2012/2013 der rechts- und staatswissenschaftlichen Fakultät der Rheinischen Friedrich-Wilhelms-Universität Bonn als Dissertation vor.

Herzlich danken möchte ich meinem Doktorvater, Herrn Prof. Dr. Dr. Rudolf Dolzer, der mich durch seine Ermutigung im Rahmen eines wirtschaftsvölkerrechtlichen Seminars erst dazu veranlasst hat, zu promovieren und innerhalb kürzester Zeit das Erstgutachten erstellt hat. PD Dr. Dr. Tade Matthias Spranger sei für die ebenfalls sehr zügige Zweitbegutachtung gedankt. In der Endphase der Bearbeitung haben Sarah Richter und Dr. Anke Wilden das Manuskript umsichtig und kritisch gegengelesen, wofür ich mich ebenfalls herzlich bedanke.

Ein ganz besonders herzlicher Dank gebührt schließlich meinen Eltern. Sie haben mich stets ermutigt und bedingungslos unterstützt. Ihnen ist diese Arbeit gewidmet.

Brühl, im September 2013

Stefanie Pieck

Inhaltsverzeichnis

Abkürzungsverzeichnis

a.a.O.	am angegebenen Ort
ABl.	Amtsblatt
Abschn.	Abschnitt
AEUV	Vertrag über die Arbeitsweise der Europäischen Union
AKP-Staaten	Länder im Afrikanischen, Karibischen und Pazifischen Raum, die mit der EU durch das Lomé-Abkommen verbunden sind
Art.	Artikel
ASIL	American Society of International Law
BCSC	Supreme Court of British Columbia
BGBl.	Bundesgesetzblatt
BIT	Bilateral Investment Treaty
BY of Int'l L	British Yearbook of International Law
bzw.	beziehungsweise
bspw.	beispielsweise
CARICOM	Caribbean Community and Common Market (Karibische Gemeinschaft und Karibischer Gemeinsamer Markt)
COMESA	Common Market for Eastern and Southern Africa
Corp.	Corporation
EEC	European Economic Community
EFTA	European Free Trade Association
EG	Europäische Gemeinschaft
EGV	Vertrag zur Gründung der Europäischen Gemeinschaft
EWG	Europäische Wirtschaftsgemeinschaft
EU	Europäische Union
f./ff.	folgende
F & ET	fair and equitable treatment
FCN	Treaties on Friendship, Commerce and Navigation
FIPA	Foreign Investment Promotion and Protection Agreement
Fn.	Fußnote

FTC	Free Trade Commission
GATT	General Agreement on Tariffs and Trade
Hrsg.	Herausgeber
ICC	International Chamber of Commerce
ICJ	International Court of Justice
ICSID	International Centre for Settlement of Investment Disputes
ILC	International Law Commission
ILM	International Law Magazine
Inc.	Incorporated
Int'l L.J.	International Law Journal
ITO	International Trade Organization
Ltd.	Limited
MAI	Multilateral Agreement for Investments
MERCOSUR	Mercado Común del Sur
MFN	Most Favoured Nation (Meistbegünstigungsklausel)
MIGA	Internationale Investitions-Garantie-Agentur
NAFTA	North American Free Trade Agreement
No.	Numero
OECD	Organisation for Economic Co-operation and Development
Rn.	Randnummer
S.	Seite
S.A.	Société Anonyme (französisch für Aktiengesellschaft)
SCBC	Supreme Court of British Columbia
s.o.	siehe oben
sog.	so genannt
S.p.A.	Società per Azioni (italienisch für Aktiengesellschaft)
s.u.	siehe unten
u.a.	unter anderem / und andere
UNCTAD	United Nations Conference on Trade and Development
UNCTC	United Nations Centre of Transnational Corporations

v.	versus (gegen)
vgl.	vergleiche
vol.	Volume
WTO	World Trade Organization
WVK	Wiener Übereinkommen über das Recht der Verträge vom 23. Mai 1969 (BGBl. 1985 II S. 927) (auch: Wiener Vertragsrechtskonvention)
z.B.	zum Beispiel

A. Einleitung

Auslandsinvestitionen haben in den letzten Jahrzehnten rasant zugenommen, was es erforderlich machte, den Schutz dieser Investitionen zu verbessern. Indem ausländische Investoren einerseits möglichst abgesichert sein möchten, wenn sie in einem fremden Land investieren und die Gaststaaten ein investitionsfreundliches Umfeld schaffen wollen, um von ausländischen Investitionen zu profitieren, hat sich in den letzten Jahrzehnten ein umfassender Investitionsschutz auf völkerrechtlicher Ebene herausgebildet. Gerade in Staaten mit einem weniger weit entwickelten Rechtssystem oder auch instabilen Regierungsverhältnissen können sich große Rechtsunsicherheiten für den ausländischen Investor ergeben. Auch das Völkergewohnheitsrecht bietet im Bereich der Auslandsinvestitionen dem ausländischen Investor nur eingeschränkte Rechte.[1] Dementsprechend werden zum Schutz des ausländischen Investors und in der Absicht, ihm einen größtmöglichen Bewegungsspielraum zu garantieren, sowie Investitionen zu liberalisieren, Investitionsschutzverträge zwischen den Staaten geschlossen.[2] Dies ist umgekehrt auch für den Gaststaat von Bedeutung, damit dieser abschätzen kann, welche Einflussmöglichkeiten er auf ausländische Investoren und deren Investitionen hat, was von ihm verlangt wird und vor allem, wofür er haftbar gemacht werden kann.

Wichtiger und wesentlicher Bestandteil des weltweiten Netzes an Investitionsregelungen sind die bilateralen Investitionsabkommen (BITs = Bilateral Investment Treaties) oder Investitionsschutz- und –förderverträge, wie sie im deutschen Sprachgebauch heißen.[3] Alleine im Jahr 2005 wurden 162 Internationale Investitionsschutzübereinkommen (International Investment Agreements, IIAs) geschlossen, was die Gesamtzahl der Übereinkommen in diesem Bereich auf beinahe 5.500 ansteigen ließ.[4]

---

1 Kirkman, 34 Georgetown University INT'L L. J. 2002, Seite 343 (345).

2 Ceyssens/Sekler, Bilaterale Investitionsabkommen der Bundesrepublik Deutschland, S.7, veröffentlicht unter: http://opus.kobv.de/ubp/volltexte/2005/612/; Kirkman, 34 Georgetown University INT'L L. J. 2002, Seite 343 (345).

3 Ceyssens/Sekler, a.a.O., S. 22.

4 UNCTAD, IIA MONITOR No.2 (2006), S. 2.

In den meisten dieser Verträge wird der ausländischen Investition eine gerechte und billige Behandlung zugesichert.[5] Darüber hinaus ist in den letzten Jahren die Zahl von Klagen ausländischer Investoren gegenüber den Gastgeberländern vor internationalen Schiedsgerichten wegen einer Verletzung des Grundsatzes der gerechten und billigen Behandlung stark angestiegen. In nahezu jeder Entscheidung vor einem internationalen Schiedsgericht wird zumindest unter anderem eine Verletzung des Grundsatzes der gerechten und billigen Behandlung geltend gemacht.[6] Darüber hinaus ist der Grundsatz der gerechten und billigen Behandlung der Grundsatz mit der höchsten praktischen Relevanz: die Mehrheit erfolgreicher Entscheidungen vor internationalen Schiedsgerichten stützen sich auf eine Verletzung des Grundsatzes der gerechten und billigen Behandlung.[7]

Dabei sind Inhalt und Umfang des Grundsatzes der gerechten und billigen Behandlung nach wie vor höchst umstritten, so dass eine eingehende Untersuchung des Grundsatzes in der Vertragpraxis wie auch in der Handhabung durch die Schiedsgerichte angezeigt ist, mit dem Ziel mehr Rechtssicherheit für die Handhabung des Grundsatzes sowohl auf Seiten der ausländischen Investoren als auch der Gaststaaten zu schaffen.

Die Bedeutung des Standards der „gerechten und billigen Behandlung“ muss nicht notwendigerweise in allen Verträgen gleich sein, in denen er verwendet wird.[8] Die richtige Interpretation kann durch den genauen Wortlaut des jeweiligen Vertrages, seinen Kontext, die Geschichte der Vertragsverhandlungen oder sonstige Anhaltspunkte für den jeweiligen Parteiwillen beeinflusst werden.[9] Versuche, den grundsätzlichen normativen Gehalt des Standards zu klären, sind bisher nur relativ selten unternommen worden.[10] Nach einer Ansicht ist die Unbestimmtheit des Begriffes intendiert, um den Schiedsgerichten die Möglichkeit zu geben, die Reichweite des Grundsatzes so zu bestimmen, dass der Vertragszweck im jeweiligen Streitfall erreicht werden kann[11]. Jedenfalls scheinen eine Reihe von Regierungen besorgt darüber zu sein, dass je weniger Richtlinien den Schiedsgerichten vorgegeben werden, desto mehr Ermessenspielraum besteht

---

5 UNCTAD Series on Issues in International Investment Agreements, Fair and Equitable Treatment 1999, S. 22; Coe, Fair and Equitable Treatment under NAFTA's Investment Chapter, ASIL Proceedings 2002, S. 17 (18); Dolzer/Schreuer, Principles of International Investment Law, Oxford University Press, 2008. S. 119.

6 Dolzer, Fair and Equitable Treatment, in: The International Lawyer, 2005, S. 87 (87).

7 Dolzer/Schreuer, Principles of International Investment Law, Oxford University Press, 2008. S. 119.

8 Yannaca-Small, Fair and Equitable Treatment Standard in International Investment Law, in: OECD, International Investment Law: A Changing Landscape (2005), S. 73 (74).

9 Yannaca-Small,a.a.O., S. 74 f.

10 Yannaca-Small,a.a.O., S. 75.

11 Yannaca-Small,a.a.O., S. 75.

und dementsprechend näher der Prozess einer Entscheidung *ex aequo et bono* rückt, zum Beispiel hinsichtlich einer Entscheidung nach dem Verständnis des jeweiligen Richters von „Gerechtigkeit" und „Billigkeit".[12] Dies auch vor dem Hintergrund eines in jüngster Zeit zunehmend zu beobachtenden Spannungsverhältnisses von staatlicher Regelungsfreiheit auf der einen Seite und Schutz wirtschaftlicher Individualinteressen auf der anderen Seite.[13]

So zielt der Standard der gerechten und billigen Behandlung zentral auf Gesichtspunkte ab, die seit einigen Jahren unter dem Stichwort der „Good Governance" diskutiert werden und soll durch die Verbreitung im Rahmen des Völkergewohnheitsrechts zur Etablierung rechtsstaatlicher Strukturen in Entwicklungsländern und am wenigsten entwickelten Ländern führen.[14] Auf der anderen Seite sehen sich auch industrialisierte Staaten, wie beispielsweise die USA, durch die weite Auslegung des Standards der gerechten und billigen Behandlung in ihrer staatlichen Regelungsfreiheit unverhältnismäßig beeinträchtigt. Drei Bereiche stehen hierbei im Vordergrund der Diskussion: Steuerrecht, Arbeits- und Sozialrecht und Umweltschutzrecht. In allen drei Bereichen sehen zahlreiche industrialisierte Staaten die Gefahr, dass ihre investitionsschutzrechtlichen Verpflichtungen sie daran hindern, legitime öffentliche Interessen im Rahmen einer Änderung der innerstaatlichen Rechtsordnung effektiv durchzusetzen.[15]

Hierbei handelt es sich um das Problem, dass mit der Erweiterung des Investitionsschutzes durch eine entsprechende schiedsgerichtliche Praxis auf der Grundlage weit gefasster Behandlungsstandards wie dem der gerechten und billigen Behandlung ein zunehmender öffentlicher Druck in zahlreichen Staaten entsteht, die Praxis der bilateralen Investitionsschutzverträge zu ändern, was sogar bis hin zu Überlegungen dahingehend reicht, ob man insgesamt noch an dem Modell der Gewährung privater Klagerechte von Investoren festhalten sollte.[16]

Entsprechend scheint es angezeigt, anhand einer umfassenden Darstellung und Analyse der bisher in Zusammenhang mit dem Grundsatz der gerechten und

---

12 Yannaca-Small,a.a.O., S. 75.

13 Tietje, Internationales Investitionsschutzrecht im Spannungsverhältnis von staatlicher Regelungsfreiheit und Schutz wirtschaftlicher Individualinteressen, Beiträge zum Transnationalen Wirtschaftsrecht, Heft 93, Februar 2010, S. 5.

14 Tietje, Internationales Investitionsschutzrecht im Spannungsverhältnis von staatlicher Regelungsfreiheit und Schutz wirtschaftlicher Individualinteressen, a.a.O., S. 13 f.

15 Tietje, Internationales Investitionsschutzrecht im Spannungsverhältnis von staatlicher Regelungsfreiheit und Schutz wirtschaftlicher Individualinteressen, a.a.O., S. 14.

16 Tietje, Internationales Investitionsschutzrecht im Spannungsverhältnis von staatlicher Regelungsfreiheit und Schutz wirtschaftlicher Individualinteressen, a.a.O., S. 14 f.; U.S. Department of State, Report of the Subcommittee of Investment of the Advisory Committee on International Economic Policy Regarding the Model Bilateral Investment Treaty, 30. September 2009, veröffentlicht unter: http://www.state.gov/e/eeb/rls/othr/2009/131098.htm.

billigen Behandlung bestehenden Vertragspraxis sowie der bestehenden Rechtsprechung internationaler Schiedsgerichte aufzuzeigen, welche Ansätze zur Interpretation des Grundsatzes vertreten werden und in welcher Weise dieser für beide Seiten sowohl den Investor als auch den Gaststaat handhabbar gemacht werden kann bzw. bereits gemacht wurde.

B. Untersuchung der Herkunft und Verbreitung des Grundsatzes der gerechten und billigen Behandlung anhand der Vertragspraxis

I. Historische Entwicklung der Vertragspraxis der Staaten im Hinblick auf die Verwendung des Grundsatzes der gerechten und billigen Behandlung

Der Grundsatz der gerechten und billigen Behandlung ist ein völkervertraglicher Schutzstandard, der bereits vor der Entwicklung des modernen Investitionsschutzrechtes in den Verträgen der USA über Freundschaft, Handel und Schifffahrt (FCN = Treaties on Friendship, Commerce and Navigation), sowie in der Havanna Charta von 1948, als früher Versuch der Vereinbarung einer Grundlage für die Errichtung einer internationalen Handelsorganisation, verwendet wurde.

Ausgehend von diesen ersten Nachweisen der Verwendung des Grundsatzes nach dem zweiten Weltkrieg etablierte sich der Grundsatz zunehmend sowohl in bilateralen als auch in regionalen und multilateralen Übereinkommen und wurde insbesondere auch in die nunmehr allgemein verwendeten modernen Investitionsschutzverträge, die speziell auf die Förderung und den Schutz von Auslandsinvestitionen zugeschnitten sind, übernommen.

Bevor auf den Grundsatz der gerechten und billigen Behandlung in seiner heutigen Ausprägung eingegangen wird, soll im Folgenden zunächst auf den Grundsatz in seiner historischen Entwicklung eingegangen und die Frage nach seinem Inhalt und seiner Bedeutung vor diesem Hintergrund näher beleuchtet werden.

1. Entwicklungen in bilateralen Abkommen

Der Grundsatz der gerechten und billigen Behandlung hat sich bereits vor dem Aufkommen der modernen Investitionsschutzverträge entwickelt und geht auf die Zeit der sogenannten Treaties on Friendship, Commerce and Navigation (FCN-Treaties) zurück.

Mit Aufkommen der modernen Verträge speziell zum Schutz von Auslandsinvestitionen wurde der Grundsatz bereits kurze Zeit nach deren Abschluss in diese übernommen und hat sich seither als fester Bestandteil der modernen Investitionsschutzverträge etabliert.

Diese Entwicklung des Grundsatzes der gerechten und billigen Behandlung soll im Folgenden dargestellt und die Etablierung und Fortentwicklung des Standards anhand der Darstellung herausgearbeitet werden.

a) Verträge über Freundschaft, Handel und Schifffahrt (FCN = Treaties on Friendship, Commerce and Navigation)

aa) Allgemeines

Erstmalig erscheint der Begriff der gerechten und billigen Behandlung wohl in den FCN-Verträgen der Vereinigten Staaten von Amerika.

Die sogenannten Verträge über Freundschaft, Handel und Schifffahrt (FCN-Treaties) der Vereinigten Staaten von Amerika regelten als Vorläufer der modernen bilateralen Investitionsschutzabkommen bereits seit dem 18. Jahrhundert nicht nur den Warenhandel, sondern boten Händlern im Partnerstaat Schutz und Freiheiten.[17] Obwohl diese Verträge insbesondere auf Regelungen in Zusammenhang mit Handel und Schifffahrt abstellten, und ihr Abschluss Freundschaft und Zusammenarbeit zwischen den betreffenden Staaten voraussetzte, hatten sie in der Hauptsache dennoch eine ökonomische und rechtliche Ausrichtung.[18]

Im Gegensatz zu den modernen Investitionsschutzverträgen, die speziell auf den Schutz von Auslandsinvestitionen zugeschnitten sind, umfassten die FCN-Verträge folglich ein wesentlich breiteres und allgemeineres Schutzspektrum.[19]

bb) Regelungsgehalt der FCN-Verträge

Die Verträge, die die USA mit unterschiedlichen Staaten insbesondere in der Zeit nach dem zweiten Weltkrieg abschlossen beinhalteten vielfältige Regelungen, die sich, obwohl sich die Verträge grundsätzlich mit ähnlichen Gegenständen befassten, in einigen wesentlichen Punkten unterschieden.[20]

Zunächst beinhalteten die Verträge einen Standard unter Bezugnahme auf das Völkerrecht, mit welchem der Schutz von Personen und Kapital von Ausländern

---

17 Ceyssens/Sekler, a.a.O., S. 22; Wilson, UNITED STATES COMMERCIAL TREATIES AND INTERNATIONAL LAW, S. 113, 120.

18 Vasciannie, Fair and Equitable Treatment in International Investment Law and Practice, British Yearbook of International Law 70 (1999), S. 99 (109); Walker, Modern Treaties of Friendship, Commerce and Navigation, Minnesota Law Review, 42 (1957–58), S. 805–825 (806); Bergman, Bilateral Investment Protection Treaties: An Examination of the Evolution and Significance of the US Prototype Treaty, New York University Journal of International Law and Politics, 16 (1983), S. 1–44 (3–4, 6–10).

19 Vgl. Dolzer, a.a.O., S. 87 (89).

20 Vgl. hierzu Vasciannie, Fair and Equitable Treatment, S. 99 (109f).

verbunden wurde.[21] So wurden den Staatsangehörigen der Vertragsparteien ein dauernder Schutz und Sicherheit für ihre Person und ihr Eigentum, sowie der volle Schutz und die Sicherheit des Völkerrechts garantiert. Neben Vorkehrungen zur Nichtdiskriminierung enthielten viele der Verträge auch weit reichende Zugangsrechte für ausländische Investoren.[22]

Hinsichtlich des Schutzes von Investitionen ausländischer Investoren unterscheiden sich die einzelnen Verträge im Wesentlichen darin, dass in einigen der Verträge ausschließlich relative Schutzstandards wie die Grundsätze der Inländergleichbehandlung und der Meistbegünstigung festgeschrieben wurden, während in anderen Verträgen, meist zusätzlich zu den relativen Standards, der absolute Standard der gerechten und billigen Behandlung zugesichert wird.

cc) Relative Standards im Gegensatz zum Grundsatz der gerechten und billigen Behandlung als einem absoluten Standard

So nimmt beispielsweise der FCN-Vertrag der USA mit China[23] keinen Bezug auf den Grundsatz der gerechten und billigen Behandlung; vielmehr wird in dem Übereinkommen bestimmt, dass Staatsangehörige anderer Staaten im Hinblick auf verschiedene Investitionsaktivitäten der Meistbegünstigungsklausel[24] und der Inländergleichbehandlung[25] unterworfen sind.[26]

Bei diesen beiden Grundsätzen handelt es sich im Gegensatz zu dem absoluten Standard der gerechten und billigen Behandlung um relative Standards, wobei die Meistbegünstigungsklausel festlegt, dass die für den Investor günstigste Regelung anzuwenden ist, welche durch den Gaststaat, auch im Verhältnis zu Drittstaaten, vereinbart wurde, während die Inländergleichbehandlung garantiert, dass der ausländische Investor durch den Gaststaat nicht schlechter behandelt werden darf, als dessen eigene Staatsangehörige. Diese relativen Grundsätze sind im Bereich des Investitionsschutzes weit verbreitet. Die Investitionstätigkeiten, für die die Meistbegünstigungsklausel sowie die Inländergleichbehandlung vereinbart wurde, umfassen das Recht innerhalb des Hoheitsgebietes der anderen Vertragspartei seinen Wohnsitz zu nehmen und zu reisen, sich wirtschaftlich, in der Produktion, in der Entwicklung, wissenschaftlich oder im Bereich der Bildung, in religiösen oder

---

21 OECD, International Investment Law (2005), S. 76.

22 Ceyssens/Sekler, a.a.O., S. 22.

23 Treaty of Friendship, Commerce and Navigation between the United States of America and the Republic of China, signed at Nanking, 4. November 1946; Text veröffentlicht in: Bevans, Treaties and Other International Agreements of the USA, 1776–1949, vol.6, S. 761.

24 Art. II (3).

25 Art. II (2).

26 Vasciannie, Fair and Equitable Treatment, S. 99 (110).

philanthropischen Aktivitäten betätigen, die nicht gesetzlich verboten sind, sowie Eigentum zu erwerben und Personal ihrer Wahl ohne Beschränkungen hinsichtlich der Nationalität zu beschäftigen.[27]

Der Schutzumfang der Inländergleichbehandlung ist folglich davon abhängig, wie der betreffende Gaststaat seine eigenen Staatsangehörigen behandelt. Dies bedeutet allerdings, dass der ausländische Investor nach der Inländergleichbehandlung theoretisch entschädigungslos enteignet werden könnte, sofern der Gaststaat seine eigenen Staatsangehörigen ebenfalls entschädigungslos enteignet. Es wird hier lediglich sichergestellt, dass der ausländische Investor nicht schlechter behandelt werden darf. Darüber hinaus werden durch die Meistbegünstigungsklausel Vereinbarungen des Gaststaates mit anderen Staaten mit einbezogen. Hier richtet sich der Schutzstandard nicht nach den nationalen Gesetzen des Gaststaates, die die Behandlung der eigenen Staatsangehörigen regeln, sondern nach völkervertraglichen Regelungen mit anderen Staaten. Auch in dieser Hinsicht darf der ausländische Investor nicht schlechter behandelt werden, wie ausländische Investoren anderer Nationalität, wobei die Reichweite dieses Schutzes nicht abschließend geklärt ist. Deutlich wird hier jedenfalls, dass der Schutzumfang dieser beiden Standards jeweils von äußeren Umständen gegenüber anderen Personengruppen abhängt.

Der Grundsatz der gerechten und billigen Behandlung hingegen verlangt ein bestimmtes Verhalten unabhängig von dem Verhalten des Gaststaates gegenüber anderen Staaten oder Individuen. Insofern kann der Standard wohl als ein Stück weit verlässlicher angesehen werden, als die relativen Standards der Inländergleichbehandlung und der Meistbegünstigung, die sich mit einer Änderung des Verhaltens des Gaststaates gegenüber den jeweiligen Bezugsgrößen jederzeit ändern können. Gerade um diese Unsicherheit zu reduzieren und dem Investor einen verlässlicheren, weil absoluten, Schutzrahmen zu garantieren, wurde der Grundsatz der gerechten und billigen Behandlung in die FCN-Verträge aufgenommen. Die Befürworter dieses Standards sahen ihn als eine Garantie gegen staatliche Aktivitäten an, welche international akzeptierte Normen verletzten.[28]

27 Vasciannie, Fair and Equitable Treatment, S. 99 (110).

28 OECD, International Investment Law (2005), S. 77; Thomas, "Reflection on Article 1105 of NAFTA: History, State Practice and the Influence of Commentators", ICSID Review – Foreign Investment Law Journal (2002), 17 (1), S. 21–101.

dd) *Erste Konkretisierungsversuche des Grundsatzes einer billigen Behandlung in den FCN-Verträgen*

Wie bereits erwähnt, scheint der Ursprung der Klausel der „gerechten und billigen Behandlung" auf die Vertragspraxis der USA in der Periode der FCN-Verträge zurückzureichen.[29]

So begannen in der Zeit nach der Vorbereitung der Havanna Charta[30], auf die im Folgenden noch näher eingegangen wird, die Begriffe „billig" (equitable") und „gerechte und billige Behandlung" („fair and equitable treatment") in einigen der US-FCN-Verträge zu erscheinen.[31]

Die oben genannten FCN-Verträge der USA, welche der Havanna Charter folgend ausgearbeitet wurden, stellen auf den sich entwickelnden Standard der gerechten und billigen Behandlung zusätzlich zu den relativen Standards ab, die im Vertrag zwischen den USA und China zu finden sind.[32] Allerdings sind auch unter den FCN-Verträgen der USA, die den Grundsatz beinhalten, im Einzelnen Unterschiede in der Formulierung festzustellen.

So beinhalten die FCN-Verträge der USA mit Irland,[33] Griechenland,[34] Israel,[35] Nicaragua,[36] Frankreich,[37] Pakistan,[38] Belgien[39] und Luxemburg[40] die ausdrückliche Versicherung, dass ausländische Personen, Eigentum, Unternehmen und andere Interessen eine billige Behandlung („equitable treatment") erhalten.

In Artikel V des FCN-Vertrages zwischen den USA und Irland wird näher ausgeführt:

"Each Party shall at all times accord equitable treatment to the capital of nationals and companies of the other Party. Neither Party shall take unreasonable or discriminatory measures that would impair the legally acquired rights or

---

29 Dolzer, a,a,O., S. 87 (89); Wilson, UNITED STATES COMMERCIAL TREATIES AND INTERNATIONAL LAW, S. 113, 120.

30 "Havanna Charter for an International Trade Organisation" von 1948.

31 K. Vandervelde meint, dass der Begriff „fair and equitable treatment" das Äquivalent zu dem von den USA in ihren FCN Verträgen verwendeten Begriff des „equitable treatment" ist; vgl. Vandervelde, The Bilateral Treaty Program of the United States, Cornell International Law Journal, 21 (1988), S. 201–76.

32 Vasciannie, Fair and Equitable Treatment, S. 99 (110).

33 Text veröffentlicht in: 1950, US Treaties and Other International Agreements Series (TIAS), vol. 1, S. 785.

34 1954, TIAS vol. 5, S. 1831 (Art. I).

35 1954, TIAS, vol. 5, S. 550 (Art. I).

36 1958, TIAS, vol. 9, S. 449 (Art. I).

37 1960, TIAS, vol. 11, S. 2398 (Art. I).

38 1961, TIAS, vol. 12, S. 110 (Art. I).

39 1963, TIAS, vol. 12, S. 1284 (Art. I).

40 1963, TIAS, vol. 12, S. 251 (Art. I).

interests of nationals and companies of the other Party in the enterprises which they have established or in the capital, skills, arts or technology which they have supplied. Neither Party shall deny appropriate opportunities and facilities for the investment of capital by nationals and companies of the other Party; nor shall either Party unreasonably impede nationals and companies of the other Party from obtaining on equitable terms the capital, skills and technology it needs for its economic development."

Diese Formulierung in Bezug auf die Zusicherung einer billigen Behandlung unterscheidet sich teilweise in den einzelnen Verträgen, bleibt von ihrem Grundgehalt her allerdings in allen Verträgen gleich.

Im Gegensatz zu der oben zitierten Vereinbarung in dem Vertrag zwischen den USA und Irland bestimmt der FCN-Vertrag zwischen den USA und Griechenland in seinem Artikel I schlicht:

"Each Party shall at all times accord equitable treatment to the persons, property, enterprises and other interests of nationals and companies of the other Party."

Die oben genannten FCN-Verträge zwischen den USA und Israel, Nicaragua und Pakistan enthalten jeweils der Formulierung in dem Vertrag der USA mit Irland vergleichbare Regelungen.

Auffällig ist bereits hier der Versuch, die Zusicherung einer billigen Behandlung näher zu beschreiben, indem in den folgenden Sätzen des Vertragstextes erklärt wird, dass insbesondere diskriminierende und willkürliche Maßnahmen unterlassen werden sollen. Der Versuch einer Konkretisierung besteht folglich bereits seit Beginn der Vereinbarung des Grundsatzes einer billigen Behandlung, wobei der Umfang und Inhalt dieses Grundsatzes bis heute nicht abschließend geklärt ist. Dabei zieht sich die Verbindung der billigen Behandlung zu willkürlichem und diskriminierendem Verhalten durch die gesamte Entwicklung des Grundsatzes sowohl in den verschiedenen Vertragtexten als auch in den Entscheidungen der Schiedsgerichte, weshalb hierauf noch an verschiedenen Stellen dieser Arbeit zurückzukommen sein wird.

ee) Der Grundsatz der gerechten und billigen Behandlung als einheitlicher Schutzstandard

Andere FCN-Verträge der USA hingegen – einschließlich Verträge mit der Bundesrepublik Deutschland,[41] Äthiopien,[42] den Niederlanden[43] und den Protektoraten Muskat und Oman[44] – setzten für ähnliche Gegenstände in Zusammen-

41 1956, TIAS, vol. 7, S. 1839 (Art. I (1)).
42 1953, TIAS, vol. 4, S. 2134 (Art. VIII (1)).
43 1957, TIAS, vol. 8, S. 2043 (Art. I).
44 1960, TIAS, vol. 11, S. 1835 (Art. IV).

hang mit der Durchführung einer Auslandsinvestition eine gerechte und billige Behandlung („fair and equitable treatment") fest.

Beispielsweise besagt Artikel I, Abschnitt 1 des Vertrages zwischen der Bundesrepublik Deutschland und den USA aus dem Jahr 1954:

"Each Party shall at all times accord fair and equitable treatment to the nationals and companies of the other Party and to their property, enterprises and other interests."[45]

Diese Formulierung war typisch für die entsprechenden Regelungen in den meisten FCN-Verträgen der USA und hat sich auch im Folgenden als Formulierung dieses Grundsatzes durchgesetzt.

Aus den unterschiedlichen Formulierungen in den einzelnen Verträgen, die zunächst eine „billige Behandlung" festsetzen und später immer häufiger eine „gerechte und billige Behandlung" garantierten, ergibt sich die Frage, ob der Grundsatz der gerechten und billigen Behandlung einen Schutzstandard normiert, der über den Grundsatz der billigen Behandlung hinausgeht, gegebenenfalls sogar, ob es sich bei der Zusicherung einer gerechten und billigen Behandlung nicht um zwei Standards handelt.[46]

Während es nicht unmöglich wäre, in dieser Weise zu argumentieren, scheint allerdings kein einziger Hinweis der Staatenpraxis in diese Richtung zu weisen.[47] So sind weder Dokumente vorhanden, aus denen sich der Wille der Vertragsparteien ergibt, mit der Vereinbarung einer gerechten und billigen Behandlung einen aus zwei unterschiedlichen Komponenten bestehenden Schutz zu vereinbaren, bzw. welche auf eine bewusste Entscheidung hindeuten, den Standard der billigen Behandlung auszuweiten und um einen weiteren Schutzstandard zu ergänzen, noch gibt es einen derartigen Hinweis in der Rechtsprechung. Diese Variation in der Wortwahl scheint vielmehr nicht von großer Bedeutung zu sein.[48] Auch Kenneth Vandervelde, der von 1982 bis 1988 als Berater im Team der Vereinigten Staaten von Amerika zur Verhandlung bilateraler Investitionsschutzverträge gearbeitet hat, geht davon aus, dass der Begriff „fair and equitable treatment", wie er von den USA verwendet wird, das Äquivalent zu dem Begriff „equitable treatment", welches in verschiedenen FCN-Verträgen der USA verwendet wird, sei.[49]

45 Dolzer, a.a.O., S. 87 (89); Treaty of Friendship, Commerce and Navigation, Oct. 29, 1954, U.S.-F.R.G., 273 U.N.T., S. 4; siehe auch Treaty of Amity, Economic Relations, and Consular Rights, Aug. 15, 1955, U.S.-Iran, 284 U.N.T. S. 110, 114.

46 Vgl. Dolzer, a.a.O., S. 87 (89)

47 Dolzer, a.a.O., S. 87 (91).

48 Fatouros, Government Guarantees to Foreign Investors (1962), S. 167.

49 Vandervelde, The Bilateral Treaty Program of the United States, Cornell International Law Journal, 21 (1988), S. 201–276 (220), zu diesem Punkt zitiert in: Office of the Legal Advisor, Dept. of State, Cumulative Digest of United States Practice in International Law, II (1981–88), S. 2652.

Weiterhin spricht die gewöhnliche Wortbedeutung dafür, dass es sich bei dem Grundsatz der gerechten und billigen Behandlung um einen einheitlichen Grundsatz handelt. So wird durch den Begriff der Billigkeit vielmehr eine zusätzliche Qualität in den Grundsatz mit aufgenommen. Während „gerecht" das ist, was dem strengen Rechte gemäß ist – im Gegensatz zu ungerecht -, ist „billig" das, was der Natur eines Dinges, den Verhältnissen und Umständen angemessen ist und dabei dem Rechte nicht in Widerspruch steht – im Gegensatz zu unbillig -.[50]

Schließlich wird in keinem einzigen der mittlerweile zahlreichen schiedsgerichtlichen Verfahren, in denen sich die Richter mit dem Grundsatz der gerechten und billigen Behandlung auseinandergesetzt haben die Möglichkeit in Betracht gezogen, dass es sich hier um einen Grundsatz handeln könnte, der zwei unterschiedliche Komponenten aufweist.[51] Es wird vielmehr als selbstverständlich vorausgesetzt, dass es sich bei dem Grundsatz der gerechten und billigen Behandlung um einen einheitlichen Schutzstandard handelt, der synonym zu dem in den frühen FCN-Verträgen zu findenden Grundsatz der biligen Behandlung verwendet wird.

Dementsprechend ist davon auszugehen, dass es sich bei dem Grundsatz der „gerechten und billigen Behandlung" um einen einzigen, einheitlichen Standard handelt.

ff) Zwischenergebnis

Zusammenfassend lässt sich festhalten, dass der Begriff der gerechten bzw. der gerechten und billigen Behandlung erstmalig in den sog. FCN-Verträgen der USA, die noch keine Investitionsschutzverträge im heutigen Sinne waren, sondern im Rahmen eines wesentlich breiter angelegten Schutzumfangs unter anderem ausländische Investitionen schützten, verwendet wurde.

Zunächst fällt hier auf, dass der Grundsatz der gerechten und billigen Behandlung nicht in allen FCN-Verträgen zugesichert wird. In einigen Verträgen werden ausschließlich die Regelungen der Meistbegünstigung und Inländergleichbehandlung normiert, bei denen es sich im Gegensatz zu dem absoluten Standard der gerechten und billigen Behandlung, der unabhängig von jeglichen Bezugsgrößen festgesetzt wird, um relative Standards handelt. Um die durch diese relativen Standards entstehenden Unsicherheiten und Lücken eines effektiven Schutzes

50 Eberhard, Synonymisches Handwörterbuch der deutschen Sprache, 1910, der als Beispiel ausführt: Ein Herr würde gegen die Gerechtigkeit nicht verstoßen, wenn er auch von einem kränkelnden Knechte dieselbe Arbeitsleistung forderte, wie von einem gesunden, dem er gleichen Lohn gibt; aber die Billigkeit gebietet ihm, gegen den weniger gesunden Nachsicht zu üben. Die Billigkeit erfordert, dass der Gebrauch unserer strengen Rechte durch die Pflichten der Menschenliebe gemäßigt werde.

51 Für eine ausführliche Darstellung der Rechtsprechung vgl. unten Teil C.

ausländischer Investoren zu schließen, ging man dazu über, neben den relativen Standards der Inländergleichbehandlung und Meistbegünstigung einen absoluten Standard zu vereinbaren, wonach dem ausländischen Investor unabhängig von dem sonstigen Verhalten des Gaststaates eine billige Behandlung seiner Investition zugesichert wird.

In diesem Zusammenhang fällt weiterhin auf, dass in einigen Verträgen lediglich eine „gerechte Behandlung" zugesichert wurde, während in anderen Verträgen eine „gerechte und billige Behandlung" festgesetzt wurde.

Hinsichtlich der unterschiedlichen Zusicherung einer gerechten Behandlung einerseits und einer gerechten und billigen Behandlung andererseits wird in Rechtsprechung und Literatur weitgehend davon ausgegangen, dass es sich um einen einheitlichen Standard handelt, der als Synonym für den ursprünglichen Begriff der billigen Behandlung anzusehen ist.[52] Dies wird allgemein vorausgesetzt, ohne dass auf diese Frage näher eingegangen wird.

Schließlich fällt bereits hier auf, dass in verschiedenen Verträgen erste Versuche unternommen werden, den Grundsatz der billigen Behandlung zu konkretisieren, indem in den folgenden Sätzen des Vertragstextes erläutert wird, dass keine diskriminierenden oder willkürlichen Maßnahmen ergriffen werden dürfen. Wie sich diese Aussage allerdings zu der Zusicherung der billigen Behandlung verhält ist bis heute Gegenstand von Diskussionen in Literatur und Rechtsprechung und wird im Laufe der Arbeit noch an verschiedenen Stellen anzusprechen sein.

b) Investitionsschutz- und Förderverträge

aa) Beginn der Entwicklung von Investitionsschutzverträgen

Seit einigen Jahrzehnten hat sich ein anderer Typ des vertraglichen Investitionsschutzes herausgebildet, nämlich spezielle Investitionsschutz- und Förderverträge, die ein höheres Maß an Konturenschärfe bieten als die allgemein gehaltenen Freundschaftsverträge herkömmlicher Art.[53] Sie wurden ursprünglich geschaffen, um Auslandsinvestitionen zu sichern, weil das Völkergewohnheitsrecht für Ausländer nur eingeschränkte Rechte begründet.[54] Dies geschah als Reaktion der kapitalexportierenden Industrieländer auf Bestrebungen von Entwicklungsländern bzw. ehemaligen Kolonien, durch Enteignungen ausländischer Eigentümer bzw. Verstaatlichung ausländischen Eigentums, ihren Weg zur

52 So im Ergebnis auch Dolzer/Schreuer, Principles of International Investment Law, Oxford University Press, 2008. S. 123.

53 Dolzer in: Vitzthum (Hrsg.), Völkerrecht, 6. Abschn. Rn. 48.

54 Kirkman, 34 Georegetown University INT'L L. J. 2002, Seite 343 (345).

nationalen Unabhängigkeit zu forcieren.[55] Demzufolge stellen der Schutz vor Enteignung und Regelungen zu Kompensationszahlungen das Kernstück bilateraler Investitionsabkommen dar.[56] Durch ihre schnell steigende Anzahl und weite Verbreitung sind sie zum Hauptinstrument der Regelung von Investitionsbeziehungen zwischen ausländischen Investoren und Gaststaaten geworden und haben als solche erheblichen Einfluss auf die Staatenpraxis im Hinblick auf Investitionsbeziehungen.[57]

Der erste Investitionsförderungs- und –schutzvertrag weltweit wurde 1959 von Deutschland mit Pakistan[58] abgeschlossen. In diesem Vertrag wurde der Standard der gerechten und billigen Behandlung nicht ausdrücklich festgelegt.

In seiner Hauptregelung zu grundsätzlichen Standards der Behandlung in Artikel 3 (1) heißt es:

“Investments by nationals or companies of either Party shall enjoy protection and security in the territory of the other Party. “

Garantiert wurden also Schutz und Sicherheit, nicht aber eine gerechte und billige Behandlung.

Bereits kurze Zeit später etablierte sich der Begriff der gerechten und billigen Behandlung in den BITs der Bundesrepublik Deutschland und wurde beispielsweise in den Verträgen jeweils mit Guinea 1962,[59] der Türkei 1962,[60] Korea 1964,[61] Uganda 1966,[62] Mauritius 1971,[63] und Malta 1974[64] verwendet.

---

55 Ceyssens/Sekler, a.a.O., S. 23 f.

56 Ceyssens/Sekler, a.a.O., S. 23.

57 Vasciannie, Fair and Equitable Treatment, S. 99 f.

58 Pakistan and Federal Republic of Germany Treaty for the Promotion and Protection of Investments. unterzeichnet am 25. November 1959 in Bonn.

59 Traité entre la République fédérale d’Allemagne et la République de Guinée relatif à l’encouragement des investissements de capitaux. Die aktuellen Investitionsschutz- und Förderverträge sind im Internet abrufbar unter: http://www.unctadxi.org/templates/docsearch.aspx?id=779 (BITs search engine).

60 Treaty between the Federal Republic of Germany and the Republic of Turkey Concerning the Reciprocal Promotion and Protection of Investments.

61 Treaty between the Republic of Korea and the Federal Republic of Germany Concerning the Promotion and Reciprocal Protection of Investments.

62 Vertrag zwischen der Bundesrepublik Deutschland und Uganda über die Förderung und den gegenseitigen Schutz von Kapitalanlagen.

63 Abkommen zwischen der Bundesrepublik Deutschland und Mauritius über die Förderung und den gegenseitigen Schutz von Kapitalanlagen.

64 Treaty between Malta and the Federal Republic of Germany Concerning the Encouragement and Reciprocal Protection of Investments.

In diesen frühen BITs der Bundesrepublik Deutschland wird der Grundsatz der gerechten und billigen Behandlung bereits in Artikel 1 erwähnt, wie zum Beispiel im Vertrag Deutschlands mit Zentralafrika von 1965[65], dessen Artikel 1 (1) lautet:

„Jede Vertragspartei wird in ihrem Hoheitsgebiet Kapitalanlagen von Staatsangehörigen oder Gesellschaften der anderen Vertragspartei nach Möglichkeit fördern und diese Kapitalanlagen in Übereinstimmung mit ihren Rechtsvorschriften zulassen. Sie wird Kapitalanlagen in jedem Fall gerecht und billig behandeln."

Die Erwähnung des Grundsatzes der gerechten und billigen Behandlung am Anfang des Vertrages erweckt den Eindruck einer allgemeinen Erklärung, dass man ausländische Investitionen begrüßt und entsprechend nicht versuchen wird, sie zu verhindern, und weniger, als wolle man einen bestimmten Standard der Behandlung zusichern.

Anfang der 1970er Jahre begannen weitere kapitalexportierende Länder ihr BITs Programm, wie Großbritannien, das Verträge, die den Grundsatz der gerechten und billigen Behandlung beinhalten, jeweils mit Ägypten 1975[66], Singapur 1975,[67] Korea 1976,[68] Thailand 1978,[69] Bangladesch 1980[70] und Kamerun 1982[71] abschloss, und Frankreich, dessen BITs beispielsweise jeweils mit der Demokratischen Republik Kongo (von 1971 bis 1997 Zaire) 1972,[72] Mauritius 1973,[73] Singa-

65 Vertrag zwischen der Bundesrepublik Deutschland und der Zentralafrikanischen Republik über die Förderung und den gegenseitigen Schutz von Kapitalanlagen.

66 Agreement between the Government of the United Kingdom of Great Britain and Northern Ireland and the Government of the Arab Republic of Egypt for the Promotion and Protection of Investments, London, 11 June 1975.

67 Agreement between the Government of the United Kingdom of Great Britain and Northern Ireland and the Government of the Republic of Singapore for the Promotion and Protection of Investments.

68 Agreement between the Government of the Republic of Korea and the Government of the United Kingdom of Great Britain and Northern Ireland for the Promotion and Protection of Investments.

69 Agreement between the Government of the United Kingdom of Great Britain and Northern Ireland and the Government of the Kingdom of Thailand for the Promotion of the Investment of Capital and for the Protection of Investments.

70 Agreement between the Government of the United Kingdom of Great Britain and Northern Ireland and the Government of the People's Republic of Bangladesh for the Promotion and Protection of Investments.

71 Agreement between the Government of the United Kingdom of Great Britain and Northern Ireland and the Government of the United Republic of Cameroon for the Promotion and Protection of Investments.

72 Convention entre le Gouvernement de la République Française et le Gouvernement de la République du Zaire sur la Protection des Investissements.

73 Convention entre le Gouvernement de la République Française et le Gouvernement de l'Ile Maurice sur la Protection des Investissements.

pur 1975,[74] Malta 1976,[75] und Korea 1977[76] eine gerechte und billige Behandlung festsetzen.

Auch die Schweiz und Dänemark, sowie weitere Länder begannen zu dieser Zeit mit ihren BITs-Programmen. Gemeinsam ist diesen Verträgen, dass sie den Standard der gerechten und billigen Behandlung unabhängig, ohne eine Bezugnahme auf die Grundsätze des Völkergewohnheitsrechtes, garantieren.

Die USA starteten 1977 mit den Verhandlungen, schlossen aber erst 1982 den ersten BIT mit Ägypten,[77] der den Begriff der gerechten und billigen Behandlung noch nicht beinhaltet, sondern vielmehr in Art. II (4) festlegt: "The treatment, protection and security of investments shall never be less than that required by international law and national legislation." Damit stellt dieser Vertrag auf die allgemeinen Regeln des Völkerrechtes ab, ohne vertraglich eine gerechte und billige Behandlung zu garantieren.

Auch hier scheint es noch in erster Linie um ein Signal zu gehen, dass Investitionen ausländischer Investoren willkommen sind und entsprechend den nationalen und völkerrechtlichen Vorgaben behandelt werden. Nicht gewollt scheint hingegen eine Aussage darüber, dass diese Investitionen einen besonderen ausdrücklich vertraglich vereinbarten Schutz erhalten sollen, der über die bestehenden völkergewohnheitsrechtlich anerkannten Regelungen sowie nationalrechtlichen Vorgaben hinausgehen soll.

In den nachfolgenden BITs der USA wurde der Begriff der gerechten und billigen Behandlung zum festen Bestandteil, wie in den Verträgen mit Panama von 1982,[78]

74 Accord entre le Gouvernement de la République Française et le Gouvernement de la République de Singapour sur l'encouragement et la Protection des Investissements, ensemble trois échanges de lettres.

75 Agreement between the Government of the Republic of Malta and the Government of the Republic of France Concerning the Reciprocal Encouragement and Protection of Investments.

76 Accord entre le Gouvernement de la République Française et le Gouvernement de la République de Corée sur l'Encouragement et la Protection des Investissements.

77 Treaty between the United States of America and the Arab Republic of Egypt concerning the Reciprocal Encouragement and Protection of Investments, unterzeichnet am 11. März 1986 (modifiziert), in Kraft getreten am 27. Juni 1992.

78 Treaty between the Government of the United States of America and the Government of the Republic of Panama Concerning the Treatment and Protection of Investments.

mit dem Senegal 1983,[79] dem Kongo 1984,[80] Marokko[81] und der Türkei[82] jeweils 1985, sowie mit Bangladesch,[83] Kamerun[84] und Grenada[85], jeweils 1986. Wie bereits im Vertrag mit Ägypten behielten die USA im Gegensatz zu den meisten Verträgen der europäischen Staaten allerdings die Formulierung bei, dass eine Behandlung versichert werde, die nicht hinter den Anforderungen des Völkerrechts sowie der nationalen Gesetzgebung zurückbleibt und setzten den Grundsatz der gerechten und billigen Behandlung in Verbindung mit dieser Aussage.

In dieser Hinsicht werden grundsätzlich zwei verschiedene Formulierungen in den Verträgen der USA verwendet. So lautet zum Beispiel Art. II (4) des Investitionsschutzvertrages zwischen den USA und dem Senegal von 1983[86]:

"Investment of nationals and companies of either Party shall at all times be accorded fair and equitable treatment and shall enjoy full protection and security in the territory of the other Party. The treatment, protection and security of investment shall be in accordance with applicable national laws, and shall in no case be less than that required by international law. ..."

Die andere Formulierung verbindet die Grundsätze sprachlich noch enger, wie zum Beispiel im Vertrag mit Marokko[87] in Art. II (3):

79 Treaty between the United States of America and the Republic of Senegal Concerning the Reciprocal Encouragement and Protection of Investment, unterzeichnet am 6. Dezember 1983, in Kraft getreten am 25. Oktober 1990.

80 Treaty between the United States of America and the Republic of Zaire Concerning the Reciprocal Encouragement and Protection of Investment (das ehemalige Zaire ist seit 1997 nach einer erfolgreichen Rebellion die Demokratische Republik Kongo).

81 Treaty between the United States of America and the Kingdom of Morocco Concerning the Encouragement and Reciprocal Protection of Investments, unterzeichnet am 22. Juli 1985, in Kraft getreten am 29. Mai 1991.

82 Treaty between the United States of America and the Republic of Turkey Concerning the Reciprocal Encouragement and Protection of Investments, unterzeichnet am 3. Dezember 1985, in Kraft getreten am 18. Mai 1990.

83 Treaty between the Unites States of America and the People's Republic of Bangladesh Concerning the Reciprocal Encouragement and Protection of Investment, unterzeichnet am 12. März 1986, in Kraft getreten am 25. Juli 1989.

84 Treaty between the United States of American and the Republic of Cameroon Concerning the Reciprocal Encouragement and Protection of Investment.

85 Treaty between the United States of America and Grenada Concerning the Reciprocal Encouragement and Protection of Investment.

86 Treaty between the United States of America and the Republic of Senegal Concerning the Reciprocal Encouragement and Protection of Investment, unterzeichnet am 6. Dezember 1983, in Kraft getreten am 25 Oktober 1990.

87 Treaty between the United States of America and the Kingdom of Morocco Concerning the Encouragement and Reciprocal Protection of Investments.

"Investments shall at all times be accorded fair and equitable treatment, shall enjoy full protection and security and shall in no case be accorded treatment less than that required by international law. ..."

bb) Zweite Hochphase seit Beginn der 1990er Jahre

Eine zweite Hochphase konnte seit Beginn der 1990er Jahre registriert werden.[88] Von 1989 bis 1999 wurden insgesamt 1340 Verträge abgeschlossen, fast fünfmal soviel wie in den zehn Jahren zuvor.[89]

Angetrieben wurde diese Dynamik durch den Zusammenbruch der ehemaligen Sowjetunion und der anschließenden Transformation der Volkswirtschaften Zentral- und Osteuropas.[90] Transformationsländer oder ehemals sozialistische Länder befinden sich aufgrund ihrer Vergangenheit besonders auf dem Prüfstand, da vielen dieser Regierungen auch heute noch der Ruf von undemokratischen und korrupten Regierungsapparaten anhaftet.[91] Der Abschluss bilateraler Investitionsabkommen bietet für sie die Möglichkeit, ein Zeichen in Richtung Stabilisierung und Marktwirtschaft zu setzen und Bedenken hinsichtlich eines zu hohen Investitionsrisikos zu begegnen.[92]

Auch hier kommt wieder der Gedanke zum Ausdruck, durch den Abschluss von Investitionsschutzverträgen eine grundsätzlich positive Haltung des Staates gegenüber ausländischen Investitionen zu signalisieren, indem versichert wird, sie nicht ungesetzmäßig zu behandeln. Dies zeigt sich auch in der Zusicherung in der Präambel von Investitionsschutzverträgen, dass Investitionen gerecht und billig behandelt werden sollen.

So schloss zum Beispiel Armenien 1992 einen Investitionsschutz- und Fördervertrag mit den USA,[93] in dessen Präambel festgelegt wurde, dass die Vertragsparteien darin übereinstimmen, dass eine gerechte und billige Behandlung von Investitionen erstrebenswert ist, um stabile Rahmenbedingungen für Investitionen und eine effektive Nutzung wirtschaftlicher Ressourcen zu unterstützen. Weiterhin besagt Artikel II 2.(a) des Vertrages: "Investment shall at all times be accorded fair and equitable treatment, shall enjoy full protection and security and

---

88 Ceyssens/Sekler, a.a.O., S. 23.

89 Ceyssens/Sekler, a.a.O., S. 23.

90 Ceyssens/Sekler, a.a.O., S. 23.

91 Ceyssens/Sekler, a.a.O., S. 23.

92 Vandervelde, The Political Economy of a Bilateral Investment Treaty in: AJIL 92, S. 621; Sornarajah, The International Law on Foreign Investment, 3. Aufl. 2010, S. 53, 213; Ceyssens/Sekler, a.a.O., S. 23.

93 Treaty between the United States of America and the Republic of Armenia Concerning the Encouragement and Reciprocal Protection of Investment.

shall in no case be accorded treatment less than that required by international law."

Hier wird folglich zusätzlich zu dem Ausdruck einer positiven Grundhaltung durch Nennung des Grundsatzes der gerechten und billigen Behandlung in der Präambel der Grundsatz in Art. II. 2. (a) des Vertrages als vertraglicher Grundsatz und somit als Zusicherung eines bestimmten Verhaltens festgelegt, allerdings mit dem Zusatz, dass das zugesicherte Verhalten jedenfalls dem völkergewohnheitsrechtlichen Mindeststandard der Behandlung entsprechen muss.

Auch in weiteren Verträgen Armeniens, unter anderem jeweils mit Argentinien 1993,[94] Frankreich 1995,[95] Deutschland 1995[96] und Kanada 1997[97] wird der Standard der gerechten und billigen Behandlung verwendet, sowie in Verträgen Estlands, beispielsweise jeweils mit der Schweiz,[98] Schweden,[99] den Niederlanden,[100] Finnland,[101] Frankreich[102] und Deutschland[103] 1992, und Österreich,[104] Großbritannien[105] und den USA[106] 1994.

---

94 Agreement between the Republic of Armenia and the Argentine Republic for the promotion and reciprocal protection of investments.

95 Accord entre le Gouvernement de la République Française et le Gouvernement de la République d'Arménie sur l'Encouragement et la Protection Réciproques des Investissements.

96 Vertrag zwischen der Bundesrepublik Deutschland und der Republik Armenien über die Förderung und den gegenseitigen Schutz von Kapitalanlagen.

97 Agreement between the Government of Canada and the Government of the Republic of Armenia for the Promotion and Protection of Investments.

98 Accord entre la Confédération suisse et la République d'Estonie concernant la Promotion et la protection réciproque des investissements.

99 Agreement between the Government of the Kingdom of Sweden and the Government of the Republic of Estonia on the Promotion and Reciprocal Protection of Investments.

100 Agreement on encouragement and reciprocal protection of investments between the Kingdom of the Netherlands and the Republic of Estonia.

101 Agreement between the Government of the Republic of Finland and the Government of the Republic of Estonia for the Promotion and Protection of Investments.

102 Accord entre le Gouvernement de la République Française et le Gouvernement de la République d'Estonie sur l'Encouragement et la Protection Réciproques des Investissements.

103 Vertrag zwischen der Republik Estland und der Bundesrepublik Deutschland über die Förderung und den gegenseitigen Schutz von Kapitalanlagen.

104 Abkommen zwischen der Republik Österreich und der Republik Estland über die Förderung und den Schutz von Investitionen.

105 Agreement between the Government of the United Kingdom of Great Britain and Northern Ireland and the Government of the Republic of Estonia for the Promotion and Protection of Investments.

106 Treaty between the Government of the United States of America and the Government of the Republic of Estonia for the Encouragement and Reciprocal Protection of Investment.

Auch in den Verträgen Russlands, beispielsweise jeweils mit Griechenland 1993,[107] und Norwegen 1995,[108] sowie den Verträgen Litauens unter anderem mit Deutschland,[109] Frankreich[110] und Finnland[111] 1992, sowie Österreich 1996,[112] wird der Grundsatz der gerechten und billigen Behandlung zugesichert. Beachtenswert ist bei den Verträgen mit Frankreich, dass hier im Gegensatz zu den frühen, oben erwähnten BITs Frankreichs der Grundsatz der gerechten und billigen Behandlung nun, wie in den Verträgen der USA, in Verbindung mit den Grundsätzen des Völkerrechts genannt wird.

Darüber hinaus haben die Transformationsländer untereinander ebenfalls eine beachtliche Anzahl von Verträgen zum Schutz und zur Förderung von Investitionen abgeschlossen, in denen der Grundsatz der gerechten und billigen Behandlung zugesichert wird. So zum Beispiel in den Verträgen zwischen Polen und Lettland 1991[113], Litauen und Polen 1992[114], Polen und Estland 1993[115], Litauen und der Tschechischen Republik 1994[116], Bulgarien und Albanien 1994[117], Litauen und Slowenien 1998[118], Litauen und Ungarn 1999[119] und Ungarn und Bosnien-Herzegowina 2002[120].

---

107 Agreement between the Government of the Hellenic Republic and the Government of the Russian Federation for the Promotion and Reciprocal Protection of Investments.

108 Agreement between the Government of the Kingdom of Norway and the Government of the Russian Federation on Promotion and Mutual Protection of Investments.

109 Vertrag zwischen der Bundesrepublik Deutschland und der Republik Litauen über die Förderung und den gegenseitigen Schutz von Kapitalanlagen.

110 Accord entre le Gouvernement de la République Française et le Gouvernement de la République de Lituanie sur l'Encouragement et la Protection Réciproques des Investissements.

111 Agreement between the Government of the Republic of Finland and the Government of the Republic of Lithuania for the Promotion and Protection of Investments.

112 Abkommen zwischen der Republik Österreich und der Republik Litauen über die Förderung und den Schutz von Investitionen.

113 Agreement between the Government of the Republic of Latvia and the Government of the Republic of Poland on the Reciprocal Promotion and Protection of Investments, vom 26. April 1991.

114 Agreement between the Republic of Lithuania and the Republic of Poland on the Reciprocal Promotion and Protection of Investments, vom 28. September 1992.

115 Agreement between the Republic of Estonia and the Republic of Poland on the Reciprocal Promotion and Protection of Investments, vom 06. May 1993.

116 Agreement between the Government of the Czech Republic and the Government of the Republic of Lithuania for the Promotion and Reciprocal Protection of Investments.

117 Agreement between the Government of the Republic of Bulgaria and the Government of the Republic of Albania on mutual Promotion and Protection of Investments.

118 Agreement between the Government of the Republic of Lithuania and the Government of the Republic of Slovenia on the Promotion and Protection of Investments, vom 13. Oktober 1998.

119 Agreement between the Republic of Lithuania and the Republic of Hungary for the Promotion and Reciprocal Protection of Investments, vom 25. Juli 1999.

120 Agreement between the Republic of Hungary and Bosnia and Herzegovina for the Promotion and Reciprocal Protection of Investments, vom 26. September 2002.

cc) Zwischenergebnis

Hinsichtlich der Entwicklung der modernen Investitionsschutzverträge zeigt sich somit, dass diese ursprünglich als Reaktion der kapitalexportierenden Industrieländer auf Bestrebungen von Entwicklungsländern beziehungsweise ehemaligen Kolonien, durch die Enteignung ausländischer Eigentümer bzw. Verstaatlichung ihren Weg zur nationalen Unabhängigkeit zu forcieren, geschaffen wurden.

Entsprechend stellen der Schutz vor Enteignung und Regelungen zu Kompensationszahlungen das Kernstück der Investitionsschutzverträge dar.

Auch der Grundsatz der gerechten und billigen Behandlung wird bereits in den frühen Investitionsschutzverträgen Deutschlands erwähnt und ebenfalls in den Verträgen Frankreichs und Großbritanniens festgesetzt.

Im Gegensatz dazu wird in den Investitionsschutzverträgen der USA, die erst 1982 und damit relativ spät den ersten Investitionsschutzvertrag mit Ägypten schlossen, der Grundsatz der gerechten und billigen Behandlung zunächst nicht garantiert, sondern zugesichert, dass eine Behandlung ausländischen Kapitals nicht hinter den völkergewohnheitsrechtlich anerkannten Regelungen und den nationalen Gesetzen zurückbleiben darf. Zwar wird in den folgenden Verträgen der USA der Grundsatz der gerechten und billigen Behandlung zugesichert, im Gegensatz zu den Regelungen in den Investitionsschutzverträgen der europäischen Länder aber in der Weise, dass eine gerechte und billige Behandlung zu erfolgen hat, die jedenfalls nicht hinter den völkergewohnheitsrechtlichen Regelungen zurückbleiben darf.

Weiter ist festzuhalten, dass im Rahmen einer zweiten Hochphase in den 1990er Jahren sehr viele Investitionsschutzverträge abgeschlossen wurden. Dies ist auf den Zusammenbruch der ehemaligen Sowjetunion zurückzuführen. Wie zuvor bei den Entwicklungsländern und ehemaligen Kolonien wollte man Investitionen in den Transformationsländern, die noch keine stabilen rechtlichen Rahmenbedingungen aufwiesen, schützen. Umgekehrt stellten die Verträge eine Möglichkeit für diese Länder dar, ein Signal dahingehend zu setzen, dass die Rahmenbedingungen für ausländische Investitionen gesichert sind und sie sich auf dem Weg zu einer Marktwirtschaft befinden. So wurden nicht nur Investitionsschutzverträge zwischen Industriestaaten und Transformationsländern, sondern auch zwischen den Transformationsländern untereinander geschlossen.

Inhaltlich ist festzustellen, dass der Grundsatz der gerechten und billigen Behandlung in den ersten Investitionsschutzverträgen Deutschlands, in denen er vereinbart wurde, bereits in Art. 1 (1) festgesetzt wird, zusammen mit der allgemeinen Erklärung, ausländische Investitionen nach Möglichkeit zu fördern und in Übereinstimmung mit den nationalen Rechtsvorschriften zuzulassen.

Dies erweckt den Eindruck, dass der Grundsatz der gerechten und billigen Behandlung ursprünglich eher als allgemeine Erklärung gedacht war, ausländische Investitionen nicht abzulehnen, sondern grundsätzlich zu begrüßen. Einen bestimmten Standard der Behandlung wollte man aber wohl mit dieser Aussage nicht zusichern.

Dies wird auch dadurch unterstrichen, dass in einigen Verträgen bereits in der Präambel, die gerade keine einklagbaren Rechte begründet, sondern lediglich die Absicht der Vertragsparteien und den Vertragszweck wiedergibt, festgestellt wird, man wolle ausländische Investitionen fördern und gerecht und billig behandeln.

Später wird der Standard dann, insbesondere zunächst in Verträgen der USA, als Standard der Behandlung in den Verträgen ausdrücklich normiert, hier allerdings unter Bezugnahme auf das Völkergewohnheitsrecht, indem festgelegt wird, dass ausländische Investitionen unter anderem gerecht und billig behandelt werden und der Standard der Behandlung jedenfalls nicht hinter dem völkergewohnheitsrechtlich geforderten Mindeststandard der Behandlung von Ausländern zurück bleibt.

2. Regionale Abkommen, die den Grundsatz der gerechten und billigen Behandlung festsetzen

Auch auf regionalem Gebiet gab es bereits kurz nach dem Ende des 2. Weltkriegs Bestrebungen, Übereinkommen abzuschließen, die neben anderen Bereichen auch die Förderung und Sicherung von Auslandsinvestitionen betrafen.

a) Das Übereinkommen von Bogotá

Auf regionalem Gebiet übernahm die Neunte Internationale Konferenz der Amerikanischen Staaten 1948 das „Economic Agreement of Bogotá“[121], ein Übereinkommen, welches neben anderen Bereichen auch eine adäquate Sicherung ausländischer Investoren festschrieb.[122]

Artikel 22 des Übereinkommens lautet:

“Foreign Capital shall receive equitable treatment. The States therefore agree not to take unjustified, unreasonable or discriminatory measures that would

121 Text veröffentlicht unter: http://www.oas.org/juridico/english/treaties/A-43_Economic _ Agreement_ of_ Bogota.PDF

122 Yannaca-Small in: OECD, International Investment Law (2005), S. 76; Vasciannie, Fair and equitable Treatment, S. 99 (108).

impair the legally aquired rights or interests of nationals of other countries in the enterprises, capital, skills, arts or technology they have supplied."

Neben der Festsetzung einer gerechten Behandlung wurde in dem Abkommen also bestimmt, dass die Parteien keine unbegründeten oder ungerechtfertigten Hindernisse aufstellen würden, die andere Staaten davon abhalten, sich durch gerechte Maßnahmen das Kapital, die Fertigkeiten und die Technologien zu beschaffen, die sie für ihre wirtschaftliche Entwicklung brauchen.[123] Weiterhin wurde in dem Vertragsentwurf festgesetzt, dass ausländisches Kapital Subjekt nationaler Gesetze sein solle und eine Garantie der Nichtdiskriminierung genießen soll.[124]

Wie bereits die Havanna Charta ist auch das Übereinkommen von Bogotá mangels Unterstützung durch die Staaten nie in Kraft getreten.[125] Obwohl die Abordnung der Vereinigten Staaten von Amerika auf der Neunten Internationalen Konferenz der amerikanischen Staaten den endgültigen Text als „ein im Ganzen zufrieden stellendes Dokument" anerkannten,[126] erachteten es einige der Wirtschaftsvertreter der USA als zu „unbestimmt und gefährlich".[127] Einige Regierungen lateinamerikanischer Staaten glaubten, dass das Übereinkommen ausländischen Investoren zuviel zugestehe und am Ende ratifizierten es nur Costa Rica, Honduras und Panama.[128] Obwohl das Übereinkommen von Bogotá nie zur Anwendung kam, hat die Festschreibung des absoluten Standards der billigen Behandlung geholfen, den Begriff in multilateralen Beratungen zu Auslandsinvestitionen in Umlauf zu bringen.

b) Die Lomé – Abkommen und das Partnerschaftsabkommen von Cotonou

Der Standard ist ebenfalls in Lomé IV (1990)[129] zu finden, der 4. Konvention der afrikanischen, karibischen und pazifischen Staatengruppen und der Europäischen Wirtschaftsvereinigung (EEC - European Economic Community), die für eine Dauer von 10 Jahren in Kraft getreten ist. Dieses Abkommen reflektiert die

---

123 Yannaca-Small, OECD, International Investment Law (2005), S. 76.

124 Vasciannie, Fair and equitable Treatment, S. 99 (109).

125 Yannaca-Small in: OECD, International Investment Law (2005), S. 76.

126 Dennett and Turner (Hrsg.), Documents on American Foreign Relations, vol. X (1948), S. 515–527; Vasciannie, Fair and equitable Treatment, S. 99 (109).

127 Rubin, Private Foreign Investment – Legal and Economic Realities (1965), S. 82, zitiert von: Nwogugu, The Legal Problems of Foreign Investment in Developing Countries (1965), S. 141; Vasciannie, Fair and equitable Treatment, S. 99 (109).

128 Nwogugu, The Legal Problems of Foreign Investment in Developing Countries (1965), S. 141; Vasciannie, Fair and equitable Treatment, S. 99 (109).

129 Lomé IV ist am 1. März 1990 für eine Dauer von zehn Jahren in Kraft getreten.

Ansicht eines wesentlichen Querschnitts sowohl kapitalexportierender, als auch kapitalimportierender Staaten, indem der Vertrag von 12 europäischen Industriestaaten auf der einen Seite, sowie andererseits von 68 Entwicklungsländern unterzeichnet wurde.

Die von 1975 an jeweils für die Dauer von fünf Jahren abgeschlossenen Lomé-Abkommen zwischen E(W)G und AKP-Staaten[130] sind eine Assoziierung gemäß Art. 300 EGV (neu: Art. 217 AEUV).[131] Die Lomé-Abkommen sahen unter anderem Maßnahmen zur wirtschaftlichen Strukturhilfe und zur industriellen Zusammenarbeit mit dem Ziel der volkswirtschaftlichen Diversifizierung und der Absatzförderung vor.[132] Außerdem sollen Investitionen wechselseitig gefördert werden.[133] Im Wesentlichen besagt die in Artikel 258 (b) des Lomé IV- Abkommens festgesetzte Position, dass sowohl die AKP-Staaten, wie auch die Staaten der Europäischen Union den Vertragsstaaten des Abkommens eine gerechte und billige Behandlung in Anerkennung der Wichtigkeit von privaten Investitionen zur Förderung von Entwicklungszusammenarbeit zukommen lassen sollen.[134]

Am 23. Juni 2000 wurde das Lomé-Abkommen IV durch das für 20 Jahre geltende Partnerschaftsabkommen von Cotonou[135] zwischen der EU und über 70 afrikanisch-karibisch-pazifischen Staaten (AKP-Staaten) ersetzt. Dieses trifft in Artikel 78 Bestimmungen zum Schutz von Auslandsinvestitionen, indem insbesondere festgelegt wird, dass die Vertragsstaaten darin übereinstimmen, Investitionen der anderen Vertragsstaaten fördern und schützen zu wollen und zu diesem Zweck Investitionsschutzverträge schließen werden. Aussagen über konkret anzuwendende Standards zum Schutz von Auslandsinvestitionen, wie insbesondere auch der Grundsatz der gerechten und billigen Behandlung, werden hier aber nicht mehr getroffen.

c) Der ASEAN - Vertrag

Auch der ASEAN – Vertrag beinhaltet den Grundsatz der gerechten und billigen Behandlung.

---

130 Dolzer in: Vitzthum, Völkerrecht, 6. Abschn., Rn. 121; dazu etwa Oppermann/Classen/Nettesheim, Europarecht, 5. Auflage 2011, § 40 Rn.52, 56; maßgeblich war zuletzt das 4. AKP-E(W)G-Abkommen von Lomé v. 15.12.1989 (Abl EG 1991 L 229/3), das bis Ende 1999 lief, i.V.m. dem 8. Europäischen Entwicklungsfonds (1995–99).

131 Dolzer in: Vitzthum, Völkerrecht, 6. Abschn., Rn. 121.

132 Dolzer in: Vitzthum, Völkerrecht, 6. Abschn., Rn. 121.

133 Dolzer in: Vitzthum, Völkerrecht, 6. Abschn., Rn. 121.

134 Vasciannie, Fair and Equitable Treatment, S. 99 (116).

135 Partnership Agreement between the Members of the Africa, Caribbean and Pacific Group of States of the one Part and the European Community and its Member States of the other Part, unterzeichnet in Cotonou, Benin am 23 Juni 2000 (ABl 2000 L 317/3).

Art. III des „Agreement among the Government of Brunei Darussalam, the Republic Indonesia, Malaysia, the Republic of the Philippines, the Republic of Singapore and the Kingdom of Thailand for the promotion and Protection of Investments“[136] von 1987 besagt unter der Überschrift „General Obligations“:

“2. Investments of nationals or companies of and obligations Party in the Territory of other Contracting Parties shall at all times accorded fair and equitable treatment and shall enjoy full protection and security in the territory of the host country.”

Hier wird der Grundsatz der gerechten und billigen Behandlung ausdrücklich unter der Überschrift “General obligations” verwendet und soll somit wohl bereits einen grundlegenden Standard der Behandlung von Auslandsinvestitionen darstellen.

Der Vertrag ist durch eine Änderung gemäß Art. XII im Jahr 1996 in „The ASEAN Agreement for the Promotion and Protection of Investments“umbenannt worden.[137] Die Zusicherung einer gerechten und billigen Behandlung wurde aufrecht erhalten.

Bemerkenswert ist hier auch, dass es sich bei den Vertragsstaaten ausschließlich um Entwicklungsländer handelt, die traditionell Vorbehalte gegen den Grundsatz der gerechten und billigen Behandlung hegen, weshalb allgemein davon ausgegangen wird, dass diese Staaten den Grundsatz im Allgemeinen nur unter dem Druck durch die Industriestaaten vereinbaren. Hier ist allerdings kein Industriestaat beteiligt, so dass sich hier eine freiwillige Verpflichtung von Entwicklungsländern zur Anerkennung des Grundsatzes der gerechten und billigen Behandlung zeigt.

d) Das “Colonia Protocol on Reciprocal Promotion and Protection of Investments”

Auch das “Colonia Protocol on Reciprocal Promotion and Protection of Investments”, das von den MERCOSUR Mitgliedstaaten[138] im Januar 1994 unterzeichnet wurde garantiert den Investoren von jedem Mitgliedstaat von MERCOSUR ausdrücklich eine „gerechte und billige Behandlung zu jeder Zeit“. Ein Zusatz-

136 Veröffentlicht unter: http://www.asean.org/12812.htm.

137 1996 Protocol to Amend the ASEAN Agreement for the Promotion and Protection of Investments signed on 12 September 1996 in Jakarta, Indonesia by the Economic Ministers.

138 MERCOSUR wurde 1991 durch den Asuncion Vertrag gegründet. Mitgliedsstaaten sind: Argentinien, Brasilien, Paraguay und Uruguay.

protokoll zur Förderung und Sicherung von Investitionen aus Nicht-Mitgliedstaaten erstreckt die gleiche Behandlung auf deren Investitionen.[139]

Auch hier ist kein Industriestaat beteiligt, der den MERCOSUR-Staaten den Grundsatz hätte auferlegen können.

e) COMESA

Weiterhin verpflichtet der Artikel 159 des 1994 abgeschlossenen Vertrages, welcher einen Gemeinsamen Markt für die Ost- und Südafrikanischen Staaten (COMESA) errichtet, die Mitgliedstaaten von COMESA, „privaten Investoren eine gerechte und billige Behandlung zukommen zu lassen".[140] Gerade in regionalen Abkommen zeigt sich somit eine breite Akzeptanz des Grundsatzes, auch unter Entwicklungsländern.

Im Gegensatz zu der ursprünglichen Entwicklung bilateraler Investitionsschutzverträge, die dazu dienten, Bestrebungen von Entwicklungsländern engegenzutreten, die durch Enteignungen bzw. Verstaatlichung ihren Weg zur nationalen Unabhängigkeit forcieren wollten, zeigt sich in der Entwicklung regionaler Abkommen nur wenig später bereits die Bereitschaft dieser Länder, auch ohne den Druck von westlichen Industriestaaten ausländische Investitionen fördern und schützen zu wollen. Gerade der Grundsatz der gerechten und billigen Behandlung wird hier als Standard der Behandlung ausländischer Investitionen garantiert.

f) North American Free Trade Agreement (NAFTA)

Bekanntestes Beispiel für ein regionales Abkommen, das weit reichende Regelungen zur Liberalisierung und zum Schutz von Investitionen enthält, ist das Nordamerikanische Freihandelsabkommen (NAFTA = North American Free Trade Agreement) zwischen Kanada, Mexiko und den USA.[141]

Art. 1105 (1) des am 1. Januar 1994 in Kraft getretenen NAFTA- Übereinkommens bestimmt in Kapitel 11 im Absatz zum „Mindeststandard der Behandlung", dass:

„each Party shall accord to investments of investors of another Party treatment in accordance with international law, including fair and equitable treatment and full protection and security". Eine Wortwahl, die auch die Formulierungen

---

139 Yannaca-Small in: OECD, International Investment Law (2005), S. 80; UNCTAD, International Investment Instruments: A Compendium (1996), Vol. II. S. 527–534.

140 Yannaca-Small in: OECD, International Investment Law (2005), S. 80.

141 North American Free Trade Agreement; Vertragstext unter: http://www.nafta-sec-alena.org/en/view.aspx?x=343&mtpiID=142.

in einer Vielzahl bilateraler Investitionsschutzverträge zwischen Industrie- und Entwicklungsländern wiedergibt.

Unter keinem anderen Übereinkommen ist ausführlicher über die Bedeutung und den Schutzumfang des Grundsatzes der gerechten und billigen Behandlung diskutiert worden. Dies resultiert nicht zuletzt aus den zahlreichen Klagen ausländischer Investoren vor internationalen Schiedsgerichten, die eine Verletzung dieses Grundsatzes gemäß Art. 1105 (1) NAFTA geltend machten. Entsprechend hat das NAFTA-Übereinkommen eine Vorreiterrolle in der Interpretation dieses Grundsatzes eingenommen, weshalb insbesondere im Rahmen der Untersuchung der zu diesem Grundsatz ergangenen Rechtsprechung noch ausführlich auf dieses Übereinkommen zurückzukommen sein wird.[142]

g) Agreement between Singapore and EFTA

Auch das „Agreement between Singapore and EFTA" vom Juni 2002, das eine Freihandelszone zwischen den Parteien errichtet hat, bestimmt in Art. 39, dass die Vertragsparteien den Investitionen eines Investors einer anderen Vertragspartei zu jeder Zeit eine gerechte und billige Behandlung zukommen lassen sollen.[143]

h) Pacific Basin Charter on International Investments

Die „Pacific Basin Charter on International Investments"[144], welche durch das Komitee für Auslandsinvestitionen des „Pacific Basin Economic Council" 1995 herausgegeben wurde, zollt den Grundsätzen der Gerechtigkeit ebenfalls Achtung, indem festgestellt wird, dass die nationale Gesetzgebung, welche Auslandsinvestitionen betrifft, unter allen Gruppen von Investoren gerecht und nachvollziehbar sein soll und das die Regierungspolitik in Bezug auf Investitionen auf einer gerechten Grundlage angewendet werden soll. Das „Pacific Basin Economic Council" wird aus Repräsentanten der internationalen Wirtschaftsgemeinschaft aus über zwanzig Staaten gebildet, wobei es sich sowohl um kapitalexportierende Staaten, als auch um kapitalimportierende Staaten handelt.[145]

---

142 vgl. ausführlich unter C II.

143 Free Trade Agreement between the EFTA States and Singapore, Vertragstext veröffentlicht unter: http://www.worldtradelaw.net/fta/agreements/eftasingfta.pdf.

144 UNCTAD, International Investment Instruments: A Compendium (1996), vol. III, S. 375–379.

145 UNCTAD, International Investment Instruments: A Compendium (1996), vol. III, S.375–379; Vasciannie, Fair and Equitable Treatment, S. 99 (118).

i) Zwischenergebnis

Im Bereich regionaler Abkommen, die unter anderem der Förderung und dem Schutz von Auslandsinvestitionen dienen, ist festzuhalten, dass auch hier, parallel zu den Bemühungen zwischen einzelnen Staaten, bereits kurz nach dem Ende des 2. Weltkriegs erste Verhandlungen geführt und Verträge ausgearbeitet wurden.

Obwohl erste Bemühungen, wie etwa der Abschluss des Übereinkommens von Bogotá 1948 scheiterten, trugen die regionalen Übereinkommen doch wesentlich zu der Verbreitung des Grundsatzes der gerechten und billigen Behandlung bei.

Anders als in einigen frühen bilateralen Verträgen wurde der Grundsatz hier bereits als Zusicherung einer bestimmten Behandlung vereinbart, nicht lediglich, wie es in einigen bilateralen Investitionsschutzverträgen den Anschein hat, als Ausdruck einer positiven Grundeinstellung, ohne damit ein konkretes Verhalten zu garantieren.

Weiter ist beachtenswert, dass sich ein Wandel in der Einstellung gerade von Entwicklungsländern gegenüber ausländischen Investitionen vollzogen zu haben scheint. Während Investitionsschutzverträge ursprünglich dazu dienten, einen wirksamen Schutz ausländischer Investoren in Entwicklungsländern zu garantieren, die versuchten, ihren Weg zur Unabhängigkeit durch Enteignung und durch Verstaatlichung ausländischen Kapitals zu forcieren, finden sich nunmehr einige regionale Abkommen unter Entwicklungsländern, die selbst einen Schutz ausländischer Investitionen vereinbaren. Bemerkenswert ist, dass sich gerade auch in diesen Abkommen der absolute Standard der gerechten und billigen Behandlung als eine Garantie eines bestimmten Verhaltens findet und zwar, im Gegensatz zur Meistbegünstigungsklausel und Inländergleichbehandlung, unabhängig vom Verhalten des Staates gegenüber eigenen Staatsbürgern oder Dritten.

Damit haben insbesondere auch die regionalen Abkommen bereits früh zur Etablierung des Grundsatzes der gerechten und billigen Behandlung als einem absoluten Schutzstandard für Investitionen ausländischer Investoren beigetragen, wobei sich bereits hier eine Akzeptanz dieses Grundsatzes auch von Entwicklungsländern abzeichnet.

3. Multilaterale Abkommen, die den Grundsatz der gerechten und billigen Behandlung beinhalten

Schließlich ist auch im Rahmen der Vertragsentwürfe multilateraler Abkommen immer wieder festzustellen, dass die Vereinbarung des Grundsatzes der gerechten und billigen Behandlung diskutiert wird. Bisher konnte allerdings so gut wie keines der multilateralen Abkommen zu einem erfolgreichen Abschluss gebracht werden und tatsächlich in Kraft treten. Dennoch hat die Erwähnung des Grundsatzes der gerechten und billigen Behandlung in den Vertragsentwürfen nicht unwesentlich zu dessen Verbreitung beigetragen.

a) Die Havanna - Charta

Die erste Bezugnahme auf eine „billige“ Behandlung in einem multilateralen Text findet sich in der „Havanna Charter for an International Trade Organisation“ von 1948.[146]

Hier handelt es sich um einen multilateralen Text, der als Grundlage für die Einrichtung einer Internationalen Handelsorganisation („International Trade Organization“/ITO) vorbereitet worden war.[147] Die Nachkriegsidee, eine Internationale Organisation einzurichten, die sich im Wesentlichen mit Handelsangelegenheiten beschäftigt, wurde von den USA in deren „Proposals for an Expansion of World Trade and Employment“[148] von 1945 vorgeschlagen.[149]

Ungeachtet der Schwerpunktsetzung auf den internationalen Handel war es ein wichtiges Ziel der Charter, wie sie letztendlich entworfen wurde, die wirtschaftliche Entwicklung insbesondere in Entwicklungsländern zu unterstützen und den internationalen Kapitalfluss für Produktionsinvestitionen zu fördern.[150] Folglich enthielt die Havanna Charter eine Reihe von Normen, die Auslandsinvestitionen betrafen, sowie Regelungen über das Verhältnis zwischen Staaten und ausländischen Investoren.[151] Speziell in deren Artikel 11 (2) wurde beabsichtigt, ausländischen Investitionen eine gerechte und billige Behandlung („just and equitable treatment“) zu sichern.

Der Artikel bestimmte, dass die ITO: “could
1. make recommendations for and promote bilateral or multilateral agreements on measures designed…
2. …to assure just and equitable treatment for the enterprise, skills, capital, arts and technology brought from one member country to another”.

146 Yannaca-Small in: OECD, International Investment Law (2005), S.75.
147 Vasciannie, Fair and Equitable Treatment, S. 99 (107);UNCTC, Bilateral Investment Treaties 1959–1991, United Nations, New York 1992, S. 12.
148 vgl. Nwogugu, The Legal Problems of Foreign Investment in Developing Coutries (1965), S. 137–9; Wilcox, A Charter for World Trade (1949), S. 145–148; Fatouros, Legal Security for International Investment (1959), S. 699–733 (701 f.).
149 Vasciannie, Fair and Equitable Treatment, S. 99 (107).
150 Art. 1.
151 Vasciannie, Fair and Equitable Treatment, S. 99 (107).

Auch hier fällt wieder eine Variation in der genannten Wortwahl des Grundsatzes auf, indem hier nicht von "fair and equitable", sondern von "just and equitable" gesprochen wird. Auch hier handelt es sich jedoch um Synonyme, die keinen inhaltlichen Unterschied begründen.

Weiterhin ist erwähnenswert, dass hier eine Formulierung verwendet wird, die den Grundsatz der gerechten und billigen Behandlung nicht allgemein auf Auslandsinvestitionen bezieht, sondern versucht, den Schutzumfang dadurch konkreter zu fassen, indem die Bezugspunkte, auf die sich eine gerechte und billige Behandlung richten muss genauer ausgeführt werden, nämlich Unternehmen, Kenntnisse, Kapital, Fähigkeiten und Technologien. Dies ist letztendlich allerdings eine Frage, die in späteren Verträgen im Rahmen die Definition des Begriffs der Investitionen diskutiert wird. Auf den Schutzumfang des Grundsatzes der gerechten und billigen Behandlung selbst hat dies nur mittelbare Auswirkungen.

Festahlten lässt sich jedenfalls, dass bereits in diesem frühen multilateralen Abkommen davon ausgegangen wird, dass die Zusicherung einer gerechten und billigen Behandlung Investitionen, gerade auch in Staaten mit weniger stabilen rechtlichen Rahmenbedingungen, fördert.

Die ITO sollte unter anderem dazu autorisiert werden, Übereinkommen zu fördern, welche eine „billige Verteilung" von Fachpersonal, Fachwissen, Technologien, Materialien und Ausrüstung im Hinblick auf die Bedürfnisse der einzelnen Mitgliedstaaten erleichtern würden.[152] Weiterhin sollten die Mitgliedstaaten das Recht jedes Staates anerkennen, die Voraussetzungen für die Zulassung ausländischer Investoren auf seinem Territorium zu bestimmen, sie sollten einheitliche Bedingungen für die Eigentumsverhältnisse an den Investitionen aufstellen und andere vernünftige Anforderungen unter Beachtung bestehender und künftiger Investitionen anwenden.[153] Hier zeigt sich bereits, dass der Grundsatz der gerechten und billigen Behandlung in multilateralen Abkommen von vorneherein in Zusammenhang mit dem Schutz von Auslandsinvestitionen verwendet wurde.

Obwohl diese Vorschrift als Präjudiz wertvoll ist, ist zu beachten, dass sie selbst diesen Standard für die Behandlung von Investoren nicht garantiert; vielmehr autorisiert sie die Internationale Handelskammer dazu, einfordern zu können, dass zukünftige Abkommen diesen Standard enthalten.[154]

---

152 Yannaca-Small in: OECD, International Investment Law (2005), S. 76; Vasciannie, Fair and equitable Treatment, S. 99 (108).

153 Yannaca-Small in: OECD, International Investment Law (2005), S. 76; Vasciannie, Fair and equitable Treatment, S. 99 (108).

154 Yannaca-Small in: OECD, International Investment Law (2005), S. 76, Fn. 6; Vasciannie, Fair and equitable Treatment, S. 99 (108).

Wegen einiger ungelöster Streitpunkte ratifizierten führende Industrieländer die Charta nicht und brachten damit die erste Bemühung der Nachkriegszeit zum Abschluss eines multilateralen Übereinkommens im Bereich des Handels und der Investitionen nicht zu einem erfolgreichen Ende.[155]

b) Der „International Code of Fair Treatment for Foreign Investments"

Als Bestrebung einer Nichtregierungsorganisation, die öffentliche Politik in dieser Hinsicht zu beeinflussen, hat die Internationale Handelskammer („International Chamber of Commerce", ICC) bereits 1949 einen „International Code of Fair Treatment for Foreign Investments", der auf dem Kongress der ICC in Quebec gebilligt wurde, veröffentlicht.[156]

Wie der Titel bereits nahe legt, befasste sich der Kodex im Wesentlichen mit der Identifizierung der Hauptelemente einer gerechten Behandlung ausländischer Investoren aus Sicht der ICC, welche die Nichtdiskriminierung,[157] die Inländergleichbehandlung[158] und den Zugang zu Gerichten[159] umfassen.[160] Ein nachfolgendes durch den Rat der ICC herausgegebenes Dokument, die „Guidelines for International Investment"[161] von 1972, behielt den Fokus der ICC auf die Standards der Behandlung bei, indem er unter anderem in Abschnitt V, Art. 3 (a) (i)) darauf hinwies, dass die Regierungen der Gastgeberstaaten die „recognized priciples of international law, reflected in many international treaties regarding the treatment of foreign property, concerning … fair and equitable treatment for such property" respektieren sollten.

c) Die „Draft Convention on Investments Abroad"

Auch von Seiten der privaten Wirtschaft wurden Bemühungen im Hinblick auf den Abschluss eines multilateralen Instrumentes zum Schutz von Auslandsinvestitionen unternommen.

155 Yannaca-Small in:OECD, International Investment Law (2005), S. 76; Vasciannie, Fair and equitable Treatment, S. 99 (108); UNCTAD, International Investment Instruments: A Compendium (1996), vol. I, S.XX.

156 Der Text ist veröffentlicht in: UNCTAD, International Investment Instruments: A Compendium (1996), vol. III, S. 273–278.

157 Art. 3, 4, 5, 6 und 7.

158 Art. 3, 4, 5, 6 und 7.

159 Art. 5.

160 Vasciannie, Fair and Equitable Treatment, S. 99 (118).

161 ICC-Guidelines for International Investments, 29. November 1972, ICC-Paris, Publ. No. 272 (1973).

So wurde 1959 in Artikel 1 der „Draft Convention on Investments Abroad“[162], welche unter der Leitung von Hermann Abs, dem damaligen Vorstandsvorsitzenden der Deutschen Bank und Lord Shawcross, dem britischen Kronanwalt und damaligen Direktor von Shell entwickelt wurde, festgesetzt: „each Party shall at all times ensure fair and equitable treatment to the property of the nationals of the other Parties“.[163]

In der Konvention wurde im Übrigen zusätzlich zum Grundsatz der gerechten und billigen Behandlung auch voller Schutz und Sicherheit für das Eigentum des ausländischen Investors festgeschrieben und willkürliche oder diskriminierende Maßnahmen verboten.[164] Aufgrund der Herkunft des Übereinkommens und dessen Betonung des Schutzes der Investoren wurde es verbreitet als die Interessen der kapitalexportierenden Staaten begünstigend angesehen.[165]

Dies entspricht wohl auch der allgemeinen Ansicht zu Beginn der Entwicklung des modernen Investitionsschutzrechts, der Praxis der Enteignung und Verstaatlichung in einigen Entwicklungsländern durch einen wirksamen Schutz ausländischer Investitionen begegnen zu wollen.

Durch dieses bereits im Jahr 1959 herausgegebene Vertragsvorhaben wird deutlich, dass die Initiative zum Abschluss entsprechender völkerrechtlicher Verträge zunächst nicht von Regierungsseite, sondern vielmehr von Seiten der privaten Wirtschaft erfolgte.

---

162 Der Text ist veröffentlicht in: Abs, Herman and Shawcross, Hartley (1960), “Draft Convention on Investments Abroad”, in “The proposed convention to protect private foreign investment: a round table”, Journal of Public Law (aktuell Emory Law Journal), vol. 1, Frühjahr 1960, S. 115–118.

163 Yannaca-Small in: OECD, International Investment Law (2005), S. 77; Abs / Shawcross, “The proposed Convention to Protect Foreign Investment: A Round Table: Comment on the Draft Convention by its Authors”, a.a.O., S. 119–124.

164 Art. I; dazu Vasciannie, Fair and Equitable Treatment, S. 99 (112).

165 Vasciannie, Fair and Equitable Treatment, S. 99 (112); zu diesem Punkt auch z.B.: Larson, Recipients Rights Under an International Investment Code, Journal of Public Law, 9 (1960), S. 172–175, insb. auf. 172: “The principal flaw in the Draft Convention is its one-sidedness. In form it is even-handed....In substance, however, the entire concern of the Convention is the protection of the rights of the investor. There are no provisions motivated by concern for the rights of the hostcountry. “; Brandon, Survey of Current Approaches to the Problem, in: “The Encouragement and Protection of Investment in Developing Coutries” (International and comparative Law Quaterly, Supplementary Publication No.3 (1962)), S. 1–17 (11); zu der Ansicht, dass die Abs-Shawcross Draft Convention und auch andere Investitionsschutzinstrumente dieser Zeit von der Annahme ausgehen, dass kapitalimportierende und kapitalexportierende Staaten größtenteils identische Interessenlagen haben und zu Kritik an dieser Annahme vgl. Fatouros, An International Code to Protect Private Investments – Proposals and Perspectives, University of Toronto Law Journal, vol. 14 (1961–62), S. 77–102 (99–102).

Die Bestrebungen zum Abschluss der Abs-Shawcross Konvention haben zur deutschen Anfrage an die OECD geführt, sie möge eine Konvention zum Internationalen Schutz des Privateigentums entwickeln.[166]

d) Die "Draft Convention on the Protection of Foreign Property"

Innerhalb der OECD begannen in den frühen 60er Jahren intensive Diskussionen, die in der Annahme der „Draft Convention on the Protection of Foreign Property" durch den Rat der OECD am 12. Oktober 1967 gipfelten.[167]

In Artikel 1(a) heißt es:
"Each Party shall at all times ensure fair and equitable treatment to the property of the nationals of the other Parties. It shall accord within its territory the most constant protection and security to such property and shall not in any way impair the management, maintenance, use, enjoyment or disposal thereof by unreasonable or discriminatory measures. The fact that certain nationals of any State are accorded treatment more favourable than that provided for in this Convention shall not be regarded as discriminatory against nationals of a Party by reason only of the fact that such treatment is not accorded to the latter."

Die „Draft Convention" repräsentiert entsprechend ihres wirtschaftlichen und politischen Einflusses die kollektive Ansicht und dominante Entwicklung der OECD Staaten in Investitionsangelegenheiten, obwohl sie nie zur Unterzeichnung freigegeben wurde, und beeinflusste die Struktur der Beratungen über Auslandsinvestitionen in dieser Periode.[168]

Die Forderung in der Draft Convention, eine gerechte und billige Behandlung sicherzustellen, gab dem Standard dementsprechend eine größere Bedeutung als frühere Instrumente.[169] Die Formulierung in Artikel 1 (a) der Konvention legt eine gerechte und billige Behandlung für das Eigentum von Investoren fest und sichert ihnen zu, dass ihr Eigentum keinen willkürlichen oder diskriminierenden Maßnahmen ausgesetzt wird; allerdings wird durch die Erklärung, dass eine Vorzugsbehandlung bestimmter Staatsangehöriger nicht notwendigerweise eine Diskriminierung darstellt, die Anwendung der Meistbegünstigungsklausel aus-

166 Yannaca-Small in: OECD, International Investment Law (2005), S. 77.
167 Draft Convention on the Protection of Foreign Property, OECD (1967), Text veröffentlicht unter: http://www.oecd.org/dataoecd/35/4/39286571.pdf.
168 Yannaca-Small in: OECD, International Investment Law (2005), S. 77.
169 Yannaca-Small in: OECD, International Investment Law (2005), S. 77.

geschlossen.[170] Es ist ebenso bemerkenswert, dass die OECD Draft Convention keinen Bezug auf die Inländergleichbehandlung nimmt.[171]

Hier wird folglich in Abkehr von diesen relativen Standards ausdrücklich nur auf den absoluten Standard der gerechten und billigen Behandlung von Auslandsinvestitionen abgestellt.

e) Das „Draft OECD Multilateral Agreement on Investments“

Ebenfalls durch die Mitgliedstaaten der OECD wurden 1995 Verhandlungen um ein multilaterales Investitionsschutzabkommen (MAI) eingeleitet, um den bestehenden Flickenteppich bilateraler Abkommen durch ein einheitliches internationales Regelwerk zu ersetzen, welches Auslandsinvestitionen in umfassender Art schützt.[172] Auch hier wurde der Grundsatz der gerechten und billigen Behandlung normiert.

Obwohl zunächst nur die OECD-Mitgliedstaaten an den Verhandlungen über den Vertragstext teilnahmen, wurde ausdrücklich festgelegt, dass auch Staaten außerhalb der OECD Mitglieder des aus den Verhandlungen hervorgegangenen Vertrages werden können. Das aus den Verhandlungen hervorgegangene „Draft OECD Multilateral Agreement on Investment“ von 1998[173] weist in seiner Präambel darauf hin, dass gerechte, transparente und vorhersehbare Investitionsregime das Welthandelssystem ergänzen und unterstützen, während der Artikel zur „Generellen Behandlung“[174] feststellt, dass:

“Each contracting Party shall accord fair and equitable treatment and full and constant protection and security to foreign investment in their territories. In no case shall a contracting Party accord treatment less favourable than that required by international law.”

---

170 Vasciannie, Fair and Equitable Treatment, S. 99 (113).

171 Vasciannie, Fair and Equitable Treatment, S. 99 (113).

172 Dolzer in: Vitzthum (Hrsg.), Völkerrecht, 6. Abschn. Rn.49; vgl. dazu Karl, Das multilaterale Investitionsabkommen, RIW 1998, 432. – Die OECD konnte insoweit an ihre unverbindlichen Richtlinien aus dem Jahre 1961 (Codes of Liberalisation of Current Invisible Operations and of Capital Movements), aus dem Jahre 1976 (Declaration on International Investment and Multinational Enterprises, ILM 15 [1976] 967ff; als Annex 1: Guidelines for Multinational Enterprises; eine Überarbeitung der Leitsätze erfolgte im Jahr 2000) sowie auch an die Guidelines on the Treatment of Foreign Direct Investment der Weltbank (ICSID Review 7 [1992] 297ff) anknüpfen; vgl. hierzu Tschofen, Multilateral Approaches to the Treatment of Foreign Investment, ICSID Review 7 (1992), Seite 384 ff; Petersmann, Codes of Conduct, EPIL I (1992) S. 627 ff. sowie Buxbaum/Riesenfeld, Investment Codes, EPIL II (1995) S. 1439 ff.

173 The Multilateral Agreement on Investment: The Main Negotiating Text (as of 14 February 1998), Text veröffentlicht unter: http://www1.oecd.org/daf/mai/pdf/ng/ng987r1e.pdf.

174 Abschnitt IV (Investment Protection), Artikel 1.1.

Hier fällt zunächst auf, dass in der Formulierung dieses Entwurfs eines Dokumentes, dass einen für eine Vielzahl von Staaten geltenden umfassenden Investitionsschutz gewähren sollte, der Artikel zur generellen Behandlung in seinem Satz 2 ebenfalls, wie bereits oben in einigen bilateralen Verträgen festgestellt, eine Verbindung zum völkergewohnheitsrechtlichen Mindeststandard der Behandlung herstellt. Dabei ist von der Wortwahl hier allerdings nicht eindeutig festzustellen, ob der Grundsatz der gerechten und billigen Behandlung mit den völkergewohnheitsrechtlichen Normen gleichzusetzen ist. Nach dem Wortlaut kann hier davon ausgegangen werden, dass eine Behandlung jedenfalls dann (auch) gegen den Grundsatz einer gerechten und billigen Behandlung verstoßen wird, wenn der völkergewohnheitsrechtlich anerkannte Mindeststandard der Behandlung missachtet wurde. Die umgekehrte Schlussfolgerung, dass der Grundsatz ausschließlich bei einer Missachtung völkergewohnheitsrechtlicher Normen verletzt sein kann, ist dem Wortlaut des Vertragentwurfes dagegen nicht zwingend zu entnehmen.

Im Gegensatz zur OECD Draft sollte durch das MAI neben dem Grundsatz der gerechten und billigen Behandlung auch die Inländergleichbehandlung sowie die Meistbegünstigungsklausel zum Schutz ausländischer Investoren Anwendung finden. Weiterhin wurde in einer Klausel, die unterstreicht, dass das Abkommen nach einer breiten Basis für den Schutz von Auslandsinvestitionen strebt, festgesetzt, dass die Vertragsparteien die Verwaltung, den Betrieb, die Instandhaltung, den Genuss, die Nutzung, die Veräußerung und die Liquidation von Investitionen innerhalb ihres Staatsgebietes durch Investoren einer anderen Vertragspartei nicht beeinträchtigen sollen.[175] Hier sollte nun also der Grundsatz der gerechten und billigen Behandlung als Teil eines einheitlichen und umfassenden Investitionsschutzes festgesetzt werden, dem sich über die Mitgliedstaaten der OECD hinaus auch andere Staaten anschließen sollten.

Dieser Versuch scheiterte allerdings.

Umstritten blieb unter anderem, in welcher Weise das MAI auf soziale und ökologische Belange eingehen sollte und ob ganze Sektoren ausgenommen werden konnten, wie dies etwa Frankreich und Kanada entsprechend dem Vorbild des GATT für die Kulturindustrie forderten.[176] Im Ganzen erwies sich das MAI als ein allzu ehrgeiziger Versuch einer Globalregelung zur Öffnung der Märkte für Auslandsinvestitionen analog den handelsbezogenen Regeln der WTO.[177] Auch zwischen den Industriestaaten bestand in wesentlichen Fragen keine Einigkeit, so dass die Verhandlungen 1998 schließlich scheiterten.[178]

---

175 Abschnitt IV, Art. 1.2.

176 Dolzer in: Vitzthum (Hrsg.), Völkerrecht, 6. Abschn. Rn. 49.

177 Dolzer in: Vitzthum (Hrsg.), Völkerrecht, 6. Abschn. Rn. 49.

178 Dolzer in: Vitzthum (Hrsg.), Völkerrecht, 6. Abschn. Rn. 49.

f) Der „Draft United Nations Code of Conduct on Transnational Corporations“

Ein früher Versuch, den Standard der gerechten und billigen Behandlung in einem multilateralen Abkommen zu verankern wurde durch den Text des „Draft United Nations Code of Conduct on Transnational Corporations“[179], also innerhalb der Vereinten Nationen, vorgenommen, der in Artikel 48 bestimmt:

"Transnational Corporations should receive [fair and] equitable [and non discriminatory] treatment [under][in accordance with]the laws, regulations and administrative practices of the countries in which they operate [as well as intergovernmental obligations to which the Governments of these countries have freely subscribed] [consistent with their international obligations] [consistent with international law]."

Obwohl alle oben in Klammern angeführten Streitpunkte in der letzten Version des Textes (1986) keinen Konsens erreicht haben, waren sich die an den Verhandlungen beteiligten Staaten, also sowohl kapitalexportierende als auch kapitalimportierende Staaten, darüber einig, dass der Text eine „gerechte Behandlung“ transnationaler Unternehmen bestimmen soll.[180]

g) Der Vertrag über die Energiecharta

Schließlich bestimmt der Energiechartervertrag von 1994[181] als ein multilaterales, wenn auch auf einen Sektor begrenztes Abkommen, ebenfalls, dass zu jeder Zeit eine gerechte und billige Behandlung erfolgen soll.

Er ist nach dem Auseinanderbrechen der Sowjetunion von einer größeren Anzahl von OECD-Mitgliedern (unter Einfluss der USA, Kanadas, Japans und Australiens), den Europäischen Gemeinschaften, den Nachfolgestaaten der Sowjetunion und anderen Staaten Mittel- und Osteuropas ausgehandelt worden und am 16.04.1998 in Kraft getreten.

Obwohl der Vertrag auf einen Sektor begrenzt ist, ist er in diesem Zusammenhang signifikant, weil sich unter den Vertragsparteien[182] einige Staaten befinden, deren Wirtschaftssysteme sich gerade im Übergang von einer Planwirtschaft zu freier Marktwirtschaft befinden und den Standard einschließen. Ziel des Ver-

179 Text veröffentlicht unter: http://unctc.unctad.org/data/e90iia11k.pdf (Annex IV).

180 Vasciannie, Fair and Equitable Treatment, S. 99 (115); Yannaca-Small in: OECD, International Investment Law (2005), S.79.

181 Der Vertrag über die Energiecharta, Text veröffentlicht unter: http://www.encharter.org/ fileadmin/use r _upload/Publications/GE.pdf

182 Liste der Vertragsparteien unter: http://www.encharter.org/index.php?id=61.

tragswerkes ist die Schaffung eines umfassenden Ordnungsrahmens für Investitionen und Handel auf dem Energiesektor.[183]

Zu den Kernbestimmungen gehören Förderung und Schutz von Investitionen in Teil III des Vertrages, dessen Artikel 10 (1) bestimmt:

"Each Contracting Party shall, in accordance with the provisions of this Treaty, encourage and create stable, equitable, favourable and transparent conditions for Investors of other Contracting Parties to make Investments in its Area. Such Conditions shall include a commitment to accord at all times to Investments of Investors of other Contracting Parties fair and equitable treatment. Such investments shall also enjoy the most constant protection and security and no Contracting Party shall in any way impair by unreasonable or discriminatory measures their management, maintenance, use, enjoyment or disposal. In no case shall such Investments be accorded treatment less favourable than that required by international law, including treaty obligations. Each Contracting Party shall observe any obligations it has entered into with an Investor or an Investment of an Investor of any other Contracting Party."

Neben dem Grundsatz der gerechten und billigen Behandlung werden ebenfalls die Grundsätze der Inländergleichbehandlung und der Meistbegünstigung festgelegt.[184]

Besonders bemerkenswert ist, dass sich hier tatsächlich eine Vielzahl von Staaten, darunter sowohl Industriestaaten als auch Transformationsländer, wenn auch nur für einen bestimmten Sektor, auf einheitliche Regelungen unter anderem zum Investitionsschutz geeinigt haben, insbesondere auf die Zusicherung einer gerechten und billigen Behandlung, was zeigt, dass der Grundsatz auf breite Akzeptanz stößt.

h) Abkommen über die Errichtung der Internationalen Investitions-Garantie-Agentur (MIGA)

Das wichtigste bestehende multilaterale Abkommen ist das über die Errichtung der Internationalen Investitions-Garantie-Agentur (MIGA) vom 11.10.1985.[185] Auf eine Initiative des Gouverneursrats der Weltbank zurückgehend versichert die MIGA nichtkommerzielle Investitionsrisiken in Entwicklungsländern und fördert den Kapitaltransfer in diese Staaten.[186] Versicherungsfähig sind das Transferrisiko (Behinderungen beim Umtausch/Transfer einer Währung), das

183 Herdegen, Internationales Wirtschaftsrecht, § 23 Rn. 26.

184 Artikel 10 des Vertrags.

185 MIGA-Übereinkommen, BGBl. 1987 II, S. 454; ILM 24 (1985), S. 1598.

186 Dolzer in: Vitzthum, Völkerrecht, 6. Abschn. Rn. 50; Herdegen, Internationales Wirtschaftsrecht, § 23 Rn. 33.

Enteignungsrisiko sowie das Risiko einer Vertragsverletzung und einer militärischen Auseinandersetzung.[187] Praktische Bedeutung hat die Weltbanktochter vor allem bei schleichenden Enteignungen und bei Devisenbeschränkungen.[188]

Bis Ende des Jahres 2010 ist die Mitgliederzahl auf 175 Staaten gestiegen, wovon es sich bei 150 Staaten um Entwicklungsländer handelt und 25 Industriestaaten zu den Mitgliedern der MIGA zählen.[189]

Das Übereinkommen zur Errichtung einer Internationalen Investitions-Garantie-Agentur (MIGA) von 1985 bestimmt in Art. 12 (d), dass sich MIGA, um die Garantie einer Investition zu übernehmen, davon überzeugen muss, dass eine gerechte und billige Behandlung sowie ein rechtlicher Schutz für die Investition in dem betreffenden Gaststaat besteht.[190]

Damit wird im Text der Konvention zwar Bezug auf den Standard der gerechten und billigen Behandlung genommen, es wird jedoch keine direkte Verpflichtung der Staaten begründet, ausländischen Investoren eine gerechte und billige Behandlung zu garantieren. Ebenso wenig kann aufgrund dieser Bestimmung eine Verletzung des Standards geltend gemacht werden. Allerdings stellt sich die Festlegung der MIGA, nur solche Investitionen zu versichern, denen durch den Gastgeberstaat eine gerechte und billige Behandlung zugesichert wird, nicht ausschließlich als Vorsichtsmaßnahme dar, um das Risiko für garantierte Investitionen zu senken, sondern auch als eine Maßnahme anhand derer MIGA seine Ziele nach Art. 2 und 23 verfolgt, die Investitionsströme in und von Entwicklungsländern untereinander zu verbessern, was eine Verbesserung des Investitionsschutzes voraussetzt.[191] Dementsprechend wird durch die Forderung in Art. 12 (d) der Konvention ausländischen Investoren ein Anreiz gegeben, in solche Länder zu investieren, in denen ihrer Investition eine gerechte und billige Behandlung garantiert wird, was zur Verbreitung des Grundsatzes beiträgt.

---

187 Dolzer in: Vitzthum, a.a.O., 6. Abschn. Rn. 50; Herdegen, a.a.O., § 23 Rn. 33.

188 Dolzer in: Vitzthum, a.a.O., 6. Abschn. Rn. 50; Herdegen, a.a.O., § 23 Rn. 33.

189 Liste der Mitgliedstaaten mit Eintrittsdatum veröffentlicht unter: http://web.worldbank.org/WBSITE/EXTERNAL/EXTABOUTUS/ORGANIZATION/BODEXT/0,,contentMDK:20122866~menuPK:64020025~pagePK:64020054~piPK:64020408~theSitePK:278036~isCURL:Y,00.html

190 Artikel 12 (d) der Konvention lautet:
d) Bei der Übernahme einer Garantie für eine Investition muss sich die Agentur vom Vorliegen folgender Tatsachen vergewissern:
iv) die Investitionsbedingungen im Gastland, einschließlich der Verfügbarkeit einer gerechten und angemessenen Behandlung und eines Rechtsschutzes für die Investition.

191 Yannaca-Small in: OECD, International Investment Law (2005), S. 79.

i) Die "World Bank Guidelines on Treatment of Foreign Direct Investment"

Schließlich bestimmen auch die "World Bank Guidelines on Treatment of Foreign Direct Investment"[192] von 1992 in Art. III (2), dass: "each State will extend to investments established in its territory by nationals of any other State fair and equitable treatment according to the standards recommended in the Guidelines."

In einem Arbeitspapier der WTO wird weniger weitreichend darauf abgestellt, dass „the standard is considered to cover the principle of non-discrimination, along with other legal principles related to the treatment of foreign investors, but in a more abstract sense than the standards of MFN and national treatment".[193]

Weiterhin wird in Art. II (3) der Standard der Behandlung festgelegt, welcher auf ausländische Investoren im Hinblick auf Personensicherheit und Eigentumsrechte, die Vergabe von Genehmigungen und Lizenzen, den freien Transfer von Einkommen und Gewinnen und die Rückführung von Kapital anzuwenden ist.[194] Vorgeschlagen wird eine Vorgehensweise, wonach gerechte und billige Behandlung als ein umfassendes Erfordernis zu sehen ist.[195]

4. Zwischenergebnis

Die historische Entwicklung des internationalen Investitionsschutzrechts in seiner heutigen Ausprägung beginnt, wie sich aus der obigen Darstellung ergibt, mit dem Abschluss bilateraler Investitionsschutzverträge seit Ende der 1950er Jahre. Auch auf regionalem und multilateralem Gebiet beginnt die Entwicklung eines ausdrücklichen Schutzes ausländischer Investitionen bereits in der Zeit nach dem Zweiten Weltkrieg. Hier wird deutlich, dass die Initiative zum Abschluss entsprechender völkerrechtlicher Verträge sowie auch die konkreten Vorschläge zur Ausgestaltung zunächst nicht von Regierungsseite her erfolgten, sondern vielmehr von Seiten der privaten Wirtschaft, insbesondere durch die Abs-Shawcross Draft Convention on Investment Abroad (1958), die durch den damaligen Vorstandsvorsitzenden der Deutschen Bank, Hermann Joseph Abs

192 World Bank Guidelines on the Treatment of Foreign Direct Investment, Text veröffentlicht unter: http://italaw.com/documents/WorldBank.pdf

193 WTO Secretariat, Non-Discrimination Most-Favoured-Nation and National Treatment, WT/WGTI/W/118 auf S. 10 (4. Juni 2002).

194 Yannaca-Small in: OECD, International Investment Law (2005), S. 79.

195 Yannaca-Small, a.a.O., S. 79.

und den damaligen Direktor von Shell, Lord Shawcross, erarbeitet wurde und bis heute die Grundlage bilateraler Investitionsschutzverträge bildet.[196]

In Bezug auf den Grundsatz der gerechten und billigen Behandlung ergibt sich aus der vorhergehenden Darstellung der historischen Entwicklung der Vertragspraxis, dass der Verweis auf eine gerechte und billige Behandlung, nachdem er zuerst in den FCN-Verträgen der USA erwähnt wurde und nach dem Zweiten Weltkrieg in verschiedenen Entwürfen multilateraler Abkommen zum Investitionsschutz erscheint, schließlich seit Beginn der 70er Jahre immer mehr zum festen Bestandteil insbesondere in den bilateralen Investitionsschutzverträgen geworden ist.

Die Tatsache, dass der Standard aus den einen weit größeren Bereich rechtlicher Belange abdeckenden FCN-Verträgen in die speziell auf den Schutz und die Förderung von Auslandsinvestitionen zugeschnittenen BITs übernommen wurde, sollte vor diesem Hintergrund nicht als zufällig erachtet werden.[197] Es erscheint vielmehr so, dass die Autoren der BITs es als sinnvoll und wünschenswert erachtet haben, zusätzlich zu den speziellen Regelungen der Verträge einen generellen Standard einzubeziehen, der die Sachverhalte und Bereiche abdeckt, die für ein erstrebenswertes Maß an Schutz relevant sind und nicht unter die speziellen Regelungen fallen.[198]

Dies macht deutlich, dass der Grundsatz der gerechten und billigen Behandlung hier gleichsam als Auffangtatbestand angesehen wird. Er soll sowohl als absoluter Standard einen gleich bleibenden Schutz von ausländischen Investoren unabhängig von der Behandlung der eigenen Staatsangehörigen oder der Staatsangehörigen von Drittstaaten begründen, als auch eine Grundlage des mindestens geforderten Schutzes für die Investitionen ausländischer Investoren in Fällen begründen, die nicht aufgrund einer anderen Vertragsnorm, wie beispielsweise dem Verbot von Enteignungen, geschützt sind.

Weiterhin zeigt sich, dass sich der Begriff der gerechten und billigen Behandlung insbesondere in wirtschaftlichen Verträgen zwischen Industrieländern entwickelt hat. Dementsprechend kann er wohl originär in den Bereich wirtschaftlicher Zusammenhänge, insbesondere von Auslandsinvestitionen, eingeordnet werden. Dies deutet im Ansatz darauf hin, dass der Grundsatz auch abstrakt, also unabhängig von den völkergewohnheitsrechtlichen Grundsätzen, die gerade zu Beginn der Entwicklung des völkervertraglichen Schutzes von Auslandsin-

196 Vgl. Tietje, Internationales Investitionsschutzrecht im Spannungsverhältnis von staatlicher Regelungsfreiheit und Schutz wirtschaftlicher Individualinteressen, Beiträge zum Transnationalen Wirtschaftsrecht, Heft 93, Februar 2010, S. 7.

197 Vgl. Dolzer, Fair and Equitable Treatment, in: The International Lawyer, 2005, S. 87 (89).

198 Dolzer, Fair and Equitable Treatment, in: The International Lawyer, 2005, S. 87 (89); Dolzer / Schreuer, Principles of International Investment Law, Oxford University Press, 2008. S. 122.

vestitionen in diesem Bereich noch kaum entwickelt waren, zu interpretieren ist. Auszugehen ist hierbei allerdings immer von der konkreten Formulierung in den einzelnen Verträgen.

In den unterschiedlichen Formulierungen der einzelnen Verträge in Bezug auf die Verwendung des Grundsatzes der gerechten und billigen Behandlung, wie auch darin, dass bisher, mit Ausnahme des Energiechartavertrages für den Bereich des Energiesektors, kein multilaterales Abkommen zum Schutz von Auslandsinvestitionen in Kraft getreten ist, zeigt sich, dass ein breiter Konsens der Staaten in dieser Hinsicht zunächst nicht erzielt werden konnte und dies durch den Abschluss bilateraler Verträge ausgeglichen wurde, in denen sich nur zwei Staaten auf eine Formulierung einigen müssen.

Jedoch ist auch festzustellen, dass der Grundsatz der gerechten und billigen Behandlung mittlerweile in einigen regionalen Übereinkommen vereinbart wurde, was ebenfalls auf dessen steigende Akzeptanz hindeutet. Hier ist insbesondere bemerkenswert, dass gerade auch regionale Übereinkommen zwischen Entwicklungsländern, wie das „ASEAN Agreement" oder das „Colonia Protocol" der MERCOSUR Mitgliedstaaten eine gerechte und billige Behandlung festgesetzt haben.

Hinsichtlich der unterschiedlichen Formulierungen in den einzelnen Verträgen fällt auf, dass in einigen Verträgen, wie unter anderem in manchen FCN-Verträgen, aber auch in Entwürfen multilateraler Vertragstexte, wie zum Beispiel dem „Draft United Nations Code of Conduct on Transnational Corporations"[199] und dem „Economic Agreement of Bogotá"[200], nur eine „gerechte Behandlung" garantiert wird, in der weit überwiegenden Zahl der Verträge hingegen der Begriff der gerechten und billigen Behandlung verwendet wird. Eine weitere Variante ist die Formulierung „just and equitable treatment". Hinsichtlich der unterschiedlichen Wortwahl ist allerdings, wie oben ausgeführt, in Literatur und Rechtsprechung anerkannt, dass es sich um Synonyme für denselben Grundsatz handelt, und hieraus nicht etwa darauf geschlossen werden kann, dass es sich insbesondere bei der Formulierung „fair and equitable treatment" um zwei Grundsätze handeln soll, im Gegensatz zu dem Grundsatz des „equitable treatment".

In den im Detail unterschiedlichen Formulierungen im Hinblick auf den Grundsatz der gerechten und billigen Behandlung in den einzelnen Verträgen zeigt sich weiterhin ein grundsätzlicher Unterschied, indem der Grundsatz teils in Verbindung mit den allgemeinen Grundsätzen des Völkergewohnheitsrechts genannt wird und teils ohne diesen Verweis. Die Auswirkungen dieser beiden

199 Artikel 48; Text veröffentlicht unter: http://unctc.unctad.org/data/e90iia11k.pdf (Annex IV).

200 Artikel 22; Textveröffentlicht unter: http://www.oas.org/juridico/english/treaties/A-43_Economic_Agreement_of_Bogota.PDF

Formulierungen erscheinen, im Gegensatz zu den Varianten in der Wortwahl des Grundsatzes selbst, erhebliche Bedeutung für den durch den Grundsatz garantierten Schutzumfang zu haben, worauf im Verlauf der Arbeit noch näher einzugehen sein wird.

Darüber hinaus zeigt die obige Darstellung, dass es sich bei den frühen BITs um Verträge zwischen Industrie- und Entwicklungsländern handelt.

Die Industriestaaten starteten ihre BITs-Programme, wie oben bereits erwähnt, um Investitionen ihrer Staatsbürger in Entwicklungsländern zu schützen. Die Entwicklungsländer andererseits wollten Investitionen ausländischer Staatsbürger in ihrem Land fördern, da sie sich Vorteile beispielsweise für ihre Wirtschaft und Infrastruktur versprachen. Dementsprechend spielen die Industriestaaten die dominante Rolle in den Vertragsverhandlungen und können aus einer wesentlich günstigeren Position heraus ihre Interessen vertreten, womit die Verträge im Ergebnis die Interessen der Industriestaaten widerspiegeln. In den letzten Jahren haben sogar Staaten, die traditionell eine staatliche Kontrolle über ausländische Investitionen ausübten und deshalb die Inländergleichbehandlung dem Standard der gerechten und billigen Behandlung vorzogen, den Standard der gerechten und billigen Behandlung in ihre bilateralen Verträge aufgenommen.[201] In dieser Kategorie sollten die Lateinamerikanischen Staaten erwähnt werden, die seit Beginn des 20. Jahrhunderts die Calvo-Doktrin angewendet und die Begriffe „gerecht und billig“ entschlossen vermieden haben.[202] Nach dieser gegen Ende des 19. Jahrhunderts durch den argentinischen Völkerrechtler Calvo entwickelten Formel der Inländergleichbehandlung braucht Ausländern und ihren Vermögen kein weiterreichender Schutz als Inländern gewährt zu werden.[203] Unter Bezugnahme auf die Calvo-Doktrin waren die Länder zögerlich, Verträgen beizutreten, die zum Ergebnis gehabt hätten, dass die Rechtsprechung hinsichtlich des Eigentums von Ausländern in ihrem Land von den nationalen auf internationale Gerichte übergehen würde.[204]

Nichtsdestotrotz hat sich auch in Verträgen mit diesen Staaten die Verwendung des Grundsatzes der gerechten und billigen Behandlung durchgesetzt. Ob dies aber aufgrund der vermehrten Aktivitäten von Entwicklungsländern und insbesondere asiatischen Staaten, deren Volkswirtschaften in den letzten Jahren rasant angestiegen sind und die deshalb erheblich an Gewicht gewonnen haben, auch heute noch zutrifft, bleibt im Folgenden anhand der aktuellen Vertragspraxis zu untersuchen.

201 Yannaca-Small in: OECD, International Investment Law (2005), S. 78.

202 Yannaca-Small, a.a.O., S. 78.

203 Herdegen, Internationales Wirtschaftsrecht, § 6 Rn. 24.

204 Yannaca-Small in: OECD, International Investment Law (2005), S. 78, Fn.17.

II. Aktuelle Vertragspraxis der Staaten

In den letzten Jahrzehnten hat sich die Anzahl der Normen im Bereich des Investitionsschutzes wesentlich erhöht. Alleine im Jahr 2005 wurden 162 Internationale Investitionsschutzübereinkommen (International Investment Agreements, IIAs) geschlossen, was die Gesamtzahl der Übereinkommen in diesem Bereich auf beinahe 5.500 ansteigen ließ.[205]

Weiterhin ist festzustellen, dass Internationale Investitionsschutzregelungen immer häufiger als Teil von Übereinkommen formuliert werden, die eine größere Vielfalt an Themen behandeln (einschließlich insbesondere den Handel mit Gütern und Dienstleistungen und anderen Produktionsfaktoren), welche generell als „Preferential Trade and Investment Agreements“ (PTIAs) bezeichnet werden.[206] Allerdings tendieren die Regelungen zum Investitionsschutz in den neueren Übereinkommen zunehmend dazu, differenzierter und in einem komplexeren Kontext verabschiedet zu werden und mit größerer Detailgenauigkeit die Bedeutung verschiedener Standards zu klären.[207] Untersuchungen des Wortlauts verschiedener grundlegender vertraglicher Verpflichtungen offenbaren das Ziel, den Wortlaut dahingehend zu verbessern, dass die Bedeutung der Bestimmungen, die sich mit absoluten Schutzstandards befassen, insbesondere die Bedeutung des Standards der gerechten und billigen Behandlung und dem Konzept der indirekten Enteignung, klarer wird.[208]

Aber auch die Anzahl der BITs hat sich in den letzten Jahrzehnten wesentlich erhöht; Ende des Jahres 2005 bestanden beinahe 2500 BITs.[209] Von diesen 2495 BITs, die bis Ende des Jahres 2005 abgeschlossen wurden, sind 1891, also 75,8%, bisher in Kraft getreten.[210] Das Inkrafttreten der Verträge ist wichtig, damit das Übereinkommen seine Rolle als rechtlich bindendes Instrument zur Verbreitung und Sicherung von Auslandsinvestitionen auch erfüllen kann.[211] Der Prozentsatz der in Kraft getretenen Verträge steigt beinahe konstant mit deren Alter. Unter den BITs, die im Jahr 2002 und früher abgeschlossen wurden, sind bis zum Ende des Jahres 2005 mehr als 80% in Kraft getreten.

Weiterhin gibt es unter den neuen BITs einige neu- wiederverhandelte Verträge, die frühere Verträge zwischen den gleichen Vertragspartnern ersetzen,

---

205 UNCTAD, IIA MONITOR No.2 (2006), S. 2.
206 UNCTAD, IIA MONITOR No.2 (2005), S. 1.
207 UNCTAD, IIA MONITOR No.2 (2005), S. 1.
208 UNCTAD, IIA MONITOR No.1 (2006), S. 1.
209 UNCTAD, IIA MONITOR No.3 (2006), S. 2.
210 UNCTAD, IIA MONITOR No.3 (2006), S. 2.
211 UNCTAD, IIA MONITOR No.3 (2006), S. 2.

entweder, weil der ursprüngliche Vertrag sein Auslaufdatum erreicht hat oder aufgrund geänderter Umstände.[212]

Dieses rasante Wachstum hat sich in den letzten Jahren etwas abgeschwächt, bleibt aber mit 65 neu abgeschlossenen BITs im Jahr 2007 und 59 neuen BITs im Jahr 2008 weiterhin hoch, was verdeutlicht, dass sich, trotz der anhaltenden globalen Wirtschafts- und Finanzkrise, weiterhin auf den Abschluss von Internationalen Investitionsschutzabkommen verlassen wird, um ausländische Investitionen zu fördern.[213]

1. Die Verwendung des Grundsatzes der gerechten und billigen Behandlung in den neueren Übereinkommen zum Investitionsschutz

Entsprechend dem oben in der historischen Entwicklung des Grundsatzes der gerechten und billigen Behandlung dargestellten Ergebnis, wonach ein grundsätzlicher Unterschied in der Zusicherung einer gerechten und billigen Behandlung darin besteht, ob der Grundsatz in Verbindung mit den Grundsätzen des Völkergewohnheitsrechts zugesichert wird oder als eigenständiger vertraglicher Grundsatz, ohne dass auf den völkergewohnheitsrechtlich anerkannten Mindeststandard zur Behandlung von Ausländern abgestellt wird, soll sich die Untersuchung der neueren Verträge im Folgenden grundsätzlich an dieser Unterscheidung orientieren.

a) Verträge, die den Grundsatz der gerechten und billigen Behandlung ausdrücklich in Verbindung mit Völkergewohnheitsrecht nennen

Zunächst sollen hier die Verträge dargestellt werden, die den Grundsatz der gerechten und billigen Behandlung ausdrücklich unter Verweis auf die völkergewohnheitsrechtlich anerkannten Grundsätze der Behandlung vereinbaren.

aa) bilaterale Verträge

Bereits in der Untersuchung der historischen Entwicklung der Vertragspraxis der Staaten im Hinblick auf die Verwendung des Grundsatzes der gerechten und billigen Behandlung konnte festgestellt werden, dass die USA den Grundsatz der gerechten und billigen Behandlung mit den allgemeinen Grundsätzen des Völ-

212 UNCTAD, IIA MONITOR No.2 (2005), S. 1.
213 UNCTAD, IIA MONITOR No.3 (2009), S. 1.

kergewohnheitsrechtes in Verbindung brachten. Auch in den neueren Verträgen behalten die USA diesen Ansatz bei. Dies zeigt sich bespielsweise am Vertrag der USA mit El Salvador von 1999[214], der auf dem Mustervertrag der USA aus dem Jahr 1994 basiert und in seinem Artikel II (3) besagt: „(a) Each Party shall at all times accord to covered investments fair and equitable treatment and full protection and security, and shall in no case accord treatment less favourable than that required by international law." Derselbe Wortlaut findet sich in den Verträgen der USA unter anderem jeweils mit Bahrain 1999,[215] Bolivien 1998,[216] Litauen 1998[217] und Jordanien 1997[218].

Auch in den Verträgen Frankreichs wird der Grundsatz der gerechten und billigen Behandlung, wie oben erwähnt, bereits seit Ende der 70er Jahre mit den Grundsätzen des Völkergewohnheitsrechtes verbunden. In Artikel 4 (1) des Vertrages Frankreichs mit Bosnien-Herzegowina aus dem Jahr 2003[219] heißt es beispielsweise:

„Chacune des Parties contractantes assure, sur son territoire et dans sa zone maritime, une traitement juste et équitable, conformément aux principes du droit international…"

bb) Musterverträge

Im Jahr 2004 haben die USA einen neuen Mustervertrag herausgegeben,[220] dessen Artikel 5 „Minimum Standard of Treatment" lautet:

---

214 Treaty between the Government of the United States of America and the Government of the Republic of El Salvador Concerning the Encouragement and Reciprocal Protection of Investment.

215 Treaty between the Government of the United States of America and the Government of the State of Bahrain Concerning the Encouragement and Reciprocal Protection of Investment.

216 Treaty between the Government of the United States of America and the Government of the Republic of Bolivia Concerning the Encouragement and Reciprocal Protection of Investment.

217 Treaty between the Government of the United States of America and the Government of the Republic of Lithuania Concerning the Encouragement and Reciprocal Protection of Investment.

218 Treaty between the Government of the United States of America and the Government of the Hashemite Kingdom of Jordan Concerning the Encouragement and Reciprocal Protection of Investment.

219 Accord entre le Gouvernement de la République Française et la Bosnie-Herzégovine sur l'Encouragement et la Protection Réciproques des Investissements.

220 (Model)Treaty between the Government of the United States of America and the Government of ________ Concerning the Encouragement and Reciprocal Protection of Investment; Text veröffentlicht unter: http://www.state.gov/documents/organization/117601.pdf

„1. Each Party shall accord to covered investments treatment in accordance with customary international law, including fair and equitable treatment and full protection and security.

2. For greater certainty, paragraph 1 prescribes the customary international law minimum standard of treatment of aliens as the minimum standard of treatment to be offered to covered investments. The concepts of "fair and equitable treatment" and "full protection and security" do not require treatment in addition to or beyond that which is required by that standard, and do not create additional substantive rights. The obligation in paragraph 1 to provide:

"fair and equitable treatment" includes the obligation not to deny justice in criminal, civil, or administrative adjudicatory proceedings in accordance with the principle of due process embodied in the principal legal systems of the world; …

3. A determination that there has been a breach of another provision of this Treaty, or of a separate international agreement, does not establish that there has been a breach of this article…"

Weiterhin wird der Begriff des Völkergewohnheitsrechtes in Annex A des Vertrages erläutert und festgelegt, dass Artikel fünf in Übereinstimmung mit Annex A zu interpretieren sei.

Der Wortlaut dieses Artikels des Mustervertrages der USA wurde in den Vertrag der Vereinigten Staaten von Amerika mit Uruguay aus dem Jahr 2005[221] übernommen.

Kanadas aktuelles Musterübereinkommen FIPA (Foreign Investment Protection and Promotion Agreement)[222] enthält eine ähnliche Formulierung wie das Musterübereinkommen der USA und verbindet die „gerechte und billige Behandlung" mit dem Mindeststandard:

"Article 5
Minimum Standard of Treatment
1. Each Party shall accord to covered investments treatment in accordance with the customary international law minimum standard of treatment of aliens, including fair and equitable treatment and full protection and security.
2. The concepts of "fair and equitable treatment" and "full protection and security" in paragraph 1 do not require treatment in addition to or beyond that which is required by the customary international law minimum standard of treatment of aliens.

221 Treaty between the United States of America and the Oriental Republic of Uruguay Concerning the Encouragement and Reciprocal Protection of Investment.

222 zu Kanadas FIPA-Programm, veröffentlicht unter: http://www.international.gc.ca/trade-agreements-accords-commerciaux/agr-acc/fipa-apie/index.aspx?view=d.

3. A determination that there has been a breach of another provision of this Agreement, or of a separate international agreement, does not establish that there has been a breach of this Article."[223]

cc) Investitionsregelungen in Verträgen mit größerem thematischen Zusammenhang

Wie bereits oben erwähnt, werden Regelungen zum Investitionsschutz in den letzten Jahren häufig in Übereinkommen mit einbezogen, die einen größeren thematischen Bereich abdecken. Die Vereinigten Staaten von Amerika haben im Jahr 2000 beispielsweise ein Übereinkommen mit Vietnam über Handelsbeziehungen[224] geschlossen, dessen Kapitel IV sich mit der Entwicklung der Investitionsbeziehungen befasst. In Kapitel IV wird in Artikel 3 (1) unter der Überschrift „General Standard of Treatment" vereinbart: „Each Party shall at all times accord to covered investments fair and equitable treatment and full protection and security, and shall in no case accord treatment less favourable than that required by applicable rules of customary international law."

Weiterhin bestimmen die in letzter Zeit abgeschlossenen Freihandelsabkommen der Vereinigten Staaten von Amerika und Australien,[225] der Dominikanischen Republik - Zentral Amerika,[226] Chile,[227] Marokko[228] und Singapur,[229] in ihren Kapiteln über den Investitionsschutz nun mit größerer Spezifizierung, dass jede Vertragspartei die Verpflichtung hat, „den durch den Vertrag erfassten Investitionen eine Behandlung in Übereinstimmung mit dem Völkergewohnheitsrecht, einschließlich einer gerechten und billigen Behandlung und vollem Schutz und Sicherheit zukommen zu lassen".[230]

Die relevanten Artikel in allen oben genannten Freihandelsabkommen lauten: „Minimum Standard of Treatment

223 Text veröffentlicht unter: http://www.international.gc.ca/trade-agreements-accords-commerciaux/assets/pdfs/2004-FIPA-model-en.pdf.

224 Agreement between the United States of America and the Socialist Republic of Vietnam on Trade Relations.

225 US-Australia Free Trade Agreement, unterzeichnet im März 2004, Kapitel 11.

226 US-Dominician Republic – Central America Free Trade Agreement unterzeichnet am 5. August 2004, Kapitel 10.

227 US – Chile Free Trade Agreement unterzeichnet am 6. Juni 2003, Kapitel 10.

228 US – Morocco Free Trade Agreement unterzeichnet am 15. Juni 2004, Kapitel 10.

229 US – Singapore Free Trade Agreement unterzeichnet am 6. Mai 2003, Kapitel 15.

230 Yannaca-Small in: OECD, International Investment Law (2005), S. 78.

1. Each Party shall accord to covered investments treatment in accordance with customary international law, including fair and equitable treatment and full protection and security.
2. For greater certainty, paragraph 1 prescribes the customary international law minimum standard of treatment of aliens as the minimum standard of treatment to be afforded to covered investments. The concepts of "fair and equitable treatment" and "full protection and security" do not require treatment in addition to or beyond that which is required by that standard, and do not create additional substantive rights. The obligation in paragraph 1 to provide:
(a) "fair and equitable treatment" includes the obligation not to deny justice in criminal, civil, or administrative adjudicatory proceedings in accordance with the principle of due process embodied in the principal legal systems of the world; and
(b) "full protection and security" requires each Party to provide the level of police protection required under customary international law.
(...)
3. A determination that there has been a breach of another provision of this Agreement, or of a separate international agreement, does not establish that there has been a breach of this Article."

Hier soll insbesondere das am 01. Januar 2009 in Kraft getretene Freihandelsabkommen der Dominikanischen Republik und Zentralamerika erwähnt werden. Ursprünglich ohne die Mitgliedschaft der dominikanischen Republik abgeschlossen wandelte sich das ursprüngliche Zentralamerikanische Freihandelsabkommen (CAFTA) in das Freihandelsabkommen der Dominikanischen Republik und Zentralamerika (DR-CAFTA). Vertragsstaaten des Übereinkommens sind neben den Vereinigten Staaten von Amerika, Costa Rica, die Dominikanische Republik, El Salvador, Guatemala, Honduras und Nicaragua.

Auch hier wird in einem eigenen Kapitel zum Investitionsschutz, wie bereits in NAFTA eine Behandlung ausländischer Investitionen nach den Grundsätzen des völkergewohnheitsrechtlich anerkannten Mindeststandards zur Behandlung von Ausländern einschließlich einer gerechten und billigen Behandlung zugesichert. Hinsichtlich der Formulierung der Regelungen wird der Wortlaut des bereits 2004 neu erstellten Musterübereinkommens der USA für Investitionsschutzverträge übernommen und entsprechend klargestellt, dass ausdrücklich nur eine Behandlung entsprechend dem völkergewohnheitsrechtlichen Mindeststandard der Behandlung zugesichert wird und der Grundsatz der gerechten und billigen Behandlung keinen zusätzlichen oder darüber hinausgehenden Schutz festlegt. Weiter wird ausgeführt, dass eine gerechte und billige Behandlung die Verpflichtung beinhaltet, Gerechtigkeit in strafrechtlichen, zivilrechtlichen und verwaltungsrechtlichen Verfahren nicht zu vereiteln, in Übereinstimmung mit den Grundsätzen eines rechtsstaatlichen Verfahrens, wie sie in den führenden Rechtssystemen der Welt verankert sind. Schließlich wird in Abs. 3 noch klargestellt, dass eine Verletzung einer anderen Regelung dieses Übereinkommens oder eines anderen völkerrechtlichen Übereinkommens keine Verletzung dieser Norm begründet. Artikel 10.5 soll darüber hinaus in Übereinstimmung mit Annex 10-B des Vertrages interpretiert werden.

In dem Übereinkommen zur Einrichtung einer Freihandelszone zwischen der Karibischen Gemeinschaft (CARICOM)[231] und der Dominikanischen Republik von 1998,[232] welches am 1. Januar 1999 in Kraft getreten ist, findet sich in Annex III das Übereinkommen zur gegenseitigen Förderung und zum Schutz von Investitionen in dessen Artikel 4, „Fair and Equitable Treatment", festgesetzt wird: "Each Party shall ensure, at all times, fair and equitable treatment for investments and returns, which shall thus enjoy full protection and security, and shall not receive a treatment less favourable than established under international law."

dd) Zwischenergebnis

Somit lässt sich festhalten, dass entsprechend der historischen Entwicklung auch heute noch der Grundsatz der gerechten und billigen Behandlung vorwiegend in Verträgen der USA als Grundsatz vereinbart wird, der zu dem völkergewohnheitsrechtlich anerkannten Mindeststandard der Behandlung von Ausländern in Bezug gesetzt wird und ausdrücklich keinen Standard garantiert, der über das völkergewohnheitsrechtlich anerkannte Maß hinausgeht oder zu diesen Grundsätzen eigenständig hinzutritt.

Weiterhin zeigt die obige Darstellung, dass in den letzten Jahren der Schutz von Auslandsinvestitionen, insbesondere in Verträgen der USA, nicht mehr gesondert, sondern vielmehr ähnlich wie bei dessen Entstehung in den FCN-Verträgen in einem wesentlich größeren Zusammenhang vereinbart wird. So wurden durch die USA eine Reihe von Freihandelsabkommen geschlossen, die sich in einem gesonderten Kapitel unter anderem mit dem Schutz von Auslandinvestitionen beschäftigen, im Gegensatz zu bilateralen Verträgen, die ausschließlich zu dem Zweck des Schutzes und der Förderung von ausländischen Investitionen geschlossen werden.

---

231 Die Karibische Gemeinschaft ist eine Internationale Organisation. Vollmitglieder sind folgende 15 Staaten: Antigua und Barbuda, Bahamas, Barbados, Belize, Dominica, Grenada, Guyana, Haiti, Jamaika, Montserrat, St. Kitts und Nevis, St. Lucia, St. Vincent und die Grenadinen, Suriname sowie Trinidad und Tobago. Fünf britische Überseegebiete sind assoziierte Mitglieder: Anguilla, Bermuda, Britische Jungferninseln, Kaimaninseln und Turks- und Caicoinseln.

232 Agreement Establishing the Free Trade Area between the Caribbean Community and the Dominican Republic.

b) Verträge, die den Grundsatz der gerechten und billigen Behandlung ohne eine Bezugnahme auf Völkergewohnheitsrecht nennen

Im Gegensatz zu den oben genannten Verträgen, vorwiegend der USA, wird der Grundsatz in der überwiegenden Zahl der Verträge ohne eine Bezugnahme auf den völkergewohnheitsrechtlich anerkannten Mindeststandard der Behandlung von Ausländern vereinbart.

aa) bilaterale Investitionsschutzverträge

So wird etwa in dem Vertrag zwischen Deutschland und Afghanistan aus dem Jahr 2005[233], in dessen Artikel 2 Abs. 2 festgelegt: „Jeder Vertragsstaat wird in seinem Hoheitsgebiet Kapitalanlagen von Investoren des anderen Vertragsstaates in jedem Fall gerecht und billig behandeln und ihnen den vollen Schutz des Vertrages gewähren."

Weitere Verträge, die den Grundsatz der gerechten und billigen Behandlung ohne Bezugnahme zum Völkergewohnheitsrecht nennen, sind beispielsweise der Vertrag zwischen Australien und Ägypten von 2001[234], der Vertrag zwischen Australien und Uruguay ebenfalls von 2001[235], Verträge Großbritanniens jeweils mit Vanuatu 2003,[236] Bosnien-Herzegowina 2002,[237] Vietnam 2002,[238] und dem Libanon 1999,[239] und den Verträgen Dänemarks jeweils mit Kuba 2001[240]

233 Vertrag zwischen der Bundesrepublik Deutschland und der islamischen Republik Afghanistan über die Förderung und den gegenseitigen Schutz von Kapitalanlagen vom 19. und 20. April 2005.

234 Agreement between the Government of Australia and the Government of the Arab republic of Egypt on the Promotion and Protection of Investments vom 03. Mai 2001.

235 Agreement between Australia and Uruguay on the Promotion and Protection of Investments vom 03. September 2001.

236 Agreement between the Government of the United Kingdom of Great Britain and Northern Ireland and the Government of the Republic of Vanuatu for the Promotion and Protection of Investments.

237 Agreement between the United Kingdom of Great Britain and Northern Ireland and Bosnia and Herzegovina for the Promotion and Protection of Investments.

238 Agreement between the Government of the United Kingdom of Great Britain and Northern Ireland and the Government of the Socialist Republic of Vietnam for the Promotion and Protection of Investments.

239 Agreement between the Government of the United Kingdom of Great Britain and Northern Ireland and the Government of the Lebanese Republic for the Promotion and Protection of Investments.

240 Agreement between the Government of the Republic of Cuba and the Government of the Kingdom of Denmark concerning the Promotion and Reciprocal Protection of Investments vom 19. Februar 2001.

bb) Investitionsschutzregelungen in Verträgen mit größerem thematischen Zusammenhang

Am 13. Januar 2002 unterzeichneten Japan und Singapur einen Vertrag über wirtschaftliche Zusammenarbeit[241], in dessen Kapitel 8 Regelungen zum Investitionsschutz aufgestellt werden. Artikel 77 (1) des Übereinkommens versichert den Vertragsparteien unter der Überschrift „Expropriation and Compensation" eine gerechte und billige Behandlung: „Each Party shall accord to investments in its territory of investors of the other Party fair and equitable treatment and full protection and security."

Das Freihandelsabkommen zwischen Australien und Thailand[242] bestimmt in seinem Artikel 909 (2) ebenfalls, dass jede Vertragspartei die Verpflichtung hat, eine „gerechte und billige Behandlung" für ausländische Investitionen auf ihrem Staatsgebiet sicherzustellen.

Hier zeigt sich, dass ein Großteil der Staaten den Grundsatz der gerechten und billigen Behandlung nicht mit den Grundsätzen des Völkergewohnheitsrechtes verbindet, sondern ihn vielmehr als eigenständigen Grundsatz in den Verträgen festsetzt.

2. Die Verwendung des Standards der gerechten und billigen Behandlung in Verträgen zwischen Entwicklungsländern

Wie oben festgestellt wurde, ist der Begriff der gerechten und billigen Behandlung zum festen Bestandteil in den meisten bilateralen Verträgen bis hin zum Ende der 1990er Jahre geworden. Ebenfalls hat sich aber gezeigt, dass diese Verträge überwiegend die Interessen der Industriestaaten widerspiegeln. In den letzten Jahren hat sich allerdings die Zusammenarbeit zwischen den Entwicklungsländern im Bereich der internationalen Investitionspolitik intensiviert.[243] Dementsprechend soll im Folgenden gesondert untersucht werden, ob sich der Grundsatz der gerechten und billigen Behandlung auch in den Verträgen der Entwicklungsländer untereinander durchsetzen konnte, oder ob es sich um ein Diktat der Industriestaaten handelt. Investitionsschutzverträge zwischen Entwicklungsländern haben innerhalb des letzten Jahrzehnts sowohl in ihrer Anzahl als auch in der geographischen Verbreitung erheblich zugenommen. Diese Welle von Investitionsschutzverträgen

241 Agreement between the Republic of Singapore and Japan for a New-Age Economic Partnership, Text veröffentlicht unter: http://www.mofa.go.jp/region/asia-paci/singapore/jsepa.html.

242 Australia-Thailand Free Trade Agreement, veröffentlicht unter: http://www.dfat.gov.au/fta/tafta/tafta_toc.html.

243 UNCTAD, IIA MONITOR No.2 (2005), S.1.

zwischen Entwicklungsländern umfasst 653 bilaterale Investitionsschutzverträge (BITs), 312 Doppelbesteuerungsabkommen („double taxation treaties“ – DTTs) und 49 „preverential trade and investment agreements“ (PTIAs).[244]

Der erste bilaterale Investitionsschutzvertrag zwischen zwei Entwicklungsländern ist 1964 unterzeichnet worden.[245] Bis 1990 stieg die Anzahl auf 44 und hat sich seither mit 653 Verträgen im Juli 2004 oder 28 % der 2300 zu dieser Zeit weltweit existierenden BITs mehr als vervierfacht.[246] Etwa die Hälfte dieser Verträge wurde bisher ratifiziert und ist somit in Kraft getreten. [247] Insgesamt haben 113 Entwicklungsländer BITs mit einem anderen Entwicklungsland abgeschlossen.[248] Insbesondere China hat, obwohl es den ersten Investitionsschutzvertrag erst 1982 mit Schweden abgeschlossen hat,[249] derzeit mit mehr als 120 Investitionsschutzverträgen die zweithöchste Anzahl bilateraler Investitionsschutzverträge, nach Deutschland mit den meisten derzeit vereinbarten BITs, abgeschlossen.[250] Obwohl China grundsätzlich die meisten ausländischen Investitionen unter den Entwicklungsländern erhält, ist der Staat auf der anderen Seite eine Hauptquelle ausländischer Investitionen vorwiegend in Afrika und Asien geworden.[251] Dabei sehen die neueren Investitionsschutzverträge Chinas, im Gegensatz zu den frühen Verträgen, die einen sehr eingeschränkten inhaltlichen und vor allem prozessualen Schutz boten, einen im Wesentlichen vergleichbaren Schutz wie die Investitionsschutzverträge der Industriestaaten vor.[252] Darüber hinaus hat China angefangen, Freihandelsabkommen mit weitreichenden prozessualen und materiellen Verpflichtungen in Bezug auf den Schutz von Auslandsinvestitionen abzuschließen.[253]

Auch Ägypten und Malaysia haben jeder mehr als 40 Investitionsschutzverträge unterzeichnet, wobei sie mehr Verträge mit anderen Entwicklungsländern unterzeichnet haben als mit Industriestaaten.[254] Asien – gefolgt von Lateinamerika – weist 68% der BITs zwischen Entwicklungsländern auf, womit es den größten Teil des Netzwerkes von BITs innerhalb der Entwicklungsländer darstellt.[255]

---

244 UNCTAD, IIA MONITOR No.1 (2005), S. 1.

245 UNCTAD, IIA MONITOR No.1 (2005), S. 1.

246 UNCTAD, IIA MONITOR No.1 (2005), S. 1.

247 UNCTAD, IIA MONITOR No.1 (2005), S. 1.

248 UNCTAD, IIA MONITOR No.1 (2005), S. 1.

249 Agreement on the mutual protection of investments, vom 29. März 1982.

250 UNCTAD, IIA Monitor No. 3 (2007), S. 2.

251 UNCTAD, World Investment Report 2007, S. 41–44.

252 Newcombe/Paradell, Law and Practice of Investment Treaties, Austin, Boston, Chicago, New York, The Netherlands, 2009, S. 56.

253 Alle derzeitigen Freihandelsabkommen Chinas sind veröffentlicht unter: http://fta.mofcom.gov.cn/english/index.shtml

254 UNCTAD, IIA MONITOR No.1 (2005), S.1.

255 UNCTAD, IIA MONITOR No.1 (2005), S.1.

Auch in den zwischen Entwicklungsländern abgeschlossenen BITs wird der Grundsatz der gerechten und billigen Behandlung verwendet, obwohl er hier nicht von einem die Verhandlungen dominierenden Industriestaat vordiktiert wird. So beinhalten beispielsweise Verträge zwischen Korea und Bangladesch[256], Thailand und Bangladesch[257], den Philippinen und Bangladesch[258], Indonesien und Bangladesch[259], Kambodscha und Malaysia[260], Kambodscha und China[261], Kamerun und Mali[262], Peru und Korea[263], Bulgarien und Ghana[264], sowie Äthiopien und dem Sudan[265], den Standard der gerechten und billigen Behandlung.

Die steigende Akzeptanz des Grundsatzes der gerechten und billigen Behandlung zeigt sich auch in dessen Verwendung in den Musterverträgen einiger Entwicklungsländer sowie in Verträgen von Entwicklungsländern untereinander, die nicht auf den Investitionsschutz beschränkt sind, unter anderem aber entsprechende Regelungen enthalten.

So lautet zum Beispiel Artikel 3 (1) des Mustervertrages von Jamaika[266]: "Each Contracting Party shall at all times ensure fair and equitable treatment of

256 Agreement between the Government of the Republic of Korea and the Government of the People's Republic of Bangladesh for the Promotion and Protection of Investments, vom 18. Juni 1986, in Kraft getreten am 06. Oktober 1988.

257 Agreement between the Government of the Kingdom of Thailand and the Government of the People's Republic of Bangladesh for the Promotion of the Investment of Capital and for the Protection of Investments, vom 13. März 1988.

258 Agreement between the Government of the Republic of the Philippines and the the Government of the People's Republic of Bangladesh for the Promotion and reciprocal Protection of Investments, vom 8. September 1997.

259 Agreement between the Government of the Republic of Indonesia and the Government of the People's Republic of Bangladesh Concerning the Promotion and Protection of Investment, vom 09. Februar 1998.

260 Bilateral Agreements for the Promotion and Protection of Investments between Cambodia and Malaysia, vom 17. August 1994.

261 Agreement between the Government of the Kingdom of Cambodia and the Government of the People's Republic of China for the Promotion and Protection of Investment, vom 19. Juli 1996.

262 Accord entre le Gouvernement de la Republique du Cameroun et le Gouvernement de la Republique du Mali relative a la promotion et la protection reciproques des investissements, vom 18. Mai 2001.

263 Republic of Korea and Peru, Agreement for the Promotion and reciprocal Protection of Investment, vom 03. Juni 1993.

264 Agreement between the People's Republic of Bulgaria and the Government of the Republic of Ghana concerning the mutual promotion and protection of Investments, vom 20. Oktober 1989.

265 Agreement between the Government of the Federal democratic Republic of Ethiopia and the Government of the Republic of the Sudan on the reciprocal promotion and protection of investments, vom 07. März 2000.

266 Agreement between the Government of Jamaica and the Government of __________ Concerning the Promotion and Reciprocal Protection of Investments.

the investments by investors of the other Contracting Party and shall not impair the management, maintenance, use, enjoyment or disposal thereof through unjustified or discriminatory measures."

China garantiert in seinem Mustervertrag[267] in Artikel 3 (1) ebenfalls eine gerechte und billige Behandlung: „Investments and activities associated with investments of investors of either Contracting Party shall be accorded fair and equitable treatment and shall enjoy protection in the territory of the other Contracting Party."

Im Freihandelsabkommen zwischen Korea und Singapur[268] wird in dessen Investitionskapitel in Artikel 10.5 unter der Überschrift „Minimum Standard of Treatment" festgesetzt:

„1. Each Party shall accord to investments of investors of the other Party treatment in accordance with the customary international law minimum standard of treatment, including fair and equitable treatment and full protection and security.

2. The concepts of "fair and equitable treatment" and "full protection and security" in paragraph 1 do not require treatment in addition to or beyond that which is required by the customary international law minimum standard of treatment of aliens and do not create additional substantive rights.

The obligation to provide "fair and equitable treatment" includes the obligation not to deny justice in criminal, civil or administrative adjudicatory proceedings.

The obligation to provide "full protection and security" requires each Party to provide the level of police protection required under customary international law.

The "customary international law minimum standard of treatment of aliens" refers to all customary international law principles that protect the economic rights and interests of aliens.

3. A determination that there has been a breach of another provision of this Agreement, or of a separate international agreement, does not establish that there has been a breach of this Article."

Auch das Partnerschaftsabkommen zwischen Japan und Malaysia[269] enthält ein Investitionskapitel[270], in dessen Artikel 77 eine gerechte und billige Behandlung und voller Schutz und Sicherheit zugesichert werden.

267 Agreement between the Government of the People's Republic of China and the Government of _______ Concerning the Encouragement and Reciprocal Protection of Investments.

268 Free Trade Agreement between the Government of the Republic of Korea and the Government of the Republic of Singapore.

269 Agreement between the Government of Japan and the Government of Malaysia for an economic Partnership.

270 Kapitel 7.

Obwohl der Standard in den meisten BITs zu finden ist, ist er nicht in allen Verträgen zwischen asiatischen Staaten erwähnt (z.B. verschiedene Verträge, welche von Pakistan, Saudi Arabien und Singapur unterzeichnet wurden).[271]

Weiterhin kann in diesem Zusammenhang nicht unerwähnt bleiben, dass die, oben bereits angesprochene,[272] Calvo-Doktrin heute in einzelnen Staaten Südamerikas wieder Gefolgschaft findet, indem beispielsweise die Verfassung Venezuelas von 1999 in Art. 301 die Besserstellung ausländischer natürlicher und juristischer Personen gegenüber eigenen Staatsbürgern verbietet (Satz 2) und zugleich die Gleichbehandlung ausländischer und inländischer Investitionen festsetzt (Satz 3).[273]

Ähnlich bestimmt die Verfassung Boliviens von 2009 in Art. 320:

„II. Jede ausländische Investition wird der Gerichtsbarkeit der Gesetzgebung und den Behörden Boliviens unterworfen sein, und niemand kann sich auf eine Sondersituation berufen oder diplomatischen Schutz geltend machen, um eine bevorzugende Behandlung zu erreichen.

III. Die wirtschaftlichen Beziehungen mit ausländischen Staaten oder Unternehmen richten sich nach den Bedingungen der Unabhängigkeit, des wechselseitigen Respekt und der Billigkeit, Staaten oder ausländischen Unternehmen dürfen keine Bedingungen eingeräumt werden, die günstiger sind als die für Bolivianer geltenden …“[274]

III. Ergebnis der Untersuchung der Vertragspraxis

Aus der Untersuchung der Vertragspraxis ergeben sich zwei unterschiedliche Arten von Erkenntnissen. Einerseits Erkenntnisse über die quantitative Verwendung des Grundsatzes in den Verträgen und dessen Verbreitung innerhalb der Staatengemeinschaft und andererseits die Erkenntnis, dass der Grundsatz in den einzelnen Verträgen unter Verwendung unterschiedlicher Formulierungen zugesichert wird. In der Tat sind die Unterschiede in der Wortwahl des Standards in den einzelnen Verträgen ausgesprochen vielfältig und jede einzelne Klausel muss entsprechend den Vorgaben der Wiener Vertragsrechtskonvention ihrem Wortlaut entsprechend ausgelegt werden.[275]

---

271 Yannaca-Small in: OECD, International Investment Law (2005), S.77 f.; UNCTAD, Bilateral Investment Treaties in the Mid-1990s, 1998, S. 54.

272 Vgl. oben unter B) I) 4).

273 Vgl. Herdegen, Internationales Wirtschaftsrecht, § 6 Rn. 24.

274 Vgl. Herdegen, Internationales Wirtschaftsrecht, § 6 Rn. 24.

275 Vgl. Dolzer/Schreuer, Principles of International Investment Law, oxford University Press, 2008, S. 121.

Wie die obige Darstellung zeigt, gehört die Garantie einer gerechten und billigen Behandlung zum Standardrepertoire bilateraler und multilateraler Investitionsschutzverträge. Zugleich zeigt sich in der Darstellung aber auch die Unbestimmtheit dieses Grundsatzes, der durch Konkretisierungsversuche in den Vertragtexten einiger neuerer Verträge versucht wurde entgegen zu wirken.

1. Gewöhnliche Wortbedeutung

So ist festzuhalten, dass sich aus dem Wortlaut des Grundsatzes selbst keinerlei Rückschlüsse auf dessen konkreten Inhalt ziehen lassen.

Nach der gewöhnlichen Wortbedeutung der Begriffe „ fair and equitable" wird „fair" im hier relevanten Wortsinn definiert als: „having the qualities of impartiality and honesty; free from prejudice, favouritism, and self-interest. Just; equitable; even-handed; equal as between conflicting interests";[276] „equitable" im hier relevanten Wortsinn wird definiert als „just; conformable to the principles of justice and right"[277]. Hilfreich in diesem Zusammenhang ist, wie oben bereits dargestellt,[278] noch die Anmerkung, dass durch den Begriff der Billigkeit eine zusätzliche Qualität in den Grundsatz mit aufgenommen wird. Während „gerecht" das ist, was dem strengen Rechte gemäß ist – im Gegensatz zu ungerecht -, ist „billig" das, was der Natur eines Dinges, den Verhältnissen und Umständen angemessen ist und dabei dem Rechte nicht in Widerspruch steht – im Gegensatz zu unbillig -.[279]

Der Ansatz des gewöhnlichen Wortsinns ist zweifelsfrei vollkommen vereinbar mit Interpretationsregeln im Völkerrecht.[280] Gleichzeitig ist aber der Ansatz, der auf die gewöhnliche Bedeutung abstellt, nicht ohne Schwierigkeiten.[281] In

276 Garner, Bryan A., Black's Law Dictionary, 9th Edition 2009.

277 Garner, a.a.O.

278 siehe unter B) I) 1) a) ee).

279 Eberhard, Synonymisches Handwörterbuch der deutschen Sprache, 1910, der als Beispiel ausführt: Ein Herr würde gegen die Gerechtigkeit nicht verstoßen, wenn er auch von einem kränkelnden Knechte dieselbe Arbeitsleistung forderte, wie von einem gesunden, dem er gleichen Lohn gibt; aber die Billigkeit gebietet ihm, gegen den weniger gesunden Nachsicht zu üben. Die Billigkeit erfordert, dass der Gebrauch unserer strengen Rechte durch die Pflichten der Menschenliebe gemäßigt werde.

280 Vasciannie, Fair and Equitable Treatment, S. 99 (103): On the main rules of treaty interpretation in international law, see esp. Art. 31 Vienna Convention on the Law of Treaties (1969), United Nations Treaty Series, vol. 1155, S.331.

281 Vasciannie, Fair and Equitable Treatment, S. 99 (103).

erster Linie sind die Begriffe „gerecht“ und „billig“ für sich genommen eher subjektiv und dementsprechend fehlt es ihnen an Genauigkeit.[282]

Folglich ist es vorstellbar, dass, wenn sich jemand ausschließlich auf die gewöhnliche Bedeutung des Begriffes stützt, eine bestehende Situation den Standard der gerechten und billigen Behandlung aus Sicht eines kapitalimportierenden Staates erfüllt, ihn aber vom Standpunkt des ausländischen Investors oder eines kapitalexportierenden Staates aus verletzt.[283] Dies wird insbesondere unter solchen Umständen der Fall sein, wo die beteiligten Parteien Individuen oder Staaten „mit ungleichen Wertvorstellungen und unterschiedlichem kulturellem oder rechtlichem Hintergrund“ sind.[284]

Zweitens entstehen Interpretationsschwierigkeiten aufgrund der Tatsache, dass sich der Begriff der gerechten und billigen Behandlung in seiner gewöhnlichen Bedeutung nicht auf einen etablierten Gesetzesgrundstock oder auf bestehende Präzedenzfälle stützen kann; stattdessen setzt der Ansatz der gewöhnlichen Bedeutung voraus, dass in jedem Fall die Frage zu beantworten ist, ob der ausländische Investor gerecht und billig behandelt worden ist, ohne auf jegliches formale Verständnis des Begriffes der gerechten und billigen Behandlung Bezug zu nehmen.[285] Dies ließe sich allerdings einschränken, wenn festgestellt werden kann, dass sich im Laufe der Zeit in der Rechtsprechung Fallgruppen gebildet haben, die eine weitere inhaltliche Konkretisierung des Grundsatzes und dementsprechend allgemeinere Aussagen über dessen Inhalt zulassen. Dies wird im weiteren Verlauf der Arbeit noch zu untersuchen sein.

Andererseits ist die im Ansatz der gewöhnlichen Bedeutung enthaltene Unbestimmtheit nicht unbedingt unvorteilhaft.[286] Unter bestimmten Umständen können sowohl die Staaten als auch der ausländische Investor die fehlende Genauigkeit als einen Vorteil ansehen, indem sie die Flexibilität im Investitionsprozess fördert.[287] Investitionsschutzverträge und Abkommen werden nahezu ausnahmslos im Vorfeld der Investition erstellt, auf welche sie angewendet werden sollen; und normalerweise können die Parteien solcher Verträge und Übereinkommen

282 Vasciannie, Fair and Equitable Treatment, S. 99 (103); See, e.g., UNCTC, Bilateral Investment Treaties 1959–1991, United Nations, New York 1992, S. 41; Sornarajah, The International Law on Foreign Investment (1994), S. 250–251; Mo, “Some Aspects of the Australia-China Investment Protection Treaty”, Journal of World Trade Law, 25 (1991), No. 3, S. 43–80 (52).

283 Vasciannie, Fair and Equitable Treatment, S. 99 (103).

284 Vasciannie, Fair and Equitable Treatment, S. 99 (103); Walker, „Modern Treaties of Friendship, Commerce and Navigation“, Minnesota Law Review, 42 (1957–8), S. 805–24, (812).

285 Fatouros, Government Guarantees to Foreign Investors (1962), S. 215; Vasciannie, Fair and Equitable Treatment, S. 99 (103 f.).

286 Vasciannie, Fair and Equitable Treatment, S. 99 (104).

287 Vasciannie, Fair and Equitable Treatment, S. 99 (104); Walker,„Modern Treaties of Friendship, Commerce and Navigation“, a.a.O. S. 812.

die Reichweite möglicher Vorfälle, die das zukünftige Verhältnis zwischen dem Staat und dem jeweiligen Investor betreffen, nicht vorhersehen.[288] Dementsprechend kann es sein, dass sowohl Staaten als auch Investoren den Grundsatz der gerechten und billigen Behandlung gerade deshalb unterstützen, weil sie glauben, dass er keine detaillierte a priori-Lösung für bestimmte Fragen, die in der Zukunft auftreten können, vorgibt.[289]

2. Quantitative Verwendung des Grundsatzes der gerechten und billigen Behandlung und dessen Verbreitung innerhalb der Staatengemeinschaft

Aus der vorhergehenden Darstellung wird deutlich, dass der Standard der gerechten und billigen Behandlung seit der Nachkriegszeit auf zunehmende Akzeptanz gestoßen ist. Er ist zunächst aus den einen größeren thematischen Rahmen behandelnden FCN-Verträgen in die speziell auf den Investitionsschutz ausgerichteten bilateralen Verträge zum Schutz und zur Förderung von Auslandsinvestitionen übernommen worden. Hier schien der Grundsatz allerdings zunächst noch allein von den Industriestaaten gewollt zu sein, während die Entwicklungsländer aus den oben dargestellten Gründen mit Zurückhaltung oder auch offener Ablehnung auf den Standard reagierten.

Der Standard scheint aufgrund seiner Verwendung in der Präambel oder gleich zu Beginn in § 1 einiger früher Verträge unter der Überschrift des generellen Zwecks und der Ziele des Investitionsschutzvertrages weniger einen bestimmten Standard der Behandlung festsetzen zu wollen, als vielmehr als allgemeine Äußerung der Einstellung des jeweiligen Staates zu ausländischen Investitionen verstanden worden zu sein. In relativ kurzer Zeit wandelte sich dies allerdings hin zu einer Zusicherung einer bestimmten Behandlung und der Standard wurde im Vertrag selbst, meist unter der Überschrift der generellen Grundsätze der Behandlung vereinbart. Dies wohl nicht zuletzt durch eine entsprechende Verwendung in den Verträgen der USA, aber auch durch die bereits kurz nach Ende des 2. Weltkriegs einsetzenden Bemühungen auf multilateraler Ebene, ein Abkommen zum Schutz von Auslandsinvestitionen zu schließen. Gerade in diesem Bereich wurde von Anfang an die Vereinbarung des Grundsatzes der gerechten und billigen Behandlung mit einbezogen. Allerdings gingen diese frühen Bemühungen, wie oben dargestellt, von Seiten der privaten Wirtschaft aus und riefen bei den Entwicklungsländern Skepsis und nicht unerheblichen Widerstand hervor.

---

288 Vasciannie, Fair and Equitable Treatment, S. 99 (104).
289 Vasciannie, Fair and Equitable Treatment, S. 99 (104).

Dementsprechend ist es ein weiterer wichtiger Schritt in der steigenden Akzeptanz des Grundsatzes, dass festgestellt werden kann, dass der Grundsatz der gerechten und billigen Behandlung auch in Verträgen der Entwicklungsländer untereinander zunehmend verwendet wird, wenn er auch nicht, wie oben dargestellt, in allen Verträgen von Entwicklungsländern zugesichert wird.

Darüber hinaus kann festgestellt werden, dass der Trend wieder dahin geht, Investitionsschutzregelungen in einem größeren thematischen Zusammenhang, wie in Verträgen über Handelsbeziehungen oder Freihandelszonen zu vereinbaren. Auch hier ist der Grundsatz der gerechten und billigen Behandlung von den Autoren der Verträge übernommen worden, was den bereits oben erhaltenen Eindruck unterstreicht, dass es als sinnvoll erachtet wird, zusätzlich zu den speziellen Regelungen der Verträge einen generellen Standard einzubeziehen, der die Sachverhalte und Bereiche abdeckt, die für ein erstrebenswertes Maß an Schutz relevant sind und nicht unter die speziellen Regelungen fallen[290].

3. Der Wortlaut in den einzelnen Verträgen

Inhaltlich bleibt es allerdings bei der bereits in der historischen Entwicklung der Vertragspraxis festgestellten uneinheitlichen Formulierung des Grundsatzes der gerechten und billigen Behandlung, was darauf schließen lässt, dass über den durch den Grundsatz garantierten Schutzumfang keine Einigkeit unter den einzelnen Staaten besteht. Dementsprechend ist es erforderlich, zunächst gemäß den Auslegungsregeln völkerrechtlicher Verträge nach § 31 des Wiener Übereinkommens über das Recht der Verträge den Wortlaut der einzelnen Verträge näher zu betrachten.

a) Kein inhaltlicher Unterschied zwischen der Zusicherung einer gerechten und einer gerechten und billigen Behandlung

Als erstes fällt in der historischen Entwicklung der Verwendung des Grundsatzes der gerechten und billigen Behandlung auf, dass gerade in einigen frühen Verträgen lediglich eine gerechte Behandlung („equitable trteatment“) zugesichert wurde, im Gegensatz zu der Zusicherung einer gerechten und billigen Behandlung („just and equitable treatment “ oder „fair and equitable treatment“). Letztere Formulierung hat sich als fester Begriff im Laufe der Entwicklung des Investitionsschutzrechtes durchgesetzt. Während die Frage, ob es sich bei dem Begriff der gerechten und billigen Behandlung nicht entsprechend um zwei unterschied-

290 Vgl. Dolzer, Fair and Equitable Treatment, in: The International Lawyer, 2005, S. 87 (89).

liche Grundsätze handelt nicht unberechtigt ist, weist in der Staatenpraxis, wie bereits ausgeführt, kein einziger Hinweis in diese Richtung. Vielmehr erhält der Grundsatz mit dem Hinweis auf die Billigkeit eine zusätzliche Qualität, der über die Ausrichtung an den geltenden Gesetzen eine moralische Komponente einbringt.[291] Im Übrigen handelt es sich bei den unterschiedlichen Formulierungen des Grundsatzes in Form von „equitable", „just and equitable" und „fair and equitable" um Synonyme für denselben Grundsatz.

b) Unterschiede im Schutzumfang abhängig von einer Bezugnahme auf die Grundsätze des Völkergewohnheitsrechts

Von größerer praktischer Bedeutung ist die Unterscheidung in den beiden Varianten des Grundsatzes nach denen dieser zum Einen eigenständig und zum Anderen unter Bezugnahme auf das Völkergewohnheitsrecht zugesichert wird. Dieser Unterschied hat unmittelbare Auswirkungen auf den durch den Grundsatz garantierten Schutzumfang.

Wie sich aus der obigen Darstellung ergibt, haben in erster Linie die USA bereits zu Beginn der Verwendung des Grundsatzes der gerechten und billigen Behandlung in ihren Investitionsschutzverträgen Bezug auf die Regelungen des Völkergewohnheitsrechts genommen und klargestellt, dass es sich bei dem Grundsatz der gerechten und billigen Behandlung nicht um einen Grundsatz handelt, der etwas anderes oder über den völkergewohnheitsrechtlich anerkannten Standard der Behandlung von Ausländern hinausgehendes zusichert.

In den Verträgen Frankreichs, den USA und seit Kurzem auch Kanadas wird der Standard als ein Element der allgemeinen Grundsätze des Völkerrechts angesehen.

So besagt das Nordamerikanische Freihandelsabkommen (NAFTA) in seinem Artikel 1105 (1): „each Party shall accord to investments of investors of another Party treatment in accordance with international law, including fair and equitable treatment …", was bereits vom Wortlaut her darauf schließen lässt, dass es sich bei dem Grundsatz der gerechten und billigen Behandlung um ein Element des Völkerrechts handelt. Darüber hinaus hat die Free Trade Commission (FTC) am 21. Juli 2001 eine verbindliche Auslegung zu Artikel 1105 (1) herausgegeben, wonach der Grundsatz besagt, dass gegenüber den Investitionen der anderen Vertragsparteien der völkergewohnheitsrechtliche Mindeststandard zur Behandlung von Ausländern einzuhalten ist und dass durch den Grundsatz der gerechten und billigen Behandlung keine Behandlung zusätzlich zu diesem Mindeststandard oder darüber hinausgehend gefordert wird. Weiterhin soll eine Verletzung einer

291 Vgl. Oben unter B) I. 1. a) dd).

anderen im Vertrag festgelegten Verpflichtung oder eines anderen Internationalen Übereinkommens nicht automatisch zu einer Verletzung des Grundsatzes der gerechten und billigen Behandlung führen.

Die wohl restriktivste Verwendung des Grundsatzes findet sich in dem neuen Mustervertrag der USA aus dem Jahr 2004[292], sowie in den vor Kurzem abgeschlossenen Freihandelsabkommen der Vereinigten Staaten von Amerika unter anderem mit Australien,[293] der Dominikanischen Republik - Zentral Amerika,[294] Chile,[295] Marokko[296] und Singapur.[297]

In Artikel 5 Paragraph 1 des Mustervertrages wird festgelegt, dass Auslandsinvestitionen eine Behandlung in Übereinstimmung mit den Grundsätzen des Völkergewohnheitsrechtes zukommen soll, einschließlich einer gerechten und billigen Behandlung. Hier wird bereits aus dem Wortlaut heraus deutlich, dass die USA den Grundsatz der gerechten und billigen Behandlung als ein Element des Völkergewohnheitsrechtes ansehen. Darüber hinaus wird in Paragraph 2 klargestellt, dass sich der Grundsatz der gerechten und billigen Behandlung in Paragraph 1 auf den völkergewohnheitsrechtlichen Mindeststandard der Behandlung von Ausländern bezieht und keine Behandlung erfordert, die über eine nach diesem völkergewohnheitsrechtlichen Standard geforderte Behandlung hinausgeht. Weiterhin bemühen sich die USA um größere Rechtssicherheit im Hinblick auf die Verwendung des Grundsatzes der gerechten und billigen Behandlung, indem sie in Paragraph 2 (a), sowie in Paragraph 3 des Mustervertrages weitere Konkretisierungen vornehmen. So beinhaltet die Verpflichtung zu einer gerechten und billigen Behandlung nach dem Wortlaut des Vertrages die Verpflichtung, Gerechtigkeit in strafrechtlichen, zivilrechtlichen oder administrativen Entscheidungsprozessen nicht zu verweigern und in Übereinstimmung mit den führenden Rechtsordnungen der Welt zu handeln, während negativ festgelegt wird, dass eine Verletzung eines anderen Artikels des Vertrages oder anderer völkerrechtlicher Übereinkommen keine Verletzung des Grundsatzes der gerechten und billigen Behandlung begründet.

292 Treaty between the Government of the United States of America and the Government of ________Concerning the Encouragement and Reciprocal Protection of Investment.

293 US-Australia Free Trade Agreement, unterzeichnet im März 2004, in Kraft getreten 2005.

294 US-Dominician Republic – Central America Free Trade Agreement, unterzeichnet am 5 August 2004. Parteien des Übereinkommens sind: Costa Rica, Dom. Republik, El Salvador, Guatemala, Honduras, Nicaragua und die USA.

295 US – Chile Free Trade Agreement, unterzeichnet am 6. Juni 2003, in Kraft getreten am 01. Januar 2004.

296 US – Morocco Free Trade Agreement, unterzeichnet am 15. Juni 2004, in Kraft getreten am 01. Januar 2006.

297 US – Singapore Free Trade Agreement, unterzeichnet am 6. Mai 2003, in Kraft getreten am 01. Januar 2004.

Hier wird deutlich, dass die USA sich bemühen, den Grundsatz der gerechten und billigen Behandlung sprachlich zu konkretisieren. Eine zusätzliche interpretative Stellungnahme in den US-Freihandelsabkommen beinhaltet das übereinstimmende Verständnis der Vertragspartner zur Bedeutung des Begriffes des „Völkergewohnheitsrechts" als „die generelle übereinstimmende Staatenpraxis, welcher die Staaten aufgrund der Ansicht folgen, rechtlich dazu verpflichtet zu sein (Staatenpraxis + opinio juris). Der völkergewohnheitsrechtliche Mindeststandard zur Behandlung von Ausländern bezieht sich auf alle völkergewohnheitsrechtlichen Grundsätze, welche die ökonomischen Rechte und Interessen von Ausländern schützen."[298] Dies bestätigt die Ansicht der Vertragsparteien, dass der Standard ein Standard des Völkergewohnheitsrechts und nicht ein vertraglicher Standard ist.[299]

Auch Kanada sieht in seinem neuen Musterübereinkommen[300], wie bereits oben dargestellt, den Grundsatz der gerechten und billigen Behandlung als ein Element des völkergewohnheitsrechtlichen Mindeststandards zur Behandlung von Ausländern an.[301]

Aus dem Wortlaut der Verträge Frankreichs, beispielsweise mit Bosnien Herzegowina[302] oder mit Madagaskar[303] ergibt sich, dass Frankreich den Grundsatz der gerechten und billigen Behandlung ebenfalls als ein Element des Völkergewohnheitsrechtes ansieht. Frankreich garantiert in seinen Verträgen eine gerechte und billige Behandlung entsprechend den Prinzipien des Völkerrechts. Auch Frankreich versucht den Grundsatz der gerechten und billigen Behandlung zu konkretisieren. Anders als die USA allerdings dadurch, dass in den Verträgen im folgenden positiv festgelegt wird, durch welche Handlungen das Recht auf eine gerechte und billige Behandlung verletzt werden kann. Mögliche Verletzungen werden insbesondere in Beschränkungen von Kauf und Transport von Rohstoffen und Hilfsstoffen, Energie und Brennstoffen sowie Produktionsmitteln und jeglicher Form der Nutzung gesehen, sowie in Hindernissen beim Verkauf und Transport der Produkte im Landesinneren und im Ausland, sowie Maßnahmen gleicher Wirkung. Frankreich will also durch die Vereinbarung des Grundsatzes

298 Yannaca-Small in: OECD, International Investment Law (2005), S. 86.

299 Yannaca-Small in: OECD, International Investment Law (2005), S. 86.

300 Text unter: http://www.international.gc.ca/trade-agreements-accords-commerciaux/assets/pdfs/2004-FIPA-model-en.pdf.

301 Vgl. oben unter B) II) 1) a) bb).

302 Accord entre le Gouvernement de la République française et la Bosnie-Herzégovine sur l'encouragement et la protection réciproques des investissements, unterzeichnet am 12. Dezember 2003.

303 Accord entre le Gouvernement de la République de Madagascar et le Gouvernement de la République française sur l'encouragement et la protection réciproques des investissements, unterzeichnet am 25. Juli 2003.

der gerechten und billigen Behandlung Maßnahmen verbieten, die nicht unmittelbar Investitionen betreffen, sich aber auf diese auswirken, indem sie die reibungslose Nutzung, die Produktion oder die Absatzmöglichkeiten beeinträchtigen.

In anderen Verträgen wird der Grundsatz der gerechten und billigen Behandlung neben den Regeln des Völkerrechts angeführt.[304]

Letztendlich bestimmen noch einige Verträge, dass eine gerechte und billige Behandlung keinesfalls einen geringeren Schutz bieten soll, als die Regelungen des Völkerrechts.[305] Ein Beispiel für diese Formulierung ist der frühere Mustervertrag der USA wie auch der Mustervertrag Griechenlands. Hier bleibt allerdings von der gewöhnlichen Wortbedeutung her die Frage offen, ob dem ausländischen Investor durch die Zusicherung einer gerechten und billigen Behandlung ein darüber hinausgehender Schutz geboten wird und wenn ja, in welchem Umfang. Die gewöhnliche Wortbedeutung gibt hierüber keinen Aufschluss. Die auf dem Mustervertrag der USA von 1994 basierenden bilateralen Verträge der USA wurden durch den Senat auf der Basis der Vorlage, dem sogenannten „Letter of Submittal", gebilligt, welcher jeweils die Feststellung enthält, dass die Regelung über den generellen Standard der Behandlung einen Mindeststandard der Behandlung umfasst, welcher auf Völkergewohnheitsrecht basiert.[306] So heißt es beispielsweise in dem „Letter of Submittal" des Präsidenten der Vereinigten Staaten von Amerika an den Senat vom 24. April 2000 zu Artikel II (3) des Vertrages zwischen den USA und El Salvador[307], dass Paragraph 3 einen Mindeststandard der Behandlung festsetzt, welcher auf den Standards des Völkergewohnheitsrechtes basiere. Der Standard der gerechten und billigen Behandlung sei ausdrücklich erwähnt und die Nennung des Völkergewohnheitsrechtes beziehe darüber hinaus andere die Behandlung von Auslandsinvestitionen betreffende Grundsätze des Völkergewohnheitsrechtes ein.[308] Damit wird deutlich, dass die USA bereits hier davon ausgingen, dass es sich bei der gerechten und billigen Behandlung um

304 Dolzer, Fair and Equitable Treatment, in: The International Lawyer, 2005, S.90.

305 Dolzer, Fair and Equitable Treatment, in: The International Lawyer, 2005, S.90.

306 Yannaca-Small in: OECD, International Investment Law (2005), S.86; Menaker, Standards of Treatment: National Treatment, Most-Favoured-Nation Treatment & Minimum Standard of Treatment, APEC Workshop on Bilateral and Regional Investment Rules and Agreements, Ministry of Economy, Mexico, for the APEC Secretariat, 2002, S. 107.

307 Treaty between the Government of the United States of America and the Government of the Republic of El Salvador Concerning the Encouragement and Reciprocal Protection of Investment.

308 „Paragraph 3 sets out a minimum standard of treatment based on standards found in customary international law. The obligations to accord "fair and equitable treatment" and "full protection and security" are explicitly cited, as is each Party's obligation to impair, through unreasonable and discriminatory means, the management, conduct, operation, and sale or other dispositions of covered investments. The general reference to international law also implicitly incorporates other fundamental rules of customary international law regarding the treatment of foreign

ein Element des Völkergewohnheitsrechtes handelt. Dies war aber sprachlich aus den Verträgen, wie auch aus dem Mustervertrag der USA von 1994 nicht klar erkennbar und ist mit der Wortwahl in dem neuen Mustervertrag deutlicher erfasst worden.

Für den Mustervertrag Griechenlands fehlt es allerdings an entsprechenden Dokumenten, die zur Auslegung herangezogen werden können und Rückschlüsse auf den Willen der Vertragsparteien zulassen.

Der Wortlaut des Vertrages alleine, ohne eine entsprechende Erläuterung zum Willen der Vertragspartner, wie sie oben von den USA vorliegt, besagt lediglich, dass eine gerechte und billige Behandlung zugesichert wird und dass – daneben – keine weniger günstige Behandlung erfolgen soll, als durch das Völkergewohnheitsrecht gefordert wird. Damit bleibt die Frage offen, ob der Standard der gerechten und billigen Behandlung eine Behandlung erfordert, die über die Grundsätze des Völkergewohnheitsrechtes hinausgehen kann, oder ob auch Griechenland den Grundsatz so verstanden haben will, dass der Grundsatz als ein Element des Völkergewohnheitsrechtes anzusehen ist.

Demnach lässt sich feststellen, dass lediglich in den Verträgen der USA, die bereits in den früheren, weniger konkreten Versionen begleitende Papiere mit dem Willen der Vertragsparteien zum Verständnis des Grundsatzes umfassten, klargestellt wird, dass es sich nach dem Willen der USA bei dem Grundsatz der gerechten und billigen Behandlung um ein Element des völkergewohnheitsrechtlichen Mindeststandards zur Behandlung von Ausländern handelt, wonach keine Behandlung erforderlich ist, die über dessen Anforderungen hinausgeht. Aus dem Wortlaut der anderen Verträge ist diese Schlussfolgerung nicht zwingend zu entnehmen.

c) Der Grundsatz der gerechten und billigen Behandlung als eigenständiger Standard des Völkergewohnheitsrechts

Es wird diskutiert, ob der Grundsatz der gerechten und billigen Behandlung nicht einen eigenständigen völkergewohnheitsrechtlich anerkannten Standard der Behandlung darstellt.[309] Zunächst ist festzuhalten, dass nach allgemein anerkannter Ansicht Völkergewohnheitsrecht durch das Verhalten von Völkerrechtssubjekten (insbesondere Staaten und internationalen Organisationen) erzeugt wird,

investment. However this provision does not incorporate obligations based on other international agreements."

309 Vgl. Methanex Corp. v. The United States of America; Investor's First Submission re: NAFTA FTC Statement on Article 1105, 18 September 2001; Response of Respondent United States of America to Methanex's Submission concerning the NAFTA.
Free Trade Commossion's July 31, 2001 Internpreatation, 26 October 2001.

das von einer gewissen Dauer und gleichzeitig Ausdruck einer entsprechenden Rechtsüberzeugung ist.[310]

Das Hauptargument für die Vertreter der Ansicht, die den Grundsatz der gerechten und billigen Behandlung als völkergewohnheitsrechtlich anerkannten Grundsatz ansehen, ist der regelmäßige Gebrauch dieses Grundsatzes sowohl in bi-, als auch in multilateralen Investitionsschutzverträgen.[311] Hinzu kommt, dass einige Staaten, allen voran die Vereinigten Staaten von Amerika, nach dem klaren Wortlaut in ihren Verträgen davon ausgehen, dass der Grundsatz der gerechten und billigen Behandlung Bestandteil des völkergewohnheitsrechtlich anerkannten Mindeststandards zur Behandlung von Ausländern ist und keine von diesem abweichende oder über diesen hinausgehende Behandlung fordert. Demnach sehen einige Staaten eine gerechte und billige Behandlung zwar als völkergewohnheitsrechtlich anerkannten Grundsatz an, allerdings nicht mit einem eigenständigen Regelungsgehalt, sondern als Bestandteil des völkergewohnheitsrechtlichen Mindeststandards. Dies schließt im Ergebnis die Anerkennung einer eigenständigen rechtlichen Verpflichtung nach dem Völkergewohnheitsrecht in Bezug auf den Grundsatz der gerechten und billigen Behandlung aus.

Obwohl der Grundsatz der gerechten und billigen Behandlung sowohl in den Richtlinien der Weltbankgruppe und dem NAFTA Übereinkommen, sowie in einer großen Zahl bilateraler Investitionsschutzverträge vorkommt, kann nicht davon ausgegangen werden, dass es sich hier bereits um einen völkergewohnheitsrechtlich anerkannten Grundsatz handelt. So ist zu beachten, dass die Erzeugung von Völkergewohnheitsrecht ein langwieriger und schwerfälliger Prozess ist, bei dem das Meinungsbild eines Großteils der Völkergemeinschaft zuweilen der Staatenpraxis vorauseilt.[312] Wegen der Erforderlichkeit einer ausreichenden Staatenpraxis bilden Meinungsbekundungen für sich genommen aber keine eigene Rechtsquelle.[313]

In Bezug auf den Grundsatz der gerechten und billigen Behandlung steht der Annahme, dass es sich hier bereits um einen Grundsatz des Völkergewohnheitsrechts handelt bereits entgegen, dass der Grundsatz sich als Schutzstandard für Auslandsinvestitionen erst seit dem Ende des 2. Weltkriegs herausgebildet hat und erst in der jüngsten Vergangenheit eine gewisse, allerdings immer noch keine umfassende, Akzeptanz auch unter Entwicklungsländern erfahren hat. [314] Dementsprechend fehlt es hier jedenfalls an einer gewissen Dauer der allgemeinen Staatenpraxis.

310 Vgl. Herdegen, Internationales Wirtschaftsrecht, § 3 Rn.6.

311 Vasciannie, Fair and Equitable Treatment in Investment Law and Practice, S. 99 (153).

312 Herdegen, a.a.O., § 3 Rn. 9.

313 Herdegen, a.a.O., § 3 Rn. 9.

314 So auch Vascianni, Fair and Equitable Treatment in Investment Law and Practice, S.99 (158).

Weiterhin kann auch keine generell in den meisten Entwicklungsländern herrschende opinio iuris nachgewiesen werden, die belegt, dass die Entwicklungsländer sich zu einer gerechten und billigen Behandlung rechtlich verpflichtet fühlen.

Dem steht auch entgegen, dass es insbesondere unter den Staaten Lateinamerikas weiterhin Anhänger der Calvo-Doktrin gibt, die strikt von einer Inländergleichbehandlung ausgehen und dies bereits in ihren Verfassungen festlegen.[315]

Vielmehr erweckt es entsprechend den Anschein, mit der vertraglichen Zusicherung des Grundsatzes, Investitionen im eigenen Land fördern zu wollen, indem man eine Behandlung vertraglich zusichert, zu der man sich gerade nicht rechtlich ohnehin verpflichtet fühlt.

d) Gerechte und billige Behandlung als eigenständiger völkervertraglicher Grundsatz

Schließlich hat sich gezeigt, dass in der Vertragspraxis solche Verträge am weitesten verbreitet sind, die den Standard alleine nennen, ohne einen Bezug zu den Regelungen des Völkerrechts herzustellen. In den Verträgen, in denen der Grundsatz der gerechten und billigen Behandlung ohne eine Bezugnahme auf das Völkerrecht zugesichert wird, scheint der zugesicherte Schutz am weitestreichenden zu sein. Ausgehend vom Wortlaut finden sich keinerlei Einschränkungen, wann eine Behandlung gerecht und billig ist, oder eine Verletzung dieses Standards vorliegt. Unter Bezugnahme auf den Ansatz der gewöhnlichen Wortbedeutung kann lediglich festgestellt werden, dass der Standard der gerechten und billigen Behandlung jedenfalls dann verletzt ist, wenn eine willkürliche Diskriminierung vorliegt oder die Investition Subjekt willkürlichen oder unberechenbaren Verhaltens des Gastgeberstaates geworden ist. Dies folgt aus der Idee, dass eine gerechte und billige Behandlung willkürliche und unberechenbare Maßnahmen gegenüber Investoren naturgemäß ausschließt.[316]

Insgesamt lässt sich feststellen, dass sich aus dem Wortlaut der Verträge kaum ein Rückschluss auf den durch den Grundsatz der gerechten und billigen Behandlung garantierten Schutz oder dessen Inhalt ergibt. In einigen neueren Verträgen, insbesondere der USA und Frankreichs, werden Formulierungen verwendet, die den Standard konkretisieren, was aber aufgrund der grundsätzlichen Natur des Standards schwierig ist.

Die Diskussion um den Standard der „gerechten und billigen Behandlung“ konzentriert sich hauptsächlich darauf, ob der Standard erfordert, dass die Regierung des Gaststaates sich nach den Voraussetzungen des völkergewohnheits-

---

315 Vgl. z.B. die Verfassungen Venezuelas und Boliviens, hierzu oben unter B) II) 2).

316 Vasciannie, Fair and Equitable Treatment, S. 99 (133).

rechtlich anerkannten Mindeststandards zur Behandlung von Ausländern oder andersartigen bzw. darüber hinausgehenden Voraussetzungen eines eigenständigen, vertraglich zugesicherten Standards einer gerechten und billigen Behandlung richten muss.

C. Der Schutzumfang des Standards der gerechten und billigen Behandlung in der Rechtsprechung

I. Allgemeines

Die gegenwärtige Situation des internationalen Investitionsschutzrechts ist zunächst ganz maßgeblich von der großen Anzahl von investitionsschutzrechtlichen schiedsgerichtlichen Verfahren gekennzeichnet.[317]

Im Jahr 2009 wurden 32 neue Schiedsverfahren zwischen ausländischen Investoren und Gaststaaten eingelegt, die auf Verletzungen von Investitionsschutzverträgen gestützt wurden, womit die Gesamtzahl der bekannten Schiedsverfahren unter Investitionsschutzverträgen bis Ende 2009 auf 357 gestiegen ist.[318] 202 dieser Verfahren -oder 57%- wurden in den letzten Jahren, seit 2005, eingelegt.[319]

Die meisten Klagen werden von Investoren aus Industrieländern eingelegt, nur 23 Fälle wurden bis Ende 2009 von Investoren aus Entwicklungsländern, und neun Fälle von Investoren mit ihrem Hauptsitz in Transformationsländern eingereicht.[320]

Inhaltlich ist festzuhalten, dass der Enteignungsschutz als klassischer Gegenstand des internationalen Investitionsschutzrechts jedenfalls mit Blick auf direkte Enteignungen eine immer geringere Bedeutung in schiedsgerichtlichen Verfahren hat.[321] Vielmehr beschränkt sich internationaler Investitionsschutz, von den Fällen der indirekten oder regulativen Enteignung abgesehen[322], heute in weiten Bereichen auf die Verpflichtung des Gaststaates zu einer gerechten und billigen Behandlung des Investors.[323] Der allgemeine Schutzstandard der gerechten und billigen Behandlung hat eine geradezu explosionsartige Verbreitung in der

317 Vgl. hierzu UNCTAD, Latest Developments in Investor-State Dispute Settlement, IIA Monitor No. 1 (2009), UNCTAD/WEB/DIAE/IA/2009/6/Rev.1.

318 UNCTAD, Latest Developments in Investor – State Dispute Settlement, IIA ISSUES NOTE No. 1 (2010), S. 2.

319 UNCTAD, IIA ISSUES NOTE No. 1 (2010), a.a.O.

320 UNCTAD, IIA ISSUES NOTE No. 1 (2010), a.a.O.

321 Vgl. Tietje, Internationales Investitionsschutzrecht im Spannungsverhältnis von staatlicher Regelungsfreiheit und Schutz wirtschaftlicher Individualinteressen, Beiträge zum Transnationalen Wirtschaftsrecht, Heft 93, Februar 2010, S. 10.

322 Siehe hierzu z.B. Hoffmann, in: Reinisch (Hrsg.), Standards of Investment Protection, 2008, S. 151 (151 ff.).

323 Vgl. Tietje, a.a.O., S. 10.

Praxis der Schiedsgerichte erfahren.[324] Tatsächlich gibt es in der heutigen Rechtsprechungspraxis kaum einen auf einen internationalen Investitionsschutzvertrag gestützten Fall, der eingereicht wird und sich nicht auf die entsprechende Regelung des Vertrages, wonach eine gerechte und billige Behandlung gefordert wird, bezieht.[325] Das liegt an der sprachlichen Weite und daraus folgend einer sehr extensiven schiedsgerichtlichen Interpretation dieses Behandlungsstandards.[326]

Dementsprechend ist ein recht ausführlicher Rechtsprechungsschatz vorhanden, in dem die Richter den Grundsatz gemäß den Vorgaben der Artikel 31 und 32 WVK untersucht und interpretiert haben. Grundsätzlich müssten entsprechend viele der bestehenden Fragen geklärt, beziehungsweise der Inhalt des Grundsatzes der gerechten und billigen Behandlung hinreichend konkretisiert sein. Geschmälert wird die Leistung der Gerichte allerdings dadurch, dass die Verträge erstens, wie oben gezeigt, unterschiedliche Formulierungen des Grundsatzes enthalten, von denen die Gerichte ausgehen müssen, und sie zweitens untereinander nicht an ihre Entscheidungen gebunden sind. So hat das Gericht im Fall ADC[327] treffend festgestellt:

„It is true that arbitral awards do not constitute binding precedent. It is also true that a number of cases are fact-driven and that the findings in those cases cannot be transposed in and of themselves to other cases. It is further true that a number of cases are based on treaties that differ from the present BIT in certain respects. However, cautious reliance on certain principles developed in a number of those cases, as persuasive authority, may advance the body of law, which in turn may serve predictability in the interest of both investors and host States."[328]

Obwohl also Vorsicht geboten ist, wenn man aus den einzelnen Entscheidungen der internationalen Schiedsgerichte allgemeine Rückschlüsse auf den Inhalt und Schutzumfang des Grundsatzes der gerechten und billigen Behandlung ziehen will, können diese doch wertvolle Erkenntnisse in dieser Hinsicht bringen.

Dementsprechend soll im Folgenden der bestehende Rechtsprechungsschatz im Hinblick auf Aussagen über den Grundsatz der gerechten und billigen Behandlung untersucht werden. Dabei soll insbesondere auf die völkerrechtliche Einordnung des Grundsatzes durch die Gerichte eingegangen werden, die den grundsätzlichen Schutzumfang des Grundsatzes vorgibt. Weiter soll auf den konkreten Inhalt des Grundsatzes, wie er ihm in der Rechtsprechung gegeben wurde, eingegangen werden. Hier soll insbesondere untersucht werden, ob sich in der

324 Vgl. Tietje, a.a.O., S. 10.

325 Dolzer, Fair and Equitable Treatment, in: The International Lawyer, 2005, S. 87 (87).

326 Vgl. Tietje, a.a.O., S. 10.

327 ADC Affiliate Limited and ADC & ADMC Management Limited v. The Republic of Hungary, ICSID Case No. ARB/03/16, Urteil vom 2. Oktober 2006 (Brower, van den Berg, Kaplan).

328 ADC gegen Ungarn, Urteil vom 2. Oktober 2006, Abschn. 293.

Rechtsprechung unterschiedliche Fallgruppen gezeigt haben, in denen typischerweise auf eine Verletzung des Grundsatzes der gerechten und billigen Behandlung abgestellt wird.

II. Die Rechtsprechung internationaler Schiedsgerichte zu Artikel 1105 (1) NAFTA

In letzter Zeit ist die Zahl der Klagen von ausländischen Investoren gegenüber den Gastgeberländern vor internationalen Schiedsgerichten wegen einer Verletzung des Grundsatzes der gerechten und billigen Behandlung, vor allem unter dem NAFTA-Übereinkommen, stark angestiegen. Diese Streitigkeiten machen insgesamt einen Streitwert von mehr als $2 Billionen aus und ihre Ergebnisse werden sowohl zukünftige Kapitaleinsätze als auch die Regulierungspraxis von Gastgeberstaaten beeinflussen.[329] Weil ähnliche Formulierungen, wie oben festgestellt, in hunderten BIT's, sowie im „Draft Agreement on the Free Trade Area of the Americas", verwendet worden sind und in neu abgeschlossenen Verträgen immer noch verwendet werden, hat jede Diskussion über Artikel 1105 NAFTA weit reichenden Einfluss auf das internationale Wirtschaftsrecht.[330] Dies begründet unter anderem eine starke Leitfunktion des NAFTA-Übereinkommens bezüglich der Auslegung des Grundsatzes der gerechten und billigen Behandlung auch für andere Verträge, weshalb der Umfang des Schutzstandards der gerechten und billigen Behandlung zunächst anhand der Rechtsprechung zu Artikel 1105 (1) NAFTA untersucht wird. Danach wird auf die Rechtsprechung unter anderen Investitionsschutzverträgen und möglicherweise bestehende Unterschiede eingegangen.

1. Der Wortlaut der Norm

Nach dem Wortlaut der Norm soll jede Vertragspartei den Investitionen von Investoren einer anderen Partei eine Behandlung in Übereinstimmung mit dem Völkerrecht zukommen lassen, einschließlich einer gerechten und billigen Behandlung und vollen Schutzes und Sicherheit. Eine Definition der in Artikel 1105 (1) NAFTA enthaltenen Begriffe ist in dem Vertrag allerdings nicht enthal-

329 Brower, Fair and Equitable Treatment under NAFTA's Investment Chapter, Proceedings of the Annual Meeting (American Society of International Law) 2002(im Folgenden: ASIL Proceedings 2002), S. 9.

330 Brower, ASIL Proceedings 2002, S. 9.

ten und es sind grundsätzlich gegensätzliche Schlüsse bezüglich des Inhalts des Völkerrechts, auf den Art.1105 NAFTA verweist, sowie bezüglich des Umfangs möglich, in dem der Grundsatz der „gerechten und billigen Behandlung“ völkergewohnheitsrechtliche Regelungen einer Überprüfung unterzieht.[331] Der grundsätzliche Streit in der Wissenschaft wie in der Praxis dreht sich darum, ob gerechte und billige Behandlung auf den internationalen Mindeststandard des Völkerrechts beschränkt ist, oder ob es ein eigenständiger und objektiver Grundsatz ist, der auf die durch die gesetzlich festgeschriebene Interpretation erlangte gewöhnliche Bedeutung des Wortlauts beruht.[332] Im Folgenden sind diese verschiedenen Auslegungen zu betrachten und auszuwerten.

2. Die Auslegung der Norm

a) Allgemeine Auslegungsregeln

Alle Auslegungsversuche müssen mit den von den Gerichten anzuwendenden Auslegungsregeln, sowie anhand struktureller Merkmale innerhalb des NAFTA, welche die Flexibilität bei der Auslegung fördern oder beschränken können, beginnen.[333] Nach Art. 1131 (1) NAFTA sollen die Gerichte die umstrittenen Fragen in Übereinstimmung mit den anwendbaren Normen des Völkerrechts entscheiden. Hierzu zählen die im Wiener Übereinkommen über das Recht der Verträge[334] dargelegten, gewohnheitsrechtlichen Regeln zur Vertragsinterpretation,[335] wonach gemäß Artikel 31 (1) des Übereinkommens die Begriffe eines Vertrags in Übereinstimmung mit der gewöhnlichen, seinen Bestimmungen in ihrem Zusammenhang zukommenden Bedeutung und im Lichte seines Zieles und Zweckes auszulegen sind. Strukturell fördert Kapitel 11 NAFTA die Flexibilität in der Auslegung, indem es ein System einer ad hoc Streitschlichtung vor Gerichten begründet, welche einen für Entscheidungen späterer Gerichte nicht bindenden Schiedsspruch treffen.[336] Vielleicht um diesen Mangel institutioneller und rechtswissenschaftlicher Kontinuität auszugleichen, ermächtigt Artikel 1131 (2) NAFTA die „Free Trade Commission“ (FTC), die sich aus den zusammen

---

331 Brower, ASIL Proceedings 2002, S. 9.

332 Kirkman, NOTE: Fair and Equitable Treatment: Methanex v. United States and the Narrowing Scope of NAFTA Article 1105, in: 34 Law and Policy in International Business, 2002, S. 343 ff, (346).

333 Brower, ASIL Proceedings 2002, S. 9.

334 Wiener Übereinkommen über das Recht der Verträge vom 23. Mai 1969, BGBl. 1985 II, S. 927.

335 Brower, ASIL Proceedings 2002, S. 9.

336 Brower, ASIL Proceedings 2002, S. 9.

handelnden Handelsministern der drei Vertragsstaaten des NAFTA zusammensetzt, bindende Auslegungen des Vertragstextes herauszugeben, welche die Flexibilität der Gerichte bezüglich der Auslegung des Vertragstextes beschränken können.[337]

b) Die Auslegung zu Artikel 1105 (1) NAFTA durch die „Free Trade Commission" vom 31.Juli 2001

Am 31. Juli 2001 hat die Free Trade Commission (FTC) Auslegungsregeln unter anderem zu Artikel 1105 NAFTA herausgegeben, welche den Inhalt des Grundsatzes der gerechten und billigen Behandlung klären sollen. Sie besagen, dass

- Artikel 1105 (1) NAFTA den völkergewohnheitsrechtlichen Mindeststandard der Behandlung von Ausländern als den Mindeststandard der Behandlung von Investitionen der Investoren einer anderen Vertragspartei des Übereinkommens vorschreibt;
- die Konzepte von „gerechter und billiger Behandlung" und „vollem Schutz und Sicherheit" nicht eine Behandlung verlangen, die zusätzlich zu einer dem völkergewohnheitsrechtlichen Mindeststandard zur Behandlung von Ausländern entsprechenden Behandlung erfolgt, oder über eine solche hinausgeht;
- die Feststellung, dass ein anderer Abschnitt von NAFTA oder ein anderes Internationales Abkommen verletzt wurde, noch keine Verletzung von Artikel 1105 (1) NAFTA begründet.[338]

Hiermit wird deutlich, dass die Free Trade Commission einen engen Ansatz hinsichtlich des Verständnisses der gerechten und billigen Behandlung verfolgt und diesen mit dem völkergewohnheitsrechtlichen Mindeststandard zur Behandlung von Ausländern gleichsetzt.

c) Ansicht der Parteien des NAFTA-Vertrages zur Interpretation des in Artikel 1105 (1) NAFTA festgelegten Grundsatzes der gerechten und billigen Behandlung

Weitere Unterstützung findet dieser Ansatz in den Stellungnahmen der Parteien des NAFTA-Übereinkommens. Alle drei Parteien des NAFTA-Übereinkommens gehen davon aus, dass der Grundsatz der gerechten und billigen Behandlung, wie

337 Brower, ASIL Proceedings 2002, S. 9f.
338 NAFTA Free Trade Commission, Notes of Interpretation of Certain Chapter 11 Provisions (31.7.2001), § B.

er in Artikel 1105 (1) NAFTA festgelegt wurde, mit dem völkergewohnheitsrechtlichen Mindeststandard zur Behandlung von Ausländern übereinstimmt.[339]

Garantiert werde hier nur eine Behandlung, die nicht gegen den völkergewohnheitsrechtlichen Mindeststandard der Behandlung von Ausländern verstößt, nicht ein „subjektiver, intuitiver Standard der Behandlung ausländischer Investoren und deren Investitionen, der im Völkergewohnheitsrecht nicht bekannt ist“[340].

Ebenso gehen alle drei Vertragsparteien davon aus, dass die Interpretation zu Artikel 1105 (1) NAFTA durch die FTC vom 31. Juli 2001 bindend ist und die maßgebende Grundlage zur Auslegung des Artikels darstelle.[341] Die Überlegung, dass es sich nicht um eine Interpretation, sondern vielmehr um eine auslegungsbedürftige Ergänzung des Vertragstextes handelt, wird ausdrücklich zurückgewiesen.[342] Durch die FTC handeln die Vertragsparteien und durch die Autorität der FTC, verbindliche Interpretationen herauszugeben, werde eine einheitliche und gleichmäßige Interpretation des NAFTA-Übereinkommens sichergestellt.[343] Ein Gericht, welches über eine Klage nach Kapitel 11 des NAFTA-Übereinkommens zu entscheiden habe und einer Interpretation der FTC nicht folge, auch indem es diese wie eine Ergänzung des Vertragstextes behandele, überschreite seine Befugnisse.[344]

Im Hinblick auf die Kompetenz des Gerichtes bestätigt Mexiko, ebenso wie Kanada seine Übereinstimmung mit der Ansicht der USA, dass das Gericht nicht die Autorität besitzt, die Interpretationen der FTC anzuzweifeln.[345] Die Gerichtsbarkeit eines Gerichtes nach Kapitel 11 des NAFTA-Übereinkom-

339 Für Kanada siehe z.B.: United Parcel Service of America Inc. v. Government of Canada, Award on Jurisdiction 22. November 2002 (Cass, Fortier, Keith), Abschn.77, (im Folgenden UPS); Pope & Talbot, Inc. v. The Government of Canada, Award on the Merits of Phase 2 (Dervaird, Greenberg, Belman), Abschn. 108 f.

340 ADF Group Inc. v. United States of America, ICSID Case No. ARB (AF)/00/1, Urteil vom 9. Januar 2003 (Feliciano, de Mestral, Lamm); Abschn. 102; Methanex, Rejoinder of Respondent United States of America to Methanex's Reply Submission Concerning the NAFTA Free Trade Commission's July 31, 2001 Interpretation, Abschn. 2, (17. Dezember 2001), (im Folgenden: Methanex, U.S. Rejoinder)., Abschn. 10.

341 ADF Group Inc. v. United States of America, ICSID Case No. ARB (AF)/00/1, Urteil vom 9. Januar 2003 (Feliciano, de Mestral, Lamm); Abschn. 102 und 120; UPS, Award on Jurisdiction 22. November 2002, Abschn.79.

342 ADF Group Inc. v. United States of America, ICSID Case No. ARB (AF)/00/1, Urteil vom 9. Januar 2003 (Feliciano, de Mestral, Lamm); Abschn. 121. (im Folgenden: ADF).

343 ADF, Urteil vom 9. Januar 2003, Abschn. 111; 120; Submission of the Government of Canada Pursuant to NAFTA Article 1128, 18 January 2002, Abschn. 5–7.

344 ADF, Post-Hearing Submission of Respondent United States of America on Article 1105(1) and Pope and Talbot, 27 June 2002 (Respondent's Post-Hearing Submission), S. 10–12; Urteil vom 09. Januar 2003, Abschn. 111.

345 ADF, Urteil vom 09. Januar 2003, Abschn. 125; Mondev International Ltd. v. United States of America, ICSID Case No. ARB(AF)/99/2, Urteil vom 11. Oktober 2002, Abschn. 109.

mens sei auf den in Artikel 1116 und 1117 NAFTA genannten Gegenstand begrenzt: Das Gericht sei dazu autorisiert festzustellen, ob eine der Parteien des NAFTA-Übereinkommens im Einzelfall eine der in diesen beiden Artikeln aufgeführten Verpflichtungen des NAFTA-Vertrages verletzt hat.[346] Die Gerichtsbarkeit umfasse nicht eine Überprüfung des herrschenden Rechts, wozu gemäß Artikel 1131 (2) NAFTA auch die Interpretationen der FTC gehören, die entsprechend für das Gericht bindend seien.[347] Folglich hat das Gericht in seiner Entscheidung über eine mögliche Verletzung des Grundsatzes der gerechten und billigen Behandlung nach Ansicht Mexikos sowie der Vereinigten Staaten von Amerika von der Interpretation der FTC zu Artikel 1105 (1) NAFTA auszugehen. Es müsste also für die Feststellung eines Verstoßes gegen den Grundsatz der gerechten und billigen Behandlung eine Verletzung des völkergewohnheitsrechtlichen Mindeststandards zur Behandlung von Ausländern feststellen.

Dementsprechend stellt sich in der Konsequenz die Frage nach dem Umfang und Inhalt des völkergewohnheitsrechtlichen Mindeststandards zur Behandlung von Ausländern.

Über den genauen Inhalt und Schutzumfang des völkergewohnheitsrechtlichen Mindeststandards äußern sich auch die Vertragsparteien des NAFTA-Übereinkommens, allerdings nicht eindeutig. Alle drei Vertragsparteien erkennen zwar an, dass sich der Standard seit der Neer-Entscheidung von 1927 weiterentwickelt habe,[348] betonen aber, dass die Schwelle für die Annahme einer Verletzung des Standards immer noch hoch anzusetzen sei.[349] Nach Ansicht Kanadas ist der in Artikel 1105 (1) NAFTA festgesetzte Standard ein Mindeststandard, der durch die Neer-Entscheidung gut erfasst, allerdings in keiner Weise statisch oder in der Zeit erstarrt sei.[350] Mexiko ist der Ansicht, dass eine Verletzung des Mindest-

346 ADF, Urteil vom 09. Januar 2003, Abschn. 125.

347 ADF, Letter signed by Mr. Hugo Perezcano Diaz, Consultor Juridico de Negociaciones, dated 27 July 2002, "Second Article 1128 Submission of the United Mexican States", S. 18 f.; Urteil vom 09. Januar 2003, Abschn. 125.

348 ADF, Post-Hearing Submission of Respondent United States of America on Article 1105(1) und Pope and Talbot, 27 June 2002 (Respondent's Post-Hearing Submission), S. 20; Urteil vom 09. Januar 2003, Abschn. 112; Mondev International Ltd. V. United States of America, ICSID Case No. ARB(AF)/99/2, Urteil vom 11. Oktober 2002, Abschn.108.

349 ADF, Second Canada Submission, Abschn. 41; Urteil vom 09. Januar 2003, Abschn. 121; 124; Mondev International Ltd. V. United States of America, ICSID Case No. ARB(AF)/99/2, Submission of Canada on the Pope & Talbot Award, 19 July 2002, Abschn. 33.

350 ADF, Second Canada Submission, Abschn. 33 "Obviously, what is shocking or egregious in the year 2002 may differ from that which was considered shocking or egregious in 1926. Canada's position has always been that customary international law can evolve over time,….."; Urteil vom 09. Januar 2003, Abschn. 121.

standards ein sehr gravierendes Verhalten erfordere, welches sich als eine signifikante Abwendung von international akzeptierten rechtlichen Normen darstelle.[351]

Dies sind sehr vage Aussagen, die eher darauf hindeuten, dass sich zur Feststellung einer Verletzung des Grundsatzes noch immer an den im Neer- Fall aufgestellten Kriterien orientiert wird.

Auch zeige sich nach Ansicht der Parteien der konventionelle, ja traditionelle Charakter des Artikels 1105 NAFTA durch den Kontext, in dem er verwendet werde.[352] Artikel 1105 werde in einer Gruppe von drei Normen zum Schutz der Rechte und Interessen ausländischer Investoren genannt, wovon die anderen zwei Normen, die Inländergleichbehandlung in Artikel 1102 und die Meistbegünstigung in Artikel 1103 NAFTA, in der internationalen Vertragspraxis sehr verbreitet seien.[353]

Etwas genauer schildern die USA ihre Vorstellungen zum Inhalt des völkergewohnheitsrechtlichen Mindeststandard. Von der Interpretation der FTC ausgehend berufen sich die USA im Fall ADF Group Inc. v. United States of America[354] darauf, dass der Investor zur Begründung seiner Klage wegen einer Verletzung des Artikel 1105 (1) NAFTA darlegen müsse, dass die hier in Frage stehenden Maßnahmen der amerikanischen Regierung mit einer speziellen völkergewohnheitsrechtlichen Regel unvereinbar sind.[355] Artikel 1105 (1) begründe eine übergeordnete Verpflichtung, unter welcher eine Reihe von Regelungen zusammengefasst seien, die sich im Völkergewohnheitsrecht als spezielle Regelungen herauskristallisiert haben.[356] Der Begriff „gerechte und billige Behandlung“ beziehe sich auf den völkergewohnheitsrechtlichen Mindeststandard der Behandlung von Ausländern, der Regelungen beispielsweise für den Fall der Verweigerung eines rechtsstaatlichen Verfahrens oder für den Fall einer Enteignung enthalte, aber auch Regelungen bei sonstigen Handlungen, die unter den absoluten, völkergewohnheitsrechtlich geforderten Mindeststandard der Behandlung fallen.[357]

Den USA zufolge sind die einschlägigen Regelungen des völkergewohnheitsrechtlichen Mindeststandards zur Behandlung von Ausländern spezielle Rege-

351 ADF, Urteil vom 09. Januar 2003, Abschn. 124.

352 UPS, Award on Jurisdiction (22. November 2002), Abschn.80.

353 UPS, Award on Jurisdiction (22. November 2002), Abschn. 80.

354 ADF Group Inc. v. United States of America, ICSID Case No. ARB (AF)/00/1.

355 ADF, Urteil vom 9. Januar 2003, Abschn. 103.

356 ADF, Post-Hearing Submission of Respondent United States of America on Article 1105(1) and Pope and Talbot, 27 June 2002 (Respondent's Post-Hearing Submission), S. 2; Urteil vom 09. Januar 2003, Abschn. 110.

357 ADF, Post-Hearing Submission of Respondent United States of America on Article 1105(1) and Pope and Talbot, 27 June 2002 (Respondent's Post-Hearing Submission), S. 3; Urteil vom 09. Januar 2003, Abschn. 110.

lungen, die auf einen besonderen Kontext ausgerichtet sind, während es keinen einzelnen Standard gibt, der auf alle Kontexte anwendbar ist.[358]

Nun könnte man, wie oben bereits dargelegt, zu der Annahme gelangen, dass der Grundsatz der gerechten und billigen Behandlung mittlerweile durch seine Festsetzung in der Vielzahl bilateraler Verträge selbst zu einem Grundsatz des Völkergewohnheitsrechtes geworden ist, was aus oben genannten Gründen[359] verneint werden muss. Dies wird auch durch die Parteien des NAFTA- Übereinkommens angesprochen und einheitlich verneint.[360] Insbesondere stellen die drei Vertragsparteien es infrage, dass die einzelnen Staaten den Grundsatz der gerechten und billigen Behandlung in ihren bilateralen Verträgen aus der Überzeugung heraus vereinbaren, rechtlich dazu verpflichtet zu sein und bezweifeln damit das Vorliegen einer für die Anerkennung eines Grundsatzes als Völkergewohnheitsrecht notwendigen opinio juris.

d) Der Umfang des völkergewohnheitsrechtlichen Mindeststandards zur Behandlung von Ausländern

Offen bleibt bei der Ansicht, die den Grundsatz der gerechten und billigen Behandlung mit dem völkergewohnheitsrechtlichen Mindeststandard der Behandlung von Ausländern gleichsetzt allerdings, welcher Schutzumfang durch diesen Mindeststandard garantiert werden soll. Der Mindeststandard der Behandlung von Ausländern ist eine Verpflichtung des Völkergewohnheitsrechtes. Zunächst ist festzustellen, dass Pflichten des Völkergewohnheitsrechtes solche Pflichten sind, die von den Staaten allgemein als verpflichtend anerkannt werden, wobei der verpflichtende Charakter aus der übereinstimmenden Staatenpraxis in Bezug auf das Völkerrecht gewonnen wird, sowie einer Kontinuität oder Wiederholung der Praxis über eine gewisse Zeitspanne, der Vorstellung der Staaten, dass diese Praxis vom Völkerrecht gefordert wird, oder zumindest in Übereinstimmung mit diesem erfolgt und einer allgemeinen Zustimmung der anderen Staaten.[361]

Hinsichtlich des völkergewohnheitsrechtlichen Mindeststandards zur Behandlung von Ausländern ist in der Literatur wie in der Rechtsprechung vieles umstrit-

---

358 ADF, Post-Hearing Submission of Respondent United States of America on Article 1105(1) and Pope and Talbot, 27 June 2002 (Respondent's Post-Hearing Submission), S. 3 f.; Urteil vom 09. Januar 2003, Abschn. 110.

359 Vgl. oben unter B) III) 3) c).

360 ADF, Second Canada Submission, Abschn. 36–38; Urteil vom 09. Januar 2003, Abschn. 121; 125; Methanex, Response of Respondent United States of America to Methanex's Submission Concerning the NAFTA Free Trade Commission's July 31, 2001 Interpretation (26. Oktober 2001), Abschn. 5 f.; Methanex, U.S. Rejoinder, Abschn. 6.

361 Vgl. Herdegen, Internationales Wirtschaftsrecht, § 3 Rn.6.

ten, das im Rahmen dieser Arbeit weder untersucht noch etwa geklärt werden könnte. An dieser Stelle soll lediglich zum besseren Verständnis der Ansicht, nach der der Grundsatz der gerechten und billigen Behandlung nichts anderes als die vertragliche Festsetzung des völkergewohnheitsrechtlichen Mindeststandards zur Behandlung von Ausländern sein soll, der Meinungsstand zu diesem völkergewohnheitsrechtlichen Grundsatz kurz dargestellt werden.

Nach dem Völkergewohnheitsrecht muss jeder Staat zu Gunsten von Ausländern in einem Staat, also Personen in einem Staat, dessen Angehörigkeit sie nicht besitzen, einen internationalen Mindeststandard (international minimum standard) einhalten, welcher in manchen Bereichen über dem Schutzniveau der universellen Menschenrechte liegt.[362]

Lange Zeit war umstritten, ob es einen solchen völkergewohnheitsrechtlichen Mindeststandard zur Behandlung von Ausländern überhaupt gibt. In der Rechtsprechung der letzten Jahre scheint dies aber allgemein anerkannt zu sein und, wie auch das Gericht im Fall ADF Group Inc. gegen die Vereinigten Staaten von Amerika[363] in seinem Urteil feststellte, jedenfalls seit Herausgabe der Interpretation der FTC zu Artikel 1105 (1) NAFTA insbesondere für die Parteien des NAFTA-Übereinkommens geklärt.[364]

Der völkerrechtliche Mindeststandard ist eine Norm des Völkergewohnheitsrechts, die die Behandlung von Ausländern leitet, indem ein Minimum an Prinzipien festgelegt wird, welche die Staaten unabhängig von ihrer nationalen Rechtsordnung und Verwaltungspraxis im Umgang mit Bürgern anderer Staaten und deren Eigentum beachten müssen.[365] Während das oben bereits genannte Prinzip der Inländergleichbehandlung vorsieht, dass Ausländer nur die gleiche Behandlung wie Inländer erwarten können, setzt der völkergewohnheitsrechtliche Mindeststandard eine Anzahl von Grundrechten fest, welche sich im Völkerrecht etabliert haben und die die Staaten Ausländern garantieren müssen, unabhängig davon, welche Behandlung sie ihren eigenen Staatsangehörigen zukommen lassen.[366]

Nach Völkergewohnheitsrecht wird ausländischen Investoren ein bestimmter Level der Behandlung zugestanden und ein Staat muss jede Behandlung ver-

---

362 Herdegen, Internationales Wirtschaftsrecht, § 6 Rn. 23.

363 ADC Affiliate Limited and ADC & ADMC Management Limited v. The Republic of Hungary, ICSID Case No. ARB/03/16, Urteil vom 2. Oktober 2006 (Brower, van den Berg, Kaplan).

364 Vgl. oben unter C), II. 2. c); ADF, Urteil vom 09. Januar 2003, Abschn. 178; J. C. Thomas, Reflections on Article 1105 NAFTA: History, State Practice and the Influence of Commentators, 17 ICSID Review _ Foreign Investment Law Journal 21 2002, Seite 22–39.

365 Yannaca-Small, Fair and Equitable Treatment Standard in International Investment Law, in: OECD, International Investment Law (2005), S. 81, Fn. 32.

366 Yannaca-Small, Fair and Equitable Treatment Standard, S. 81, Fn. 32.

antworten, die hinter diesem Level zurückbleibt.[367] Was genau die geforderte Behandlung umfasst, ist allerdings nicht abschließend geklärt.

aa) Die Neer-Entscheidung

In der Rechtsprechung sind die Elemente des völkergewohnheitsrechtlichen Mindeststandards zur Behandlung von Ausländern in einigen Fällen Anfang des letzten Jahrhunderts, insbesondere im Neer- Fall[368], dargelegt worden. In seinem Urteil führte das Gericht aus, dass die Behandlung eines Ausländers, die ein völkerrechtliches Vergehen darstellen soll, die Schwere eines ungeheuerlichen, in bösem Glauben, von absichtlicher Missachtung der Pflichten oder von einer Unzulänglichkeit der Handlung der Behörde erreichen müsse, die so weit hinter dem internationalen Standard zurückbleibt, dass jede vernünftige und unparteiische Person sofort die Unzulänglichkeit erkennen würde.[369]

bb) Übertragbarkeit der Neer-Entscheidung auf den Investitionsschutz

Die Frage im Kontext eines derzeitigen Investitionsschutzvertrages ist nun, ob die Entscheidung im Neer-Fall hinsichtlich des Mindeststandards, welche sich mit der physischen Sicherheit eines Ausländers vor 1945 befasst, ebenfalls gelten soll, wenn es um aktuelle Regelungen des Völkerrechts geht, welche den Schutz von Auslandsinvestitionen regeln, sei es im Zusammenhang mit Völkergewohnheitsrecht oder innerhalb eines Vertrages.[370] Im Fall, dass festgestellt wird, dass ein Standard von vor 1945 grundsätzlich anwendbar ist, lautet die daraus folgende Frage, ob und unter welchen Voraussetzungen ein solcher Standard in einer sich weiterentwickelnden Weise,[371] im Lichte der zwischenzeitlichen und derzeitigen Faktoren anzuwenden ist.[372]

367 Yannaca-Small, Fair and Equitable Treatment Standard, S. 81 f.

368 Neer (U.S.) v. United Mexican States, 4 R.I.A.A. 60 (Mex.-U.S.Gen.ClaimsComm'n) (1926), veröffentlicht unter: http://untreaty.un.org/cod/riaa/cases/vol_IV/60–66.pdf.

369 Neer (U.S.) v. United Mexican States, Abschn. 4.

370 Dolzer, Fair and Equitable Treatment, in: The International Lawyer, 2005, S. 93.

371 Zu einer sich dynamisch-weiterentwickelnden Interpreatation des Grundsatzes des Guten Glaubens, wie er 1919 dargelegt wurde, vgl. z.B. Legal Consequences for States of the Continued Presence of South Africa in Namibia (S.W. Africa) Notwithstanding Security Council Resolution 276, 1971 I.C.J. 16 (June 21), veröffentlicht unter: http://www.icj-cij.org/docket/files/53/5597.pdf.

372 Dolzer, Fair and Equitable Treatment, in: The International Lawyer, 2005, S. 93; vgl. Waste Management, Inc. v. United Mexican States, ICSID Case No. ARB (AF)/00/3 (Apr. 30, 2004), 43 I.L.M. 967 (2004) (Crawford, Civiletti, Gomez, Arbs.), veröffentlicht unter: www.state.gov/documents/organization/34643.pdf; Mondev Int'l Ltd. v. United States, ICSID Case No. ARB

Die hohen Anforderungen des Neer-Falles zur Verletzung des völkerrechtlichen Mindeststandards der Behandlung sind in verschiedenen Urteilen aufrecht erhalten worden, wie z.B. im Fall ELSI (United States v. Italy)[373]. Hier führte der Internationale Gerichtshof aus, dass für die Annahme einer Verletzung des völkerrechtlichen Mindeststandards eine vorsätzliche Missachtung eines ordentlichen Rechtsprozesses vorliegen müsse, eine Handlung die schockiert oder aber wenigstens bezogen auf das rechtlich rechtmäßigerweise zu Erwartende überrascht.[374]

In neueren Entscheidungen wenden sich internationale Gerichte immer häufiger von den strengen Anforderungen, die in diesem Punkt in der Entscheidung im Neer- Fall aufgestellt wurden ab. So heißt es etwa in der Entscheidung des Gerichtes im Fall Compagñía de Aguas del Aconquija S.A. gegen Argentinien[375]: „Any suggestion that the minimum standard remains effectively unchanged since 1926 Neer Claim is not supportable. Indeed, NAFTA cases that preceded the Free Trade Commmission's Interpretation of the Chapter Eleven F & ET provision, affirm that the minimum standard has evolved significantly beyond Neer. Also ADF Group Tribunal held that the minimum standard is not a static photograph dated 1927, and the Tribunal in Mondev held that the content of the minimum standard today cannot be limited to the content of customary international law as recognised in arbitral decisions in the 1920's. It added that, to the modern eye, what is unfair or inequitable need not equate with outrageous or egregious."[376]

cc) Berücksichtigung der Entwicklung des Investitionsschutzes

Berücksichtigt man weiterhin die Entwicklungen der letzten Jahre hin zu einem ausgedehnteren Investitionsschutz, der bereits an der oben dargestellten, sich ausweitenden Vertragspraxis in diesem Bereich deutlich wird, stützt dies ebenfalls die Annahme, dass der völkergewohnheitsrechtliche Mindeststandard

---

(AF)/99/2 (Oct. 11, 2002), 42 I.L.M. 85, 85 (Stephen Crawford, Schwebel, Arbs.); ADF Group, Inc., 18 ICSID Rev., S. 228.

373 Case Concerning Elettronica Sicula S.p.A. (ELSI) (United States v. Italy), (1989), I.C.J. Reports 1989, S. 15 [(76), Abschnitt 128],(im Folgenden: ELSI), veröffentlicht unter: http://www.icj-cij.org/docket/files/76/6707.pdf.

374 ELSI, Abschn. 128: "It is a wilful disregard of due process of law, an act which shocks, or at least surprises, a sense of juridical propriety."

375 Compagñía de Aguas del Aconquija S.A. and Vivendi Universal S.A. v. Argentine Republic, ICISD Case No. ARB/97/3, Urteil vom 20. August 2007, (Kaufmann-Kohler, Verea, Rowley QC).

376 Compagñía de Aguas del Aconquija S.A. und Vivendi Universal S.A. v. Argentine Republic, ICISD Case No. ARB/97/3, Urteil vom 20. August 2007, (Kaufmann-Kohler, Verea, Rowley QC), Abschnitt 325.

zur Behandlung von Ausländern weiter interpretiert werden muss, als dies das Gericht 1926 im Neer-Fall getan hat.[377] So kann als eine aktuelle Tendenz festgestellt werden, dass der völkergewohnheitsrechtliche Mindeststandard jedenfalls die grundlegenden Rechte der Gerechtigkeit und des „due process“, sowohl in administrativer wie in rechtsprechender Hinsicht reflektiert,[378] wobei aber Unterschiede abhängig davon möglich sind, wie die Gerichte diesen Standard in ihren Entscheidungen interpretieren.[379] Diese Tendenz zeigt sich beispielsweise auch im Mustervertrag der USA aus dem Jahr 2004, welcher festsetzt: „The obligation to provide fair and equitable treatment includes the obligation not to deny justice in criminal, civil or administrative proceedings in accordance with the principle of due process embodied in the principal legal systems of the world.“[380] Nach dieser Ansicht muss also angenommen werden, dass der Standard der gerechten und billigen Behandlung, den traditionellen Standard der Verweigerung von Gerechtigkeit beinhaltet.[381]

Der genaue Inhalt des völkergewohnheitsrechtlichen Mindeststandards der Behandlung von Ausländern ist allerdings sehr umstritten[382] und es wird abzuwarten sein, wie die Gerichte ihn in Zukunft definieren.

e) Zwischenergebnis

Folglich ist festzuhalten, dass der Grundsatz der gerechten und billigen Behandlung, wie er in Artikel 1105 (1) NAFTA festgelegt ist, nach dem übereinstimmenden Willen der Vertragsparteien, der seinen Ausdruck in den von den Vertragsparteien als bindend angesehenen Interpretationen der Free Trade Commission vom 31. Juli 2001 gefunden hat, wie folgt auszulegen ist:

- Artikel 1105 (1) NAFTA schreibt den völkergewohnheitsrechtlichen Mindeststandard zur Behandlung von Ausländern als den Mindeststandard der Behandlung von Investitionen der Investoren einer anderen Vertragspartei vor.

377 Happ, Dispute Settlement Under the Energy Charter Treaty, in: German Yearbook of International Law, Vol. 45 2002, S.331 (348); Kirkman, a.a.O. Fn. 360, S. 392.

378 Dolzer, Fair and Equitable Treatment, in: The International Lawyer, 2005, S.93; Nanda, Fair and Equitable Treatment Unter NAFTA's Investment Chapter, ASIL 2 Proceedings of the 96 Annual Meeting (American Society of International Law), 2002 (im Folgenden: ASIL Proceedings, 2002), S.19 (20).

379 Nanda, ASIL Proceedings, 2002, S. 19 (20).

380 Vertragstext veröffentlicht unter: http://www.state.gov/documents/organization/117601.pdf

381 Dolzer, Fair and Equitable Treatment, in: The International Lawyer, 2005, S. 93.

382 Kirkman, NOTE: Fair and Equitable Treatment: Methanex v. United States and the Narrowing Scope of NAFTA Article 1105, in: 34 Law and Policy in International Business, 2002, Seite 343 (391).

- Die Standards der gerechten und billigen Behandlung und voller Schutz und Sicherheit verlangen keine Behandlung, die zusätzlich zu einer dem völkergewohnheitsrechtlichen Mindeststandard der Behandlung von Ausländern entsprechenden Behandlung erfolgt, oder über eine solche hinausgeht.
- Schließlich führt die Feststellung, dass ein anderes Kapitel des NAFTA- Übereinkommens oder eine anderes völkerrechtliches Abkommen verletzt wurde allein nicht zu einer Verletzung des Artikel 1105 (1) NAFTA.

Auch zu der Frage des Inhalts des völkergewohnheitsrechtlichen Mindeststandards zur Behandlung von Ausländern wird von den Parteien des NAFTA-Übereinkommens ein enger Auslegungsansatz verfolgt, der im Grunde an der Interpretation der Neer- Entscheidung festhält. So sind die Parteien übereinstimmend der Ansicht, dass trotz der Anerkennung, dass sich der Standard weiter entwickelt hat, immer noch jedenfalls ein gravierendes Fehlverhalten des Staates vorliegen muss.

3. Die Auslegung des Begriffes „gerechte und billige Behandlung“ durch die Rechtsprechung bis zur Herausgabe der Interpretation durch die „Free Trade Commission“

Die „Free Trade Commission“ hat ausgeführt, dass der Grundsatz der gerechten und billigen Behandlung, wie er in Artikel 1105 (1) NAFTA festgelegt ist, seinem Inhalt und Umfang nach dem völkergewohnheitsrechtlich anerkannten Mindeststandard der Behandlung von Ausländern entspricht.

Fraglich ist, welche Auswirkungen die Herausgabe der Auslegung der „Free Trade Commission“ auf das Verständnis des Schutzumfanges von Auslandsinvestitionen und die Rechtsprechung der angerufenen Schiedsgerichte bezüglich der „gerechten und billigen Behandlung“ hatte und weiterhin haben wird. Hierfür ist zunächst darauf einzugehen, wie die Gerichte und die am Verfahren beteiligten Staaten sowie Investoren die Regelung vor Herausgabe der Auslegung durch die „Free Trade Commission“ ausgelegt haben.

Dementsprechend sind zunächst die Entscheidungen zu Artikel 1105 (1) NAFTA zu untersuchen, die vor der Herausgabe der Interpretation der Free Trade Commission ergangen sind.

a) Metalclad Corporation v. United Mexican States

Das Gericht im Fall Metalclad hat den Grundsatz der gerechten und billigen Behandlung zunächst sehr weit ausgelegt und als einen eigenständigen vertraglichen Grundsatz angesehen, der zusätzlich zu den völkergewohnheitsrechtlichen Regelungen vertraglich vereinbart wurde. Dies zeigt sich im vorliegenden Fall darin, dass das Gericht den Vertragszweck sowie andere Regelungen des NAFTA Übereinkommens zur Auslegung des Grundsatzes herangezogen hat, um eine Verletzung zu begründen.

aa) Sachverhalt

Im Fall Metalclad Corporation gegen Mexiko[383] machte Metalclad, ein us-amerikanisches Unternehmen im Bereich der Abfallbeseitigung, vor dem Hintergrund der Verweigerung der Eröffnung und Betreibung einer Giftmüllanlage in Mexiko durch mexikanische Behörden unter anderem eine Verletzung des Artikel 1105 (1) NAFTA geltend. Das Unternehmen machte geltend, dass Mexiko sich unrechtmäßiger Weise geweigert habe, der sich indirekt gänzlich im Eigentum von Metalclad befindlichen Tochtergesellschaft Confinamiento Tecnico de Residuos Industriales, S.A. de CV (COTERIN), die Eröffnung und Betreibung einer Giftmüllanlage zu gestatten, welche Metalclad aufgrund des Vorschlags mexikanischer Behörden und unter Beachtung aller rechtlicher Vorgaben, in La Pedrera, San Luis Potosi, gebaut habe. Statt der Erteilung der Genehmigung zur Betreibung der Anlage erließen die Behörden des mexikanischen Bundesstaates San Louis Potosi 1997 ein umweltrechtliches Dekret, welches das Gebiet auf dem Metalclad die Giftmüllanlage erbaut hatte als ein ökologisches Schutzgebiet auswies, was die Nutzung der Investition für Metalclad wirksam und dauerhaft unmöglich machte.[384]

bb) Entscheidung des Gerichts

Das Gericht stellte in dem Verhalten der mexikanischen Behörden unter anderem einen Verstoß Mexikos gegen den Artikel 1105 (1) NAFTA fest.[385] Es entschied, dass der Firma Metalclad keine gerechte und billige Behandlung in Übereinstimmung mit dem Völkerrecht im Sinne dieses Artikels entgegengebracht wurde.[386]

Zu dieser Entscheidung gelangte das Gericht, indem es zur Auslegung des Grundsatzes der gerechten und billigen Behandlung Artikel 102 (1) NAFTA[387]

383 Metalclad v. United Mexican States ICSID Case No. ARB (AF)/97/1 (in Folgenden: Metalclad).

384 Metalclad, Final Award (30.8.2000), Abschn. 28 ff.

385 Metalclad, Final Award (30.8.2000), Abschn. 74.

386 Metalclad, Final Award (30.8.2000), Abschn. 74.

387 Article 102: Objectives
1. The objectives of this Agreement, as elaborated more specifically through its principles and rules, including national treatment, most-favored-nation treatment and transparency, are to:

herangezogen hat, in welchem dem NAFTA-Übereinkommen zugrunde liegende Ziele geregelt sind.[388] Ein Ziel des Vertrages ist es, die Möglichkeiten grenzüberschreitender Investitionen zu fördern und zu verbessern und die erfolgreiche Realisierung von Investitionsinitiativen zu sichern.[389] Dieses Ziel des NAFTA-Übereinkommens wird gemäß Artikel 102 (1) NAFTA unter anderem durch den Grundsatz der Transparenz, welcher in Kapitel 18 des NAFTA geregelt ist, näher ausgearbeitet.

Auf eben diesen Grundsatz der Transparenz stellt das Gericht bei seinen Überlegungen zur Auslegung des Grundsatzes der gerechten und billigen Behandlung ab und sieht eine Verletzung des Grundsatzes der gerechten und billigen Behandlung in der mangelnden Transparenz im Verhalten der mexikanischen Behörden.[390] Das Gericht stellte fest, dass die Kommunalverwaltung, auch wenn – was strittig ist – eine kommunalrechtliche Baugenehmigung erforderlich gewesen sein sollte, ihre Kompetenzen überschritten habe, indem sie die Genehmigung aus ökologischen Erwägungen heraus ablehnte, weil umweltrechtliche Regelungen im Kompetenzbereich der Bundesverwaltung liegen und sich die Zuständigkeit der Kommunalverwaltung auf bauliche Erwägungen beschränke.[391] Mexiko habe Metalclad keine durchschaubaren und vorhersehbaren Rahmenbedingungen zur Planung des Geschäfts und ihrer Investition geboten.[392] Die Gesamtheit der Umstände demonstriere einen Mangel eines geordneten Prozesses und zeitlicher Disposition in Beziehung zu dem Investor einer Vertragspartei, der in der Erwartung einer gerechten und billigen Behandlung in Übereinstimmung mit NAFTA handelt.[393] Ein Verstoß gegen Artikel 102 (1) des NAFTA-Übereinkom-

---

a) eliminate barriers to trade in, and facilitate the cross-border movement of, goods and services between the territories of the Parties;

b) promote conditions of fair competition in the free trade area;

c) increase substantially investment opportunities in the territories of the Parties;

d) provide adequate and effective protection and enforcement of intellectual property rights in each Party's territory;

e) create effective procedures for the implementation and application of this Agreement, for its joint administration and for the resolution of disputes; and

f) establish a framework for further trilateral, regional and multilateral cooperation to expand and enhance the benefits of this Agreement.

2. The Parties shall interpret and apply the provisions of this Agreement in the light of its objectives set out in paragraph 1 and in accordance with applicable rules of international law.

388 Metalclad, Final Award (30.8.2000), Abschn.75.

389 Article 102 (1) c) NAFTA.

390 Metalclad, Final Award (30.8.2000), Abschn.76ff.

391 Metalclad, Final Award (30.8.2000), Abschn.86.

392 Metalclad, Final Award (30.8.2000), Abschn.99.

393 Metalclad, Final Award (30.8.2000), Abschn.99.

mens kann somit nach Ansicht des Gerichts eine Verletzung von Artikel 1105 (1) NAFTA begründen.

cc) Stellungnahme

Das Gericht kommt zu dem Ergebnis, dass das Verhalten der mexikanischen Behörden einen Mangel eines geordneten Prozesses und zeitlicher Disposition darstelle, die nicht mit dem Grundsatz der Transparenz vereinbar sei, was eine Verletzung des Artikel 1105 (1) begründe.

Problematisch an der Argumentation ist, dass das Gericht gemäß Artikel 1116 und 1117 NAFTA nur zu Entscheidungen über Verstöße gegen Regelungen in Kapitel 11 NAFTA berechtigt ist. Hier begründet das Gericht einen Verstoß gegen eine Regel aus Kapitel 11 aber mit einem Verstoß gegen eine Regelung des Kapitels 18.

Dies bedeutet eine wesentliche Haftungserweiterung für den Gastgeberstaat, hier Mexiko.

Eine entsprechende Kompetenz des Gerichtes lässt sich nur daraus herleiten, dass das Gericht davon ausgeht, dass es sich bei dem Grundsatz der gerechten und billigen Behandlung um einen eigenständigen völkervertragsrechtlichen Grundsatz handelt, zu dessen Auslegung es auf alle verfügbaren Quellen des Völkerrechts, also auch die in anderen, nicht unmittelbar durch das Gericht überprüfbaren Normen des Vertrages, zurückgreifen kann.

dd) Aufhebung der Entscheidung durch den Supreme Court of British Columbia

Die Entscheidung des Gerichts ist unter anderem hinsichtlich der Begründung eines Verstoßes gegen den Grundsatz der gerechten und billigen Behandlung mit einer Verletzung des Transparenzgebotes durch den Supreme Court of British Columbia (BCSC) überprüft worden.

Dahingestellt bleiben soll hier die Frage, inwieweit ein nationales Gericht die Entscheidung eines internationalen Schiedsgerichts überprüfen darf.

In seiner Entscheidung vom 02.05.2001 entschied der BCSC, dass das Schiedsgericht mit der Verbindung von Transparenz und gerechter und billiger Behandlung einen Fehler begangen habe.[394] Das Gericht erläuterte zunächst, dass es sich bei der Möglichkeit einer Klageerhebung von Investoren der einen Partei des NAFTA – die eben nicht selber Partei des Übereinkommens sind (das sind nur die

394 The United Mexican States v. Metalclad Corporation, 2001 BCSC 664, Reasons for Judgement vom 02.05.2001, Abschn.68 f.

Staaten) - gegen eine andere Vertragspartei um eine ausdrücklich in den Art. 1116 und 1117 NAFTA geregelte Ausnahme handelt.[395] Und dass sich diese Möglichkeit nur auf Verletzungen der Regelungen in Kapitel 11 und zwei Normen in Kapitel 15 beziehe.[396] Wolle ein Investor eine Verletzung eines anderen Teils des NAFTA geltend machen, müsse er sich an seinen Staat wenden, damit dieser eine Klage gegen den Gastgeberstaat betreibt.[397]

Weiterhin stellt das Gericht fest, dass das ICSID Tribunal in seinem Urteil den Grundsatz der Transparenz aus Artikel 1802 NAFTA nicht lediglich zur Interpretation des Grundsatzes der gerechten und billigen Behandlung heranziehe, sondern seine Entscheidung auf dessen Verletzung stütze.[398] Nach Ansicht des Supreme Court of British Columbia handelt es sich bei dem Grundsatz der gerechten und billigen Behandlung aber um einen Grundsatz, der Teil des völkergewohnheitsrechtlichen Mindeststandards der Behandlung ist.[399] Dieser sei zu unterscheiden von vertraglichem Völkerrecht, welches in Verträgen festgelegt ist und nur für die Staaten, welche Vertragsparteien sind, gelte.[400]

Es kommt also nach Ansicht des Gerichts darauf an, ob der Grundsatz der Transparenz ein völkergewohnheitsrechtlich anerkannter Grundsatz ist. Nur dann könne er als Maßstab für eine gerechte und billige Behandlung in Übereinstimmung mit dem Völkerrecht herangezogen werden. Hierfür sieht das Gericht aber keine Anhaltspunkte.[401] Dementsprechend kommt das Gericht zu der Schlussfolgerung, dass das ICSID Tribunal, indem es eine Verletzung des Grundsatzes der gerechten und billigen Behandlung an einem Verstoß gegen das in Kapitel 18 NAFTA geregelte Transparenzgebot festmacht, seine Kompetenzen überschreitet.[402]

Durch diese Entscheidung könnte dementsprechend die Haftung des Gastgeberstaates über den Grundsatz der gerechten und billigen Behandlung auf andere Kapitel des Vertrages ausgedehnt werden, über die nach dem Willen der Vertragsparteien bei einer Verletzung nicht von einem Schiedsgericht entschieden werden darf.

Darüber hinaus hat das Gericht sich nicht zu der Frage geäußert, ob es den Grundsatz der gerechten und billigen Behandlung aus einem anderen Grund im vorliegenden Fall als verletzt ansieht. Da dies eine Frage darstelle, die inner-

395 The United Mexican States v. Metalclad Corporation, Abschn. 58.
396 The United Mexican States v. Metalclad Corporation, Abschn. 58.
397 The United Mexican States v. Metalclad Corporation, Abschn. 58.
398 The United Mexican States v. Metalclad Corporation, Abschn. 68.
399 The United Mexican States v. Metalclad Corporation, Abschn. 62.
400 The United Mexican States v. Metalclad Corporation, Abschn. 62.
401 The United Mexican States v. Metalclad Corporation, Abschn. 68.
402 The United Mexican States v. Metalclad Corporation, Abschn. 67.

halb des Rahmens der Entscheidung nach Kapitel 11 NAFTA liege, sah sich das Gericht insofern als unzuständig an.[403]

b) Pope & Talbot, Inc. v. Canada

Auch das Gericht im Fall Pope & Talbot[404] folgte einer weiten Auslegung des Grundsatzes der gerechten und billigen Behandlung, indem das Gericht den Grundsatz als über den völkergewohnheitsrechtlich anerkannten Mindeststandard der Behandlung hinausgehenden und zusätzlich zu diesem bestehenden Grundsatz auffasst. Das Gericht geht hier noch über die Interpretation im Fall Metalclad hinaus und zieht zur Auslegung des Grundsatzes andere bilaterale Investitionsschutzverträge heran, die die USA abgeschlossen haben.

aa) Sachverhalt

Pope & Talbot, Inc. („Pope & Talbot"), eine amerikanische Firma, hat im März 1999 eine Klage nach Kapitel 11 NAFTA gegen Kanada eingereicht, die das Unternehmen auf den Erlass von Exporthöchstquoten und anderen Maßnahmen der kanadischen Regierung zur Umsetzung des 1996 zwischen Kanada und den Vereinigten Staaten abgeschlossenen Softwood Lumber Abkommens gründete.[405] Pope & Talbot machten geltend, dass die von Kanada festgesetzten Maßnahmen eine Verletzung verschiedener Pflichten des Kapitels 11 NAFTA darstellten, unter anderem des Artikels 1105 (1).[406]

bb) Entscheidung des Gerichts

Kanada hat eine enge Auslegung der in Artikel 1105 (1) NAFTA statuierten Forderung nach gerechter und billiger Behandlung im Rahmen des Schutzes, welcher nach den Grundsätzen des Völkergewohnheitsrechts gewährt wird, verlangt.[407] Kanada war der Ansicht, dass der Mindeststandard der Behandlung nach Artikel 1105 NAFTA ein „außergewöhnliches" Verhalten zur Begründung einer Verletzung fordert, und dass der Rahmen der Gerechtigkeit in Artikel 1105 NAFTA

403 The United Mexican States v. Metalclad Corporation, Abschn. 68 f..

404 Pope & Talbot, Inc. v. Canada, Award on the Merits of Phase 2, vom 10. April 2001.

405 Das Softwood Lumber Abkommen legt unter anderem Exporthöchstquoten für kanadisches Holz fest. Pope & Talbot, Inc. v. Canada, Award on the Merits of Phase 2, vom 10. April 2001, Abschn. 18 ff.

406 Pope & Talbot, a.a.O., Abschn. 105

407 Pope & Talbot, a.a.O., Abschn. 108.

nicht über den völkergewohnheitsrechtlichen Mindeststandard der Behandlung von Ausländern hinausreicht.[408]

Das Gericht folgte dagegen einer weiten Auslegung, welche die Gerechtigkeit als ein Zusätzliches zu dem internationalen Mindeststandard umfasst.[409] Das Gericht berücksichtigte bilaterale Investitionsschutzverträge zwischen den USA und anderen Staaten, welche es zu dem Schluss veranlassten, dass diese Verträge eine Entwicklung der Rechte von Investoren erkennen lassen, welche Elemente einer Gerechtigkeit beinhalten, die über das Völkergewohnheitsrecht hinausgehen.[410] Darüber hinaus wies das Gericht das Argument der Vereinigten Staaten zurück, dass die Wortwahl des Artikels 1105 NAFTA („in Übereinstimmung mit dem Völkerrecht, einschließlich einer gerechten und billigen Behandlung") zeige, dass die dem Kapitel 11 NAFTA zugrunde liegenden Konzepte jede mögliche Schlussfolgerung, die Vertragsparteien würden vom Konzept der gerechten und billigen Behandlung im Sinne des Völkergewohnheitsrechts abweichen, ausschließen.[411]

Das Gericht begründete seine Entscheidung damit, dass der durch NAFTA verbürgte Schutz nicht geringer sein werde, als der in anderen BIT's festgeschriebene Schutzstandard.[412] Es hat darüber hinaus angeführt, dass eine enge Auslegung von gerechter und billiger Behandlung es den Parteien erlauben würde, ausländische Investoren schlechter zu behandeln, als Inländer, was mit anderen, in Kapitel 11 NAFTA festgesetzten Grundsätzen nicht vereinbar wäre.[413] Das Gericht hat Artikel 1105 NAFTA dahingehend ausgelegt, dass eine Forderung nach gerechter und billiger Behandlung von Investoren und Investitionen nach den in den NAFTA-Staaten üblichen Standards gewährt wird, ohne eine Einschränkung, dass das Verhalten „außergewöhnlich", „unverschämt" oder „schockierend" gewesen sein müsse.[414]

Bei Anwendung dieser weitgefassten Interpretation von gerechter und billiger Behandlung auf den vorliegenden Fall, stellte das Gericht eine Verletzung von Artikel 1105 NAFTA nur in einer Prüfung der Geschäftsbücher des Unternehmens durch die kanadischen Behörden fest, wofür mehrere LKW-Ladungen von Dokumenten vom Hauptsitz der Firma Pope & Talbot in Portland, Oregon, zu SLD nach Kanada verschifft werden mussten, was das Gericht als reine Demons-

---

408 Pope & Talbot, a.a.O., Abschn. 108 f.
409 Pope & Talbot, a.a.O., Abschn. 110.
410 Pope & Talbot, a.a.O., Abschn. 111.
411 Pope & Talbot, a.a.O., Abschn. 112–115.
412 Pope & Talbot, a.a.O., Abschn. 115.
413 Pope & Talbot, a.a.O., Abschn. 116.
414 Pope & Talbot, a.a.O., Abschn. 118.

tration von Autorität wertete.[415] Das Gericht hat allerdings nicht die Schlussfolgerung gezogen, dass Pope & Talbot tatsächlich Schaden durch die Einführung des Systems der Höchstquoten für den Export erlitten hätten oder aber als Ergebnis der Prüfung der Geschäftsbücher eine Strafe gegen sie verhängt worden wäre.[416]

cc) Stellungnahme

Die hier getroffene Entscheidung beinhaltet eine sehr weite Auslegung des Rahmens von gerechter und billiger Behandlung. Das Gericht hat gerechte und billige Behandlung als weitreichender angesehen, als dies im traditionellen Gewohnheitsrecht anerkannt wird.[417] Vielmehr hat auch in diesem Fall das Gericht den Grundsatz als einen eigenständigen vertraglichen Grundsatz angesehen und zu dessen Auslegung alle ihm zur Verfügung stehenden Quellen des Völkerrechts herangezogen, hier sogar andere bilaterale Investitionsschutzverträge der USA.

Inhaltlich stellt das Gericht eindeutig klar, dass die Grundsätze des Neer-Falles, wonach es sich zur Begründung einer Verletzung um ein außergewöhnliches, unverschämtes, schockierendes Verhalten handeln müsse, nicht anzuwenden sind. Die Tatsache, dass ein staatliches Verhalten ohne sachlichen Grund erfolgte und es sich folglich nach Ansicht des Gerichts um eine reine Demonstration staatlicher Autorität handelte, reicht nach Ansicht des Gerichts vielmehr aus, um eine Verletzung des Grundsatzes der gerechten und billigen Behandlung zu begründen.

Diese Auslegung von Artikel 1105 NAFTA verpflichtet die NAFTA-Parteien zu einer weitreichenderen Haftung, während Investitionen in höherem Maße geschützt werden.[418]

c) Azinian v. United Mexican States

Schließlich liegt mit der Entscheidung im Fall Azinian eine für den Investor negative Entscheidung eines Schiedsgerichts vor, mit der das Schiedsgericht die Grenzen eines nicht ausreichenden Vortrags zu einer möglichen Verletzung des Grundsatzes der gerechten und billigen Behandlung aufzeigte. Insofern ging das Gericht auch nicht näher auf den Umfang der gerechten und billigen Behandlung ein.

---

415 Pope & Talbot, a.a.O., Abschn.170, 174.

416 Pope & Talbot, Award on Damages vom 31. Mai 2002, Abschn. 81 ff.; Kirkman NOTE: Fair and Equitable Treatment: Methanex v. United States and the Narrowing Scope of NAFTA Article 1105, in: 34 Law and Policy in International Business, 2002, Seite 343 (355).

417 Kirkman, a.a.O., S. 355.

418 Kirkman, a.a.O., S. 355.

aa) Sachverhalt

Im vorliegenden Fall haben Mr. Robert Azinian, Mr. Kenneth Davitian und Ms. Ellen Baca, amerikanische Bürger und Teilhaber der Firma Desechos Solidos de Naucalpan S.A. de C.V. (DESONA), einer mexikanischen Firma zur Sammlung von Abfall, gegen Mexiko geklagt.[419]

DESONA hat am 15. November 1993 einen Vertrag mit der Stadt Naucalpan de Juarez, Mexiko, verbunden mit einer entsprechenden Konzession zur Sammlung und Lagerung von Abfällen, abgeschlossen,[420] welchen der Stadtrat mit der Begründung, der Vertrag wäre entweder wegen falschen Darstellungen des Klägers über seine Erfahrungen auf dem Abfallmarkt ungültig, oder er könne wegen Nichterfüllung für ungültig erklärt werden, aufgelöst hat.[421]

DESONA hat diese Entscheidung vor mexikanischen Gerichten in Frage gestellt und verloren.[422] Nachdem die Kläger vor mexikanischen Gerichten gescheitert waren, reichten sie Klage unter dem Kapitel 11 NAFTA bezüglich einer Verletzung unter anderem des Artikels 1105 NAFTA ein.[423]

bb) Entscheidung des Gerichts

Weil der einzige von den Klägern vorgebrachte Klagegrund die Auflösung des Vertrags war, was eine Enteignung darstelle und damit eine Verletzung von Artikel 1110 NAFTA begründe und die Kläger keine Klage bezüglich eines davon unabhängigen Mangels an gerechter und billiger Behandlung geltend gemacht haben, hat das Gericht in diesem Fall die Artikel 1110 und 1105 NAFTA miteinander verbunden.[424] Im vorliegenden Fall haben die Kläger nicht geltend gemacht, dass ihnen durch die Entscheidung mexikanischer Gerichte Gerechtigkeit verweigert wurde, sondern dass das Verhalten der Behörden von Naucalpan ihrer Investition Schaden zugefügt hat.[425]

---

419 Azinian v.United Mexican States, ICSID Case No. ARB (AF)/97/21, Urteil vom 1.11.1999, Abschn.1.

420 Azinian, a.a.O.

421 Azinian, a.a.O., Abschn.35.

422 Azinian, a.a.O., Abschn.78.

423 Azinian, a.a.O., Abschn.75.

424 Vgl. Kirkman, NOTE: Fair and Equitable Treatment: Methanex v. United States and the Narrowing Scope of NAFTA Article 1105, in: 34 Law and Policy in International Business, 2002, 343, 356.

425 Azinian v.United Mexican States, ICSID Case No. ARB (AF)/97/21, Urteil vom 1.11.1999, Abschn.100.

Dieses Versäumnis der Kläger, eine Klage gegen die mexikanische Judikative vorzubringen, lässt nach Ansicht des Schiedsgerichts ihre Klage scheitern.[426] Wenn keine Klage gegen die Bestimmung eines kompetenten Gerichts, dass der mexikanischem Recht unterfallende Vertrag nach mexikanischem Recht ungültig ist, erhoben wird, gibt es per definitionem keinen Vertrag, um den die Kläger enteignet werden konnten.[427] Das Gericht hat die Schlussfolge gezogen, dass der Stadtrat von Naucalpan durch die Ungültigerklärung des Vertrags, Mexikos Verpflichtung aus Kapitel 11 NAFTA, die Investition der Kläger nach Artikel 1105 NAFTA gerecht und billig zu behandeln, nicht verletzt hat.

cc) Stellungnahme

In dieser Entscheidung kam das Gericht gar nicht erst dazu, den Umfang des Grundsatzes der gerechten und billigen Behandlung näher auszulegen, indem es feststellte, dass der Kläger nichts zu einer diesbezüglichen Verletzung vorgetragen hat. Demnach kann festgestellt werden, dass es nach Ansicht des Schiedsgerichts jedenfalls nicht ausreicht, dass mit der Begründung zum Vorliegen einer Enteignung ebenfalls die Verletzung einer gerechten und billigen Behandlung gerügt wird. Vielmehr ist nach der Entscheidung des Gerichts davon auszugehen, dass die Kläger zumindest eine gesonderte Begründung für eine mögliche Verletzung hätten vortragen müssen, die sich von dem Vortrag hinsichtlich der Enteignung unterscheidet.

Somit kann festgehalten werden, dass das Schiedsgericht es jedenfalls ablehnt allein aufgrund der Verletzung eines anderen Grundsatzes des Vertrages eine Verletzung des Grundsatzes der gerechten und billigen Behandlung anzunehmen.

d) Zwischenergebnis

Insgesamt kann festgehalten werden, dass die Schiedsgerichte in ihren Urteilen von einer Auslegung des Grundsatzes der gerechten und billigen Behandlung nach den Kriterien der gewöhnlichen Bedeutung der Begriffe ausgehen und nach einer Gesamtwürdigung der Umstände des Einzelfalls entscheiden, ob das Verhalten des betreffenden Staates dem Grundsatz einer gerechten und billigen Behandlung entspricht.

---

426 Vgl. Kirkman, NOTE: Fair and Equitable Treatment: Methanex v. United States and the Narrowing Scope of NAFTA Article 1105, in: 34 Law and Policy in International Business, 2002, 343, 356.

427 Azinian v.United Mexican States, ICSID Case No. ARB (AF)/97/21, Urteil vom 1.11.1999, Abschn.100.

Hierzu ziehen die Gerichte alle ihnen zur Verfügung stehenden völkerrechtlichen Quellen heran, wie insbesondere den Vertragzweck und den Kontext, aber auch die Regelungen in anderen Investitionsschutzverträgen.

Dies zeigt, dass die Gerichte ursprünglich davon ausgingen, dass es sich bei dem Grundsatz der gerechten und billigen Behandlung um einen eigenständigen vertraglichen Grundsatz handelt, zu dessen Auslegung entsprechend alle verfügbaren Völkerrechtsquellen herangezogen werden können.

Etwas anderes ergibt sich auch nicht aus der Entscheidung im Fall Azinian. Hier muss das Gericht den Grundsatz vielmehr erst gar nicht auslegen, weil es annimmt, dass zu einer Verletzung des Grundsatzes der gerechten und billigen Behandlung nicht ausreichend vorgetragen wurde.

Die Ansicht, dass es sich bei dem Grundsatz der gerechten und billigen Behandlung um einen eigenständigen vertraglichen Grundsatz handelt, führt zunächst zu der Entwicklung hin zu einer weiten Auslegung des Grundsatzes und einem stärkeren Schutz der Investitionen ausländischer Investoren sowie einer größeren Haftbarkeit auf Seiten der Staaten.

4. Die Auslegung des Begriffes „gerechte und billige Behandlung“ durch die Rechtsprechung nach der Herausgabe der Interpretation durch die „Free Trade Commission“

Dieser oben dargestellten Entwicklung wollte die Free Trade Commission entgegen wirken, indem sie verbindliche Interpretationen zu dem Grundsatz der gerechten und billigen Behandlung herausgegeben hat, wonach der Grundsatz als ein Synonym für den völkergewohnheitsrechtlichen Mindeststandard der Behandlung von Ausländern anzusehen ist.

Im Folgenden ist zu untersuchen, ob die in den von der Free Trade Commission herausgegebenen Interpretationen vertretene engere Auslegung des Grundsatzes der gerechten und billigen Behandlung zum einen von den Gerichten als bindende Auslegung des Grundsatzes anerkannt wird und zum anderen, ob die Interpretationen zu einer Abwendung von der Tendenz zu einer weiten Auslegung des Grundsatzes führen.

a) Mondev International Ltd. v. United States of America

Die Herausgabe der Interpretation der FTC hat für einigen Diskussionsbedarf gesorgt, was sich bereits in der Entscheidung des Schiedsgerichts im Fall Mondev zeigt, das die Interpretation zwar als bindend anerkennt, aber dennoch Auslegungsspielraum insbesondere im Hinblick auf die Weiterentwicklung des völkergewohnheitsrechtlichen Mindeststandards der Behandlung sieht.

Die Entscheidung im Fall Mondev ist insofern eine spannende Entscheidung, als dass sich das Gericht mit einer Reihe von Einzelfragen befassen musste, die nicht unmittelbar den Grundsatz der gerechten und billigen Behandlung betreffen, aber dennoch Auswirkungen auf die Anwendung und Auslegung des Grundsatzes haben.

aa) Sachverhalt

Im Fall Mondev International Ltd. v. United States of America[428], klagte eine kanadische Grundstückserschließungsgesellschaft unter dem NAFTA-Übereinkommen gegen die Vereinigten Staaten von Amerika. Hintergrund des Streites waren Unstimmigkeiten in der Durchführung eines Vertrages, welchen LPA, eine Tochtergesellschaft von Mondev, in den 1970er Jahren mit der Stadt Boston und der Sanierungsbehörde der Stadt Boston über die Erschließung eines Grundstücks sowie den Bau und die Betreibung eines Einkaufszentrums auf diesem Grundstück geschlossen hatte.[429] Im März 1992 reichte LPA Klage gegen die Stadt Boston und die Behörde, unter anderem wegen Vertragsbruches, vor den nationalen Gerichten ein,[430] die das Unternehmen nach dem Votum der Jury vollumfänglich gewann. Der Richter lehnte allerdings eine Haftung der Behörde wegen Immunität ab, so dass sowohl LPA als auch die Stadt Boston wegen des gegen sie ergangenen Urteils Berufung einlegten.[431] Die Berufung der Stadt Boston war erfolgreich, während weitere Rechtsmittel der LPA zurückgewiesen wurden.[432]

Danach reichte Mondev Klage vor dem Schiedsgericht gegen die USA nach dem Investitionsschutzkapitel des NAFTA-Übereinkommens ein und verlangte Schadenersatz in Höhe von US-$ 50 Mio. wegen Verlust und Schädigung ihrer Interessen in LPA.[433] Der Kläger machte Verletzungen des Art. 1102 (National Treatment), 1105 (Minimum Standard) und 1110 (Expropriation and Compensation) geltend.[434]

428 Mondev International LTD v. United States of America, ICSID Case No. ARB(AF)/99/2, (Stephen, Crawford, Schwebel), Urteil vom 11. Oktober 2002 (im Folgenden: Mondev)
429 Mondev, Urteil vom 11. Oktober 2002, Abschn. 37.
430 Mondev, Urteil vom 11. Oktober 2002, Abschn. 40.
431 Mondev, Urteil vom 11. Oktober 2002, Abschn. 1.
432 Mondev, Urteil vom 11. Oktober 2002, Abschn. 1.
433 Mondev, Urteil vom 11. Oktober 2002, Abschn. 2.
434 Mondev, Urteil vom 11. Oktober 2002, Abschn. 2.

bb) Entscheidung des Gerichts

Eine Besonderheit dieses Falles liegt darin, dass es sich hier um einen bereits seit 1978 bestehenden Streit handelt und das NAFTA-Übereinkommen erst am 01. Januar 1994 in Kraft getreten ist. Dementsprechend musste das Schiedsgericht zunächst klären, welches Verhalten der Regierung eine Verletzung des NAFTA-Vertrages darstellen kann. Unter Anerkennung des grundlegenden Prinzips, dass ein Staat nur dann völkerrechtlich für einen Vertragsbruch zur Verantwortung gezogen werden kann, wenn der Vertrag zu der Zeit der behaupteten Verletzung in Kraft war, der sowohl in der Wiener Konvention über das Recht der Verträge[435] als auch in den Artikeln der ILC (International Law Commission) zur Staatenverantwortlichkeit[436] festgelegt und wiederholt in Urteilen internationaler Schiedsgerichte bestätigt wurde,[437] stellt das Gericht fest, dass es lediglich das Verhalten der amerikanischen Gerichte nach Inkrafttreten des NAFTA auf eine Verletzung des Artikel 1105(1) NAFTA untersuchen dürfe. Eine vor 1994 begangene Handlung könne aus sich heraus keine Verletzung des NAFTA-Übereinkommens begründen.[438]

Es müsse möglich sein, ein Verhalten des Staates nach Inkrafttreten des Vertrages aufzuzeigen, welches aus sich heraus eine Verletzung darstellt.[439] Artikel 1105 NAFTA könne nicht dazu führen, dass ein kanadischer Investor im Nachhinein Verhaltensweisen beklagen kann, gegen die er in völkerrechtlicher Hinsicht vor Inkrafttreten des NAFTA-Übereinkommens nur mit einer Klage auf diplomatischen Schutz wegen einer Verletzung von Völkergewohnheitsrecht hätte vorgehen können.[440] Dementsprechend könne im vorliegenden Fall nur das Verhalten des nationalen Gerichtes und des Supreme Court of the United States, die LPA Rechtsmittel verweigerten und somit die Klage gegen die Stadt und die Behörden

---

435 Artikel 28 (Nichtrückwirkung von Verträgen) des Wiener Übereinkommens über das Recht der Verträge vom 23. Mai 1969 (BGBl. 1985 II S. 927): "Sofern keine abweichende Absicht aus dem Vertrag hervorgeht oder anderweitig festgestellt ist, binden seine Bestimmungen eine Vertragspartei nicht in Bezug auf eine Handlung oder Tatsache, die vor dem Inkrafttreten des Vertrages hinsichtlich der betreffenden Vertragpartei vorgenommen wurde oder eingetreten ist, sowie in Bezug auf eine Lage, die vor dem genannten Zeitpunkt zu bestehen aufgehört hat".

436 ILC Articles on Responsibility of States for Internationally Wrongful Acts, 2001, Article 13: "An act of a State does not constitute a breach of an international obligation unless the State is bound by the obligation in question at the time the act occurs.", Text veröffentlicht unter: http://untreaty.un.org/ilc/texts/instruments/english/draft%20articles/9_6_2001.pdf.

437 z.B., AMOCO International Finance Corp. v. Islamic Republic of Iran (1987) 15 Iran-US Claims Tribunal Reports S. 189 (215); Mondev, Urteil vom 11. Oktober 2002, Abschn. 68.

438 Mondev, Urteil vom 11. Oktober 2002, Abschn. 68.

439 Mondev, a.a.O., Abschn. 70.

440 Mondev, a.a.O., Abschn. 74.

beendeten, eine mögliche Verletzung von Verpflichtungen nach dem NAFTA-Übereinkommen begründet haben.[441] Diese Entscheidungen müssen selbst gegen Verpflichtungen nach Kapitel 11 NAFTA verstoßen haben.[442] Allein die Tatsache, dass sie sich mit einem Verhalten vor Inkrafttreten des NAFTA befassen, welches Verpflichtungen nach Kapitel 11 NAFTA verletzt haben kann, reicht nicht aus.[443] Weiterhin sei die einzig denkbare Grundlage für eine Anfechtung des Verhaltens der Gerichte Artikel 1105 (1) NAFTA.[444]

Auf der Grundlage dieser Feststellungen untersuchte das Gericht im Folgenden das Verhalten der nationalen Gerichte im Hinblick auf eine mögliche Verletzung des Grundsatzes der gerechten und billigen Behandlung.

Hierzu klärt es zunächst, ausgehend von den durch die Parteien aufgeworfenen Fragen, die bindende Wirkung der Interpretation zu Artikel 1105 (1) NAFTA durch die FTC vom 31. Juli 2001 und deren Reichweite, sowie die Herkunft und Bedeutung der Begriffe „gerechte und billige Behandlung" und „voller Schutz und Sicherheit", die in Artikel 1105 (1) NAFTA verwendet werden und den Umfang der verschiedenen völkergewohnheitsrechtlichen Pflichten, die traditionell unter den Mindeststandard der Behandlung im Völkerrecht zusammengefasst werden.[445] Insbesondere hat das Gericht im konkreten Fall die Frage zu klären, ob die Verweigerung eines fairen Verfahrens eine Verletzung des Artikels 1105 (1) NAFTA darstellen kann und was sie umfasst.[446]

Zunächst ist festzustellen, dass das Gericht die bindende Wirkung der Interpretation der FTC anerkennt und entsprechend davon ausgeht, dass den Investitionen von Investoren einer anderen Vertragspartei eine Behandlung in Übereinstimmung mit dem völkergewohnheitsrechtlichen Mindeststandard der Behandlung von Ausländern garantiert wird.

Ausgangspunkt der Entscheidung ist also die Frage, was durch den völkergewohnheitsrechtlichen Mindeststandard geschützt wird, insbesondere die bereits oben angesprochene Frage, ob die im Neer-Fall aufgestellten Voraussetzungen noch Gültigkeit haben, oder der Standard sich weiterentwickelt hat. Als Ausgangspunkt stellt das Gericht auch hier auf die Entscheidung im Neer-Fall ab, in der das damals mit diesem Fall beschäftigte Schiedsgericht, wie oben bereits dargelegt, definierte, wann ein Staat durch sein Verhalten gegen den Mindeststandard verstößt.[447] Unter Bezugnahme darauf, dass das Gericht im Neer- Fall

441 Mondev, a.a.O., Abschn. 70.
442 Mondev, a.a.O.
443 Mondev, a.a.O,
444 Mondev, a.a.O., Abschn. 75.
445 Mondev, a.a.O., Abschn. 93.
446 Mondev, a.a.O., Abschn. 99.
447 Mondev, a.a.O., Abschn. 114.

allerdings in einem ganz anderen Kontext entschied und dies auch noch zu einer Zeit, in der der Schutz von Individuen wie auch von Auslandsinvestitionen im Völkerrecht weit weniger entwickelt war als heute, lehnt das Gericht diese Definition als zu eng ab, obwohl Entscheidungen aus dieser Zeit durchaus relevant blieben.[448]

Es legte den Standard der gerechten und billigen Behandlung vielmehr weit aus und entwickelte seine Begründung anhand des evolutionären Charakters des Mindeststandards.[449] Eine vernünftige, sich weiterentwickelnde Interpretation von Artikel 1105 (1) NAFTA sei vereinbar mit den Arbeitspapieren zu NAFTA, wie auch mit den gängigen Grundsätzen der Interpretation und mit der Tatsache, dass die Investitionsschutzverträge ihren Ursprung in der Nachkriegszeit haben.[450]

Damit wählt das Gericht einen weiteren Ansatz als denjenigen, der an den im Neer-Fall aufgestellten Anforderungen festhält. Das Gericht geht sogar noch weiter, indem es feststellt, dass ein Urteil darüber, was gerecht und billig ist, weiterhin nicht abstrakt, sondern nur bezogen auf den Einzelfall getroffen werden könne.[451] Dies kann im Gegensatz zu den vorherigen Ausführungen des Gerichtes beinahe den Eindruck einer autonomen Interpretation des Grundsatzes erwecken.

Andererseits schränkt das Gericht diese sehr weitreichende Feststellung dadurch wieder ein, dass es zugesteht, dass eine Entscheidung über eine Verletzung des Standards zwar einzelfallbezogen sein müsse, jedenfalls aber durch den Mindeststandard, wie er durch die Staatenpraxis und die bisherige Rechtsprechung festgelegt wurde, begrenzt werde.[452] Artikel 1105 (1) stelle es nicht in das uneingeschränkte Ermessen des Gerichts, für sich auf einer subjektiven Grundlage zu entscheiden, was „gerecht“ oder „billig“ unter den in jedem Einzelfall speziell gegeben Umständen sei.[453]

Was genau durch die Staatenpraxis und die bisherige Rechtsprechung für den Schutzumfang des Mindeststandards nach Ansicht des Gerichtes festgelegt wurde, bleibt in der Entscheidung allerdings unklar. Insbesondere wird nicht deutlich, welche Quellen das Gericht als anerkannte Rechtsquellen zur Feststellung des Inhalts des heutigen Völkergewohnheitsrechtes mit einbezieht. Ein Kernproblem in diesem Zusammenhang war die Bedeutung moderner Investitionsschutzverträge.[454] Einerseits wäre es nach Ansicht des Gerichtes aufgrund der großen

448 Mondev, a.a.O., Abschn. 115 ff. und 125.
449 Mondev, a.a.O., Abschn. 119.
450 Mondev, a.a.O., Abschn. 123.
451 Mondev, a.a.O., Abschn. 118.
452 Mondev, a.a.O., Abschn. 119.
453 Mondev, a.a.O.
454 Dolzer, Fair and Equitable Treatment, in: The International Lawyer, 2005, S.98.

Anzahl derzeit bestehender BITs, welche größtenteils und übereinstimmend eine gerechte und billige Behandlung für ausländische Investoren und deren Investitionen forderten,[455] überraschend, wenn diese Praxis und die große Anzahl der vorhandenen Regelungen, die diese reflektieren, keine andere Bedeutung hätten, als die ihr im Neer-Fall (in einem ganz anderen Kontext) durch das damalige Gericht im Jahre 1927 zugedachte.[456]

Im Folgenden stellt das Gericht allerdings darauf ab, dass es in seiner Entscheidung über den Inhalt des Grundsatzes der gerechten und billigen Behandlung an den völkergewohnheitsrechtlichen Mindeststandard gebunden sei, wie er durch die Staatenpraxis und die Rechtsprechung internationaler Schiedsgerichte festgelegt wurde.[457] Hier bezieht das Gericht also die BITs der Staaten nicht mit ein. Schließlich stellt das Gericht, bevor es auf die Anwendung auf den vorliegenden Fall eingeht, fest, dass durch die Interpretation der FTC derzeitiges Völkergewohnheitsrecht in den Vertrag einbezogen wird, welches durch den Abschluss der großen Anzahl von BITs geformt sei.[458]

Im Ergebnis verneinte das Gericht eine Verletzung des Grundsatzes der gerechten und billigen Behandlung, da das Verhalten der nationalen Gerichte weder willkürlich, diskriminierend oder ungerecht gewesen sei, so dass es aus sich heraus eine Verletzung des Grundsatzes der gerechten und billigen Behandlung hätte begründen können.[459]

cc) Stellungnahme

Im Fall Mondev zeigt sich, dass das Schiedsgericht zunächst die Interpretation der FTC als bindend anerkennt und entsprechend davon ausgeht, dass eine Verletzung des Grundsatzes der gerechten und billigen Behandlung dann vorliegt, wenn ein staatliches Verhalten gegen den völkergewohnheitsrechtlichen Mindeststandard verstößt.

Dabei muss es sich zunächst um ein Verhalten nach Inkrafttreten des NAFTA-Übereinkommens handeln. Der Mindeststandard gilt als Völkergewohnheitsrecht zwar auch schon vor Inkrafttreten des NAFTA, war zu diesem Zeitpunkt für einen Investor aber nicht unmittelbar einklagbar. Dieser war vielmehr auf den diplomatischen Schutz seines Staates angewiesen. Der erste Unterschied zwischen dem völkergewohnheitsrechtlichen Mindeststandard und dem Grundsatz

455 Mondev, Urteil vom 11. Oktober 2002, Abschn. 125.
456 Mondev, a.a.O., Abschn. 117.
457 Mondev, a.a.O., Abschn. 119.
458 Mondev, a.a.O., Abschn. 125.
459 Mondev, a.a.O., Abschn. 154 ff.

der gerechten und billigen Behandlung liegt nach Ansicht des Gerichts folglich in den Rechtsschutzmöglichkeiten.

Auch inhaltlich verfolgt das Gericht bei der Interpretation des Grundsatzes der gerechten und billigen Behandlung einen weiten Ansatz, indem es nicht an den in der Neer-Entscheidung aufgestellten Voraussetzungen[460] festhält, sondern vielmehr einen dynamischen Grundsatz annimmt, der sich weiter entwickelt hat und insbesondere vor dem Hintergrund, dass die Neer-Entscheidung in einem ganz anderen Kontext und vor Entwicklung des heutigen Investitionsschutzes erfolgte, nicht mehr an den Voraussetzungen der Neer-Entscheidung gemessen werden kann.

Vielmehr soll sich der Inhalt des Mindeststandards aus der Staatenpraxis und der Rechtsprechung der internationalen Schiedsgerichte ergeben.

Allerdings hat das Gericht nicht, wenigstens nicht ausdrücklich, die Position vertreten, dass der Grundsatz der gerechten und billigen Behandlung selbst bereits ein völkergewohnheitsrechtlich anerkannter Grundsatz ist, sondern dass die übereinstimmende Praxis die relevanten Regeln des Völkergewohnheitsrechtes „beeinflusst" habe.[461] Das Schiedsgericht arbeitete weder den genauen Grad des Einflusses aus, noch beschäftigte es sich damit, unter welchen Umständen, die durch einen Vertrag vorgegebene Praxis als eine Praxis angesehen werden kann, die für das Völkergewohnheitsrecht relevant ist.[462]

Darüber hinaus stellt das Gericht darauf ab, dass es einer Entscheidung im Einzelfall bedürfe, wobei die Verweigerung eines rechtsstaatlichen Verfahrens durch nationale Gerichte grundsätzlich geeignet ist, eine Verletzung des Grundsatzes der gerechten und billigen Behandlung zu begründen.

b) S.D. Myers Inc. v. Canada

Obwohl das Gericht in diesem Fall betont, dass der Grundsatz der gerechten und billigen Behandlung nicht isoliert, sondern in Verbindung mit dem Völkergewohnheitsrecht gesehen werden muss, nimmt das Gericht im folgenden eine äußerst weitgehende Interpretation des Grundsatzes vor. Demnach soll der Grundsatz einen umfassenden Mindestschutz garantieren, wo anderenfalls eine Lücke bestehen würde und insbesondere bei Verletzung anderer vertraglicher Standards, die als Beispiele für den umfassenden Schutzstandard zu sehen seien, ebenfalls verletzt sein.

---

460 Vgl. Oben unter C) II) 2) d) aa).

461 Dolzer, Fair and Equitable Treatment, in: The International Lawyer, 2005, S.98.

462 Dolzer, a.a.O.

aa) Sachverhalt

Im Fall S.D. Myers Inc. v. Canada[463] machte die us-amerikanische Firma geltend, dass Kanada Kapitel 11 des NAFTA verletzt habe, indem es den Export von PBC-Abfall in die Vereinigten Staaten untersagte, wo S.D. Myers eine PBC-Verwertungsanlage betrieb. Es erhob Klage unter UNCITRAL Arbitration Rule. In seiner Klage nach Artikel 1105 NAFTA machte S.D. Myers geltend, dass die Verhängung des Exportverbots durch Kanada in diskriminierender und ungerechter Weise erfolgte, was eine Verweigerung von Gerechtigkeit und die Verletzung des guten Glaubens nach dem Völkerrecht begründe.

bb) Entscheidung des Gerichts

In seinem Urteil vertrat das Schiedsgericht die Ansicht, dass der Grundsatz der gerechten und billigen Behandlung erforderlich sei, um anderenfalls bestehende Lücken zu schließen. So könne ein Staat einen Investor in einer barschen, verletzenden oder ungerechten Weise behandeln, ohne beispielsweise gegen den Grundsatz der Inländergleichbehandlung zu verstoßen, indem er eigene Staatsbürger in der gleichen Weise behandele. Der Grundsatz der gerechten und billigen Behandlung bilde eine Grundlage, hinter der die Behandlung jedenfalls nicht zurückbleiben dürfe, auch wenn der Staat nicht in einer diskriminierenden Weise handele.[464]

Die Begriffe „gerechte und billige Behandlung“ und „voller Schutz und Sicherheit“ müssten in Verbindung mit der Forderung nach einer Behandlung nach dem Völkerrecht gelesen werden. Im Lichte der generellen Bedeutung des Artikels und seines Wortlautes stellte das Tribunal fest, dass eine Verletzung von Artikel 1105 nur dann vorliege, wenn nachgewiesen wird, dass ein Investor in einer derart ungerechten oder willkürlichen Weise behandelt wurde, dass die Behandlung einen Grad erreiche, der aus völkerrechtlicher Perspektive inakzeptabel sei. Diese Feststellung müsse im Lichte des hohen Achtungsmaßstabs getroffen werden, dass sich das Völkerrecht im Allgemeinen nur bis zu dem Punkt erstreckt, ab dem die nationalen Behörden das Recht haben, ihre eigenen nationalen Angelegenheiten innerhalb der Grenzen ihres Staates zu regeln.[465]

Obwohl das Gericht diese Position hinsichtlich des Mindeststandards eingenommen hat, zitiert es dann Dr. Mann im Hinblick auf den Inhalt des Grundsatzes der gerechten und billigen Behandlung:

---

463 S.D. Myers Inc. v. Canada, Partial Award vom 13. November 2000 (Schwarz/Chiasson/Hunter).

464 S.D. Myers Inc. v. Canada, a.a.O., Abschn.. 259.

465 S.D. Myers Inc. v. Canada, a.a.O., Abschn. 262 f.

"...it is submitted that the right to fair and equitable treatment goes much further than the right to most-favored-nation and to national
treatment....so general a provision is likely to be almost sufficient to cover all conceivable cases, and it may well be that provisions of the
Agreements affording substantive protection are not more than examples of specific instances of this overriding duty."[466]

Weiter führt das Gericht aus, dass moderne Kommentatoren dieses Statement als eine „over-generalization" ansehen könnten, nichtsdestotrotz befand die Mehrheit von zwei Schiedsrichtern aber, dass auf Grundlage der Fakten in diesem bestimmten Fall die Verletzung des Artikel 1102 NAFTA (national treatment) eine Verletzung des Artikel 1105 NAFTA begründe. [467]

cc) Stellungnahme

In der hier getroffenen Entscheidung folgt das Gericht der Ansicht, dass es sich bei dem Grundsatz der gerechten und billigen Behandlung um eine grundlegende Schutznorm handelt, die nahezu umfassend alle denkbaren Fallkostellationen umfasst. Demgegenüber sollen die spezielleren vertraglichen Regelungen der Investitionsschutzverträge lediglich Beispiele des umfassenden Grundsatzes der gerechten und billigen Behandlung darstellen. Das Problem dieses Ansatzes zeigt sich bereits in dem hier gefundenen Ergebnis, indem das Gericht durch Fassung dieser Entscheidung eine Verletzung einer Regelung des Vertragsvölkerrechtes (Inländergleichbehandlung) gegeben sieht und diese mit einer Verletzung des Mindeststandards der Behandlung gleichsetzt, obwohl sich die Form, die Inhalte und die Zielsetzungen der beiden Artikel unterscheiden.[468]

c) The Loewen Group, Inc. v. United States

Sehr interessant ist die Entscheidung des Gerichts im Fall Loewen, in der das Gericht praktisch ein Zwischenfazit zieht, indem es alle bisher als streitig diskutierten Fragen anspricht und für den vorliegenden Fall beantwortet.

So nimmt das Gericht in der am 26. Juni 2003 entschiedenen Klage The Loewen Group, Inc. v. United States ausdrücklich Bezug auf die von der Free

466 S.D. Myers Inc. v. Canada, a.a.O., Abschn. 265 mit Zitat aus: F.A. Mann, „British Treaties for the Formation and Protection of Investment", British Yearbook of International Law 52 (1981), 241 (243).

467 S.D. Myers Inc. v. Canada, a.a.O., Abschn. 266 ff.

468 Vgl. auch J.C. Thomas „Reflection on Article 1105 of NAFTA: History, State Practice and the Influence of Commentators" ICSID Review – Foreign Investment Law Journal (2002), 17 (1), S. 21–101.

Trade Commission herausgegeben Auslegungen zu Artikel 1105 NAFTA und erklärt, dass es diese nicht als Ergänzung des Vertragstextes ansieht, sondern vielmehr als bindende Interpretation.

aa) Sachverhalt

Im Fall The Loewen Group, Inc. v. United States, macht Loewen, eine kanadische Firma geltend, dass ihre durch Kapitel 11 NAFTA zugesicherten Rechte durch den Staat Mississippi, während eines nicht ordnungsgemäß geführten Prozesses, den O'Keefe, der wie Loewen im Bestattungsgeschäft tätig war, wegen einer Vertragsverletzung gegen Loewen vor dem Mississippi State Court geführt hatte, verletzt wurden. [469] Die Jury sprach O'Keefe $500 Mio. Schadenersatz zu, davon $75 Mio. für emotionale Qualen und $400 Mio. sog. Strafschäden.[470]

Das Urteil war das Ergebnis eines siebenwöchigen Prozesses, in welchem der Richter nach Aussage des Klägers den Anwälten von O'Keefe wiederholt erlaubt hat, ausgesprochen irrelevante und in höchstem Maße vorurteilhafte Ausführungen 1. zu der ausländischen Nationalität des Klägers, 2. bezogen auf die Unterschiede in der Rasse zwischen O'Keefe und Loewen und 3. bezogen auf soziale Klassenunterschiede zwischen Loewen und O'Keefe, zu machen.[471] Darüber hinaus hat der Richter, laut Aussage des Klägers eine Instruktion der Jury, in welcher er ausdrücklich klarstellt, dass eine Diskriminierung, welche sich auf die Nationalität, die Rasse oder die soziale Schicht einer Prozesspartei bezieht, unzulässig ist, verweigert.[472]

Der Kläger führt unter anderem an, dass das Gericht durch die Art, wie es die Durchführung des Prozesses geleitet hat, speziell die Leitung des „voir dire" und die ungewöhnliche Umformung des anfänglichen Urteils der Jury über $260 Mio., sowie durch die Zulassung von umfangreichen auf Nationalität, Rasse und soziale Schicht basierenden Zeugenaussagen und Erläuterungen des Anwalts, Artikel 1105 NAFTA verletzt hat, der einen Minimalstandard für die Behandlung von Investitionen ausländischer Investoren festsetzt, einschließlich der Pflicht zu „vollem Schutz und Sicherheit" und dem Recht auf „gerechte und billige Behandlung".[473] Darüber hinaus soll das übermäßige Urteil, auch ohne die übrige Diskriminierung, Artikel 1105 NAFTA verletzt haben.[474]

469 The Loewen Group, Inc. v. United States, ICSID Case No. ARB (AF)/98/3, Award, 26. Juni 2003, Abschn.3, 8.

470 The Loewen Group, a.a.O., Abschn.4.

471 The Loewen Group, a.a.O.

472 The Loewen Group, a.a.O.

473 The Loewen Group, a.a.O., Abschn.39.

474 The Loewen Group, a.a.O.

bb) Entscheidung des Gerichts

In seinen Erwägungen bezüglich einer Verletzung von Artikel 1105 NAFTA ist das Gericht ausdrücklich auf die Auslegung von gerechter und billiger Behandlung durch die Free Trade Kommission eingegangen und betont, dass eine von der Kommission vorgeschlagene Auslegung nach Artikel 1131 (2) NAFTA für das Gericht bindend ist.[475] Dies ist im vorliegenden Fall unstreitig, da der von den Klägern in den schriftlichen Ausführungen vorgebrachte Einwand, die Auslegungen der Kommission gingen über eine bloße Interpretation hinaus und stellten vielmehr eine über ihre Kompetenzen hinausgehende Änderung des Vertragstextes dar, womit sie für das Gericht nicht bindend wären, in der mündlichen Verhandlung nicht aufrecht erhalten wurde, sondern vielmehr die Ausführungen der Klägerseite mit dem Inhalt der Interpretationen vereinbar waren.[476] Aufgrund dessen macht das Gericht auch keine näheren Ausführungen zu der Bindungswirkung der Auslegung durch die Kommission, sondern setzt sie voraus.

Das Gericht führt aus, dass aus der Auslegung der Kommission folge, dass „gerechte und billige Behandlung" und „voller Schutz und Sicherheit" keine unabhängigen Pflichten darstellen, sondern vielmehr Verpflichtungen nur in dem Maße begründen, in dem sie völkergewohnheitsrechtlich bereits anerkannt sind.[477] Ebenso soll nach Ansicht des Gerichts eine Verletzung eines anderen Artikels des Vertrags noch keine Verletzung des Artikels 1105 (1) NAFTA begründen und es müssten insofern auch gegenteilige Ansichten anderer Gerichte, wie beispielsweise in Metalclad Corp. v. United Mexican States, S.D. Myers, Inc. v. Canada oder Pope & Talbot, Inc. v. Canada unberücksichtigt bleiben.[478] Zwischen den Parteien ist unstreitig, dass Völkergewohnheitsrecht sich auch mit der Verweigerung von Gerechtigkeit im Rechtsstreit zwischen Privaten befasst,[479] weshalb das Gericht auf diesen Punkt nicht näher eingegangen ist.

Auf Seiten des Beklagten wird indessen vorgebracht, dass Loewen, um eine Verletzung anerkannter Standards des Gewohnheitsrechts geltend zu machen, nachweisen muss, dass nicht lediglich ein Fehler auf Seiten des Gerichts vorliegt, sondern was gefordert würde sei „offenkundiges Unrecht", „grobe Ungerechtigkeit", „offenkundige und unentschuldbare Verletzung" oder ein „offenkundiger Verstoß, der nicht auf einen Rechtsfehler zu beruhen scheint, sondern auf einer üblen Gesinnung".[480]

---

475 The Loewen Group, a.a.O., Abschn.125 f.

476 The Loewen Group, a.a.O., Abschn.127.

477 The Loewen Group, a.a.O., Abschn.128.

478 The Loewen Group, a.a.O.

479 The Loewen Group, a.a.O., Abschn.129.

480 The Loewen Group, a.a.O., Abschn.130.

Dieser Ansicht folgt das Gericht jedoch nicht. Es führt aus, dass weder die Praxis der Staaten, die Entscheidungen internationaler Gerichte, noch die Meinungen von Kommentatoren die Ansicht unterstützen, dass böser Glaube oder eine üble Gesinnung ein essentielles Element einer ungerechten und unbilligen Behandlung sei, oder dass die Verweigerung von Gerechtigkeit den Bruch von Völkerrecht erreichen müsse. Manifestiertes Unrecht im Sinne des Fehlens eines ordentlichen Prozesses, das zu einem Ergebnis führt, welches den Sinn gerichtlicher Rechtmäßigkeit verletzt, reiche aus, auch wenn man die Auslegung der Free Trade Commission wörtlich anwende.[481]

In diesem Zusammenhang verweist das Gericht auf eine frühere Entscheidung im Fall Mondev International Ltd. v. United States of America[482], in welchem das dort entscheidende Gericht ausführte, dass es um die Frage gehe, ob auf internationaler Ebene und unter Beachtung allgemein akzeptierter Standards der Rechtspflege, ein Gericht im Licht aller Tatsachen darauf schließen kann, dass die in Zweifel gezogene Entscheidung offensichtlich falsch und diskreditierend war, mit dem Ergebnis, dass die Investition einer ungerechten und unbilligen Behandlung ausgesetzt war.[483]

Wenn diese Frage bejaht werden könne, liege eine Verletzung des Art.1105 NAFTA vor, wobei es unbeachtlich und hier nicht zu entscheiden sei, ob darüber hinaus noch eine Verletzung nationaler Gesetze vorliege, weil eine Klage unter NAFTA nicht in eine Revisionsinstanz in Bezug auf Entscheidungen nationaler Gerichte umgewandelt werden könne.[484] Umgekehrt soll jedoch eine Verletzung nationaler Rechte in der Weise, dass diskriminierend gegen einen Ausländer vorgegangen wurde, eine Verletzung des Völkerrechts begründen.[485] Das Gericht stellt weiterhin fest, dass der Mississippi State Court zugelassen hat, dass die Jury durch dauernde Appelle an die örtliche Vorzugswürdigkeit gegenüber der ausländischen Prozesspartei beeinflusst wurde.[486] Aus den bisher gemachten Ausführungen zieht das Gericht die Schlussfolgerung, dass der Prozess vor dem Mississippi State Court in seiner Gesamtheit, einschließlich des daraus resultierenden Urteils, offensichtlich unrechtmäßig und diskreditierend gewesen sei, weshalb er mit dem völkerrechtlich vorgegeben Mindeststandard und einer gerechten und billigen Behandlung nicht vereinbar sei.[487]

481 The Loewen Group, a.a.O., Abschn.132.
482 Mondev International Ltd. v. United States of America, ICSID Case No. ARB (AF)/99/2, Award (Oct.11.2002).
483 The Loewen Group, Inc. v. United States, ICSID Case No. ARB (AF)/98/3, Award, Abschn.133.
484 The Loewen Group, a.a.O., Abschn.134.
485 The Loewen Group, a.a.O., Abschn.135.
486 The Loewen Group, a.a.O., Abschn.136.
487 The Loewen Group, a.a.O., Abschn.137.

Im Ergebnis ist das Urteil durch das NAFTA-Tribunal wegen fehlender Kontinuität der Nationalität abgelehnt worden, weil die Firma während des Prozesses vor dem internationalen Schiedsgericht neu gegründet wurde.[488]

cc) Stellungnahme

Somit lässt sich festhalten, dass das Schiedsgericht im Fall Loewen ausdrücklich die Bindungswirkung der Interpretation der Free Trade Commission anerkannt hat mit der Folge, dass nach Ansicht des Gerichts zur Bejahung einer Verletzung des Grundsatzes der gerechten und billigen Behandlung eine Verletzung des völkergewohnheitsrechtlichen Mindeststandards der Behandlung von Ausländern festgestellt werden muss. Ebenso stellt das Gericht klar, dass entgegen früherer Entscheidungen internationaler Schiedsgerichte, die Verletzung einer anderen vertraglichen Norm keine Verletzung des Grundsatzes der gerechten und billigen Behandlung begründen kann.

Als unproblematisch vom Schutz des Völkergewohnheitsrechts umfasst, sieht das Gericht jedenfalls das hier geltend gemachte Recht auf ein faires Verfahren vor nationalen Gerichten an.

Bemerkenswert ist, dass das Gericht in der Folge dieser bisher im Hinblick auf den Grundsatz der gerechten und billigen Behandlung sehr restriktiven Ausführungen jedoch nicht an den hohen Anforderungen der Neer-Entscheidung zur Bejahung eines Verstoßes gegen den völkergewohnheitsrechtlichen Mindeststandard festhält. Hier nimmt es vielmehr eine autonome Auslegung vor, wonach dann gegen das Gebot eines fairen Verfahrens verstoßen wird, wenn auf internationaler Ebene unter Beachtung allgemein akzeptierter Standards der Rechtspflege, ein Gericht im Licht aller Tatsachen darauf schließen kann, dass die in Zweifel gezogene Entscheidung offensichtlich falsch und diskreditierend war.

Selbst eine Verletzung nationaler Gesetze soll eine Verletzung des Gebots des fairen Verfahrens begründen können, wenn sie in der Weise erfolgt, dass diskriminierend gegen einen Ausländer vorgegangen wurde.

d) ADF Group Inc. v. United States of America

Eine Entscheidung, die sich maßgeblich auf die Ausführungen des Gerichts im Fall Mondev stützt, hat das Gericht im Fall ADF Group getroffen.

---

488 The Loewen Group, a.a.O., Abschn. 220 ff.

aa) Sachverhalt

Im Juli 2000 erhob der Kläger, eine kanadische Firma „ADF Group Inc." (ADF), Klage vor ICSID gegen die Regierung der Vereinigten Staaten von Amerika.[489] ADF ist ein Subunternehmer einer us-amerikanischen Firma, welche einen Vertrag mit dem Verkehrsministerium von Virginia im Hinblick auf den Auftrag für ein staatlich gefördertes Straßenbauprojekt in Virginia, das „Springfield Interchange Highway construction project", abgeschlossen hat.

ADF erhielt als Subunternehmer den Auftrag, alle für die Konstruktion von neun Brücken erforderlichen Stahlkomponenten zu liefern, die ADF mit amerikanischem Stahl von seinem Mutterunternehmen in Kanada fertigen lassen wollte. Das Verkehrsministerium der USA gewährte Virginia Finanzierungshilfe für dieses Projekt. Durch ein Bundesgesetz, die sogenannten „Buy American requirements", machte die Regierung der USA es zur Bedingung für ihre Finanzierung, dass ausschließlich in Amerika hergestellter und weiterverarbeiteter Stahl verwendet werden dürfe. Dementsprechend wurde es für ADF unmöglich, den Stahl von seinem Mutterunternehmen in Kanada fertigen zu lassen.[490]

Der Kläger machte geltend, dass die US-Regierung verschiedene in Kapitel 11 des NAFTA-Übereinkommens festgesetzte Verpflichtungen verletzt habe, unter anderem die Verpflichtung nach Artikel 1105 (1) NAFTA, ausländischen Investitionen eine gerechte und billige Behandlung zu gewähren.[491] Er klagte auf Entschädigung für erlittene Verluste aufgrund der oben angeführten Bundesgesetzgebung und der Umsetzung gesetzlicher Regulierungen, durch welche gefordert wurde, dass staatlich geförderte Projekte für Bundesautobahnen nur Stahl verwenden, welcher nicht nur aus den USA stammt, sondern auch gänzlich dort verarbeitet wird.

bb) Entscheidung des Gerichts

Im Endurteil stützte sich das Schiedsgericht maßgeblich auf den Mondev-Fall, um die Frage zu klären, ob der Begriff der gerechten und billigen Behandlung einen Verweis auf den Mindeststandard im Völkergewohnheitsrecht darstellt und für die Diskussion darüber, ob es sich um einen sich weiter entwickelnden Standard handelt. Es erkannte die zwingende Wirkung der Interpretationen der FTC an und stellte weiterhin fest, dass es sich hier auch ausdrücklich um eine Interpre-

489 ADF Group Inc. v. United States of America, ICSID Case No. ARB (AF)/00/1, Urteil vom 9. Januar 2003 (Feliciano, de Mestral, Lamm).

490 ADF Group Inc., a.a.O, Abschn. 44 ff.

491 ADF Group Inc., a.a.O., Abschn. 61–90, insb. Abschn. 68–74.

tation des Vertragstextes und nicht um eine Ergänzung handelt.[492] Inhaltlich lege die Interpretation der FTC vom 31. Juli 2001 fest, dass mit der in Artikel 1105 (1) festgelegten „Behandlung in Übereinstimmung mit dem Völkerrecht“ der Mindeststandard zur Behandlung von Ausländern, wie das Völkergewohnheitsrecht ihn bestimmt, gemeint ist.[493] Dementsprechend sei der lange bestehende Streit, ob es einen sogenannten Mindeststandard zur Behandlung von Ausländern und deren Eigentum gebe, welcher durch das Völkergewohnheitsrecht festgesetzt werde, jedenfalls sofern es die Parteien des NAFTA-Übereinkommens betrifft, geklärt.[494]

Nachdem das Gericht festgestellt hat, dass es sich bei der Zusicherung einer gerechten und billigen Behandlung unter dem NAFTA-Übereinkommen um eine Zusicherung einer Behandlung gemäß den Forderungen des völkergewohnheitsrechtlichen Mindeststandards zur Behandlung von Ausländern handelt, wendet es sich der Frage zu, welche Behandlung der völkergewohnheitsrechtliche Mindeststandard zur Behandlung von Ausländern erfordert.

Das Gericht brachte unter Verweis auf die Position der Vertragsparteien des NAFTA- Übereinkommens unter Berücksichtigung eines sich entwickelnden Gewohnheitsrechts seine Ansicht zum Ausdruck, dass das, was das Völkergewohnheitsrecht hervorbringe, nicht eine Momentaufnahme des Mindeststandards zur Behandlung von Ausländern sei, wie er sich 1927 darstellte als das Urteil über den Neer-Fall getroffen wurde.[495] Beides, sowohl das Völkergewohnheitsrecht als auch der in diesem enthaltene Mindeststandard zur Behandlung von Ausländern, befände sich in einem ständigen Entwicklungsprozess.[496]

Hieraus ergibt sich allerdings wiederum die Frage, welche Behandlung der völkergewohnheitsrechtliche Mindeststandard zur Behandlung von Ausländern heute fordert. Zur Identifizierung der Elemente, welche zur Bestimmung der Weiterentwicklung des Rechts in Betracht gezogen werden müssen, zitiert das Gericht erneut die Entscheidung im Fall Mondev, die es dann wie folgt interpretiert:

„We understand Mondev to be saying – and we would respectfully agree with it – that any general requirement to accord fair and equitable treatment and full protection and security must be disciplined by being based upon state practice and judicial or arbitral caselaw or other sources of customary or general inter-

492 ADF Group Inc., a.a.O., Abschn. 176 f..

493 ADF Group Inc., a.a.O., Abschn. 178.

494 ADF Group Inc., a.a.O., Abschn. 178; siehe auch: J. C. Thomas, Reflections on Article 1105 NAFTA: History, State Practice and the Influence of Commentators, 17 ICSID Review _ Foreign Investment Law Journal 21 S. 22–39 (2002).

495 ADF Group Inc., a.a.O., Abschn. 179.

496 ADF Group Inc., a.a.O., Abschn. 179.

national law."[497] Mit anderen Worten wurde Vertragsrecht nicht in den Katalog der relevanten Quellen für die Identifikation des derzeitigen Standards aufgenommen.[498]

Das Gericht führte aus, dass es nicht davon überzeugt sei, dass der Investor die Existenz einer generellen und unabhängigen (unabhängig bedeutet losgelöst von speziellen Regelungen, welche sich auf einzelne, begrenzte Zusammenhänge beziehen) Forderung nach einer gerechten und billigen Behandlung im derzeitigen Völkergewohnheitsrecht nachgewiesen habe.[499]

Der Investor habe zum Beispiel nicht aufgezeigt, dass eine solche Forderung durch die vielen hundert bilateralen Investitionsschutzverträge, die heute bestehen, in das zurzeit existierende Regelwerk des Völkergewohnheitsrechtes eingeführt wurde.[500] Zumal nach dem derzeitigen Stand weder die übereinstimmende Staatenpraxis noch gerichtliches oder schiedsgerichtliches Fallrecht (die Rechtsprechung) eine überzeugende Untermauerung (oder in diesem Fall Widerlegung) der Position des Investors bereitstellen könnten.[501] Auch habe das Gericht im Fall Mondev in diesem Zusammenhang ebenso wenig die Position des Investors erreicht, von einer grundsätzlichen völkergewohnheitsrechtlichen Verpflichtung zu gerechter und billiger Behandlung auszugehen, obwohl es von einem sich fortentwickelnden Völkergewohnheitsrecht ausgeht.[502]

Das Gericht wies die Klage des Investors in diesem Punkt ab.

cc) Stellungnahme

Auch das Gericht im Fall ADF Group Inc. geht von der Bindungswirkung der Interpretation der Free Trade Commission aus und stellt entsprechend auf eine Verletzung des völkergewohnheitsrechtlichen Mindeststandard zur Behandlung von Ausländern ab. Weiter geht das Gericht von einem sich fortentwickelnden Völkergewohnheitsrecht aus. Dass es sich bei dem Grundsatz der gerechten und billigen Behandlung selbst um einen völkergewohnheitsrechtlichen Grundsatz handelt, lehnt das Gericht, ebenso wie die Heranziehung von Völkervertragsrecht zur Auslegung des Grundsatzes, ab.

497 ADF Group Inc., a.a.O., Abschn. 184.
498 Dolzer, Fair and Equitable Treatment, in: The International Lawyer, 2005, S.99.
499 ADF Group Inc., a.a.O., Abschn. 183.
500 ADF Group Inc., a.a.O., Abschn. 183.
501 ADF Group Inc., a.a.O., Abschn. 183.
502 ADF Group Inc., a.a.O., Abschn. 183.

e) Waste Management v. Mexiko

Auch das Gericht im Fall Waste Management bezieht frühere Entscheidungen internationaler Schiedsgerichte in seine Untersuchung des Grundsatzes der gerechten und billigen Behandlung mit ein.

aa) Sachverhalt

Die Klägerin ist ein us-amerikanisches Unternehmen im Bereich der Hausmüllentsorgung und bietet in einem Teil der Stadt Acapulco durch ein Tochterunternehmen auf der Grundlage eines Konzessionsvertrages Leistungen in Zusammenhang mit der Hausmüllentsorgung und Straßenreinigung an.[503] Die Stadt erließ für den Bereich, in dem das Unternehmen tätig werden sollte, einen Rechtsakt, wonach Zahlungen für die Entsorgungsleistungen des Unternehmens auf vertraglicher Grundlage zwischen den Eigentümern der Grundstücke und dort ansässigen Gewerbebetrieben zu erfolgen hatten.[504] Weiterhin sollte das Unternehmen für die Dauer von 15 Jahren zu bestimmten, mit der Stadt vereinbarten Konditionen eine Deponie betreiben. Sowohl im Bereich der Entsorgungsleistungen als auch im Bereich der Deponie kam es von Anfang an zu Problemen, die das Unternehmen in Liquiditätsschwierigkeiten brachten.[505]

Die Klägerin macht unter anderem geltend, dass sie willkürlichem Verhalten der Stadt ausgesetzt war, das unberechenbar war und einem ordentlichen Verfahren nicht entsprach und die Investition der Klägerin wertlos machte.[506] Darüber hinaus soll der Klägerin ein rechtsstaatliches Verfahren verweigert worden sein, in dem die Stadt ihren Einfluss bei staatlichen Gerichten und Schiedsgerichten geltend machte, um die Entscheidungen in Verfahren in Bezug auf den Konzessionsvertrag zu beeinflussen bzw. durch ihr Verhalten im Prozess zu verzögern.[507]

bb) Entscheidung des Gerichts

Das Gericht im Fall Waste Management stellt nach einer Zusammenfassung vorhergehender Urteile unter dem NAFTA- Vertrag fest, dass sich mit der Zeit - abgesehen von einer teilweise unterschiedlichen Gewichtung - ein genereller Standard in Bezug auf den Grundsatz der gerechten und billigen Behandlung

503 Waste Management v. United Mexican States, ICSID Case No. ARB(AF)/3, Final Award vom 30.04.2004, Rn. 40.

504 Waste Management, a.a.O., Rn. 43 f.

505 Waste Management, a.a.O.,Rn. 40 ff.

506 Waste Management, a.a.O., Rn. 87.

507 Waste Management, a.a.O., Rn. 88.

herausbildet, der dadurch gekennzeichnet ist, dass es sich zunächst um ein Verhalten handeln muss, das dem Staat zugerechnet werden kann. Dieses Verhalten verletze den Investor, wenn es willkürlich, offensichtlich unbillig, ungerecht oder eigenartig ist, wenn es diskriminierend ist und den Kläger Vorurteilen hinsichtlich seiner Klassenzugehörigkeit oder Rasse aussetzt oder ein ordnungsgemäßes Verfahren vermissen lässt, welches zu einem Ergebnis führt, das das Rechtsgefühl verletzt – wie es bei offensichtlichem Fehlen grundlegender Gerechtigkeit in gerichtlichen Verfahren oder dem völligen Fehlen von Transparenz und Objektivität in einem Verwaltungsprozess der Fall sei. Bei Anwendung dieses Standards sei es weiterhin erforderlich, dass das Verhalten eine Verletzung von Zusicherungen durch den Gaststaat darstellt, auf die sich der Investor vernünftigerweise verlassen hat."[508]

Weiter führt das Gericht aus, dass der Grundsatz aber durchaus bis zu einem gewissen Grad ein flexibler Standard sei, der auf den Einzelfall angewendet werden müsse.[509]

Bei der Anwendung des Grundsatzes wie oben ausgeführt stellte das Gericht keine Verletzung des Grundsatzes der gerechten und billigen Behandlung durch ein dem Staat zurechenbares Verhalten fest. Insbesondere die Vertragsverletzungen durch die Stadt erreichen nach Ansicht des Gerichts nicht ein Maß, das eine Verletzung des Grundsatzes der gerechten und billigen Behandlung begründen kann.[510]

Weiter verneint das Schiedsgericht auch eine Verletzung von 1105 (1) NAFTA durch das Verhalten der nationalen Gerichte. Indem es betont, keine Rechtsmittelinstanz für Entscheidungen nationaler Gerichte zu sein, stellt es fest, dass in den Entscheidungen der Gerichte jedenfalls kein offensichtlich willkürliches, ungerechtes oder eigenartiges Verhalten liege. Es sei auch keine Spur eines diskriminierenden Verhaltens im Hinblick auf die ausländische Eigentümerin des Unternehmens ersichtlich und keine offensichtliche Verweigerung eines rechtsstaatlichen Verfahrens. Insbesondere sei auch keine Einflussnahme der Stadt über die Wahrnehmung ihrer Rechte als Beklagte hinaus ersichtlich.[511]

Schließlich kann das Gericht auch keine Verletzung des Grundsatzes der gerechten und billigen Behandlung feststellen, indem verschiedene staatliche Stellen bewusst zusammengearbeitet haben, um die Investition des ausländischen Investors zu schädigen. Zwar erkennt das Gericht ein solches Verhalten ausdrücklich als eine Verletzung des Grundsatzes der gerechten und billigen Behandlung an, indem jeder Staat verpflichtet sei, in gutem Glauben zu handeln

508 Waste Management, a.a.O., Rn. 98.
509 Waste Management, a.a.O., Rn. 99.
510 Waste Management, a.a.O., Rn. 100ff. (117).
511 Waste Management, a.a.O., Rn. 130f.

und die Investition des ausländischen Investors nicht bewusst zu schädigen, sieht hier aber einen entsprechenden Nachweis nicht erbracht.[512]

cc) Stellungnahme

Im Ergebnis ist festzuhalten, dass das Gericht im vorliegenden Fall von der Bindungswirkung der Auslegung durch die Free Trade Commission für seine Entscheidung ausgeht. Es ist auch erkennbar, dass das Gericht nicht von einer ähnlich weiten Auslegung des Grundsatzes der gerechten und billigen Behandlung ausgeht, wie dies in den vorhergehenden Entscheidungen von den Schiedsgerichten vertreten wurde, sondern durchaus der restriktiven Tendenz der Auslegung der Free Trade Commission folgt. Das Gericht legt aber dennoch auch in Anbetracht dieser „klärenden" Auslegung den Grundsatz nicht gänzlich eng aus, sondern hält an einer Betrachtung der Gesamtumstände des Einzelfalls fest, was nach Meinung des Gerichts mit der Auslegung der Free Trade Commission vereinbar ist. Es geht im vorliegenden Fall allerdings nicht so weit, den Grundsatz der gerechten und billigen Behandlung als einen eigenständigen Grundsatz des Völkergewohnheitsrechts anzusehen.

Inhaltlich sieht das Gericht den Grundsatz jedenfalls dann durch das Verhalten staatlicher Stellen oder Gerichte als verletzt an, wenn ein faires Verfahren nicht stattgefunden hat, insbesondere Willkür oder diskriminierende Verhaltensweisen vorliegen bzw. wenn staatliche Stellen kein ordnungsgemäßes Verfahren vornehmen, insbesondere auch, wenn unterschiedliche Stellen bewusst zur Schädigung des ausländischen Investors zusammenarbeiten. Dies habe sich mittlerweile als allgemein anerkannter Inhalt des Grundsatzes der gerechten und billigen Behandlung unabhängig von einer im Einzelnen unterschiedlichen Gewichtung und der Notwendigkeit der Anwendung auf den Einzelfall herausgebildet.

f) Methanex Corp. v. United States

Weiterhin ist der Fall Methanex Corp. v. United States von besonderem Interesse, in dem sich das Gericht unter anderem mit der Frage beschäftigt, ob ein diskriminierendes Verhalten des Staates gegenüber einem ausländischen Investor einen Verstoß gegen den Grundsatz der gerechten und billigen Behandlung begründen kann.

512 Waste Management, a.a.O., Rn. 138 f.

aa) Sachverhalt

Methanex Corp. ("Methanex"), ein kanadischer Hersteller und Vertreiber von Methanol, hat im Juli 1999 Klage auf Verletzung seiner Rechte, unter anderem aus Art.1105 NAFTA (gerechte und billige Behandlung), gegen die Vereinigten Staaten eingereicht, [513] als der Gouverneur von Kalifornien, aufgrund einer Studie über die schädlichen Wirkungen von MTBE, einer chemischen Verbindung, welche Methanol enthält, die Vollzugsanordnung für die Abschaffung von MTBE bis zum 31.Dezember 2002 erlassen hat.[514] Hierin sieht Methanex eine Diskriminierung, indem es geltend macht, der Gesetzestext habe die Intention, Produzenten von Methanol, einschließlich ausländischen Produzenten zu schaden und stattdessen den nationalen Markt für Ethanol zu protektionieren, indem eine Konkurrenz durch Methanol ausgeschaltet werde.[515]

bb) Entscheidung des Gerichts

Das Gericht stellte im Fall Methanex im Ergebnis keine Verletzung des Grundsatzes der gerechten und billigen Behandlung gemäß Art. 1105 (1) NAFTA durch den Erlass der Rechtsakte des Staates Kalifornien fest.[516]

Insbesondere schütze Artikel 1105 (1) NAFTA den ausländischen Investor bereits nach der gewöhnlichen Wortbedeutung und dem Kontext, in dem die Norm in Kapitel 11 NAFTA steht, nicht vor einem Verhalten des Gaststaates, welches zwischen der Behandlung von Staatsbürgern und Ausländern differenziert. So werde der Tatbestand der Diskriminierung in Artikel 1105 (1) NAFTA nicht erwähnt, vielmehr werde in Art. 1105 (2) NAFTA ausdrücklich klargestellt, dass Diskriminierung gerade nicht vom Schutzumfang der gerechten und billigen Behandlung umfasst sei.[517]

Dies ergebe sich im Übrigen auch aus der Tatsache, dass der Tatbestand der Diskriminierung, wo er zur Anwendung kommen solle, ausdrücklich erwähnt worden sei, wie etwa in Zusammenhang mit dem Tatbestand der Enteignung in Art. 1110 (1)(b) NAFTA.[518]

---

513 Notice of Intent to submit a Claim to Arbitration Under Article 1119, Section B, Chapter 11 of the North American Free Trade Agreement at 1. Methanex Corp. v. United States (2.7.1999), (im Folgenden: Methanex, Notice of Intent), Abschn. 2; Final Award vom 03.08.2005, Teil I Abschn. 1.

514 Methanex, Notice of Intent.

515 Methanex, Final Award vom 03.08.2005., Teil II Kapitel D (2) Abschn. 7 ff (23), (3) Abschn. 25.

516 Methanex, a.a.O., Teil IV, Kapitel C, Abschn. 13.

517 Methanex, a.a.O., Teil IV, Kapitel C, Abschn. 14.

518 Methanex, a.a.O., Teil IV, Kapitel C, Abschn. 16.

Die Interpretation der Free Trade Commission, die durch das Gericht als bindend anerkannt werde, bestätige diese textliche Analyse lediglich, indem sie ausdrücklich darauf hinweise, dass eine Verletzung einer anderen Norm des NAFTA keine Verletzung des Grundsatzes der gerechten und billigen Behandlung begründen könne. In Bezug auf den vorliegenden Fall führe folglich insbesondere die Annahme des Vorliegens einer Diskriminierung nach Art. 1102 NAFTA nicht zu einer Verletzung des Art. 1105 (1) NAFTA.[519]

Weiter fehle auch der Nachweis, dass eine völkergewohnheitsrechtliche Norm existiere, die vor einem differenzierenden Verhalten eines Staates zwischen seinen Staatsbürgern und ausländischen Investoren schütze.[520] Zwar wird durch das Gericht anerkannt, dass nach dem Völkergewohnheitsrecht bestimmte Differenzierungen zu der Annahme einer Diskriminierung führen können, doch fehle für den Fall der hier vorliegenden Differenzierung zwischen ausländischen und inländischen Investoren ein entsprechender Nachweis.[521]

cc) Stellungnahme

Insgesamt ist festzuhalten, dass das Gericht im vorliegenden Fall die Interpretation durch die Free Trade Commission ausdrücklich als bindend anerkannt hat. Darüber hinaus stellt das Gericht ausführlich dar, dass die Interpretation sich ohnehin zwingend aus der Untersuchung des Wortlautes des Vertragstextes in Zusammenhang mit dem Kontext der Norm ergibt.

Inhaltlich verneint das Gericht als Ergebnis seiner Auslegung, dass durch den Grundsatz der gerechten und billigen Behandlung ein diskriminierungsfreies Verhalten zugesichert werde. Obwohl es völkergewohnheitsrechtlich anerkannt sei, dass ein differenzierendes Verhalten von Staaten unter Umständen zu einer Diskriminierung führen kann, die grundsätzlich unter den völkergewohnheitsrechtlichen Mindeststandard der Behandlung fällt, sei dies aber für den Fall einer Differenzierung durch den Staat zwischen inländischen und ausländischen Investoren nicht nachgewiesen. Dies ist insofern erstaunlich, als dass sich das Gericht mit dieser Interpretation in Gegensatz zu der bisherigen Rechtsprechung setzt, wonach es als allgemein anerkannt erachtet werden konnte, dass ein diskriminierendes Verhalten eines Staates gegenüber einem ausländischen Investor jedenfalls geeignet ist, eine Verletzung des Grundsatzes der gerechten und billigen Behandlung zu begründen.

519 Methanex, a.a.O., Teil IV, Kapitel C, Abschn. 17.
520 Methanex, a.a.O., Teil IV, Kapitel C, Abschn. 19ff (25).
521 Methanex, a.a.O., Teil IV, Kapitel C, Abschn. 26.

g) Glamis Gold, Ltd. v. United States of America

In dieser neueren Entscheidung unter dem NAFTA- Übereinkommen hat das Schiedsgericht die bis zu diesem Zeitpunkt restriktivste Entscheidung in Bezug auf den Grundsatz der gerechten und billigen Behandlung getroffen.

aa) Sachverhalt

Glamis, ein kanadisches Unternehmen, führte in den Jahren 1994 bis 2002 Grabungen nach Gold im Rahmen eines staatlichen Projekts auf öffentlichem Grund und Boden im Südosten Kaliforniens durch, indem es Bergbaurechte nutzte, in deren Besitz das Unternehmen war.[522] Die staatlichen Bergbaugesetze der USA im Grundsätzlichen, und die Abbautechnik im Tagebau, die das Unternehmen anwenden wollte, im Speziellen, waren Gegenstand öffentlichen Interesses.[523] Die Tatsache, dass der staatliche Grund und Boden, auf dem Glamis Gold Bergabaurechte besitzt, in der Nähe von ausgewiesenem Indianerland und Stätten kultureller Bedeutung liegt, trugen zu dem Interesse an dem Bergbauvorhaben des Unternehmens bei. [524]

Vor diesem Hintergrund kam es zu Schwierigkeiten des Unternehmens in Bezug auf das Bergbauvorhaben in deren Folge das Unternehmen Klage unter dem NAFTA-Übereinkommen gegen die Vereinigten Staaten von Amerika eingereicht hat, indem es geltend machte, dass die USA Pflichten, die sie nach Kapitel 11 NAFTA übernommen haben, verletzt haben. Glamis macht geltend: (1) dass die Regierung durch verschiedene Handlungen in ungerechtfertigter Weise Entscheidungen hinsichtlich des geplanten Bergbauprojektes verzögert hätte und (2) dass, zu dem Zeitpunkt in dem eine Einigung mit der Bundesregierung abzusehen war, die Regierung des Staates Kalifornien Gesetze und Regulierungen betreffend das geplante Projekt erließ, die dieses wirtschaftlich unrentabel machten.[525] Insbesondere machte das Unternehmen geltend, dass die Vereinigten Staaten von Amerika sowohl durch Handlungen der Bundesregierung als auch durch Handlungen der Regierung des Staates Kalifornien, die im Eigentum des Unternehmens befindlichen Bergbaurechte entgegen den Verpflichtungen in Art. 1110 des NAFTA-Übereinkommens enteignet haben, und das die Vereinigten Staaten von Amerika sowohl durch Handlungen auf Bundes-, als auch auf Ebene des

522 Glamis Gold, Ltd. v. United States of America, Urteil vom 08. Juni 2009, Rn. 10.
523 Glamis Gold, a.a.O., Rn. 10.
524 Glamis Gold, a.a.O., Rn. 10.
525 Glamis Gold, a.a.O., Rn. 11.

Staates Kalifornien dem Unternehmen eine gerechte und billige Behandlung, wie diese in Art. 1105 NAFTA gefordert wird, verweigerten.[526]

bb) Entscheidung des Gerichts

Im Ergebnis verneinte das Schiedsgericht eine Verletzung des Grundsatzes der gerechten und billigen Behandlung nach Art. 1105 (1) NAFTA mit der Begründung, dass keine der von Glamis Gold vorgetragenen Handlungen der Bundesregierung wie auch des Staates Kalifornien, alleine oder insgesamt gesehen, den Grundsatz verletzen.[527]

Hinsichtlich des Inhalts des Grundsatzes der billigen und gerechten Behandlung führte das Gericht aus, dass dieser in einigen bilateralen Investitionschutzverträgen als eigenständiger vertraglicher Standard angesehen werde.[528] Bis zum jetzigen Zeitpunkt sei aber nicht angezweifelt worden, dass der Grundsatz der gerechten und billigen Behandlung in Art. 1105 (1) NAFTA nicht als eigenständige Vertragssprache zu verstehen sei, sondern als Ausdruck des Völkergewohnheitsrechts.[529] Der Inhalt dieses Grundsatzes bleibe jedoch unbestimmt, weshalb das Gericht diese Frage ausführlich untersuche.[530]

Bei der Aufgabe der Ermittlung des Inhalts des völkergewohnheitsrechtlichen Standards der gerechten und billigen Behandlung wendet das Gericht eine Begründungsweise an, die sich von der einiger hier in Bezug genommener Urteile unterscheidet.[531] Das Gericht betont, dass die Art und Weise der Untersuchung der Bedeutung des Grundsatzes durch Vertragsinterpretation sich grundlegend von der Aufgabe unterscheide, den Inhalt des Gewohnheitsrechts zu untersuchen.[532] Diese Untersuchung beziehe sich nicht, wie bei der Vertragsinterpretation, ausschließlich auf rechtliche, sondern auch auf tatsächliche Fragestellungen dahingehend, wo Gewohnheitsrecht von den Staaten in der Meinung angewendet wird, dass dies rechtlich gefordert sei.[533] Der Inhalt einer völkergewohnheitsrechtlichen Norm möge klar sein; aber dort, wo das Vorliegen von Völkergewohnheitsrecht nicht eindeutig oder umstritten ist, sei es Aufgabe derjenigen Partei, die sich auf die völkergewohnheitsrechtliche Regelung bezieht, deren Inhalt zu begründen.[534]

526 Glamis Gold, a.a.O., Rn. 11.
527 Glamis Gold, a.a.O., Rn. 18.
528 Glamis Gold, a.a.O., Rn. 19.
529 Glamis Gold, a.a.O., Rn. 19.
530 Glamis Gold, a.a.O., Rn. 19.
531 Glamis Gold, a.a.O., Rn. 20.
532 Glamis Gold, a.a.O., Rn. 20.
533 Glamis Gold, a.a.O., Rn. 20.
534 Glamis Gold, a.a.O., Rn. 20.

Im Fall des völkergewohnheitsrechtlichen Standards der gerechten und billigen Behandlung nimmt das Gericht an, dass der völkergewohnheitsrechtliche Mindeststandard der Behandlung jedenfalls mit dem in der Neer-Entscheidung aus dem Jahr 1926 festgesetzten Standard übereinstimmt und eine Fortentwicklung dieses Standards von derjenigen Partei nachgewiesen werden müsse, die sich darauf bezieht. [535]

Im vorliegenden Fall stellt das Gericht fest, dass Glamis die von ihm geltend gemachte Fortentwicklung des Standards der gerechten und billigen Behandlung nicht belegen konnte.[536] Es scheine vielmehr so, dass obwohl die Sachverhalte, die den Gerichten heute vorgelegt werden vielschichtiger und komplizierter seien, als dies in der Zeit der 1920er Jahre der Fall war, die Schwelle der gebotenen Überprüfung sich seit der Neer-Entscheidung nicht geändert habe.[537]

Vor dem Hintergrund, dass ein Beleg für die Weiterentwicklung des völkergewohnheitsrechtlichen Standards nicht erbracht werden könne, seien die in der Neer-Entscheidung festgelegten Grundsätze noch heute anwendbar: um den völkergewohnheitsrechtlichen Mindeststandard der Behandlung von Ausländern, der in Art. 1105 (1) NAFTA kodifiziert ist, zu verletzen, müsse eine Handlung ungeheuerlich und schockierend sein – eine vollständige Verweigerung von rechtsstaatlichem Verhalten, offensichtliche Willkür, eklatante Ungerechtigkeit, völliges Fehlen eines ordnungsgemäßen Verfahrens, offensichtliche Diskriminierung oder das offenkundige Fehlen von Gründen für ein bestimmtes Verhalten – so dass die Handlung den anerkannten völkergewohnheitsrechtlichen Standards nicht entspricht und eine Verletzung des Art. 1105 (1) NAFTA begründet.[538] Eine derartige Verletzung möge in einer vollständigen Verweigerung eines gerechten Verfahrens oder offensichtlicher Willkür zum Ausdruck kommen, welche den anerkannten völkergewohnheitsrechtlichen Standards nicht entspricht; oder durch ein gezieltes Verhalten des Staates, dass Erwartungen des Investors hervorruft, um diesen zur Tätigung einer Investition zu veranlassen und diese Erwartungen später zurückweist.[539]

Dabei trifft das Gericht keine Aussage dazu, welche Handlungen eines Staates eine Verletzung des Grundsatzes der gerechten und billigen Behandlung als Ausprägung des völkergewohnheitsrechtlichen Mindeststandards der Behandlung begründen können, indem legitime Erwartungen des Investors zurückgewiesen werden. Zu dieser Frage kommt das Gericht nicht, da bereits nicht belegt werden

535 Glamis Gold, a.a.O., Rn. 21 f.
536 Glamis Gold, a.a.O., Rn. 22.
537 Glamis Gold, a.a.O., Rn. 22.
538 Glamis Gold, a.a.O., Rn. 22.
539 Glamis Gold, a.a.O., Rn. 22.

konnte, dass staatliche Handlungen bestimmte legitime Erwartungen des Investors begründet haben.

Das Gericht betont das, obwohl Arglist sicherlich in Zusammenhang mit der Verletzung des Grundsatzes der gerechten und billigen Behandlung oft vorliegen wird und das Vorliegen von Arglist ein Indiz für eine Verletzung des Grundsatzes ist, das Vorliegen von Arglist jedoch keine zwingende Voraussetzung für die Annahme einer Verletzung von Art. 1105 (1) NAFTA ist.[540] Darüber hinaus stellt das Gericht fest, dass obwohl der Standard zur Begründung einer Verletzung des völkergewohnheitsrechtlichen Mindeststandards der Behandlung noch immer so hoch ist wie unter der Entscheidung im Fall Neer, die Staatengemeinschaft heute staatliche Handlungen als schockierend empfindet, die zu Zeiten der Neer-Entscheidung nicht als verletzend empfunden wurden.[541]

Auf Grundlage dieses Standards, wie er im vorliegenden Urteil herausgearbeitet wurde, entschied das Gericht, dass die Handlungen der Bundesregierung sowie die Handlungen der Regierung des Staates Kalifornien, wie sie von der Klägerin vorgetragen wurden, weder einzeln noch insgesamt betrachtet zu einer Verletzung der Verpflichtungen der Vereinigten Staaten von Amerika nach Art. 1105 NAFTA führen.[542]

cc) Stellungnahme

Mit dieser Entscheidung wird die Tendenz hin zu einer engeren Auslegung des Grundsatzes, der sich nach Erlass der Interpretationen der Free Trade Commission herausgebildet hat fortgesetzt.

Obwohl alle Gerichte die Interpretationen als bindend angesehen haben, ist die Intention der Free Trade Commission, die ursprünglich sehr extensive Auslegung des Umfang des Grundsatzes der gerechten und billigen Behandlung einzuschränken, erst mit der Zeit von den Schiedsgerichten angenommen worden. So haben frühe Entscheidungen nach Herausgabe der Interpretation noch vermehrt auf einen sich weiterentwickelnden Grundsatz abgestellt und ein Festhalten an den Voraussetzungen der Neer- Entscheidung verneint.

Hier hat das Gericht nicht nur klargestellt, dass es unabhängig von der Tatsache, dass der Grundsatz der gerechten und billigen Behandlung in anderen bilateralen Verträgen als vertraglicher Grundsatz angesehen wird, unter dem NAFTA-Übereinkommen allein um eine Verletzung des Völkergewohnheitsrechts geht. Diesbezüglich hat das Gericht weiter darauf abgestellt, dass eine Weiterentwick-

540 Glamis Gold, a.a.O., Rn. 22.
541 Glamis Gold, a.a.O., Rn. 22.
542 Glamis Gold, a.a.O., Rn. 23.

lung des völkergewohnheitsrechtlichen Mindeststandards als Beweisfrage von der jeweiligen Partei, die sich darauf stützt, zu beweisen ist und mangels entsprechenden Nachweises die Voraussetzungen der Neer- Entscheidung angewendet.

Entsprechend wurde in dieser Entscheidung der Schutz ausländischer Investoren nach dem Grundsatz der gerechten du billigen Behandlung gegenüber den bisherigen gerichtlichen Entscheidungen deutlich eingeschränkt.

h) Merrill & Ring Forestry L.P. v. The Government of Canada

Mit der Entscheidung in Glamis Gold scheint die Diskussion über die Weiterentwicklung allerdings nicht abgeschlossen zu sein. So hat das Gericht im Fall Merrill & Ring Forestry L.P. v. The Government of Canada[543] sich wieder von der restriktiven Auslegung abgewendet und vielmehr den evolutionären Charakter des völkergewohnheitsrechtlichen Mindeststandards betont.

aa) Sachverhalt

Im hier vorliegenden Fall hat Merrill & Ring Forestry L.P., ein forst- und landwirtschaftliches Unternehmen aus Washington, eine Klage unter dem NAFTA Übereinkommen gegen Kanada eingeleitet und unter anderem die Verletzung einer gerechten und billigen Behandlung geltend gemacht.

Der vorliegende Fall steht in Zusammenhang mit der Gesetzgebung Kanadas in Bezug auf den Export von Baumstämmen, insbesondere mit der Forderung Kanadas in Bezug auf das Holzgeschäft des Investors in British Columbia, für welches neben anderen Regulierungsmaßnahmen ein zusätzliches Testverfahren für alle Exporte von Baumstämmen erforderlich wurde.[544]

Für einen Export von Baumstämmen müssen sowohl rechtliche Grundlagen der Provinz als auch des Staates Kanada eingehalten werden, die dazu dienen einerseits den Bedarf an Baumstämmen der Provinz und andererseits landesweit sicherzustellen.[545] Aufgrund dieser rechtlichen Vorgaben, die eine Genehmigung für den Export der Baumstämme erfordern, macht der Investor geltend, dass ein transparentes Verhalten der Behörden nicht mehr gegeben sei und inbesondere die Grundsätze der Fairness missachtet würden.[546]

543 Merrill & Ring Forestry L.P. v. The Government of Canada, Final Award vom 31. März 2010 (Vicuña, Dam,Rowley).

544 Merrill & Ring Forestry L.P., a.a.O., Abschn. 26.

545 Merrill & Ring Forestry L.P., a.a.O., Abschn. 27ff.

546 Merrill & Ring Forestry L.P., a.a.O., Abschn. 33ff.

bb) Entscheidung des Gerichts

In seiner Entscheidung über eine Verletzung des Grundsatzes der gerechten und billigen Behandlung geht das Gericht zunächst entsprechend den Vorgaben der Wiener Vertragrechtskonvention zur Auslegung völkerrechtlicher Verträge vom Wortlaut des Artikel 1105 (1) NAFTA aus und stellt fest, dass dieser auf das Völkerrecht insgesamt verweist und nicht lediglich auf den fremdenrechtlichen Mindeststandard. Sei eine entsprechende Begrenzung gemeint, müsse diese im Vertragstext zum Ausdruck kommen, was hier nicht der Fall sei.[547] Dementsprechend geht das Gericht davon aus, dass es alle völkerrechtlichen Rechtsgrundlagen zur Interpretation des Grundsatzes der gerechten und billigen Behandlung heranziehen kann, es allerdings insofern maßgeblich auf das Völkergewohnheitsrecht zurückgreifen müsse, da andere vertragliche Grundlagen, die Aufschluss über die Bedeutung des Grundsatzes geben könnten, insbesondere an denen alle drei NAFTA-Vertragsparteien beteiligt sind, nicht vorhanden sind.[548]

Erst danach geht das Gericht auf die Interpratation der FTC ein und stellt unter Umgehung der Frage, ob es die Interpretation als bindend ansieht fest, dass sich der Mindeststandard der Behandlung von Ausländern jedenfalls weiterentwickelt habe, was Raum für die Auslegung des Grundsatzes der gerechten und billigen Behandlung lasse.[549]

Im Folgenden untersucht das Gericht die bisherige Entwicklung des Grundsatzes der gerechten und billigen Behandlung im Hinblick auf den Mindeststandard durch frühe Vertragswerke, die Ansichten verschiedener Kommentatoren und die bisherige Rechtsprechung umfassend und kommt anhand der aktuellen Staatenpraxis zu dem Schluss:

„A requirement that aliens be treated fairly and equitably in relation to business, trade and investment is the outcome of this changing reality and as such it has become sufficiently part of widespread and consistent practice so as to demonstrate that it is reflected today in customary international law as opinio juris. In the end, the name assigned to the standard does not really matter. What matters is that the standard protects against all such acts or behavior that might infringe a sense of fairness, equity and reasonableness. Of course, the concepts of fairness, equitableness and reasonableness cannot be defined precisely: they require to be applied to the facts of each case. In fact, the concept of fair and equitable treatment has emerged to make possible the consideration of inappropriate

547 Merrill & Ring Forestry L.P., a.a.O., Abschn. 184 f.
548 Merrill & Ring Forestry L.P., a.a.O., Abschn. 186 f.
549 Merrill & Ring Forestry L.P., a.a.O., Abschn. 192.

behavior of a sort, which while difficult to define, may still be regarded as unfair, inequitable or unreasonable."[550]

Das Gericht stellt entsprechend fest, dass es den Grundsatz der gerechten und billigen Behandlung als völkergewohnheitsrechtlichen Grundsatz ansieht. Entsprechend gehe der hier zugebilligte Schutz, wie es die FTC in ihrer Interpretation fordert nicht über den völkergewohnheitsrechtlichen Mindeststandard hinaus, der sich allerdings entsprechend weiterentwickelt habe.[551]

Nichtsdestotrotz untersucht das Gericht im Folgenden eine mögliche Verletzung des Grundsatzes unter zwei verschiedenen Szenarien, nämlich dem Ansatz des Gerichts, wonach der Grundsatz der gerechten und billigen Behandlung als völkergewohnheitsrechtlicher Grundsatz autonom nach den Umständen des Einzelfalles auszulegen ist und weiterhin nach dem Ansatz, wie er in der Interpretation der FTC deutlich wird, wonach eine Verletzung nur dann vorliegt, wenn die Anforderungen nach der Neer- Entscheidung vorliegen.[552] Aufgrund der unterschiedlichen Auffassungen der Richter, welches der beiden Szenarien anzuwenden ist und unter welchen Umständen der Grundsatz der gerechten und billigen Behandlung verletzt ist, untersucht das Gericht im folgenden zunächst die Frage, ob der Investor einen Schaden nachweisen kann und kommt zu dem Schluss, dass aufgrund der Tatsache, dass ein Schaden nicht nachgewiesen werden konnte eine Entscheidung darüber, ob und unter welchen Voraussetzungen der Grundsatz der gerechten und billigen Behandlung hier verletzt worden ist, nicht getroffen werden muss.[553]

cc) Stellungnahme

Vorliegend handelt es sich um eine überraschende Entscheidung, die in völliger Abkehr von den Bestrebungen einer Konkretisierung des Grundsatzes der gerechten und billigen Behandlung wiederum eine vollkommen autonome Auslegung des Grundsatzes anwendet, indem das Gericht annimmt, dass der Grundsatz der gerechten und billigen Behandlung als völkergewohnheitsrechtlicher Grundsatz angesehen werden kann. Dabei ist sich das Gericht bewusst, dass es der bindenden Interpretation der FTC widerspricht und lässt die Frage, ob es sich an die Interpretation gebunden sieht, hier offen. Im Ergebnis trifft das Gericht auch keine Entscheidung in Abkehr von dieser Interpretation, indem es eine mögliche Verletzung sowohl nach der weiten wie nach der engen Auslegung untersucht, um im Ergebnis keine Entscheidung zu treffen, sondern darauf zu verweisen, dass jedenfalls kein Schaden des Investors nachgewiesen werden kann.

550 Merrill & Ring Forestry L.P., a.a.O., Abschn. 210.
551 Merrill & Ring Forestry L.P., a.a.O., Abschn. 213.
552 Merrill & Ring Forestry L.P., a.a.O., Abschn. 214 ff.
553 Merrill & Ring Forestry L.P., a.a.O., Abschn. 266.

Insofern ist die Bedeutung dieser Entscheidung hier eher fraglich, indem sich offensichtlich die Richter ebenfalls nicht einig waren, ob man der weiten Auffassung und insbesondere der Ansicht, dass es sich bei dem Grundsatz der gerechten und billigen Behandlung um einen Grundsatz des Völkergewohnheitsrechts handelt, folgen sollte.

i) Chemtura Corporation v. Government of Canada

Auch das Gericht im Fall Chemtura Corporation v. Government of Canada[554] geht von einer Weiterentwicklung des Mindeststandards der Behandlung von Ausländern aus.

aa) Sachverhalt

In dem hier vorliegenden Fall macht Chemtura, ein amerikanischer Produzent für landwirtschaftliche Pestizide eine Verletzung der Artikel 1105 (gerechte und billige Behandlung) und 1110 (Enteignung) NAFTA durch die kanadische Regierung geltend.

Diese habe durch ihre Regulierungsbehörde für Pflanzenschutzmittel rechtswidriger Weise ihre auf Lindan basierenden Produkte untersagt, die auf Raps/Rübsamen, Senfsamen und Kohlsaaten verwendet werden, um den Flohkäferbefall zu kontrollieren und auf Getreidesaaten zur Bekämpfung des Drahtwurms.[555]

bb) Entscheidung des Gerichts

In seiner Entscheidung untersucht das Gericht auch hier zunächst den anzuwendenden Standard und stellt fest, dass entsprechend der bindenden Interpretation der FTC der völkergewohnheitsrechtliche Mindeststandard anzuwenden sei, wobei allerdings nicht außer Acht gelassen werden könne, dass sich das Völkergewohnheitsrecht weiter entwickelt habe und der Abschluss zahlreicher BITs Einfluss auf diese Entwicklung genommen habe.[556]

In der Folge untersucht das Gericht die einzelnen durch den Kläger vorgebrachten möglichen Verletzungen des Grundsatzes der gerechten und billigen Behandlung und kommt zu dem Ergebnis, dass keines der Argumente des Klägers geeignet ist, eine ungerechte Behandlung geschweige denn Bösgläu-

554 Chemtura Corporation v. Government of Canada, Urteil vom 02. August 2010 (Kaufmann-Kohler, Brower, Crawford).

555 Chemtura Corporation, a.a.O., Abschn. 6 ff.

556 Chemtura Corporation, a.a.O., Abschn. 120 f.

bigkeit bzw. das Fehlen eines ordentlichen Verfahrens der Behörde nachzuweisen.[557]

Weiterhin hatte das Gericht darüber zu entscheiden, ob über die Meistbegünstigungsklausel andere Voraussetzungen des Grundsatzes der gerechten und billigen Behandlung angenommen werden müssen, indem Kanada in anderen Verträgen den Grundsatz ohne eine Einschränkung auf den Mindeststandard der Behandlung vereinbart hat. Das Gericht entscheidet hier nicht darüber, ob ein derartiger „Import" eines anderen Grundsatzes der gerechten und billigen Behandlung vorliegend über die Meistbegünstigungsklausel möglich ist, sondern stellt vielmehr darauf ab, dass auch in diesem Fall jedenfalls keine Verletzung vorliegen würde, da das Gericht bereits für den vorliegenden Fall eine Weiterentwicklung des Völkergewohnheitsrechts angenommen hat und entsprechend keine anderen Voraussetzungen einschlägig wären.[558]

Insgesamt lehnt das Gericht hier folglich eine Verletzung des Grundsatzes der gerechten und billigen Behandlung ab.

cc) Stellungnahme

Auch hier handelt es sich wieder um eine Entscheidung eines Gerichts, dass zwar die bindende Wirkung der Interpreatation der FTC annimmt, diese allerdings faktisch aufhebt, indem es annimmt, dass der Mindeststandard der Behandlung sich weiterentwickelt habe mit der Folge, dass das Gericht im Ergebnis die einzelnen geltend gemachten Verletzungen weitgehend autonom daraufhin überprüft, ob eine ungerechte Behandlung vorliegt. Allerdings stellt das Gericht hierbei maßgeblich darauf ab, ob Bösgläubigkeit angenommen werden kann oder kein ordentliches Verfahren zur Untersagung des Pestizides durchgeführt wurde. Damit handelt es sich letztendlich also wieder um Elemente des Mindeststandards, die aber keine unbedingte Voraussetzung zur Annahme einer Verletzung sind.

So geht das Gericht in seiner Entscheidung zwar nicht so weit wie das Schiedsgericht im Fall Merrill, widerspricht aber dennoch dem Willen der Vertragsparteien des NAFTA, indem es den Versuch einer Beschränkung des Anwendungsbereiches der gerechten und billigen Behandlung auf den völkergewohnheitsrechtlichen Mindeststandard dadurch umgeht, dass es feststellt, dieser habe sich weiterentwickelt.

557 Chemtura Corporation, a.a.O., Abschn. 133 ff.
558 Chemtura Corporation, a.a.O., Abschn. 235 ff.

j) Grand River Enterprises Six Nations Ltd., et al. v. United States of America

Nach zwei Entscheidungen, die eine Weiterentwicklung des völkergewohnheitsrechtlichen Mindeststandards angenommen haben, knüpft das Gericht im vorliegenden Fall wieder an die restriktive Auffassung des Gerichts im Fall Glamis Gold an.

aa) Sachverhalt

In dem Fall Grand River Enterprises Six Nations Ltd., et al. v. United States of America[559] macht Grand River Enterprises Six Nations, Ltd., ein kanadisches Unternehmen, unter anderem die Verletzung des Grundsatzes der gerechten und billigen Behandlung nach Artikel 1105 (1) NAFTA geltend. Das Unternehmen ist im Bereich der Produktion und des Verkaufs von Tabakprodukten tätig und macht geltend, es habe aufgrund einer Abfindungsvereinbarung zwischen verschiedenen Staatsanwaltschaften und den führenden Tabakunternehmen sowie der Anwendung der Abfindungsvereinbarung in Entscheidungen staatlicher Gerichte, Schäden davongetragen.[560]

bb) Entscheidung des Gerichts

Das Gericht geht schließlich auch in diesem Fall zunächst von dem Wortlaut des Artikel 1105 (1) NAFTA unter Berücksichtigung der Interpretation der FTC aus und stellt fest, dass die Grundsätze „fair and equitable“ und „full protection and security“ auf bereits bestehende Grundsätze des Völkergewohnheitsrechts verweisen und nicht zu diesen hinzukommen.[561]

Im weiteren Verlauf untersucht das Gericht entsprechend, ob es, wie einer der Kläger geltend macht, eine völkgewohnheitsrechtliche Regelung gibt, die fordert, dass im Vorfeld von Maßnahmen, die indigene Völker betreffen, Behörden mit den Vertretern dieser Gruppen Beratungen aufnehmen und diese jedenfalls über die geplanten Maßnahmen informieren müssen. Unabhängig davon sieht das Gericht es als erwiesen an, dass eine entsprechende völkergewohnheitsrechtliche Regelung jedenfalls nicht in Bezug auf die Konsultation einzelner Investoren innerhalb einer solchen Gruppe abzielt, sondern allenfalls auf die Beratung mit offiziellen Vertretern der betreffenden Volksgruppe. Entsprechend kann der

559 Grand River Enterprises Six Nations Ltd., et al. v. United States of America, Urteil vom 12. Januar 2011 (Nariman, Anaya, Crook).

560 Grand River, a.a.O., Abschn. 8 ff.

561 Grand River, a.a.O., Abschn. 176.

Grundsatz der gerechten und billigen Behandlung hier nach Ansicht des Gerichts durch mangelnde Information des Investors selbst bezüglich der geplanten Maßnahmen jedenfalls nicht verletzt sein.[562] Dabei folgt das Gericht der restriktiven Interpretation des Grundsatzes der gerechten und billigen Behandlung als Teil des völkergewohnheitsrechtlichen Mindeststandards unter Bezugnahme auf die Ausführungen des Gerichts im Fall Glamis Gold.[563]

Weiterhin verneint das Gericht eine mögliche Verletzung des Grundsatzes der gerechten und billigen Behandlung durch einen Verstoß gegen nationale wie völkerrechtliche Regelungen zum Schutz indigener Völker; „As the basis of the fair and equitable treatment standard of Article 1105, the customary standard of protection of alien investors' investments does not incorporate other legal protections that may be provided investors or classes of investors under other sources of law."[564] Entsprechend lehnt das Gericht hier eine Verletzung des Grundsatzes der gerechten und billigen Behandlung ab, indem nicht nachgewiesen werden konnte, dass die geltend gemachten Rechte unter den völkergewohnheitsrechtlichen Schutz von Investitionen ausländischer Investoren fallen und so den Grundsatz verletzen können.[565]

Schließlich entscheidet das Gericht in Bezug auf die Geltendmachung einer Verletzung eines rechtsstaatlichen bzw. ordentlichen Verfahrens, dass dieses zwar ein dem Völkergewohnheitsrecht immanenter Grundsatz sei, hier, so wie er durch den Kläger vorgetragen wurde aber wohl weiter verstanden werde als im Rahmen des Völkergewohnheitsrechts.[566] So sei Voraussetzung einer Verletzung die fehlerhafte Arbeit des Rechtssystems insgesamt.[567] Das Gericht lehnt im Ergebnis eine Verletzung des Grundsatzes der gerechten und billigen Behandlung ab.

cc) Stellungnahme

Mit der hier vorliegenden Entscheidung knüpft nun wiederum ein Gericht an die restriktive Auffassung zur Auslegung des Grundsatzes der gerechten und billigen Behandlung im Fall Glamis Gold an. Dies zeigt, dass die Diskussion um eine mögliche Weiterentwicklung des Mindeststandards der gerechten und billigen Behandlung weder in die eine noch die andere Richtung bisher als geklärt ange-

562 Grand River, a.a.O., Abschn. 205 ff.
563 Grand River, a.a.O., Abschn. 214 ff.
564 Grand River, a.a.O., Abschn. 219.
565 Grand River, a.a.O., Abschn. 221.
566 Grand River, a.a.O., Abschn. 222 ff.
567 Grand River, a.a.O., Abschn. 229.

sehen werden kann. Diese Frage bleibt vielmehr der zentrale Streitpunkt in den schiedsgerichtlichen Entscheidungen unter dem NAFTA- Übereinkommen.

Entsprechend kann der Versuch den Grundsatz der gerechten und billigen Behandlung zu konkretisieren, indem man ihn mit dem völkergewohnheitsrechtlichen Mindeststandard gleichsetzt bisher jedenfalls als gescheitert angesehen werden. Bisher hat die Verknüpfung der beiden Grundsätze nicht zu größerer Rechtssicherheit geführt, sondern lediglich den Streit über den Inhalt und Umfang des Grundsatzes der gerechten und billigen Behandlung verlagert. So nehmen insbesondere immer wieder Gerichte, auch unter dem NAFTA-Übereinkommen, eine völlig autonome Interpretation des Grundsatzes vor, indem sie argumentieren, dass dieser zwar mit dem völkergewohnheitsrechtlichen Mindeststandard gleichzusetzen sei, letzterer sich aber weiterentwickelt habe. Erforderlich wird diese Argumentation, da anhand der zwischenzeitlich getroffenen Entscheidungen immer deutlicher geworden ist, dass der Mindeststandard, wie er zu Beginn letzten Jahrhunderts für den physischen Schutz von Ausländern festgesetzt wurde, nicht auf die Anforderungen eines modernen Investitionsschutzes übertragbar ist.

5. Zwischenergebnis

Insgesamt kann trotz der beiden Urteile in den Fällen Merrill & Ring Forestry und Chemtura Corporation festgehalten werden, dass sich unter dem NAFTA-Vertrag grundsätzlich eine Rechtsprechung herausgebildet hat, die in Abwendung von einer ursprünglich weitgefassten autonomen Interpretation des Grundsatzes der gerechten und billigen Behandlung nunmehr eine restriktive Anwendung dieses Grundsatzes vornimmt.

Unstreitig verbindet der NAFTA-Vertrag seinem Wortlaut nach den Grundsatz der gerechten und billigen Behandlung mit dem völkergewohnheitsrechtlichen Mindeststandard der Behandlung. Während frühe Entscheidungen davon ausgingen, dass es sich hier nur um eine Grundlage handelt, unter die der durch den vertraglichen Grundsatz garantierte Schutz keinesfalls fallen darf, ist durch die allgemein als bindend anerkannte Interpretation der Free Trade Commission klargestellt worden, dass der Grundsatz der gerechten und billigen Behandlung vielmehr mit dem völkergewohnheitsrechtlichen Mindeststandard gleichzusetzen ist und weder einen zusätzlichen noch über diesen hinausgehenden Schutzstandard begründet.

Der einzige, jedoch wesentliche, Unterschied zwischen den Grundsätzen besteht demnach in den Rechtsschutzmöglichkeiten. Während ein Investor nach dem völkergewohnheitsrechtlichen Mindeststandard der Behandlung auf den diplomatischen Schutz seines Staates angewiesen ist, kann er unter dem NAFTA-Vertrag eine gerechte und billige Behandlung gegenüber dem Gaststaat unmittelbar einklagen.

Inhaltlich nehmen die Gerichte allerdings zum Teil auch nach Herausgabe der Interpretationen der Free Trade Commission eine weite Auslegung des Grundsatzes dahingehend vor, dass sie von einem sich weiterentwickelnden völkergewohnheitsrechtlichen Mindeststandard ausgehen und insofern eine einzelfallabhängige Prüfung vornehmen, die nicht mehr, wie 1926 in der Neer- Entscheidung gefordert, ein Verhalten verlangte, welches die Schwere eines ungeheuerlichen, in bösem Glauben, von absichtlicher Missachtung der Pflichten oder von einer Unzulänglichkeit der Handlung der Behörde erreichen müsse, die so weit hinter dem internationalen Standard zurückbleibt, dass jede vernünftige und unparteiische Person sofort die Unzulänglichkeit erkennen würde.

Entgegen der Ansicht der Vertragsparteien des NAFTA-Übereinkommens geht das Gericht im Fall Merrill& Ring Forestry sogar davon aus, dass der Grundsatz der gerechten und billigen Behandlung selbst sich zu einem völkergewohnheitsrechtlich anerkannten Standard entwickelt habe. Dem ist jedoch aus den oben bereits dargelegten Gründen nicht zu folgen,[568] zumal es sich auch hier offensichtlich um eine Meinung handelt, auf die sich auch die Richter in diesem Fall nicht einigen konnten.

Vielmehr wird durch die immer wieder aufkommende Diskussion einer Weiterentwicklung des Grundsatzes des Mindeststandards deutlich, dass dessen originäre Schutzrichtung eines physischen Schutzes von Ausländern im Rahmen des modernen Investitionsschutzes nicht anwendbar ist und eine Beschränkung des Grundsatzes der gerechten und billigen Behandlung auf den völkergewohnheitsrechtlichen Mindeststandard der Behandlung von Ausländern nicht geeignet ist, ersteren zu konkretisieren.

Schließlich ist festzustellen, dass der Grundsatz der gerechten und billigen Behandlung nach der übereinstimmenden Ansicht der Gerichte jedenfalls nur durch ein solches Verhalten verletzt werden kann, dass dem Gaststaat zuzurechnen ist. Handelt es sich um das Verhalten von Behörden, kann eine Verletzung des Grundsatzes insbesondere in einem Verhalten liegen, welches intransparent, widersprüchlich oder willkürlich bzw. von der Absicht getragen ist, den ausländischen Investor bewusst zu schädigen. Nicht mehr vertreten wird die Ansicht in den frühen NAFTA-Entscheidungen, dass die Erwartungen des Investors so gut wie uneingeschränkt geschützt werden.

Handelt es sich um ein Verhalten staatlicher Gerichte, hat das Schiedsgericht grundsätzlich über das Vorliegen eines fairen Verfahrens zu entscheiden, was

568 Vgl. oben unter B. III.3.c).

jedenfalls bei offensichtlich diskriminierendem Verhalten gegenüber dem ausländischen Investor nicht vorliegen soll. Darüber hinaus betonen die Gerichte in diesem Zusammenhang, dass sie als Schiedsgericht unter NAFTA nicht die Kompetenz zu einer Überprüfung der nationalen Entscheidung gleichsam einer Rechtsmittelinstanz haben.

III. Die Rechtsprechung internationaler Schiedsgerichte unter anderen Verträgen

Als grundlegender Unterschied für die im Folgenden dargestellte Entscheidungen zu den Entscheidungen unter dem NAFTA-Übereinkommen lässt sich zunächst festhalten, dass die meisten den folgenden Entscheidungen zugrunde liegenden Investitionsschutzverträge den Grundsatz der gerechten und billigen Behandlung nicht in Zusammenhang mit den Regelungen des Völkergewohnheitsrechts nennen.

Entsprechende Formulierungen finden sich zwar auch in einigen Investitionsschutzverträgen, an denen keine der NAFTA-Parteien beteiligt ist, haben sich aber letztlich nicht durchsetzen können.[569]

Ausgehend von diesem grundsätzlichen Unterschied im Wortlaut der Verträge wird die übrige Rechtsprechung im Folgenden gesondert von den Entscheidungen unter NAFTA dargestellt.

Obwohl sich durch die Vielzahl von Entscheidungen im Laufe der Zeit durchaus Fallgruppen gebildet haben, wird auch im folgenden Kapitel die Rechtsprechung chronologisch dargestellt. Dies erfolgt insbesondere vor dem Hintergrund, dass sich auch hier die Rechtsprechung im Laufe der Zeit zunehmend restriktiv und hin zu einem Ausgleich der Interessen von Investoren und Gaststaaten entwickelt hat, was am besten anhand der chronologischen Darstellung herausgearbeitet werden kann. In der Zusammenfassung wird dann auf die einzelnen Fallgruppen eingegangen.

1. Elettronica Sicula Spa (ELSI) (United States of America v. Italy)

Eine frühe Entscheidung des internationalen Gerichtshofes in diesem Zusammenhang aus dem Jahr 1989 betrifft den Grundsatz der gerechten und billigen Behandlung zwar nicht direkt, in einer abweichenden Meinung eines Richters des Gerichtshofs stellte dieser aber fest, dass der in der Präambel des zugrunde

569 Vgl. oben Kapitel B.

liegenden Vertrags genannte Grundsatz einer gerechten Behandlung ein dem Vertrag zugrunde liegendes Prinzip ist und eine Beraubung der Aktionäre eines Unternehmens um ihre Kontrollrechte durch die italienischen Behörden den Grundsatz verletzt.

Das Urteil selbst beinhaltet keine Auseinandersetzung mit dem Grundsatz, enthält aber eine historische Definition des Begriffs der Willkür nach dem Völkergewohnheitsrecht, womit dieses Urteil auch entscheidenden Einfluss auf den Grundsatz der gerechten und billigen Behandlung nimmt.

a) Sachverhalt und Entscheidung des Gerichts

In dem Fall betreffend Elettronica Sicula Spa (ELSI) entschied die Kammer des Internationalen Gerichtshofes (ICJ) in ihrem Urteil vom 20. Juli 1989, dass die Forderung nach konstantem Schutz und Sicherheit, wie sie in dem FCN-Vertrag zwischen Italien und den USA zum Ausdruck kommt, keine Garantie für einen US-Investor ist, dass keinerlei Störung, unter welchen Umständen auch immer, auftritt, und dass die Beschlagnahmung einer insolventen italienischen Firma, die teilweise einem amerikanischen Investor gehört, durch ein Unternehmen der italienischen Regierung, das Übereinkommen nicht verletze. Das Gericht hat weiterhin entschieden, dass die Forderung am völkerrechtlichen Mindeststandard zu messen ist. Hierzu hat das Gericht das Vorliegen eines willkürlichen Verhaltens geprüft und Voraussetzungen aufgestellt, wonach ein willkürliches Verhalten sich durch eine „vorsätzliche Missachtung eines ordentliches Prozesses auszeichnet, die schockiert oder im Sinne rechtlichen Anstands wenigstens überrascht“[570].

Diese Voraussetzungen sind nach Ansicht des Gerichts durch eine sechzehnmonatige Verzögerung in einem innerstaatlichen Gerichtsverfahren nicht erfüllt.

Allerdings wurde von Richter Schwebel eine andere Betrachtungsweise in einer abweichenden Meinung vertreten. Er überprüfte die „travaux préparatoires“ und die Präambel des Zusatzabkommens und folgerte, dass eines der dem Zusatzabkommen sowie dem Vertrag zugrunde liegenden Prinzipien das der „gerechten Behandlung“ ist.[571] Unter Berücksichtigung dieser Feststellung folgerte er unter anderem, dass der Befehl der Beschlagnahme durch italienische

570 Elettronica Sicula S.p.A. (ELSI) (United States of America v. Italy), ICJ Reports 1989 S. 15 auf S. 76, Abschnitt 128), unter Zitierung der Entscheidung des Gerichts im Fall Asylum, ICJ Reports 1950 S. 266 auf S. 284, das hier eine willkürliche Handlung ausführte, diese sei “substituted for the rule of law”.

571 Elettronica Sicula S.P.A. (ELSI) (US v. Italy), 1989, ICJ ’Reports 1889, S. 15ff.; vgl. auch: Murphy, “The ELSI Case: An Investment Dispute at the International Court of Justice”, Yale Journal of International Law, 16 (1991), S.391–452.

Behörden gegen ELSI die Aktionäre ihrer Kontrollrechte beraubte, und eine Verletzung des Grundsatzes der gerechten Behandlung darstelle.

b) Stellungnahme

Hier ist festzuhalten, dass sich dieses frühe Urteil des Internationalen Gerichtshofs zwar nicht mit dem Grundsatz der gerechten und billigen Behandlung auseinandersetzt, jedoch ist es in diesem Zusammenhang dennoch beachtenswert.

Wie sich bereits aus der Untersuchung der Rechtsprechung unter dem NAFTA-Übereinkommen ergibt, wird es als ein wesentliches Element des Grundsatzes der gerechten und billigen Behandlung angesehen, dass das Verhalten eines Staates nicht willkürlich sein darf. Wenn auch nicht im Hinblick auf eine mögliche Verletzung dieses Grundsatzes, so hat das Gericht vorliegend doch eine historische Definition der Willkür im Völkerrecht getroffen, die zur Konkretisierung auch des Inhalts des Grundsatzes der gerechten und billigen Behandlung beiträgt.

2. Asian Agricultural Products Ltd. (AAPL) v. Republic of Sri Lanka

Ebenfalls eine frühe Entscheidung, hier bereits vor einem internationalen Schiedsgericht, stellt die Entscheidung im Fall AAPL gegen Sri Lanka[572] dar. Hier hat das Schiedsgericht in seiner Mehrheitsentscheidung zwar in keiner Weise Bezug auf den Grundsatz der gerechten und billigen Behandlung genommen, sondern eine Verletzung der Zusicherung von vollem Schutz und Sicherheit geprüft. Die Voraussetzungen der beiden Grundsätze sind allerdings nach der Entscheidung des Schiedsgerichtes dieselben, so dass hier auch Rückschlüsse auf den Grundsatz der gerechten und billigen Behandlung gezogen werden können. Schließlich geht Richter Asante in einem Sondervotum ausdrücklich auf den Grundsatz der gerechten und billigen Behandlung ein.

a) Sachverhalt

Im Fall Asian Agricultural Products Ltd. (AAPL) v. Republic of Sri Lanka[573] betrieb der Kläger (AAPL), ein Unternehmen aus Hongkong, eine Krabbenfarm in einem Teil Sri Lankas, welchen tamilische Rebellen unter ihre Kontrolle

572 Asian Agricultural Products Ltd. (AAPL) v. Republic of Sri Lanka, ICSID Case No. ARB/87/3 (El-Kosheri, Goldman, Asante), Urteil vom 27. Juni 1990 (im Folgenden: AAPL).

573 AAPL, Urteil vom 27. Juni 1990.

gebracht hatten.[574] Während einer Operation gegen die Rebellengruppe durch die Sicherheitskräfte der Regierung wurde die Krabbenfarm zerstört und der Manager der Farm sowie Mitarbeiter getötet.[575] Es konnte nicht festgestellt werden, ob die Sicherheitskräfte der Regierung oder die Rebellen für den Schaden verantwortlich waren. AAPL reichte Klage gegen Sri Lanka nach der ICSID- Konvention sowie unter Bezugnahme auf Artikel 8.(1) des bilateralen Investitionsschutzvertrages zwischen Sri Lanka und Großbritannien von 1980[576], welcher 1981 auf Hongkong ausgedehnt wurde, ein.[577]

b) Wortlaut des zugrundeliegenden Investitionsschutzvertrages

Der hier relevante Artikel 2 des BIT zwischen Sri Lanka und Großbritannien[578] lautet: "Promotion and Protection of Investment

(1) Each Contracting Party shall, subject to its rights to exercise powers conferred by its laws, encourage and create favourable conditions for nationals and companies of the other Contracting Party to invest capital in its territory, and, subject to the same rights, shall admit such capital.

(2) Investments of nationals or companies of either Contracting Party shall at all times be accorded fair and equitable treatment with full protection and security in the territory of the other Contracting Party. Neither Contracting Party shall in any way impair by unreasonable or discriminatory measures the management, maintenance, use, enjoyment or disposal of investments in its territory of nationals or companies of the other Contracting Party. Each Contracting Party shall observe any obligation it may have entered into with regard to investments of nationals or companies of the other Contracting Party."

---

574 AAPL, Urteil vom 27. Juni 1990, Abschn. 1 ff.und 32.

575 AAPL, Urteil vom 27. Juni 1990, Abschn. 3 und 28.

576 Agreement between the Government of the United Kingdom of Great Britain and Northern-Ireland and the Government of Sri Lanka for the Promotion and Protection of Investments of February 13, 1980; Article 8.(1): "Each contracting Party hereby consents to submit to the International Centre for the Settlement of Investment Disputes (...) for settlement by conciliation or arbitration under the Convention on the settlement of Investment Dispute between States and Nationals of the Other States opened for signature at Washington on 18 March, 1965 any legal disputes arising between the Contracting Party and national or company of the other Contracting Party concerning an investment of the latter in the territory of the former."

577 AAPL, Urteil vom 27. Juni 1990, Abschn. 1.

578 Agreement between the Government of the United Kingdom of Great Britain and Northern-Ireland and the Government of Sri Lanka for the Promotion and Protection of Investments of February 13, 1980.

Als ein erster gravierender Unterschied zu NAFTA kann festgestellt werden, dass der Wortlaut des Vertrages keine Verbindung des Grundsatzes der gerechten und billigen Behandlung zum Völkerrecht zieht.

c) Entscheidung des Gerichts

Das Gericht, welches aufgrund des bilateralen Vertrages zwischen Sri Lanka und Großbritannien von 1980 zu entscheiden hatte, nahm in seinem Mehrheitsvotum in keiner Weise Bezug auf eine mögliche Verletzung des Grundsatzes der gerechten und billigen Behandlung. Einer der Hauptstreitpunkte in diesem Fall war es, ob eine Versicherung der Regierung hinsichtlich „vollem Schutz und Sicherheit" in Artikel 2 (2) des bilateralen Investitionsschutzvertrags zwischen Sri Lanka und Großbritannien die Verpflichtung zu einer Gefährdungshaftung für jede staatliche Seite begründet.

Die Tatsache, dass nicht festgestellt werden konnte, ob die Sicherheitskräfte der Regierung oder die Rebellen für den der Krabbenfarm entstandenen Schaden verantwortlich waren, veranlasste Richter Asante allerdings dazu, dem Mehrheitsvotum zu widersprechen.[579] Er ergriff in einer abweichenden Meinung die Gelegenheit, speziell die Bedeutung des Grundsatzes der gerechten und billigen Behandlung zu kommentieren.[580]

Nach Ansicht von Richter Asante legt Artikel 2 (2) des BIT zwischen Sri Lanka und Großbritannien einen allgemeinen Standard zum Schutz von Auslandsinvestitionen fest.[581] Die Erfordernisse einer gerechten und billigen Behandlung, vollem Schutz und Sicherheit und nichtdiskriminierendem Verhalten unterfielen alle der grundsätzlichen Verpflichtung des Gaststaates, seine Sorgfaltspflicht im Hinblick auf den Schutz von Investitionen ausländischer Investoren auf seinem Territorium wahrzunehmen, wobei es sich um eine Verpflichtung handele, die sich aus dem Völkergewohnheitsrecht ergebe.[582] Die grundsätzliche Natur des Schutzstandards in Art. 2(2) werde in der Abwesenheit jeglicher Standards, welche Bezug auf eine spezielle Situation oder Entschädigung nehmen, deutlich.[583] Demnach unterscheide sich Artikel 2(2) des BIT von dessen Artikeln 4 und 5, die spezielle Standards festlegen, in denen besondere Situationen

579 vgl. AAPL v. Sri Lanka (ICSID/ARB/87/3)Dissenting Opinion of Samuel K.B. Asante, http://icsid.worldbank.org/ICSID/FrontServlet?requestType=CasesRH&actionVal=showDoc&docId=DC677_En&caseId=C140.

580 Yannaca-Small in: OECD, International Investment Law (2005), S.88.

581 AAPL, Dissenting Opinion of Samuel K.B. Asante, S. 634.

582 AAPL, a.a.O., S. 634.

583 AAPL, a.a.O., S. 634.

angesprochen werden, und zwar Verluste, die durch einen Bürgerkrieg entstehen (Artikel 4) oder durch Enteignungen (Artikel 5).[584]

Weiterhin führt Richter Asante zur Unterstützung seiner Ansicht an, dass nach Auffassung der Regierung von Großbritannien das gesamte Haftungssystem, wie es in den Artikeln 2, 4 und 5 des BIT festgelegt wurde, anerkannte Regelungen des Völkergewohnheitsrechtes enthalten soll.[585] Unter Anlehnung an die offizielle Kommentierung zu Artikel 1 der OECD Draft Convention betont Richter Asante, dass der Standard der gerechten und billigen Behandlung dem völkerrechtlichen Mindeststandard entspreche, der Teil des Völkergewohnheitsrechtes ist.[586]

d) Stellungnahme

Festzustellen ist hier zunächst, dass Richter Asante in dem Grundsatz der gerechten und billigen Behandlung ausdrücklich einen Auffangtatbestand sieht, der dann zur Anwendung kommt, wenn keiner der speziellen vertraglichen Standards einschlägig ist.

Weiterhin ist der Grundsatz nach dieser Ansicht gleichbedeutend mit dem völkergewohnheitsrechtlich anerkannten Mindeststandard zur Behandlung von Ausländern. Dies ist insofern erstaunlich, da der Vertragstext, wie oben dargestellt, in keiner Weise eine Verbindung zwischen dem vertraglichen Grundsatz der gerechten und billigen Behandlung und dem Völkergewohnheitsrecht herstellt. Es ist allerdings auch zu beachten, dass es sich hier um eine abweichende Meinung eines einzelnen Richters des Schiedsgerichtes handelt, während das Mehrheitsvotum den Standard in seinen Ausführungen überhaupt nicht erwähnt und insofern auch nicht festzustellen ist, ob es die allgemeine Ansicht des Gerichtes ist, dass der Grundsatz der gerechten und billigen Behandlung, wie er im zugrundeliegenden BIT festgesetzt wurde, dem völkergewohnheitsrechtlichen Mindeststandard entspricht.

3. American Manufacturing and Trading (AMT) (US), Inc. v. Republic of Zaire

Die hier vorliegende Entscheidung ist thematisch mit der Entscheidung im Fall AAPL gegen Sri Lanka[587] vergleichbar. Im vorliegenden Fall geht es zwar nicht um den Grundsatz der gerechten und billigen Behandlung, sondern es geht

584 AAPL, a.a.O., S. 634.
585 AAPL, a.a.O., S. 635.
586 AAPL, a.a.O., S. 639.
587 AAPL, Urteil vom 27. Juni 1990; vgl. Oben unter C. III. 2.

zentral um die Frage einer Verletzung des Grundsatzes von vollem Schutz und Sicherheit, der aber wegen der Parallelen zu dem Grundsatz der gerechten und billigen Behandlung ebenfalls Rückschlüsse auf letzteren zulässt. Insbesondere geht das Gericht hier zur Feststellung einer Verletzung der Garantie von vollem Schutz und Sicherheit von den Grundsätzen des völkergewohnheitsrechtlichen Mindeststandards aus und damit von den gleichen Voraussetzungen, die unter dem NAFTA-Übereinkommen zur Festlegung einer Verletzung des Grundsatzes der gerechten und billigen Behandlung gefordert werden.

a) Sachverhalt

Im vorliegenden Fall klagt AMT, eine amerikanische Firma[588] und Hauptaktionär von SINZA, einer in Zaire ansässigen Firma,[589] die Batterien produziert und Verbrauchsgüter sowie Lebensmittel vertreibt,[590] gegen Zaire. AMT macht Verletzungen der durch den bilateralen Investitionsschutzvertrag zwischen Zaire und den Vereinigten Staaten von Amerika[591] garantierten Rechte geltend,[592] nachdem die Betriebsstätten sowie Lagerhallen in Zaire zweimal durch bewaffnete Truppen der Regierung von Zaire überfallen, ausgeraubt und zerstört wurden.[593] Unter anderem macht AMT eine Verletzung des Artikels II (4) des BIT zwischen den USA und Zaire geltend, in welchem eine gerechte und billige Behandlung und voller Schutz und Sicherheit garantiert werden.[594]

b) Wortlaut des Vertrags

Der hier relevante Artikel II des Investitionsschutzvertrages zwischen Zaire und den Vereinigten Staaten von Amerika[595] lautet:

588 American Manufacturing & Trading Inc. (AMT) (US), ICSID Case No. ARB/93/1 Urteil vom 21. Februar 1997, Abschn. 1.01.

589 AMT, Urteil vom 21. Februar 1997, Abschn. 1.05.

590 AMT, a.a.O., Abschn. 3.03.

591 Treaty between the United States of America and the Republic of Zaire concerning the Reciprocal Encouragement and Protection of Investment, signed on 3 August 1984, entered into force on 28 July 1989.

592 AMT, a.a.O., Abschn. 1.05.

593 AMT, a.a.O., Abschn. 1.05 und 3.04.

594 AMT, a.a.O., Abschn. 3.07.

595 Treaty between the United States of America and the Republic of Zaire concerning the Reciprocal Encouragement and Protection of Investment, signed on 3 August 1984, entered into force on 28 July 1989.

„Treatment of Investment
(4) Investment of nationals and companies of either Party shall at all times be accorded fair and equitable treatment and shall enjoy protection and security in the territory of the other Party. The treatment, protection and security of investments shall be in accordance with applicable national laws, and may not be less than that recognized by international law….. Each Party shall observe any obligation it may have entered into with regard to investment of nationals or companies of the other Party."

c) Entscheidung des Gerichts

Das Gericht stellt in seiner Entscheidung ausschließlich auf eine mögliche Verletzung der Verpflichtung Zaires zur Gewährung von vollem Schutz und Sicherheit ab, ohne den Grundsatz der gerechten und billigen Behandlung zu erwähnen. Unabhängig von dem Verhältnis der beiden Grundsätze zueinander, welches im weiteren Verlauf der vorliegenden Arbeit noch zu klären sein wird,[596] geht das Gericht jedenfalls hier davon aus, dass der Grundsatz von vollem Schutz und Sicherheit dann verletzt ist, wenn das Verhalten der Regierung nicht den Anforderungen des völkergewohnheitsrechtlich anerkannten Mindeststandards zur Behandlung von Ausländern entspricht.

Das Gericht führte zur Begründung des Urteils aus, dass die Verpflichtung, vollen Schutz und Sicherheit zu gewähren, eine Garantieübernahme für den Schutz und die Sicherheit von Investitionen begründe, die durch Staatsangehörige beziehungsweise Unternehmen einer anderen Vertragspartei getätigt wurden.[597] Die Verpflichtung, die Zaire obliegt, sei eine Verpflichtung zur Wachsamkeit in dem Sinne, dass Zaire alle notwendigen Maßnahmen zu ergreifen habe, um den Genuss vollen Schutzes und Sicherheit der (us-amerikanischen) Investition sicherzustellen und dass das Land sich insbesondere nicht auf seine nationale Gesetzgebung berufen könne, um eine solche Verpflichtung zu umgehen.[598] Zaire müsse beweisen, dass es alle notwendigen Vorsichtsmaßnahmen ergriffen hat, um die Investition von AMT auf seinem Staatsgebiet zu schützen, was ihm nicht gelungen sei.[599]

Den Schutzumfang des Grundsatzes von vollem Schutz und Sicherheit bestimmt das Gericht dahingehend, dass es sich um eine objektive Verpflichtung handele, welche in Übereinstimmung mit den nationalen Gesetzen angewendet werden müsse und nicht hinter den Anforderungen des Mindeststandards an

596 Vgl. unten in Teil D.
597 AMT, a.a.O., Abschn. 6.05.
598 AMT, a.a.O., Abschn. 6.05.
599 AMT, a.a.O., Abschn. 6.05.

Wachsamkeit und Sorgfaltspflicht zurückbleiben dürfe, der völkergewohnheitsrechtlich gefordert werde.[600]

d) Stellungnahme

Obwohl es sich im vorliegenden Fall nicht um eine Auseinandersetzung mit dem Grundsatz der gerechten und billigen Behandlung handelt, sondern eine Entscheidung über eine Verletzung von vollem Schutz und Sicherheit getroffen wurde, ergeben sich aus dieser Entscheidung Rückschlüsse auf den Grundsatz der gerechten und billigen Behandlung.

Das Gericht geht hier von denselben Voraussetzungen aus, wie die Gerichte unter NAFTA für die Annahme einer Verletzung des Grundsatzes der gerechten und billigen Behandlung. Gefordert wird auch hier eine Verletzung des völkergewohnheitsrechtlich anerkannten Mindeststandards zur Behandlung von Ausländern.

Anders als in den Entscheidungen unter NAFTA wird hier allerdings nicht klar, ob der Grundsatz von vollem Schutz und Sicherheit mit dem völkergewohnheitsrechtlichen Mindeststandard nach Ansicht des Gerichts identisch ist. Nach der Formulierung in der Entscheidung könnte man auch dahingehend argumentieren, dass das Schiedsgericht der Auffassung ist, dass der Grundsatz jedenfalls bei einer Verletzung des völkergewohnheitsrechtlichen Mindeststandards verletzt ist, darüber hinaus nach den Umständen des Einzelfalles aber auch dann verletzt sein kann, wenn die Handlungen nicht ein Maß erreichen, dass einen Verstoß gegen Völkergewohnheitsrecht begründet.

5. Wena Hotels LTD (UK) v. Arab Republic of Egypt

Im Fall Wena Hotels gegen Ägypten hatte es das Gericht mit einer recht eindeutigen Verletzung des Grundsatzes der gerechten und billigen Behandlung zu tun, so dass es diese unproblematisch annehmen konnte.

a) Sachverhalt

Im Fall Wena Hotels LTD (UK) v. Arab Republic of Egypt[601] ist der Kläger in einen Mietvertrag mit der staatlichen Egyptian Hotels Company („EHC“) für

600 AMT, a.a.O., Abschn. 6.06.

601 Wena Hotels Ltd. (U.K.) v. Arab Republic of Egypt. ICSID Case No. ARB/98/4, Urteil vom 8. Dezember 2000, 41 I.L.M. 896 (2002). (im Folgenden: Wena Hotels)

die Leitung und Verbesserung zweier Hotels eingetreten.[602] Nach Streitigkeiten in Verbindung mit dem Mietvertrag beschlagnahmten zwei Mitarbeiter der EHC zwangsweise und illegalerweise beide Hotels.[603] Die Hotels verblieben vom 01. April 1991 bis zum 25. Februar bzw. 21. April 1992 in der Kontrolle der EHC, wobei der Kläger während dieser Zeit diverse Versuche unternahm, den Besitz der Hotels zurück zu erlangen, unter anderem durch Einschaltung offizieller Vertreter Großbritanniens.[604]

Zwei Tage vor Rückgabe eines der Hotels, entzog der ägyptische Minister für Tourismus die Lizenz zur Betreibung dieses Hotels aufgrund von Brandschutzmängeln. Weiterhin musste der Kläger feststellen, dass die EHC, während sie das Hotel in Besitz hatte den Großteil der Einrichtung entfernt und versteigert hatte. Der Kläger hat das Hotel nie wieder in Betrieb genommen.[605]

Nach Rückgabe des zweiten Hotels, welches ebenfalls, aber in geringerem Umfang beschädigt war, wurde dem Kläger auch für dieses Hotel eine dauerhafte Betreiberlizenz verweigert. Stattdessen erhielt der Kläger lediglich befristete Lizenzen zum Betrieb des Hotels.[606]

Mit der Klage vor dem ICSID-Tribunal macht der Kläger Verletzungen des Investitionsschutzvertrages zwischen Großbritannien und Ägypten geltend, indem Ägypten die Investition des Klägers nicht geschützt habe.[607]

b) Wortlaut des Vertrags

Der hier einschlägige Artikel 2 (2) des Investitionsschutzvertrages zwischen Großbritannien und Ägypten[608] lautet:

„Investment of nationals or companies of either Contracting Patry shall at all time be accorded fair and equitable treatment and shall enjoy full protection and security in the territory of nationals or companies of the other Contracting Party. Each Contracting Party shall ensure that the management, maintenance, use, enjoyment or disposal of investments in its territory of nationals or companies of the other Contracting Party is not in any way impaired by unreasonable or discriminatory measures. Each Contracting Party shall observe any obligation it

602 Vgl. Wena Hotels, Urteil vom 08. Dezember 2000, Rn. 17f.

603 Wena Hotels, Urteil vom 08. Dezember 2000, Rn. 19ff.

604 Wena Hotels, Urteil vom 08. Dezember 2000, Rn. 53.

605 Wena Hotels, Urteil vom 08. Dezember 2000, Rn. 55f.

606 Wena Hotels, Urteil vom 08. Dezember 2000, Rn. 57.

607 Wena Hotels, Urteil vom 08. Dezember 2000, Rn. 75.

608 Agreement for the promotion and protection of investments between the United Kingdom and the Arab Republic of Egypt, 1976.

may have entered into with regard to investments of nationals or companies of the other Contracting Party."

c) Entscheidung des Gerichts

In seiner Entscheidung stellt das Schiedsgericht im Ergebnis eine Verletzung des Grundsatzes der gerechten und billigen Behandlung und vollem Schutz und Sicherheit nach Art. 2 (2) des zugrunde liegenden BIT fest.

Das Gericht hat es in seiner Entscheidung als erwiesen angesehen, dass, obwohl Regierungsvertreter von Ägypten, anders als die Vertreter der EHC, nicht an der Beschlagnahmung der beiden Hotels des Klägers beteiligt waren, diese dennoch von der Beschlagnahmung wussten und nichts unternommen haben, um sie zu verhindern. Darüber hinaus habe die Polizei ebenfalls nichts zum Schutz der Investition des Klägers unternommen. Über einen Zeitraum von fast einem Jahr habe Ägypten weiterhin nichts unternommen, um dem Kläger seine Investition wieder zugänglich zu machen und habe es versäumt, Schaden von den Hotels abzuwenden, bevor diese dem Kläger zurück gegeben wurden. Ägypten habe es versäumt, die EHC mit wirkungsvollen Sanktionen zu belegen und es schließlich abgelehnt, den Kläger für den entstandenen Schaden zu entschädigen.[609]

Unter Bezugnahme auf die Ausführungen der Schiedsgerichte in den Fällen AMT gegen Zaire[610] und AAPL gegen Sri Lanka[611] stellte das Schiedsgericht dabei klar, dass es sich bei der Versicherung einer gerechten und billigen Behandlung nicht um eine Garantieübernahme des Gaststaates handelt, die ausländische Investition vor jeglichem Schaden zu bewahren, auch wenn dem Staat selbst keine schädigenden Handlungen nachzuweisen sind. Im vorliegenden Fall sieht das Gericht es aber als erwiesen an, dass Regierungsvertreter Ägyptens selbst die Investition durch ihr Verhalten geschädigt haben.[612]

Aus den vorgenannten Gründen ist das Gericht zu dem Ergebnis gelangt, dass Ägypten die Investition des Klägers nicht gerecht und billig behandelt hat.[613]

609 Wena Hotels, Urteil vom 08. Dezember 2000, Rn. 82, im Einzelnen Rn. 84 ff.

610 American Manufacturing & Trading Inc. (AMT) (US), ICSID Case No. ARB/93/1 Urteil vom 21. Februar 1997.

611 Asian Agricultural Products Ltd. (AAPL) v. Republic of Sri Lanka, ICSID Case No. ARB/87/3 (El-Kosheri, Goldman, Asante), Urteil vom 27. Juni 1990.

612 Wena Hotels, Urteil vom 08. Dezember 2000, Rn. 84.

613 Wena Hotels, Urteil vom 08. Dezember 2000, Rn. 95.

d) Stellugnnahme

In dieser Entscheidung ist festzustellen, dass es dem Gericht vornehmlich darauf ankommt, dass eine schädigende Handlung des Gaststaates selbst zur Begründung einer Verletzung des Grundsatzes der gerechten und billigen Behandlung vorliegen muss. Nicht ausreichend soll das Verhalten von Vertretern eines staatlichen Unternehmens, hier der EHC, sein.

Dazu bezieht sich das Gericht auf die Ausführungen der Schiedsgerichte in den Fällen AMT gegen Zaire und AAPL gegen Sri Lanka, die bereits ausführten, dass es sich nicht um eine Garantiehaftung des Gaststaates handelt mit der Verpflichtung, jeglichen Schaden von der ausländischen Investition abzuwenden.

Bemerkenswert ist hier, dass diese beiden Entscheidungen nicht im Hinblick auf eine Verletzung des Grundsatzes der gerechten und billigen Behandlung ergingen, sondern sich mit einer Verletzung des Grundsatzes von vollem Schutz und Sicherheit befassten. Hier scheint das Gericht im vorliegenden Fall keinen Unterschied zu sehen. Insbesondere nennt es die beiden Grundsätze in seiner Entscheidung gemeinsam, ohne zwischen ihnen zu differenzieren. Ausschlaggebend ist für das Gericht hier der Nachweis, dass der Staat durch eigenes Verhalten die Investition geschädigt hat, was hier unproblematisch gegeben ist.

6. Alex Genin, Eastern Credit Limited, Inc. and A.S. Baltoil (US) v. Republic of Estonia

Eine gänzlich entgegengesetzte Entscheidung trifft das Gericht im hier dargestellten Fall. Es sieht den Grundsatz, auch aufgrund des Wortlauts des hier zugrunde liegenden Vertrages, als Ausdruck des völkergewohnheitsrechtlichen Mindeststandards der Behandlung von Ausländern an, wobei es von den in der Neer-Entscheidung aufgestellten Kriterien ausgeht.

a) Sachverhalt

In der Entscheidung im Fall Alex Genin, Eastern Credit Limited, Inc. and A.S. Baltoil (US) v. Republic of Estonia vom 25. Juni 2001[614] geht es um die Klage eines us-amerikanischen Investors, der eine Investition in ein estnisches Finanzunternehmen getätigt hatte, sowie zweier in dessen Eigentum stehender Unter-

614 Alex Genin, Eastern Credit Limited, Inc. and A.S. Baltoil Genin v. Republic of Estonia, ICSID Case No. ARB/99/2, Urteil vom 25. Juni 2001(Fortier, Heth, van den Berg, Arbs).

nehmen.[615] Aufgrund behaupteter Unregelmäßigkeiten und Informationsdefizite entzog die Bank von Estland, welche den Bankensektor kontrolliert und reguliert, einer Bank, deren Mehrheitsaktionär Alex Genin war, die Lizenz.[616] Unter anderem und vor allem gegen diese Maßnahme und die ihm daraus entstandenen Verluste klagten Alex Genin und die von ihm gehaltenen Unternehmen Eastern Credit Limited sowie A.S. Baltoil auf Entschädigung wegen Verletzung diverser Normen des zwischen Estland und den USA bestehenden BIT von 1994[617].[618] Insbesondere wurden Verstöße gegen den Artikel II (3) (a) des BIT geltend gemacht, welcher eine gerechte und billige Behandlung festsetzt, sowie gegen Artikel II (3) (b), in welchem willkürliche und diskriminierende Maßnahmen gegenüber ausländischen Investoren der anderen Vertragspartei verboten werden.[619]

b) Wortlaut des Vertrages

Artikel II (3) (a) bestimmt, dass “the „fair and equitable“ treatment of investments states that no investment shall be accorded treatment less favourable than that required by international law.”

Artikel II (3) (b) schützt die Parteien “from impairing by arbitrary or discriminatory measures the management, operation, maintenance, use enjoyment, acquisition, expansion or disposal of investments.”

c) Entscheidung des Gerichts

Das Gericht stellte im vorliegenden Fall zunächst fest, dass die Entziehung der Lizenz, obwohl sich die Bank von Estland damit im Rahmen ihrer Kompetenzen bewegt, als Verstoß gegen die allgemein anerkannte Praxis von Banken und Regulierungsbehörden charakterisiert werden könne.[620] Dies führt nach Ansicht des Gerichtes aber nicht zu einer Verletzung der betreffenden Normen des BIT.[621] Zu diesem Ergebnis kommt das Gericht, indem es die vorgebrachten Fakten zunächst anhand der Forderung nach einer gerechten und billigen Behandlung überprüft, die in Artikel II (3) (a) des BIT festgelegt ist, in dem zusätzlich aus-

615 Alex Genin v. Republic of Estonia, Urteil vom 25. Juni 2001, Abschn. 1.

616 Alex Genin v. Republic of Estonia, a.a.O., Abschn. 100.

617 Treaty between the Government of the Republic of Estonia and the Government of the United States of America for the Encouragement and Reciprocal Protection of Investment, done at Washington, D.C. on 19 April 1994, entered into force on 16 February 1997.

618 Alex Genin v. Republic of Estonia, a.a.O., Abschn. 64 ff..

619 Alex Genin v. Republic of Estonia, a.a.O., Abschn. 255 f..

620 Alex Genin v. Republic of Estonia, a.a.O., Abschn. 364.

621 Alex Genin v. Republic of Estonia, a.a.O., Abschn. 365.

geführt wird, dass keiner Investition eine Behandlung zuteil werden sollte, die weniger günstig ist, als durch das Völkerrecht gefordert.

In seinem Beschluss beschreibt das Gericht den Standard in einer sehr engen Auslegung als eine Forderung, die unter dem Völkerrecht allgemein dahingehend verstanden wird, dass sie einen allgemeinen Mindeststandard sichert, der vom nationalen Recht des Gaststaates unabhängig ist.[622]

Während der genaue Inhalt des Standards ungeklärt sei, versteht das Tribunal den Standard dahingehend, dass er einen völkerrechtlichen Mindeststandard darstelle, der unabhängig vom nationalen Recht bestehe, dass es sich aber eben um einen Mindest-Standard handele.[623] Hierzu lehnt sich das Gericht im Wesentlichen an die Wortwahl im Neer-Fall an, indem es den Grundsatz als einen Akt versteht, der „die bewusste Missachtung bestehender Pflichten, mangelnde Aktivitäten, die weit hinter den völkerrechtlich geforderten Standards zurückbleiben, oder sogar als subjektive Arglist" zeigt.[624]

Dies lehnt das Gericht ab.

Im Folgenden prüft es das Vorliegen von Willkür.[625] Zur Bestimmung, ob das Verhalten der Bank von Estland gegenüber dem ausländischen Investor willkürlich war, zieht das Gericht die Definition von Willkür durch den Internationalen Gerichtshofes im Fall ELSI[626] heran, wonach ein willkürliches Verhalten sich durch eine „vorsätzliche Missachtung eines ordentlichen Prozesses auszeichnet, die schockiert oder im Sinne rechtlichen Anstands wenigstens überrascht"[627].[628]

Aufgrund des Vorliegens unterschiedlicher Gründe für die durch die Bank von Estland getroffenen Maßnahmen ist die Klage wegen einer Verletzung des Grundsatzes der gerechten und billigen Behandlung nach Ansicht des Gerichtes abzulehnen.

d) Stellungnahme

Aus den obigen Ausführungen wird deutlich, dass das Gericht im Fall Alex Genin gegen Estland zwar den Grundsatz der gerechten und billigen Behandlung und den des Verbots willkürlicher und diskriminierender Handlungen als zwei unterschied-

622 Alex Genin v. Republic of Estonia, a.a.O., Abschn. 367.

623 Alex Genin v. Republic of Estonia, a.a.O.

624 Alex Genin v. Republic of Estonia, a.a.O.

625 Alex Genin v. Republic of Estonia, a.a.O., Abschn. 368 ff.

626 Elettronica Sicula S.p.A. (ELSI) (United States of America v. Italy), ICJ Reports 1989 S. 15 ff.

627 Elettronica Sicula S.p.A. (ELSI) (United States of America v. Italy), ICJ Reports 1989 S. 15 auf S. 76, Abschnitt 128), unter Zitierung der Entscheidung des Gerichts im Fall Asylum, ICJ Reports 1950 S. 266 auf S. 284, das hier eine willkürliche Handlung ausführte, diese sei "substituted for the rule of law"

628 Alex Genin v. Republic of Estonia, a.a.O., Abschn. 371.

liche und unabhängig voneinander bestehende Grundsätze ansieht, indem es von den Grundsätzen im Plural redet und deren mögliche Verletzung in unterschiedlichen Abschnitten des Urteils überprüft. Es geht jedoch von den gleichen Voraussetzungen aus, die für das Vorliegen einer Verletzung der Grundsätze vorliegen müssen, nämlich der vorsätzlichen Missachtung bestehender Pflichten, unzulänglicher Maßnahmenergreifung, die weit hinter den völkerrechtlich geforderten Standards zurückbleibt oder sogar dem Vorliegen subjektiver Arglist. Die Anwendung dieser Voraussetzungen ergibt sich für die Bestimmung der Verletzung des Grundsatzes der gerechten und billigen Behandlung daraus, dass das Gericht davon ausgeht, dass der Grundsatz der gerechten und billigen Behandlung den Anforderungen des völkergewohnheitsrechtlich anerkannten Mindeststandards entspricht, dessen Voraussetzungen wiederum entsprechend im Neer Fall (siehe oben) festgelegt wurden. Das Gericht geht hier also noch nicht einmal auf die Frage einer möglichen Weiterentwicklung des Völkergewohnheitsrechtes ein, sondern bezieht sich, ohne diese zu hinterfragen, auf die im Neer-Fall aufgestellten Voraussetzungen, womit es sich hier um die wohl engste denkbare Auslegung des Grundsatzes handelt.

Die Voraussetzungen für das Vorliegen von willkürlichem Verhalten im Sinne des Völkerrechts wurden wiederum durch den Internationalen Gerichtshof im Fall ELSI festgelegt, der sich an der Wortwahl des Neer-Falles orientierte.

Da das Gericht für beide Grundsätze dieselben Voraussetzungen annimmt, ist im Ergebnis also festzuhalten, dass die Grundsätze der gerechten und billigen Behandlung und des Verbotes willkürlicher und diskriminierender Maßnahmen sich nach Ansicht des Gerichts inhaltlich nicht unterscheiden, obwohl sie durch das Gericht als zwei getrennte Grundsätze angesehen werden.

Problematisch an dieser Entscheidung ist, dass, folgt man der Ansicht des Gerichts, die beiden im Vertrag gesondert vereinbarten Grundsätze inhaltlich gleichbedeutend sind. Eine gesonderte Festsetzung wäre überflüssig. Dies widerspricht aber dem Grundsatz zur Interpretation völkerrechtlicher Verträge, wonach diese so interpretiert werden müssen, dass ihre Regelungen jeweils auch einen praktischen Anwendungsbereich haben.

Aufzulösen wäre diese Konstellation in zweierlei Hinsicht:

Wenn sowohl gerechte und billige Behandlung als auch Willkürverbot im Vertrag festgesetzt werden und der Grundsatz der gerechten und billigen Behandlung mit dem völkergewohnheitsrechtlichen Mindeststandard gleichgesetzt wird

- muss der Grundsatz der gerechten und billigen Behandlung entweder als übergeordnetes Prinzip und Zusammenfassung der im Vertrag festgesetzten speziellen Grundsätze angesehen werden, was vereinzelt vertreten wird,[629] oder

629 Hierzu ausführlich unten in Teil D.

- es muss davon ausgegangen werden, dass sich die Anforderungen an den Mindeststandard der Behandlung seit Neer weiterentwickelt haben und dementsprechend die Anforderungen an eine gerechte und billige Behandlung weniger streng sind als an eine Verletzung des Willkürverbots.
  Diese Frage hat sich dem Gericht aber gar nicht gestellt.

7. Lauder v. The Czech Republic und CME (Netherlands) v. The Czech Republic

Im Folgenden sollen die Fälle Lauder und CME gegen die Tschechische Republik gemeinsam dargestellt werden. Wegen der unterschiedlichen Staatszugehörigkeit der Unternehmen wurden die Fälle unter verschiedenen BITs eingereicht, basieren aber auf denselben Fakten. Dies ist deshalb besonders interessant, weil die beiden Schiedsgerichte dieselben Fakten völlig unterschiedlich bewertet haben.

a) Sachverhalt

Der Fall Lauder[630] resultiert, wie auch der Fall CME gegen die Tschechische Republik[631], auf denselben Fakten. Lauder ist amerikanischer Staatsbürger[632] und hat, wie auch CME, eine niederländische Firma,[633] Investitionen im Bereich des ersten privaten landesweiten Fernsehsenders der Tschechischen Republik getätigt. Es wird behauptet, dass die Tschechische Republik ihre Verpflichtungen aus dem Investitionsschutzvertrag zwischen den Vereinigten Staaten von Amerika und der Tschechischen Republik[634] im Fall Lauder, sowie ihre Verpflichtungen aus dem Investitionsschutzvertrag zwischen den Niederlanden und der Tschechischen Republik[635] im Fall CME, durch Handlungen und Unterlassun-

630 UNCITRAL Arbitration between Ronald S. Lauder and The Czech Republic, Urteil vom 3. September 2001 (Cutler, Birner, Klein).

631 UNCITRAL Arbitration Proceedings, CME Czech Republic B.V. (The Netherlands) vs. The Czech Republic, Partial Award vom 13. September 2001 (Kühn, Schwebel, Hándl).

632 Lauder, Urteil vom 3. September 2001, Abschn. 47.

633 CME, Teilurteil vom 13. September 2001, Abschn. 1.

634 Treaty between the United States of America and the Czech and Slovak Federal Republic Concerning the Reciprocal Encouragement and Protection of Investment, in Kraft getreten im Oktober 1991. Nachdem Tschechien am 31. Dezember 1992 aufgehört hat, zu existieren, trat die Tschechische Republik in die Rechte und Pflichten des Vertrages ein.

635 Agreement on Encouragement and Reciprocal Protection of Investments between the Kingdom of the Netherlands and the Czech and Slovak Federal Republik vom 29. April 1991, in Kraft getreten am 01. Oktober 1992. Nachdem Tschechien am 31. Dezember 1992 aufgehört hatte, zu existieren, trat die Tschechische Republik in die Rechte und Pflichten des Vertrages ein.

gen des Medienrates verletzt habe, welche die Investition in der Tschechischen Republik zerstört haben.[636] Unter anderem wird die Verletzung des Grundsatzes der gerechten und billigen Behandlung, wie er in Artikel II (2) (a) des Vertrages zwischen den Vereinigten Staaten von Amerika und der Tschechischen Republik festgesetzt ist, geltend gemacht,[637] beziehungsweise, im Fall CME, eine Verletzung des Grundsatzes der gerechten und billigen Behandlung, wie er in Artikel 3 (1) des Investitionsschutzvertrages zwischen den Niederlanden und der Tschechischen Republik[638] festgesetzt wurde, geltend gemacht.[639]

Die beiden Fälle gründen somit auf denselben Fakten und sind lediglich aufgrund zweier verschiedener Investitionsschutzverträge und entsprechend von zwei unterschiedlichen Schiedsgerichten entschieden worden, die untereinander nicht an ihre Entscheidungen gebunden sind.

b) Wortlaut der Verträge

Für den Fall CME einschlägiger Vertrag zwischen den Niederlanden und der Tschechischen Republik:

Präambel:
„Recognising that agreement upon the treatment to be accorded to such investments will stimulate the flow of capital and technology and economic development of the Contracting Parties and that fair and equitable treatment is desirable.“

Artikel 3 (1):
„Each Contracting Party shall ensure fair and equitable treatment to the investments of investors of the other Contracting Party and shall not impair, by unreasonable or discriminatory measures, the operation, management, maintenance, use, enjoyment or disposal thereof by those investors.“

Für den Fall Lauder einschlägiger Vertrag zwischen den Vereinigten Staaten von Amerika und der Tschechischen Republik:

---

636 Lauder, a.a.O., Abschn. 10; CME, a.a.O., Abschn. 20.

637 Lauder, a.a.O., Abschn. 42.

638 Agreement on Encouragement and Reciprocal Protection of Investments between the Kingdom of the Netherlands and the Czech and Slovak Federal Republik vom 29. April 1991, in Kraft getreten am 01. Oktober 1992. Nachdem Tschechien am 31. Dezember 1992 aufgehört hatte, zu existieren, trat die Tschechische Republik in die Rechte und Pflichten des Vertrages ein.

639 CME, a.a.O., Abschn. 24.

Präambel:
"The United States of America and the Czech and Slovak Federal Republic;
...Agreeing that fair and equitable treatment of investment is desirable in order to maintain a stable framework for investment and maximum effective utilization of economic recources;..."

Article II (2) (a):
"Investment shall at all times be accorded fair and equitable treatment, shall enjoy full protection and security and shall in no case be accorded treatment less than that required by international law."

c) Entscheidung des Gerichts

aa) Entscheidung des Gerichts im Fall CME

Im Fall CME geht das Gericht in seinem Urteil nicht darauf ein, wie der Grundsatz der gerechten und billigen Behandlung zu definieren ist, sondern verweist lediglich darauf, dass völkerrechtlich akzeptierte Standards Anwendung finden und nicht solche, die der betreffende Gaststaat gegenüber seinen eigenen Staatsangehörigen anwendet.[640] Aus dieser Aussage kann jedoch nicht gefolgert werden, dass das Gericht den Grundsatz der gerechten und billigen Behandlung als gleichbedeutend mit dem völkergewohnheitsrechtlich anerkannten Mindeststandard der Behandlung von Ausländern ansieht. In tatsächlicher Hinsicht wird eine Verletzung des Grundsatzes der gerechten und billigen Behandlung festgestellt.[641]

Die Parteien des Rechtsstreites, sowohl der Kläger als auch die Tschechische Regierung als Beklagte nehmen in ihren Ausführungen allerdings Bezug auf die völkerrechtliche Einordnung des Grundsatzes der gerechten und billigen Behandlung. Der Kläger führt zunächst an, dass der in Artikel 3 (1) des BIT festgesetzte Grundsatz der gerechten und billigen Behandlung in seiner Bedeutung durch die Präambel des BIT verstärkt wird, in der anerkannt wird, dass der Grundsatz der gerechten und billigen Behandlung von Investitionen eine führende Rolle zur Verwirklichung des Vertragszieles der Förderung ausländischer Investitionen spielt.[642]

Das weitgefasste Konzept des Grundsatzes der gerechten und billigen Behandlung begründe Pflichten, die über die Forderungen des völkergewohnheitsrecht-

640 CME, a.a.O., Abschn. 611.
641 CME, a.a.O., Abschn. 611.
642 CME, a.a.O., Abschn. 155.

lich anerkannten Grundsatzes einer Behandlung in gutem Glauben hinausgingen.[643] Dies werde im Vertragstext dadurch deutlich, dass dieser die Forderung nach einer gerechten und billigen Behandlung, die in Artikel 3 (1) des BIT festgesetzt ist, von den nach Völkergewohnheitsrecht geforderten Pflichten trennt, die in Artikel 3 (5) des BIT erwähnt werden.[644]

Die Forderung nach einer gerechten und billigen Behandlung sei eine spezielle Forderung, welche Kernbestandteil von Investitionsschutzverträgen sei und Handlungen untersage – einschließlich staatlicher Verwaltungsmaßnahmen– die ansonsten sowohl unter nationalem als auch internationalem Recht rechtmäßig wären.[645] Ob ein bestimmtes Verhalten gerecht und billig sei, hänge vom faktischen Kontext der staatlichen Handlung, einschließlich der Faktoren, wie Zusagen, die gegenüber dem Investor gemacht wurden und Handlungen, die der Investor im Vertrauen auf diese Zusagen unternommen hat, ab.[646]

Dementsprechend könne diese Regel ein Verhalten untersagen, welches grundsätzlich zulässig sei, aber im Kontext des konkreten Streitfalles als ungerecht und unbillig erscheine.[647] Infolgedessen müsse das Urteil in dem Kontext der Frage getroffen werden, was die Parteien des bilateralen Vertrages zur Vermeidung der Herausforderung einer Klage gemeinsam als angemessenes Verhalten im Lichte der Vertragsziele erwarten können.[648]

Auch die Tschechische Republik als Beklagte stellt darauf ab, dass der Grundsatz der gerechten und billigen Behandlung, wie er in Artikel 3 (1) des BIT festgesetzt ist, im Vertrag nicht definiert wird und geht dementsprechend, wie auch der Kläger, davon aus, dass es sich bei der Frage, was gerecht und billig ist, um eine Frage handelt, die anhand der konkreten Fakten in jedem Einzelfall zu beantworten ist.[649]

Das Gericht gab der Klage von CME dem Grunde nach statt. Die Tschechische Republik habe den BIT durch Handlungen und Unterlassungen des Medienrates verletzt, die zum vollständigen Zusammenbruch der Investition des Klägers in der Tschechischen Republik geführt hätten.[650]

---

643 CME, a.a.O., Abschn. 156.
644 CME, a.a.O., Abschn. 156.
645 CME, a.a.O., Abschn. 156.
646 CME, a.a.O., Abschn. 157.
647 CME, a.a.O., Abschn. 157.
648 CME, a.a.O., Abschn. 158.
649 CME, a.a.O., Abschn. 335.
650 CME, a.a.O., Abschn. 427.

bb) Entscheidung des Gerichts im Fall Lauder

Dementgegen stellt das Gericht im Fall Lauder keine Verletzung des Grundsatzes der gerechten und billigen Behandlung fest.[651] Das Gericht im Fall Lauder stellt zunächst klar, dass es entsprechend der Artikel 31 und 32 der Wiener Konvention über das Recht völkerrechtlicher Verträge dazu verpflichtet ist, die einschlägigen Vertragsnormen im Lichte der Ziele und Zwecke des entsprechenden Vertrages sowie unter Berücksichtigung der Umstände seines Zustandekommens zu interpretieren.[652] Entsprechend verweist es zunächst auf die Präambel des Vertrages, die besagt, dass die Vertragsparteien darin übereinstimmen, dass die Zusicherung einer gerechten und billigen Behandlung der Investitionen der anderen Vertragspartei dazu diene, stabile Rahmenbedingungen für Investitionen zu schaffen und eine bestmögliche Nutzung ökonomischer Ressourcen sicherzustellen.[653] Weiterhin stellt das Schiedsgericht fest, dass keine weitere Definition des Grundsatzes der gerechten und billigen Behandlung im Vertrag festgeschrieben ist, weshalb sich das Gericht auf die Definition des Grundsatzes durch die „United Nations Conference On Trade and Development“ beruft, die sich mit der Bedeutung des Grundsatzes auseinandergesetzt und ihn als einen Grundsatz definiert hat, der traditionell mit dem Standard der im Verkehr erforderlichen Sorgfalt verbunden sei und einen völkerrechtlichen Mindeststandard festlege, der Teil des Völkergewohnheitsrechtes sei[654].[655] Dementsprechend scheint das Gericht hier zunächst ebenfalls von der relativ engen Interpretation auszugehen, die den Grundsatz der gerechten und billigen Behandlung als Teil des völkergewohnheitsrechtlichen Mindeststandards ansieht. Im Folgenden wird diese Aussage allerdings relativiert. Im Kontext bilateraler Investitionsschutzverträge sei der Grundsatz der gerechten und billigen Behandlung ein subjektiver Grundsatz und hänge in hohem Maße vom tatsächlichen Hintergrund des Falles ab.[656] Dies lässt wiederum eher darauf schließen, dass das Gericht davon ausgeht, dass der Grundsatz der gerechten und billigen Behandlung jedenfalls bei einem Verstoß gegen den völkergewohnheitsrechtlichen Mindeststandard verletzt ist und selbst wenn eine solche Verletzung nicht festgestellt werden kann, aber dennoch nach den konkreten Umständen des Einzelfalles eine Verletzung des Grundsatzes der gerechten und billigen Behandlung vorliegen kann. Demnach würde das Gericht

651 Lauder, a.a.O., Abschn. 293.
652 Lauder, a.a.O., Abschn. 292.
653 Lauder, a.a.O., Abschn. 292.
654 U.N. Conference On Trade & Development: Bilateral Investment Treaties in the Mid-1990s, S. 53, U.N. Doc. UNCTAD/ITE/IIT/7, U.N. Sales No. E.98.II.D.8 (1998).
655 Lauder, a.a.O., Abschn. 292.
656 Lauder, a.a.O., Abschn. 292.

den Grundsatz letztendlich doch autonom nach den Umständen des Einzelfalles auslegen. Dafür spricht weiterhin auch der zitierte Wortlaut der Definition der „United Nations Conference On Trade and Development“, in der es heißt, dass „der Grundsatz die Vertragsparteien ebenso vor Diskriminierung in den Fällen schütze, in denen sie aufgrund der konkreten Umstände des Falles einen gewissen Grad von Ungerechtigkeit oder Unbilligkeit erreiche“[657].[658]

d) Stellungnahme

Anhand der Fälle Lauder und CME gegen die Tschechische Republik wird deutlich, wie stark die Meinungen einzelner Schiedsgerichte voneinander abweichen können und dass dies eine grundsätzliche Problematik bei der Anwendung des Grundsatzes der gerechten und billigen Behandlung darstellt.

Hier haben zwei Schiedsgerichte auf der Grundlage eines identischen Sachverhalts völlig entgegengesetzte Entscheidungen getroffen. Dies ist vorliegend auch nicht in einer unterschiedlichen Formulierung im Wortlaut des dem jeweiligen Fall zugrunde liegenden Investitionsschutzvertrages begründet, ebenso wenig wie in der grundsätzlichen Auseinandersetzung darüber, ob man den Grundsatz der gerechten und billigen Behandlung als einen Bestandteil des völkergewohnheitsrechtlich anerkannten Mindeststandards der Behandlung von Ausländern ansieht. Vielmehr gehen beide Gerichte zunächst von den gleichen Voraussetzungen aus.

Insbesondere ziehen beide Gerichte zunächst die in der Präambel des jeweiligen Vertrages festgesetzten Ziele zur Interpretation des Grundsatzes heran. Beide Gerichte gehen im Ergebnis ebenfalls davon aus, dass die Beurteilung, ob eine Verletzung des Grundsatzes der gerechten und billigen Behandlung vorliegt in hohem Maße von den Umständen des Einzelfalles abhängt. Diese Umstände werden in der Folge aber von den Gerichten völlig konträr bewertet.

Während das Gericht im Fall CME eine Verletzung des Grundsatzes der gerechten und billigen Behandlung annimmt, lehnt das Gericht im Fall Lauder sie ab.

Hier wird deutlich, wie groß die Rechtsunsicherheit im Falle des Grundsatzes der gerechten und billigen Behandlung für beide Vertragsparteien ist. So hängt es allein von der subjektiven Meinung des entscheidenden Gerichtes ab, ob eine Behandlung noch als gerecht und billig angesehen werden kann oder nicht, wenn es keinerlei objektive Anknüpfungspunkte oder Grenzen gibt, anhand derer der

---

657 U.N. Conference On Trade & Development: Fair And Equitable Treatment, Vol. III S. 10,15, U.N. Doc. UNCTAD/ITE/IIT/II, U.N. Sales No. E.99.11.D.15 (1999).

658 Lauder, a.a.O., Abschn. 292.

Schutzumfang des Grundsatzes der gerechten und billigen Behandlung festgemacht werden kann. Dies ist für beide Seiten eine höchst unbefriedigende Situation, so dass die Bestrebungen einer Konkretisierung des Grundsatzes, obwohl es sich unbestreitbar um einen Auffangtatbestand handelt, dem eine gewisse Unbestimmtheit immanent ist, nachvollziehbar und erforderlich sind.

8. TECMED S.A. v. The United Mexican States

Das Schiedsgericht im Fall TECMED nimmt, ebenso wie die frühen Entscheidungen unter NAFTA eine autonome Auslegung des Grundsatzes der gerechten und billigen Behandlung vor, wobei es sich zwar auf Völkergewohnheitsrecht bezieht, allerdings nur als Auslegungshilfe, entsprechend der Ausführungen des Gerichts, dass alle völkerrechtlichen Quellen zur Auslegung herangezogen werden sollen.

Inhaltlich befasst sich das Gericht ausführlich mit den legitimen Erwartungen eines Investors.

a) Sachverhalt

Im Fall TECMED S.A. v. The United Mexican States[659] hat das Unternehmen Técnicas Medioambientales Tecmed, S.A., eine Klage über die ICSID Additional Facility angestrengt, indem es behauptet hat, dass die mexikanische Regierung durch die Verweigerung einer Verlängerung der Genehmigung zur Betreibung einer Giftmülldeponie gegen verschiedenen Rechte und Schutzmaßnahmen, die in dem bilateralen Vertrag zwischen Spanien und Mexiko[660] geregelt sind, verstoßen habe, insbesondere gegen eine gerechte und billige Behandlung in Übereinstimmung mit dem Völkerrecht.

Die örtlichen Behörden hatten wegen geringfügiger Rechtsverstöße durch den Betrieb einer Giftmülldeponie die Erneuerung der Betriebsgenehmigung verweigert.[661] Tatsächlicher Hintergrund für die Verweigerung der Betriebsgenehmigung war allerdings nach Ansicht des Gerichts eine geplante Umsiedlung.[662] Die Umsiedlung wurde von örtlichen Bürgerinitiativen gefordert, weil die Deponie zwar legal errichtet worden war, die Abstände zur Wohnbebauung aber nicht mehr den Anforderungen an neue Deponien entsprachen.

---

659 Técnicas Medioambientales Tecmed S.A. v. The United Mexican States, ICSID Case No. ARB(AF)/00/2 (Award) (29 May 2003), 43 ILM 133 (2004).

660 Acuerdo para la promocion y proteccion reciproca de inversions entre el Reino de España ylos Estados Unidos Mexicanos, vom 10. Oktober 2006.

661 TECMED, a.a.O., Rn. 103 f., 123.

662 TECMED, a.a.O., Rn.157.

Der Betreiber hatte die Deponie kurz zuvor von einem staatlichen Eigentümer erworben und dabei, so das Gericht, auch Zusicherungen für eine Betriebsgenehmigung erhalten.[663] Zudem standen die Behörden mit dem Betreiber in Verhandlungen.

b) Vertragstext

Der hier maßgebliche Vertragstext, der ausschließlich in Spanisch veröffentlicht ist, lautet:

„ARTÍCULO IV
NIVEL MÍNIMO DE TRATO
1. Cada Parte Contratante otorgará a las inversiones de inversores de la otra Parte Contratante, trato acorde con el derecho internacional consuetudinario, incluido trato justo y equitativo, así como protección y seguridad plenas.
2. Una resolución en el sentido de que se ha violado otra disposición de este Acuerdo o de un acuerdo internacional distinto, no establece que se ha violado este Artículo."

c) Entscheidung des Gerichts

In seinem Urteil hat das ICSID-Tribunal festgestellt, dass sich der Umfang der Verpflichtung zu einer gerechten und billigen Behandlung nach Artikel 4 (1) des Übereinkommens daraus ergebe, dass es sich um einen Ausdruck und Teil des Grundsatzes des guten Glaubens, wie er im Völkergewohnheitsrecht besteht, handele, obwohl die Annahme einer Verletzung des guten Glaubens durch den Staat nicht Voraussetzung einer Verletzung des Grundsatzes der gerechten und billigen Behandlung sei.[664] Hier zitiert das Gericht die Entscheidung im Fall Mondev:

"To the modern eye, what is unfair or inequitable need not equate with the outrageous or the egregious. In particular, a State may treat foreign investment unfairly and inequitably without necessarily acting in bad faith."[665]

Dementsprechend geht das Schiedsgericht von einer eigenständigen Interpretation des Grundsatzes, basierend auf den Wortlaut des Vertragstextes sowie der gewöhnlichen Wortbedeutung gemäß den Vorgaben des Artikel 31 (1) der Wiener

663 TECMED, a.a.O., Rn.167 ff.
664 TECMED, a.a.O., Rn. 153.
665 *Mondev International Ltd v United States of America*, ICSID Arbitration No. ARB(AF)/99/2, Urteil vom 11. Oktober 2002, S.40, 116.

Vertragrechtskonvention aus, unter Einbeziehung des völkergewohnheitsrechtlich anerkannten Grundsatzes des guten Glaubens.[666]

Die Methode der Interpretation gründet auf dem Verständnis des Schiedsgerichts von der gewöhnlichen Bedeutung der Begriffe „gerecht und billig" und geht nicht auf eine Staatenpraxis oder schiedsgerichtliche oder rechtliche Entscheidungen ein.[667] Das Schiedsgericht fügt hinzu, dass eine andere Entscheidung den Intentionen der Parteien hinsichtlich einer Intensivierung wirtschaftlicher Beziehungen und der Entschlossenheit, günstige Bedingungen für Investitionen zu schaffen, wie sie sich ebenfalls in der Präambel des Vertrages zeigten, nicht gerecht werde.[668] Indem das Gericht seine bereits früher zum Ausdruck gebrachte Insistenz darauf in Anspruch nahm, dass zur Verfügung stehende rechtliche Instrumente „in conformity with the function usually assigned to such instruments"[669] genutzt werden sollten, betonte es seine Position, dass die auf die Investition anwendbaren Gesetze angewendet würden, um die diesen zugrunde liegenden Ziele zu fördern.[670]

Damit stellt das Gericht seine Auslegung unter die Voraussetzung der Förderung des Vertragszweckes.

Inhaltlich soll der Grundsatz der gerechten und billigen Behandlung internationale Investitionen vor einem Verhalten schützen, dass den grundlegenden Erwartungen eines Investors, die er bei seiner Entscheidung, ob er die Investition tätigt, berücksichtigt, nicht entspricht.[671]

Mit diesen grundlegenden Erwartungen des Investors setzt sich das Gericht ausführlich auseinander und legt dar, der ausländische Investor erwarte von dem Gaststaat, dass dieser sein Verhalten nicht grundlos ändere und sich völlig vorhersehbar und unzweideutig gegenüber dem Investor verhalte, so dass er im Vorfeld über alle Gesetze und Regelungen informiert ist, die seine Investition betreffen, sowie die Ziele der ihn und seine Investition betreffenden politischen Entscheidungen und der behördlichen Handhabungen und Vorgaben, so dass er seine Investition unter Berücksichtigung dieser Vorgaben planen kann. Alle staatlichen Handlungen, die diesen Kriterien entsprechen, sollten sich nicht nur auf die Richtlinien, Vorgaben oder Forderungen beziehen, die oben genannt sind, sondern sich auch mit den zugrunde liegenden Zielen dieser Richtlinien auseinandersetzen.[672]

---

666 Vgl. TECMED, a.a.O., Rn. 155.
667 Dolzer, Fair and Equitable Treatment, in: The International Lawyer, 2005, S.95.
668 TECMED, a.a.O., Rn. 156.
669 TECMED, a.a.O., Rn. 154.
670 Dolzer, Fair and Equitable Treatment, in: The International Lawyer, 2005, S.95, S.96.
671 TECMED, a.a.O., Rn. 154.
672 TECMED, a.a.O., Rn. 154.

Der ausländische Investor erwarte von dem Gaststaat auch ein vorhersehbares Verhalten zum Beispiel im Hinblick darauf, dass nicht willkürlich eine durch den Staat bereits getroffene Entscheidung oder erteilte Genehmigung widerrufen wird, auf die sich der Investor bei Eingehung von Verpflichtungen und der Planung und Einführung seiner wirtschaftlichen und geschäftlichen Aktivitäten verlassen hat.[673]

Darüber hinaus erwarte der Investor, dass der Staat die den Investor und seine Investition betreffenden rechtlichen Instrumente in Übereinstimmung mit der ihnen gewöhnlich zukommenden Funktion nutzt und nicht dazu missbraucht, den Investor ohne entsprechende Entschädigung zu enteignen.[674]

Folglich stellte das Schiedsgericht ein umfassendes Transparenzgebot auf, dass es unter anderem aus dem Grundsatz des guten Glaubens herleitete.[675]

In tatsächlicher Hinsicht hat das Schiedsgericht festgestellt, dass das in Frage stehende Verhalten von Mexiko hinsichtlich der Betriebsgenehmigung einer Giftmülldeponie durch einen Mangel an Transparenz gekennzeichnet war, und zwar durch eine Schließung der Giftmülldeponie entgegen der erweckten Erwartungen, durch die Mehrdeutigkeit verschiedener Handlungen, und dass das Verhalten durch politische Gründe motiviert war.[676] Im Ergebnis befand das Schiedsgericht, dass das Verhalten Mexikos dem entgegensteht, was ein vernünftiger und unparteiischer Beobachter als gerecht und billig ansehen würde.[677]

d) Stellungnahme

Insgesamt ist festzuhalten, dass das Schiedsgericht im Fall TECMED eine sehr weite Interpretation des Grundsatzes der gerechten und billigen Behandlung vornimmt, was zu einem ausgesprochen weitreichenden Schutz des Investors führt, gleichzeitig aber die staatlichen Handlungsmöglichkeiten in dieser Beziehung stark einschränkt.

Indem das Gericht klarstellt, dass ihm zur Auslegung des Grundsatzes alle völkerrechtlich anerkannten Quellen zur Verfügung stehen, stellt es unter Bezugnahme auf den völkergewohnheitsrechtlichen Grundsatz des guten Glaubens und indem es darlegt, dass alle völkerrechtlichen Instrumente unter dem Aspekt der Förderung ihrer Ziele anzuwenden sind, ein umfassendes Transparenzgebot auf.

---

673 TECMED, a.a.O., Rn. 154.

674 TECMED, a.a.O., Rn. 154.

675 TECMED, a.a.O., Rn. 154.; Ceyssens/Sekler, Bilaterale Investitionsabkommen der Bundesrepublik Deutschland, S.45, http://opus.kobv.de/ubp/volltexte/2005/612/.

676 TECMED, a.a.O., Rn. 164.

677 TECMED, a.a.O., Rn. 166.

Nach Ansicht des Gerichts schützt der Grundsatz der gerechten und billigen Behandlung die legitimen Erwartungen des ausländischen Investors, wobei sich diese Erwartungen sowohl auf die rechtlichen als auch die wirtschaftlichen und sogar die politischen Rahmenbedingungen beziehen sollen.

Dies bedeutet für den Gaststaat, dass er sich an den im Zeitpunkt der Tätigung der Investition des ausländischen Investors bestehenden Rahmenbedingungen messen lassen muss und nicht mehr in der Lage ist, politische Entscheidungen, die mögliche Folgen für die Investition eines ausländischen Investors haben können, zu treffen, ohne dass der Staat Gefahr läuft, sich nach dem Grundsatz der gerechten und billigen Behandlung schadenersatzpflichtig zu machen.

9. MTD v. Chile

Nicht ganz so weitreichend wie im Fall TECMED interpretiert das Gericht im Fall MTD gegen Chile den Grundsatz der gerechten und billigen Behandlung.

a) Sachverhalt

In der Entscheidung im Fall MTD gegen Chile[678] geht es um das Scheitern eines städtebaulichen Projektes, das MTD, ein malaysisches Unternehmen in Chile durchführen wollte. Es sollte eine eigenständige Satellitenstadt in der Nähe von Santiago auf einer vorerst 600 Hektar großen Fläche entstehen. Diese Fläche war als Land für die landwirtschaftliche Nutzung ausgewiesen, sollte aber unproblematisch zu Bauland umgewandelt werden können.[679]

Zu diesem Zweck wurde ein Investitionsvertrag zwischen MTD und der Kommission für Auslandsinvestitionen geschlossen.[680] Das Unternehmen erwarb das Land und benötigte in der Folge eine Umwandlung des erworbenen Gebietes in Bauland, was durch die Gemeinde, in der das Gebiet liegt, veranlasst und durch das zuständige Ministerium genehmigt werden musste. Dies wurde von den zuständigen Behörden zunächst auch zugesagt.[681] Zwischenzeitlich änderte sich die Besetzung des zuständigen Ministeriums und die Einstellung zu dem Vorhaben, eine eigenständige Sattelitenstadt auf dem betreffenden Gelände zu errichten. Insbesondere sei das Projekt mit der Politik des Ministeriums zur Stadtentwick-

678 MTD Equity Sdn. Bhd. And MTD Chile S.A. v. Republic of Chile, ICSID Case No. ARB/01/7, Urteil vom 25. Mai 2004.
679 MTD v. Chile, a.a.O., Rn. 39 ff.
680 MTD v. Chile, a.a.O., Rn. 53 ff.
681 MTD v. Chile, a.a.O., Rn. 58 ff.

lung unvereinbar. [682] Nach langwierigen Verhandlungen mit unterschiedlichen Regierungsvertretern wurde eine Änderung des betreffenden Gebietes schließlich mit der vorgenannten Begründung endgültig untersagt mit der Folge, dass das Projekt nicht durchgeführt werden konnte.[683]

b) Entscheidung des Gerichts

Das Gericht stellt zunächst grundsätzlich fest, dass der Grundsatz der gerechten und billigen Behandlung des der Entscheidung zugrundeliegenden Investitionsschutzvertrages zwischen Malaysia und Chile so zu interpretieren ist, dass er der Erfüllung der Vertragsziele am Besten dient und investitionsfreundliche Rahmenbedingungen schafft.[684]

Insbesondere ergebe sich aus dem Wortlaut im Gegensatz zu NAFTA keine Verbindung zu völkergewohnheitsrechtlichen Grundsätzen.

Entsprechend der Formulierungen in dem hier zugrunde liegenden Investitionsschutzvertrag solle der Grundsatz der gerechten und billigen Behandlung als eine Behandlung in unvoreingenommener und gerechter Weise, dienlich zur Förderung ausländischer Investitionen, sein. Die Formulierung weise auf einen pro-aktiven Standard hin („to promote", „to create", „to stimulate"), nicht auf die Beschreibung von Anforderungen, die der Gaststaat unterlassen solle oder auf die Vermeidung eines abträglichen Verhaltens gegenüber dem Investor. Unter Bezugnahme auf die Ausführungen des Gerichts im Fall TECMED zu den grundlegenden Erwartungen eines ausländischen Investors an das Verhalten eines Gaststaates[685], stellt das Gericht klar, dass es diesen Standard entsprechend der obigen Ausführungen seiner Entscheidung zugrunde legt.[686]

Das Gericht erkennt zunächst an, dass eine Vertragsverletzung unter nationalem Recht nicht als solche zu einer Verletzung des Grundsatzes der gerechten und billigen Behandlung führen kann, sondern hier eine völkerrechtliche Beurteilung erforderlich ist. Um die Fakten einer möglichen Verletzung darzulegen, sei aber auch auf Verletzungen eines nationalen Vertrages einzugehen.[687]

682 MTD v. Chile, a.a.O., Rn. 72.
683 MTD v. Chile, a.a.O., Rn. 73 ff.
684 MTD v. Chile, a.a.O., Rn. 104.
685 Vgl. Técnicas Medioambientales Tecmed, S.A. v. The United Mexican States (ICSID Case No. ARB(AF)/00/2), Urteil vom 29. Mai 2003, Rn. 98.
686 MTD v. Chile, a.a.O., Rn. 113 ff.
687 MTD v. Chile, a.a.O., Rn. 187.

Es geht von einem ungerechten und unbilligen Verhalten des Staates aus, indem dieser eine Investition autorisierte, die aufgrund des politischen Städtebaukonzeptes nicht verwirklicht werden kann.[688]

Andererseits erkennt das Gericht auch eine Mitschuld der Kläger an, mit der Begründung, Investitionsschutzverträge seien keine Versicherung gegen Investitionsrisiken und die Kläger sollten entsprechend als erfahrene Geschäftsleute die Konsequenzen ihres eigenen Verhaltens tragen. Die Wahl des Geschäftspartners, der Erwerb des Grundstückes allein aufgrund einer Annahme, dass die erforderliche Änderung des Bebauungsplanes vorgenommen werde, ohne sich vertraglich abzusichern für den Fall, dass dies nicht erfolgt, seien Risiken gewesen, die die Kläger unabhängig von dem Verhalten der chilenischen Regierung eingegangen wären.[689]

c) Stellungnahme

Auch im Fall MTD gegen Chile stellt das Gericht darauf ab, dass der Grundsatz der gerechten und billigen Behandlung so zu interpretieren ist, dass er der Verwirklichung der Vertragsziele am Besten dient, also Rahmenbedingungen schafft, die investitionsfreundlich sind.

Dabei geht das Gericht in einer gewissen Hinsicht sogar über die Entscheidungen bisheriger Schiedsgerichte, die teilweise schon einen sehr weitgefassten Schutzstandard angenommen haben, hinaus, indem es annimmt, der Standard beschreibe nicht nur ein Verbot bestimmter Verhaltensweisen, die ausländischen Investitionen Schaden zufügen, sondern er gebiete vielmehr dem Gaststaat durch sein Verhalten ausländische Investitionen aktiv zu fördern.

Somit kann hier zunächst der Eindruck entstehen, der Standard könne nach Ansicht des Gerichts bereits dann verletzt sein, wenn der Gaststaat eine aktive Förderung ausländischer Investitionen unterlässt.

Diese bisher mit Abstand weitestreichende Forderung wird aber dadurch wieder relativiert, indem das Gericht auf der anderen Seite das Verhalten des ausländischen Investors untersucht und berücksichtigt, dass dieser durch eine ausländische Investition eine geschäftliche Entscheidung trifft, die naturgemäß mit Risiken behaftet ist, die er als Geschäftsmann abwägen und tragen muss. Wie das Gericht zutreffend feststellte, ist der Grundsatz der gerechten und billigen Behandlung keine Versicherung gegen Investitionsrisiken. Er ist aber dann verletzt, wenn der Gaststaat sich so verhält, dass der Investor bei Tätigung seiner Investition das damit verbundene Risiko nicht abschätzen konnte und die Inves-

688 MTD v. Chile, a.a.O., Rn. 188, 214.
689 MTD v. Chile, a.a.O., Rn. 179.

titionsentscheidung aufgrund eines staatlichen Verhaltens unter falschen Voraussetzungen getroffen hat.

10. Occidental Exploration and Production Company (OEPC) v. The Republic of Ecuador

Auch das Gericht im Fall Occidental Exploration and Production Company (OEPC) v. The Republic of Ecuador zieht zur Interpretation des Grundsatzes der gerechten und billigen Behandlung die Präambel des zugrunde liegenden Vertrages heran und stellt entsprechend darauf ab, dass der Gaststaat durch sein Verhalten stabile Rahmenbedingungen für ausländische Investitionen zu schaffen habe. Erst im Anschluss daran geht das Gericht darauf ein, dass der Vertragswortlaut in der Regelung des Grundsatzes der gerechten und billigen Behandlung, wie auch NAFTA auf das Völkergewohnheitsrecht verweist, lässt aber offen, ob dies den Grundsatz begrenzt.

a) Sachverhalt

Im Fall Occidental Exploration and Production Company (OEPC) v. The Republic of Ecuador[690] geht es um die Klage einer us-amerikanischen Firma, OEPC, die in Kalifornien registriert ist[691], und gegen die Regierung von Ecuador unter anderem wegen Verstößen gegen den bilateralen Investitionsschutzvertrag zwischen den USA und Ecuador[692] klagte.[693] Hintergrund der Klage waren Streitigkeiten über Mehrwertsteuerrückzahlungen. Die OEPC schloss 1999 einen Teilhabevertrag mit Petroecuador, einer ecuadorianischen Firma in Staatsbesitz, ab, um in Ecuador nach Öl zu forschen und dieses dort zu produzieren.[694] OEPC hat regelmäßig die Rückerstattung der Mehrwertsteuer bei dem „Servicio de Rentas Internas" (SRI) beantragt, welche von OEPC für notwendige Ankäufe für die Forschungs- und Produktionsaktivitäten im Rahmen des Vertrages mit Petroecuador angefallen war.[695] Im Jahr 2001 hat SRI festgelegt, dass die Mehrwertsteuerrückzahlung

690 Occidental Exploration and Production Company (OEPC) v. The Republic of Ecuador, UNCITRAL Arbitration Case No. UN 3467, Final Award, 01.07.2004 (Vicuña, Brower, Sweeney).

691 OEPC v. Ecuador, a.a.O., Abschn.1.

692 Treaty between the United States of America and the Republic of Ecuador Concerning the Encouragement and Reciprocal Protection of Investment, unterzeichnet am 27. August 1993 und am 22. April 1997 in Kraft getreten.

693 OEPC v. Ecuador, a.a.O., Abschn.6.

694 OEPC v. Ecuador, a.a.O., Abschn.1.

695 OEPC v. Ecuador, a.a.O., Abschn.2.

bereits in der Regelung zur Teilhabe nach dem mit Petroecuador geschlossenen Vertrag berücksichtigt wurde und lehnte dementsprechend alle weiteren Anträge von OEPC sowie anderen Firmen aus dem Öl-Sektor mittels einer Resolution ab.[696] Weiterhin wurde die Rückgabe der bereits gezahlten Steuerrückzahlungen gefordert.[697] Im Anschluss an diese Maßnahmen erhob OEPC Klagen vor ecuadorianischen Steuergerichtshöfen, indem es geltend machte, dass die Verweigerung der Mehrwertsteuerrückzahlung durch die Resolution der SRI gegen die ecuadorianische Gesetzgebung verstoße.[698] OEPC führte weiterhin an, dass die durch die SRI ergriffenen Maßnahmen gegen den bilateralen Investitionsschutzvertrag zwischen den USA und Ecuador[699] verstoßen, insbesondere unter anderem gegen Artikel II (3) (a) des Vertrages, der eine gerechte und billige Behandlung festlegt.[700]

Deshalb wurde ein internationales Schiedsgerichtsverfahren nach den UNCITRAL Arbitration Rules veranlasst.[701]

b) Wortlaut des Vertrags

Der hier einschlägige Vertragstext lautet:

„Präambel:

Fair and equitable treatment „is desirable in order to maintain a stable framework for investment and maximum effective utilization of economic resources“.

Article II (3) (a):
“Investment shall at all times be accorded fair and equitable treatment, shall enjoy full protection and security and shall in no case be accorded treatment less favourable than that required by international law.”

c) Entscheidung des Gerichts

Das Gericht stellt im vorliegenden Fall fest, dass der Grundsatz der gerechten und billigen Behandlung mit den Anforderungen des völkergewohnheitsrechtlichen Mindeststandards übereinstimmt. Hier ist im Hinblick auf eine grundsätzliche

---

696 OEPC v. Ecuador, a.a.O., Abschn.3.

697 OEPC v. Ecuador, a.a.O.

698 OEPC v. Ecuador, a.a.O., Abschn.4.

699 Treaty between the United States of America and the Republic of Ecuador Concerning the Encouragement and Reciprocal Protection of Investment, unterzeichnet am 27. August 1993 und am 22. April 1997 in Kraft getreten.

700 OEPC v. Ecuador, a.a.O., Abschn.5 und 157.

701 OEPC v. Ecuador, a.a.O., Abschn.6.

Aussage allerdings Vorsicht geboten, da das Gericht sich nur auf den von ihm zu entscheidenden Einzelfall bezieht und seine Aussage wohl nicht verallgemeinert werden kann. Dies wird insbesondere daran deutlich, dass das Gericht zunächst darauf verweist, dass der Grundsatz der gerechten und billigen Behandlung im Vertrag selbst nicht definiert ist und zu dessen Interpretation zunächst die Präambel des Vertrages heranzieht, die festlegt, dass die Parteien darin übereinstimmen, dass eine gerechte und billige Behandlung erstrebenswert ist, um stabile Rahmenbedingungen für Investitionen zu schaffen und den größtmöglichen Nutzen ökonomischer Ressourcen zu erzielen.[702] Das Gericht geht davon aus, dass stabile rechtliche und geschäftliche Rahmenbedingungen ein wesentlicher Bestandteil der gerechten und billigen Behandlung sind[703] und verweist zur Unterstützung seiner Ansicht auf Entscheidungen anderer Schiedsgerichte, wie die im Fall Metalclad oder Técnicas Medioambientales, die ebenfalls die Notwendigkeit stabiler Rahmenbedingungen betont haben.[704] Weiterhin sieht das Gericht den Grundsatz der gerechten und billigen Behandlung als einen objektiven Grundsatz an, dessen Einhaltung nicht davon abhängt, ob die ecuadorianische Regierung in gutem Glauben gehandelt hat oder nicht.[705]

In tatsächlicher Hinsicht kommt das Gericht zu dem Schluss, dass die ecuadorianische Regierung ihrer Verpflichtung gemäß Artikel II (3) (a) des Vertrages, der Investition eine gerechte und billige Behandlung zukommen zu lassen, nicht nachgekommen ist.[706] Erst im Anschluss an diese Feststellung bleibt nach Ansicht des Gerichts noch eine Frage im Hinblick auf diesen Artikel und die sich darauf beziehende Argumentation der Parteien zu klären.[707] Der Artikel setze nämlich fest, dass der Investition keinesfalls eine Behandlung widerfahren soll, die hinter den Anforderungen des Völkerrechts zurückbleibt.[708] Dies bedeute, dass ein Mindestmaß an gerechter und billiger Behandlung mit der Behandlung übereinstimmen muss, die völkergewohnheitsrechtlich gefordert wird.[709] Diese Frage ist hier allerdings meiner Ansicht nach rein akademischer Natur, da das Gericht bereits oben festgestellt hat, dass stabile Rahmenbedingungen ein wesentliches Element des Grundsatzes der gerechten und billigen Behandlung darstellen und gegen den Grundsatz durch die Handhabung der Steuergesetzgebung durch die zuständige ecuadorianische Behörde verstoßen wurde. Dennoch untersucht das

702 OEPC v. Ecuador, a.a.O., Abschn.183.
703 OEPC v. Ecuador, a.a.O., Abschn.183.
704 OEPC v. Ecuador, a.a.O., Abschn.185.
705 OEPC v. Ecuador, a.a.O., Abschn.186.
706 OEPC v. Ecuador, a.a.O., Abschn.187.
707 OEPC v. Ecuador, a.a.O., Abschn.188.
708 OEPC v. Ecuador, a.a.O.
709 OEPC v. Ecuador, a.a.O.

Gericht im Folgenden die Frage, ob eine durch den Vertrag geforderte gerechte und billige Behandlung ein Standard ist, welcher mehr fordert, als der durch das Völkergewohnheitsrecht beschriebene.[710] Das Gericht ist allerdings der Ansicht, dass der vertraglich vereinbarte Standard sich im vorliegenden Fall weder im Hinblick auf die Forderung nach Stabilität noch nach Vorhersehbarkeit der rechtlichen und wirtschaftlichen Rahmenbedingungen der Investition gegenüber dem völkergewohnheitsrechtlich geforderten Standard unterscheidet.[711] In diesem Ausmaß könne der völkervertragsrechtliche Standard also mit dem völkergewohnheitsrechtlichen gleichgesetzt werden.[712] Die Frage im vorliegenden Fall sei, ob rechtliche und wirtschaftliche Rahmenbedingungen für die Investition bestehen, die den völkergewohnheitsrechtlichen Anforderungen an Stabilität und Vorhersehbarkeit entsprechen.[713] Das Gericht betont noch einmal, dass das Völkergewohnheitsrecht unzweifelhaft fordert, dass die rechtliche und wirtschaftliche Umgebung, in welcher die Investition getätigt wurde, nicht geändert wird.[714] Dementsprechend entstehe im vorliegenden Fall die vor allem im Zusammenhang mit NAFTA, aber auch anderen Freihandelsabkommen vehement diskutierte Frage nicht, ob der vertraglich festgesetzte Standard über die Forderungen des Völkergewohnheitsrechtes hinausgehe.[715]

d) Stellungnahme

Das Gericht geht hier also in umgekehrter Reihenfolge vor. Es stellt zunächst fest, dass der Standard der gerechten und billigen Behandlung im Vertrag selbst nicht definiert ist, sondern in der Präambel erwähnt wird. Daraus folgert es, dass das in diesem Zusammenhang in der Präambel genannte Ziel des Vertrages, stabile und vorhersehbare Rahmenbedingungen für die Investition zu schaffen, ein wesentliches Element des Grundsatzes der gerechten und billigen Behandlung ist. Unter dieses Element subsumiert es die Fakten und gelangt zu dem Schluss, dass der Grundsatz verletzt wurde. Erst dann geht es auf den zweiten Teil des entsprechenden Artikels des Vertrages ein, der besagt, dass eine Behandlung jedenfalls nicht hinter den Anforderungen des Völkergewohnheitsrechtes zurückbleiben darf. Hier klärt es sukzessive, ob die Anforderungen des Grundsatzes der gerechten und billigen Behandlung etwa höher sind, als die völkergewohnheitsrechtlich geforderten, kommt aber zu dem Schluss, dass jedenfalls stabile und vorherseh-

710 OEPC v. Ecuador, a.a.O., Abschn.189.
711 OEPC v. Ecuador, a.a.O., Abschn.190.
712 OEPC v. Ecuador, a.a.O., Abschn.190.
713 OEPC v. Ecuador, a.a.O., Abschn.191.
714 OEPC v. Ecuador, a.a.O.
715 OEPC v. Ecuador, a.a.O., Abschn.192.

bare Rahmenbedingungen für eine Investition auch völkergewohnheitsrechtlich gefordert werden und somit der Grundsatz, jedenfalls im vorliegenden Fall, nicht über die Anforderungen einer Behandlung nach Völkergewohnheitsrecht hinausgeht.

11. CMS Gas Transmission Company v. The Argentine Republic

Mit dem hier vorliegenden Fall hatte sich ein weiteres Schiedsgericht mit dem Verhältnis zwischen dem Grundsatz der gerechten und billigen Behandlung und dem völkergewohnheitsrechtlichen Mindeststandard auseinanderzusetzen.

a) Sachverhalt

Im Fall CMS Gas Transmission Company v. The Argentine Republic[716] hatte das Gericht vor dem Hintergrund der Auswirkungen der Notstandsgesetzgebung Argentiniens nach einer ernsthaften ökonomischen Krise Anfang der 90er Jahre auf den zuvor privatisierten Energiesektor über die Klage von CMS, einem usamerikanischen Unternehmen, welches in den Energiesektor investiert hatte, gegen Argentinien unter dem zwischen den beiden Staaten bestehenden BIT zu entscheiden.[717] CMS klagte insbesondere darauf, dass Argentinien die Investition von CMS unter anderem nicht in Übereinstimmung mit dem Grundsatz der gerechten und billigen Behandlung gemäß Artikel II (2) (a) des BIT behandelt habe.[718]

b) Wortlaut des Vertrags

Der hier einschlägige Artikel des zugrunde liegenden BIT lautet:

Artikel II (2) (a):
„Investment shall at all times be accorded fair and equitable treatment, shall enjoy full protection and security and shall in no case be accorded treatment less favourable than that required by international law.“

716 CMS Gas Transmission Company v. The Argentine Republic, ICSID Case No. ARB/01/8, Urteil vom 12. Mai 2005 (Vicuña, Lalonde, Rezek).

717 CMS, a.a.O., Abschn. 53 ff..

718 CMS, a.a.O., Abschn. 88.

c) Entscheidung des Gerichts

Durch die Argumentation der Parteien wurde dem Gericht im vorliegenden Fall die Frage angetragen, ob der Standard der gerechten und billigen Behandlung über den des völkergewohnheitsrechtlichen Mindeststandards hinausgeht, oder ob er identisch mit diesem ist.[719] Wegen der zugrunde liegenden Fakten des Falles hatte das Gericht aber bereits klargestellt, dass es im vorliegenden Fall um die Bereitstellung stabiler rechtlicher und betriebswirtschaftlicher Rahmenbedingungen gehe, welche nach Ansicht des Gerichts zweifelsfrei ein grundlegender Bestandteil des Grundsatzes der gerechten und billigen Behandlung seien.[720] Dementsprechend stellt das Gericht fest, dass, während eine Entscheidung dieser Frage im Kontext einiger Streitigkeiten durchaus relevant sein mag, das Gericht von der Relevanz im vorliegenden Fall nicht überzeugt sei.[721] Tatsächlich unterscheide sich der vertragliche Standard der gerechten und billigen Behandlung und seine Verbindung mit der geforderten Stabilität und Vorhersehbarkeit der geschäftlichen Rahmenbedingungen, der auf bindenden rechtlichen und vertraglichen Verpflichtungen gründe, nicht vom völkergewohnheitsrechtlichen Mindeststandard der Behandlung von Ausländern und dessen Entwicklung unter dem Völkergewohnheitsrecht.[722]

Dementsprechend muss das Gericht im vorliegenden Fall diese Frage auch nicht entscheiden und geht nicht weiter darauf ein.

d) Stellungnahme

Das Gericht stellt hier für den von ihm zu entscheidenden Einzelfall fest, dass der Grundsatz der gerechten und billigen Behandlung mit dem völkergewohnheitsrechtlichen Mindeststandard übereinstimmt, bezieht sich aber nur auf die hier zugrunde liegenden Fakten. Hier geht es um die Stabilität der rechtlichen und wirtschaftlichen Rahmenbedingungen, die nach Ansicht des Gerichtes zweifelsfrei durch den völkergewohnheitsrechtlichen Mindeststandard der Behandlung erfasst werden. Dies lässt aber keinen Rückschluss auf eine grundsätzliche Aussage in der Hinsicht zu, dass der vertragliche Grundsatz der gerechten und billigen Behandlung im hier einschlägigen BIT generell mit dem völkergewohnheitsrechtlichen Mindeststandard übereinstimmen soll.

---

719 CMS, a.a.O., Abschn. 282 f.

720 CMS, a.a.O., Abschn. 274.

721 CMS, a.a.O., Abschn. 284.

722 CMS, a.a.O., Abschn. 284.

Abschließend lässt sich feststellen, dass das Gericht annimmt der Grundsatz der gerechten und billigen Behandlung begründe einen Anspruch des ausländischen Investors auf stabile rechtliche und wirtschaftliche Rahmenbedingungen.

12. Eureko B.V. v. Polen

In einem Ad-Hoc-Schiedsverfahren[723] unter dem Investitionsschutzvertrag zwischen den Niederlanden und Polen, das durch Eureko B.V., ein niederländisches Unternehmen, am 11. Februar 2003 eingeleitet wurde, stellte das Schiedsgericht ebenfalls eine Verletzung der gerechten und billigen Behandlung durch den polnischen Staat fest. Das Unternehmen hatte die Verletzung verschiedener Normen des Investitionsschutzvertrages durch den polnischen Staat geltend gemacht.

Dem Verfahren lag folgender Sachverhalt zugrunde:

a) Sachverhalt

Im Jahr 1999 beschloss die polnische Regierung die Privatisierung der PZU, einem großen Versicherungsunternehmen, das vollständig in staatlichem Eigentum stand. Die PZU war das führende Versicherungsunternehmen in Polen und gehörte zu den führenden Finanzinstitutionen in Zentral- und Osteuropa.[724]

Eureko B.V., ein niederländisches Unternehmen, erwarb als strategischer Investor 20% der insgesamt 30% zum Erwerb angebotenen Anteile an der PZU. Bezüglich des Erwerbs der Anteile wurde zwischen dem Finanzministerium und dem Investor ein detaillierter Vertrag über die Rechte und Pflichten der Parteien geschlossen.[725]

Im Anschluss wurde die Privatisierung zum Thema politischer Auseinandersetzungen. Das Finanzministerium verstieß mit verschiedenen Handlungen gegen den Vertrag und wollte diesen vor nationalen Gerichten für unwirksam erklären lassen.[726]

Im weiteren Verlauf änderte sich die Einstellung der Regierung zu den Privatisierungsmaßnahmen und eine zweite Vertragsänderung im Jahr 2001, wonach Eureko B.V. die Erlaubnis erhalten sollte, mehr als 50% der Anteile an der PZU zu erwerben, trat nie in Kraft.[727]

---

723 Eureko B.V. v. Republic of Poland, Ad-hoc Tribunal, Teilurteil vom 19. August 2005 (Fortier/Schwebel/Rajski).

724 Eureko B.V. v. Republic of Poland, a.a.O., Rn. 36f.

725 Eureko B.V. v. Republic of Poland, a.a.O., Rn. 39ff.

726 Eureko B.V. v. Republic of Poland, a.a.O., Rn. 44ff.

727 Eureko B.V. v. Republic of Poland, a.a.O., Rn. 52ff.

Die Privatisierung wurde abgesehen von den veräußerten 30% nicht weiter fortgeführt und der polnische Staat blieb Eigentümer der übrigen Anteile der PZU.[728]

b) Wortlaut der der Entscheidung zugrunde liegenden Norm

Das Schiedsverfahren ist unter dem „Agreement between the Kingdom of the Netherlands and the Republic of Poland on Encouragement and Reciprocal Protection of Investment“ eingeleitet worden.

Die Klägerin hat unter anderem geltend gemacht, ihre Investition sei nicht gerecht und billig behandelt worden. Die entsprechende Vertragsnorm lautet:

„Article 3.1:

Each Contracting Party shall ensure fair and equitable treatment to the investments of investors of the other Contracting Party and shall not impair, by unreasonable or discriminatory measures, the operation, management, maintenance, use, enjoyment or disposal thereof by those investors.“

c) Entscheidung des Gerichts

Hinsichtlich der geltend gemachten Verletzung des Grundsatzes der gerechten und billigen Behandlung stellt das Gericht fest, dass es mehr als deutlich sei, dass Eureko ungerecht und unbillig behandelt worden sei.[729]

Staatsorgane verletzten nach Ansicht des Gerichts bewusst und offen die grundlegenden Erwartungen der Klägerin, die die Grundlage für deren Investition bildeten, und in dem geschlossenen Vertrag mit dem Finanzministerium und dessen erster Ergänzung niedergelegt wurden.[730]

Das Gericht ist der Ansicht, dass die polnische Republik durch ihre Organe nicht nachvollziehbar, sondern aus rein willkürlichen Gründen, die in Zusammenhang mit einer Mischung aus politischen Erwägungen und nationalistischen Gründen mit diskriminierendem Charakter stehen, handelte.[731]

Das Schiedsgericht kommt hier unproblematisch zu dem Ergebnis, dass der Grundsatz der gerechten und billigen Behandlung verletzt wurde. Nach Ansicht des Gerichts kann das Verhalten der polnischen Regierung im vorliegenden Fall sogar als ungeheuerlich und schockierend bezeichnet werden, obwohl dieser

728 Eureko B.V. v. Republic of Poland, a.a.O., Rn. 72 f.
729 Eureko B.V. v. Republic of Poland, a.a.O., Rn. 231.
730 Eureko B.V. v. Republic of Poland, a.a.O., Rn. 232.
731 Eureko B.V. v. Republic of Poland, a.a.O., Rn. 233.

extreme Grad in der Qualität der Handlung keine Voraussetzung für die Annahme einer Verletzung des Grundsatzes der gerechten und billigen Behandlung sei.[732]

Vielmehr hält es die Ausführungen des Gerichts im Fall Tecmed für angebracht, wonach der Grundsatz der gerechten und billigen Behandlung nach dem Völkerrecht bedeute, dass:

„...this provision of the Agreement, in light of the good faith principle established by international law, requires the Contracting Parties to provide to international investments treatment that does not affect the basic expectations that were taken into account by the foreign investor to make the investment ...".[733]

d) Stellungnahme

Vorliegend stellt das Gericht zur Feststellung einer Verletzung des Grundsatzes der gerechten und billigen Behandlung auf die legitimen Erwartungen des Investors ab. Diese lassen sich unproblematisch feststellen, indem sie hier in einem Vertrag zwischen dem ausländischen Investor und der Regierung des Gaststaates festgelegt wurden.

Folglich ergeben sich hier in tatsächlicher Hinsicht keine Probleme. Auch in rechtlicher Hinsicht handelt es sich nicht um einen Grenzfall, so dass der Fall für das Gericht zwar eindeutig zu entscheiden war, aber keine grundsätzlichen neuen Erkenntnisse zu den Grenzen des Umfangs und Inhalts des Grundsatzes der gerechten und billigen Behandlung liefert.

Das Gericht konnte vorliegend unproblematisch von der Verletzung des Grundsatzes der gerechten und billigen Behandlung ausgehen, da die Verhaltensweise der Regierung nach Ansicht des Gerichts als ungeheuerlich und schockierend anzusehen ist und folglich sogar nach den strengen Anforderungen der Neer- Entscheidung eine Verletzung des Grundsatzes der gerechten und billigen Behandlung bejaht werden konnte. Diese Anforderungen sind aber nach den Ausführungen des Gerichts keine Voraussetzung zur Begründung einer Verletzung des Grundsatzes der gerechten und billigen Behandlung.

---

732 Eureko B.V. v. Republic of Poland, a.a.O., Rn. 234.

733 Técnicas Medioambientales Tecmed, S.A. v. United Mexican States, ICSID Case No. ARB (AF)/00/2, Urteil vom 29. Mai 2003, Rn. 154.

13. Saluka v. Czech Republic

Im Fall Saluka gegen die Tschechische Republik[734] hatte ein internationales Schiedsgericht ebenfalls über eine geltend gemachte Verletzung des Grundsatzes der gerechten und billigen Behandlung zu entscheiden.

Hintergrund des Verfahrens waren verschiedene Ereignisse in Zusammenhang mit der Privatisierung des tschechischen Bankensektors, in deren Konsequenz sich Saluka Investments BV (Saluka), ein Unternehmen nach niederländischem Recht, das Anteile einer vormals staatlichen Bank übernommen hatte, als nicht gerecht und billig behandelt ansah.[735]

a) Sachverhalt

Nach der kommunistischen Ära, zu Beginn der 90er Jahre, begann die Regierung der Tschechischen und Slowakischen Föderativen Republik (Tschechoslowakei) den zentralisierten Bankensektor des Landes zu privatisieren. Diese Bestrebung wurde nach der Trennung der Tschechoslowakei in zwei unabhängige Staaten am 31.12.1992 von der Regierung der tschechischen Republik fortgesetzt.[736]

Bis 1994 hatte sich der Bankensektor in vier große kommerzielle Banken in Staatseigentum, unter anderem die Investicni a Postovni banka a.s. (IPB), aufgeteilt. An diesen Banken behielt die tschechische Regierung wesentliche Minderheitsbeteiligungen, bis deren endgültige Privatisierung im Zeitraum zwischen 1998 bis 2001 durch Verkauf der staatlichen Anteile an private Investoren erfolgte.[737]

Mit Vertrag vom 08. März 1998 veräußerte der Tschechische Staat, handelnd durch den tschechischen National Property Fund (NPF), das von ihm gehaltene Aktienpaket an die Nomura Europe, plc, eine in Großbritannien inkorporierte Gesellschaft des japanischen Finanzkonzerns Nomura. Mit dieser Transaktion wurde die erste vollständige Privatisierung einer zu den „Big Four“ zählenden Banken abgeschlossen.[738]

Die Nomura Europe plc veräußerte ihre Beteiligung an der IPB am 02.10.1998 bzw. am 24.02.2000 in zwei Tranchen an die von ihr zu 100% beherrschte Saluka Investments BV, eine Gesellschaft niederländischen Rechts.[739]

---

734 Saluka Investments BV (The Netherlands) v. The Czech Republic, Ad Hoc Arbitration (UNCITRAL Rules), Teilurteil vom 17. März 2006.

735 Saluka v. Czech Republik, a.a.O., Rn. 279.

736 Saluka v. Czech Republik, a.a.O., Rn. 32 ff.

737 Saluka v. Czech Republik, a.a.O.

738 Saluka v. Czech Republik, a.a.O., Rn. 61 ff.

739 Saluka v. Czech Republik, a.a.O., Rn. 70 ff.

Alle vier großen Banken litten daran, dass ein hoher Anteil ihrer ausstehenden Darlehen und Kredite notleidend war, was aus einer zu liberalen Kreditpolitik in der nachkommunistischen Zeit und inadäquaten Gläubigerrechten nach der tschechischen Rechtsordnung resultierte. Ohne staatliche Beihilfen drohte dieses sich im Jahr 1998 verschärfende Problem zum Kollaps der vier Banken zu führen, weshalb die tschechische Regierung im Jahr 1998 ihre bisherige Politik, dem Bankensektor keine direkten Finanzhilfen zu geben, änderte. Daraufhin erhielten die anderen drei Banken unter Ausschluss der IPB im Jahre 1999 staatliche Finanzhilfen mit der Begründung, dass der Staat an diesen noch Beteiligungen hielt, im Unterschied zu der bereits vollständig privatisierten IPB. Die Finanzhilfen sollten die Privatisierung auch der anderen Banken ermöglichen. [740]

Die IPB kämpfte in der Folge mit wachsenden Schwierigkeiten und Sanierungsversuche scheiterten, so dass sie schließlich am 16.06.2000 aufgrund eines Regierungsbeschlusses vom Vortag unter Zwangsverwaltung gestellt wurde. Drei Tage später wurde das operative Geschäft der IPB an eine der anderen drei Banken verkauft, der in diesem Zusammenhang eine Staatsgarantie durch das Finanzministerium gewährt wurde, sowie eine Schadloshaltungserklärung einer weiteren der vier Großbanken.[741]

Die Zwangsverwaltung endete am 16.06.2002. In der Folge leitete die tschechische Regierung ein Schiedsverfahren ein, durch welches angeordnet wurde, dass Nomura seine Aktien an die Großbank, die bereits das operative Geschäft der IPB übernommen hatte, zu übertragen habe. Diese wurde am 16.02.2004 als neue Eigentümerin der Aktien registriert.[742]

Am 18. Juli 2001 leitete Saluka ein Schiedsverfahren nach dem zwischen der Tschechischen Republik und den Niederlanden bestehenden Investitionsschutzvertrag[743] ein, mit dem das Unternehmen unter anderem geltend machte, die Maßnahmen bzw. das Verhalten der Tschechischen Republik gegenüber der IPB einerseits und den anderen drei Großbanken andererseits hätten gegen das Investitionsschutzabkommen verstoßen. Die Beschwerdeführerin habe insbesondere ihre Pflicht missachtet, die Beschwerdegegnerin bzw. deren Investition in die IPB gerecht und billig, insbesondere nicht diskriminierend zu behandeln (Art. 3 des Investitionsschutzvertrages).[744]

740 Saluka v. Czech Republik, a.a.O., Rn. 75 ff.

741 Saluka v. Czech Republik, a.a.O., Rn. 84 ff.

742 Saluka v. Czech Republik, a.a.O., Rn. 160.

743 Agreement on encouragement and reciprocal protection of investments between the Kingdom of the Netherlands and the Czech and Slovak Federal Republik vom 29.04.1991. Der Vertrag wurde nach der Trennung der Tschechoslowakei in zwei unabhängige Staaten durch die Tschechische Republik bestätigt.

744 Saluka v. Czech Republik, a.a.O., Rn. 159, 164.

b) Rechtliche Grundlagen

Die hier einschlägige Regelung des Investitionsschutzvertrages zwischen der Tschechischen Republik und den Niederlanden lautet:

Artikel 3:
„1. Each contracting Party shall ensure fair and equitable treatment to the investments of investors of the other contracting Party and shall not impair, by unreasonable or discriminatory measures, the operation, management, maintenance, use, enjoyment or disposal thereof by those investors."

c) Entscheidung des Gerichts

Mit Entscheidung vom 17. März 2006 erklärte sich das Schiedsgericht als für die Beurteilung der ihm vorgelegten Streitsache zuständig und stellte in der Sache fest, dass die Tschechische Republik in verschiedener Hinsicht gegen Art. 3.1 des Investitionsschutzabkommens verstoßen habe[745].

Das Schiedsgericht stellte zunächst klar, dass es, obwohl es sich bei den in Art. 3.1. des Abkommens festgelegten generellen Standards um Grundsätze handele, die nicht auf einen eindeutigen rechtlichen Inhalt reduziert werden könnten, keine Entscheidung „ex aequo et bono" treffen könne, sondern vielmehr nach Art. 6 des Abkommens auf Grundlage der geltenden Gesetze, einschließlich der Vertragsregelungen zu entscheiden habe.[746]

Im Anschluss setzte sich das Gericht grundsätzlich mit der Bedeutung des Grundsatzes der gerechten und billigen Behandlung auseinander, insbesondere mit der Frage, ob es sich bei dem vertraglichen Grundsatz letztendlich um nichts anderes als den völkergewohnheitsrechtlich anerkannten Mindeststandard der Behandlung von Ausländern handele.[747] Allerdings sieht das Gericht Unterschiede zwischen dem vertraglichen Grundsatz der gerechten und billigen Behandlung und dem völkergewohnheitsrechtlich anerkannten Mindeststandard der Behandlung von Ausländern bei Anwendung auf den Einzelfall als mehr theoretischer als praktischer Natur an. So könnten die unterschiedlichen Formulierungen in den Entscheidungen der Schiedsgerichte bezüglich der Schwelle der Annahme einer Verletzung des Standards der gerechten und billigen Behandlung bei vertiefender Analyse mit den unterschiedlichen Kontexten und tatsächlichen Hintergründen, auf die der Standard anzuwenden war, begründet werden.[748]

---

745 Saluka v. Czech Republik, a.a.O., Rn. 281.
746 Saluka v. Czech Republik, a.a.O., Rn. 282 ff.
747 Saluka v. Czech Republik, a.a.O., Rn. 285 ff.
748 Saluka v. Czech Republik, a.a.O., Rn. 291.

Obwohl der völkergewohnheitsrechtliche Mindeststandard der Behandlung bei der Entscheidung zu berücksichtigen sei, seien dessen Anforderungen an das Verhalten des Staates als absolute Mindestanforderungen geringer als die Anforderungen nach dem vertraglich vereinbarten Standard der gerechten und billigen Behandlung, der einen positiven Anreiz für ausländische Investoren bieten soll, Investitionen in dem betreffenden Staat zu tätigen.[749]

Weiterhin fehle in der vorliegenden Vereinbarung des Art. 3.1. des Abkommens eine ausdrückliche Bezugnahme auf den völkergewohnheitsrechtlichen Mindeststandard, wie sie beispielsweise in NAFTA normiert sei, so dass sich das Gericht hier nicht mit diesem Problem auseinanderzusetzen habe, sondern hier ein unabhängiger Standard vereinbart worden sei, an dem sich das Gericht entsprechend dem Wortlaut der Vereinbarung zu orientieren habe.[750]

Dementsprechend untersucht das Gericht in Übereinstimmung mit den Auslegungsregeln der Wiener Vertragsrechtskonvention[751], auf die es Bezug nimmt, zunächst die gewöhnliche Wortbedeutung der Begriffe „gerecht“ und „billig“ und kommt unter Verweis auf die Rechtsprechung in S.D. Myers[752] zu dem Schluss, dass sich hieraus keine klärenden Erkenntnisse ergeben. So seien die Umschreibungen der Begriffe gerecht und billig als „just“, „evenhanded“, „unbiased“ und „legitimate“ ähnlich vage wie diese selbst und führten für sich genommen lediglich zu der Aussage, dass der Standard jedenfalls durch ein Verhalten verletzt werde, das derart ungerecht und willkürlich ist, dass es sich aus völkerrechtlicher Perspektive als inakzeptabel darstellt.[753]

Nach Auseinandersetzung mit dem Kontext, in dem der Grundsatz der gerechten und billigen Behandlung vereinbart wurde, insbesondere mit dem Gegenstand des Vertrages und dessen Vertragsziel, sowie der Präambel des Vertrages kommt das Gericht zu dem Ergebnis, dass vor dem Hintergrund, dass ausländische Investitionen, wenn nicht sogar aktiv gefördert, jedenfalls nicht behindert werden sollen, der Grundsatz der gerechten und billigen Behandlung eng mit den legitimen Erwartungen des Investors verbunden ist, die als beherrschendes Element des Grundsatzes anzusehen seien. Die Entscheidung eines Investors zur Tätigung einer Investition gründe auf einer Beurteilung der rechtlichen Lage und des gesamten wirtschaftlichen Umfeldes zum Zeitpunkt seiner Investition sowie

---

749 Saluka v. Czech Republik, a.a.O., Rn. 292f.

750 Saluka v. Czech Republik, a.a.O., Rn. 294.

751 Art. 31 Abs. 1 Wiener Übereinkommen über das Recht der Verträge vom 23. Mai 1969, BGBl. 1985 II, S. 927.

752 S.D. Myers, Inc. v. Canada, UNCITRAL (NAFTA), First Partial Award, 13. November 2000 (Schwarz, Chiasson, Hunter).

753 Saluka v. Czech Republik, a.a.O., Rn. 297.

auf der Erwartung, dass das Verhalten des Gaststaates nach Tätigung seiner Investition gerecht und billig sein werde.[754]

Darüber hinaus umfassen die legitimen Erwartungen des Investors nach Ansicht des Gerichts die Beachtung so etablierter und grundlegender Standards wie die des guten Glaubens, der Rechtsstaatlichkeit und der Nichtdiskriminierung, sogar bis hin zu der Erwartung der *Stabilität* der rechtlichen und wirtschaftlichen Rahmenbedingungen, wobei aber zu beachten sei, dass die legitimen Erwartungen nicht rein subjektiv an den Erwartungen des jeweiligen Investors zu messen seien, sondern vielmehr im Lichte der jeweiligen Umstände unter Beachtung der Rechte des Gaststaates, seine eigenen Angelegenheiten im Allgemeininteresse zu regeln, als berechtigt und vernünftig angesehen werden können.[755] Daraus ergebe sich das Erfordernis einer Abwägung der Interessen beider Parteien.

Der Investor erwarte berechtigterweise, dass das Verhalten des Gaststaates, soweit es seine Investition betrifft, vernünftigerweise durch Anforderungen der öffentlichen Ordnung gerechtfertigt ist und die Anforderungen an Konsistenz, Transparenz, Unparteilichkeit und Nichtdiskriminierung nicht grundlegend verletzt. Schließlich dürfe der Gaststaat in Zusammenhang mit dem Grundsatz der gerechten und billigen Behandlung die Grundsätze der Rechtsstaatlichkeit und des ordentlichen Verfahrens nicht missachten und müsse dem Investor Freiheit von Nötigung und Schikane durch seine eigenen Kontrollbehörden gewährleisten.[756]

d) Stellungnahme

Das Gericht im Fall Saluka stellt, wie bereits verschiedene Schiedsgerichte in früheren Entscheidungen, zunächst auf den Wortlaut des Vertrages ab und zieht zur Interpretation des Grundsatzes der gerechten und billigen Behandlung unter Bezugnahme auf die Auslegungsregeln der Wiener Vertragsrechtskonvention[757] die Präambel und die dort dargelegten Vertragsziele heran. Wie bereits das Gericht im Fall MTD gegen Chile[758] geht das Schiedsgericht hier davon aus, dass es sich bei dem Grundsatz der gerechten und billigen Behandlung um einen akti-

754 Saluka v. Czech Republik, a.a.O., Rn. 298 ff.

755 Saluka v. Czech Republik, a.a.O., Rn. 304 f.

756 Saluka v. Czech Republik, a.a.O., Rn. 308.

757 Wiener Übereinkommen über das Recht der Verträge vom 23. Mai 1969, BGBl. 1985 II, S. 927.

758 MTD Equity Sdn. Bhd. And MTD Chile S.A. v. Republic of Chile, ICSID Case No. ARB/01/7, Urteil vom
25. May 2004.

ven Standard handelt, der ein Verhalten des Gaststaates fordert, das ausländische Investitionen begünstigt.

Inhaltlich sieht das Gericht die legitimen Erwartungen des Investors als zentralen Bestandteil des Grundsatzes an, wobei der Investor grundsätzlich von einem transparenten und diskriminierungsfreien Verhalten des Staates ausginge, das dieser in gutem Glauben anwendet, sowie von einer gewissen Stabilität der Rahmenbedingungen. Damit fasst das Gericht alle völkergewohnheitsrechtlich anerkannten Aspekte als Bestandteile der legitimen Erwartungen eines Investors zusammen.

Darüber hinaus stellt das Gericht zur Feststellung einer Verletzung des Grundsatzes der gerechten und billigen Behandlung auf die Umstände des Einzelfalls dahingehend ab, dass es betont, dass die Interessen des Investors legitim sein müssen, was nach Ansicht des Gerichts zu einer Interessenabwägung mit den Interessen des Gaststaates führt.

Mit dieser Entscheidung wird folglich eine erste Tendenz deutlich, den sehr weitgehenden Schutz der Interessen des Investors einzuschränken. Dies erfolgt hier nicht durch eine Begrenzung des Schutzumfangs des Grundsatzes der gerechten und billigen Behandlung auf den völkergewohnheitsrechtlich anerkannten Mindeststandard zur Behandlung von Ausländern, sondern autonom durch Auslegung des Grundsatzes als eigenständigen völkervertraglichen Grundsatz durch die Berücksichtigung der Interessen beider Vertragsparteien.

Dies ist insofern vorzugswürdig als dass zum einen der Vertragswortlaut berücksichtigt wird, der eben nicht den völkergewohnheitsrechtlich anerkannten Mindeststandard festlegt und hier auch keinerlei Bezug auf das Völkergewohnheitsrecht nimmt. Zum anderen konnte bereits aus der Untersuchung der früheren Rechtsprechung festgestellt werden, dass der völkergewohnheitsrechtliche Mindeststandard ursprünglich dem physischen Schutz von Ausländern zu Beginn des 20. Jahrhunderts diente und entsprechend seine Voraussetzungen nur schwer auf den modernen Investitionsschutz übertragbar sind.

Demgegenüber ermöglicht eine Abwägung zwischen den Interessen beider Vertragsparteien ein einzelfallbezogenes und interessengerechtes Ergebnis.

14. Azurix Corp. v. Argentinien

Im hier vorliegenden Fall geht das Schiedsgericht davon aus, dass es sich bei dem Grundsatz der gerechten und billigen Behandlung um einen eigenständigen Grundsatz des Völkervertragsrechts handelt, der seinem Wortlaut entsprechend und nach den Zielen des Vertrages auszulegen ist.

a) Sachverhalt

Im Fall Azurix Corp. gegen Argentinien[759] machte der Kläger Azurix Corp., ein us-amerikanisches Unternehmen[760], geltend, dass Argentinien seine Verpflichtungen gegenüber Azurix nach dem bilateralen Vertrag zwischen den Vereinigten Staaten von Amerika und Argentinien[761], unter anderem die Verpflichtung zu einer gerechten und billigen Behandlung,[762] im Hinblick auf die Investition des Klägers in ein Unternehmen zur Versorgung von Buenos Aires mit Trinkwasser sowie zur Abwasserbeseitigung verletzt habe.[763] Hintergrund des Streites war unter anderem ein Algenproblem in einem Trinkwasserreservoir sowie Unstimmigkeiten über die Festsetzung der Preise für die Bereitstellung von Trinkwasser gegenüber den Abnehmern[764].

Azurix hatte einen Vertrag mit der argentinischen Provinz Buenos Aires abgeschlossen, nach welchem das Unternehmen die Trinkwasserversorgung sowie die Abwasserentsorgung der Provinz übernahm.[765] Nach dem Übereinkommen sollten durch die Provinz Buenos Aires verschiedene Reparaturen älterer Probleme mit der Wasserversorgung erfolgen und nach Beendigung auf Azurix als Konzessionär der Trinkwasserversorgung der Provinz übertragen werden.[766] Die Provinz stellte unter anderem die notwendigen Reparaturen der Filteranlage allerdings nie fertig, was zu einer Algenblüte in einem Trinkwasserreservoir führte.[767] Aufgrund der Algenblüte war das Wasser trüb und hatte einen intensiven Erdgeschmack und -geruch.[768] Die Abnehmer beschwerten sich und wurden von Politikern der Provinz Buenos Aires daraufhin dazu angehalten, ihre Wasserrechnungen gegenüber Azurix nicht zu begleichen.[769] Daraufhin kündigte Azurix den Vertrag und musste einen Insolvenzantrag stellen.[770]

---

759 Azurix Corp. v. The Argentine Republic, ICSID Case No. ARB/01/12, Urteil vom 14. Juli 2006, (Sureda, Lalonde, Martins).

760 Azurix Corp. gegen Argentinien, Urteil vom 14. Juli 2006, Abschn.1.

761 Treaty between the United States of America and the Argentine Republic Concerning the Reciprocal Encouragement and Protection of Investment, unterzeichnet am 14. November 1991, in Kraft getreten am 20. Oktober 1994.

762 Azurix Corp. gegen Argentinien, a.a.O., Abschn.9.

763 Azurix Corp. gegen Argentinien, a.a.O:, Abschn.3.

764 Azurix Corp. gegen Argentinien, a.a.O., Abschn.77 ff.

765 Azurix Corp. gegen Argentinien, a.a.O., Abschn.41.

766 Azurix Corp. gegen Argentinien, a.a.O., Abschn.120 ff. und 143.

767 Azurix Corp. gegen Argentinien, a.a.O., Abschn.124 und 143.

768 Azurix Corp. gegen Argentinien, a.a.O., Abschn.124.

769 Azurix Corp. gegen Argentinien, a.a.O., Abschn.125.

770 Azurix Corp. gegen Argentinien, a.a.O., Abschn.43.

b) Wortlaut des Vertrages

Der hier relevante Vertragstext lautet:

Artikel II (2) (a) des BIT zwischen den USA und Argentinien[771] legt fest, dass „Investment shall at all times be accorded fair and equitable treatment, shall enjoy full protection and security and shall in no case be accorded treatment less favourable than required by international law."

c) Entscheidung des Gerichts

Das Gericht kommt im vorliegenden Fall zu dem Schluss, dass es sich bei dem Grundsatz der gerechten und billigen Behandlung um einen eigenständigen und unabhängigen Standard handelt. Es betont zunächst, dass es sich bei dem vorliegenden BIT um einen völkerrechtlichen Vertrag handelt, der in Übereinstimmung mit den Regelungen zur Interpretation völkerrechtlicher Verträge, wie sie in der Wiener Vertragsrechtskonvention festgelegt sind, zu interpretieren ist.[772] Artikel 31 (1) des Wiener Übereinkommens über das Recht der Verträge lautet: „Ein Vertrag ist nach Treu und Glauben in Übereinstimmung mit der gewöhnlichen, seinen Bestimmungen in ihrem Zusammenhang zukommenden Bedeutung im Lichte seines Zieles und Zweckes auszulegen."[773] In ihrer gewöhnlichen Wortbedeutung meinen die Begriffe gerecht und billig, die in Artikel 3 (1) des BIT verwendet werden „just", „even-handed", „unbiased", „legitimate".[774] Im Hinblick auf Ziel und Zweck des Vertrages bringen die Vertragsparteien in dessen Präambel ihren Wunsch zum Ausdruck, eine größere Zusammenarbeit im Hinblick auf Investitionen zu fördern und erkennen an, dass ein Einvernehmen im Hinblick auf die diesen Investitionen entgegenzubringende Behandlung den privaten Kapitalfluss und die wirtschaftliche Entwicklung der Vertragsparteien fördere. Weiterhin stimmen die Vertragsparteien darin überein, dass eine gerechte und billige Behandlung von Investitionen zur Unterstützung stabiler Rahmenbedingungen für Investitionen und den effektivsten Nutzen der ökonomischen Ressourcen erstrebenswert ist.[775]

---

771 Treaty between the United States of America and the Argentine Republic Concerning the Reciprocal Encouragement and Protection of Investment, unterzeichnet am 14. November 1991, in Kraft getreten am 20. Oktober 1994.

772 Azurix Corp. gegen Argentinien, a.a.O., Abschn.359.

773 Wiener Übereinkommen über das Recht der Verträge, siehe Fn. 362.

774 Azurix Corp. gegen Argentinien, a.a.O., Abschn.360.

775 Treaty between the United States of America and the Argentine Republic Concerning the Reciprocal Encouragement and Protection of Investment, unterzeichnet am 14. November 1991, in Kraft getreten am 20. Oktober 1994, Präambel.

Es folge aus der gewöhnlichen Wortbedeutung der Begriffe gerecht und billig und aus dem Ziel und Zweck des Vertrages, dass gerecht und billig als eine Behandlung in einer unvoreingenommenen und angemessenen Weise angesehen werden soll, die zur Förderung der Verbreitung von Auslandsinvestitionen führt.[776] Durch die Wortwahl reflektiere der BIT eine positive Grundhaltung der Parteien gegenüber Investitionen und darüber hinaus würden die Vertragsparteien die Rolle der gerechten und billigen Behandlung zur Unterstützung stabiler Rahmenbedingungen für Investitionen und einer größtmöglichen Nutzung ökonomischer Ressourcen anerkennen.[777]

Der Wortlaut des Artikel II. (2) (a) des BIT selbst beinhaltet nach Ansicht des Gerichtes drei eigenständige Grundsätze zur Behandlung, welche gegenüber Investitionen anzuwenden ist: gerechte und billige Behandlung, voller Schutz und Sicherheit und eine Behandlung, welche nicht hinter den völkergewohnheitsrechtlichen Normen zurückbleibt.[778] Gerechte und billige Behandlung sei eigenständig aufgeführt.[779] Der letzte Satz stelle sicher, dass, welche Anforderungen an eine Behandlung auch immer durch die oberen zwei Grundsätze gestellt würden, die Behandlung jedenfalls nicht schlechter sein dürfe als völkergewohnheitsrechtlich gefordert.[780] Dies erlaube, die Grundsätze der gerechten und billigen Behandlung und vollen Schutzes und Sicherheit als strengere Standards zu interpretieren als die des Völkergewohnheitsrechtes.[781]

Darüber hinaus führt das Gericht noch an, dass dieses textliche Argument seiner Meinung nach im vorliegenden Fall keine große inhaltliche Bedeutung habe, da sich auch der völkergewohnheitsrechtliche Mindeststandard weiterentwickelt habe und das Schiedsgericht der Ansicht sei, dass sich der Inhalt sowohl bei der Ansicht, dass der Grundsatz der gerechten und billigen Behandlung nicht über den völkergewohnheitsrechtlichen Mindeststandard hinausgehe als auch bei dessen eigenständiger Interpretation nach gewöhnlicher Wortbedeutung und Vertragszweck nicht unterscheide.[782] Im Folgenden legt das Gericht seine Feststellung, dass sich der völkergewohnheitsrechtlich anerkannte Mindeststandard seit seiner Definition im Neer-Fall 1927 weiterentwickelt habe, unter Berufung auf die Ausführungen verschiedener Schiedsgerichte zu dieser Frage, ausführlich dar.[783] Festgestellt wird in allen zitierten Urteilen allerdings lediglich, dass

776 Azurix Corp. gegen Argentinien, a.a.O., Abschn. 360.
777 Azurix Corp. gegen Argentinien, a.a.O.
778 Azurix Corp. gegen Argentinien, a.a.O., Abschn.361.
779 Azurix Corp. gegen Argentinien, a.a.O.
780 Azurix Corp. gegen Argentinien, a.a.O.
781 Azurix Corp. gegen Argentinien, a.a.O.
782 Azurix Corp. gegen Argentinien, a.a.O.
783 Azurix Corp. gegen Argentinien, a.a.O., Abschn.364 ff.

sich der völkergewohnheitsrechtliche Standard weiterentwickelt hat, wohingegen nicht ausgeführt wird, was er aus heutiger Sicht umfasst.

Unter Bezugnahem auf die Entscheidungen in den Fällen „Waste Management“[784] und „Techmed“[785] kommt das Gericht zu dem Schluss, dass auch für den heutigen völkergewohnheitsrechtlichen Mindeststandard ein böser Glaube oder böswillige Absicht des betreffenden Staates keine notwendigen Merkmale mehr sind.[786] Die Verhaltensstandards, auf die sich die Vertragsparteien eines bilateralen Vertrages einigen, setzen nach Ansicht des Gerichts eine positive Grundhaltung gegenüber ausländischen Investitionen, tatsächlich sogar ein pro-aktives Verhalten des Staates voraus, diese Investitionen zu fördern und zu schützen.[787] Die Förderung und der Schutz von Auslandsinvestitionen sei der Zweck eines bilateralen Investitionsschutzvertrages.[788] Dementsprechend sei es mit diesem Vertragszweck und den durch ein solches Dokument hervorgerufenen Erwartungen unvereinbar, zu entscheiden, dass eine Vertragspartei die Verpflichtung zu einer gerechten und billigen Behandlung erst dann verletze, wenn sie böswillig handelte oder das Verhalten als empörend oder ungeheuerlich angesehen werden könne.[789]

d) Stellungnahme

Im vorliegenden Fall ist festzuhalten, dass der Entscheidung ein Vertragswortlaut zugrunde liegt, der demjenigen in Artikel 1105 (1) NAFTA entspricht. Wie die frühen Entscheidungen unter NAFTA geht das Gericht auch hier allerdings davon aus, dass es sich bei dem Grundsatz der gerechten und billigen Behandlung um einen eigenständigen völkervertraglichen Grundsatz handelt, der autonom anhand seines Wortlauts und der Ziele des Vertrages auszulegen ist. Weiter macht das Gericht deutlich, dass es die Voraussetzungen des Neer-Falles nicht mehr für anwendbar hält, sondern dass eine Weiterentwicklung erfolgt ist.

Das Gericht geht hier folglich von einer sehr weiten Interpretation des Grundsatzes aus. Es werden keinerlei Einschränkungen beispielsweise hinsichtlich einer Einbeziehung der Interessen des Gaststaates gemacht. Das Gericht geht vielmehr ausschließlich darauf ein, dass die Interessen des Investors geschützt werden

784 Waste Management Inc. v. The United Mexican States, ICSID Case No. ARB (AF)/3, Urteil vom 30. April 2004, Anschn. 98.

785 Técnicas Medioambientales Tecmed S.A. v. The United Mexican States, ICSID Case No. ARB(AF)/00/2 (Award) (29 May 2003), 43 ILM 133 (2004), Abschn. 154.

786 Azurix Corp. gegen Argentinien, a.a.O., Abschn.372.

787 Azurix Corp. gegen Argentinien, a.a.O., Abschn.372.

788 Azurix Corp. gegen Argentinien, a.a.O., Abschn.372.

789 Azurix Corp. gegen Argentinien, a.a.O., Abschn.372.

müssen, da sich die Parteien in dem zugrundeliegenden Investitionsschutzvertrag zu einer Förderung von ausländischen Investitionen bekannt haben. Dies erfordere ein pro-aktives Verhalten des Staates, dem Investor günstige und stabile Rahmenbedingungen zu bieten.

15. ADC Affiliate und ADC & ADMC Management v. Ungarn

Im Fall ADC & ADMC geht das Gericht nur sehr kurz auf den Grundsatz der gerechten und billigen Behandlung ein. Ausführlich stützt sich jedoch der Kläger auf diesen Grundsatz, dessen Ansicht entsprechend näher dargelegt wird.

a) Sachverhalt

Im Fall ADC Affiliate und ADC & ADMC Management gegen Ungarn[790] geht es um eine Klage zweier unter dem Recht von Zypern bestehender Unternehmen[791] gegen die ungarische Regierung, in Zusammenhang mit einem Auftrag zum Ausbau und zur Betreibung des Budapester Flughafens.[792] ADC hatte Verträge über das Management von Terminal 2/A und 2/B abgeschlossen, die nach einer Änderung des Luftfahrtgesetzes wegen Nichterfüllbarkeit zum 01.01.2002 aufgehoben wurden.[793] Daraufhin klagte ADC gegen die ungarische Regierung wegen Verstoßes gegen den zwischen Zypern und Ungarn bestehenden BIT[794].[795]

b) Ansicht des Klägers

Der Kläger machte geltend, dass durch die Änderung des Luftfahrtgesetzes und der daraus resultierenden Übernahme aller Aktivitäten des Unternehmens, eine Enteignung der Investition des Klägers gemäß Artikel 4 des BIT vorliege.[796] Nach Artikel 4 des BIT ist eine Enteignung allerdings rechtmäßig, wenn verschiedene in dem Artikel festgelegte Voraussetzungen, unter anderem die Einhaltung eines ordentlichen Prozesses, erfüllt sind. Ein ordentlicher Prozess liegt

790 ADC Affiliate Limited and ADC & ADMC Management Limited v. The Republic of Hungary, ICSID Case No. ARB/03/16, Urteil vom 2. Oktober 2006 (Brower, van den Berg, Kaplan).

791 ADC gegen Ungarn, Urteil vom 2. Oktober 2006, Abschn.80.

792 ADC gegen Ungarn, a.a.O., Abschn.94 ff.

793 ADC gegen Ungarn, a.a.O., Abschn.172 ff.

794 Agreement between the Government of the Republic of Cyprus and the Government of the Hungarian People's Republic of Mutual Promotion and Protection of Investments, unterzeichnet am 24. May 1989.

795 ADC gegen Ungarn, a.a.O., Abschn.210 ff.

796 ADC gegen Ungarn, a.a.O., Abschn.218.

nach Ansicht des Klägers dann nicht vor, wenn die Mindeststandards des Vertrages oder zusätzliche im Vertrag festgelegte Verpflichtungen nicht eingehalten wurden.[797] Zur Feststellung, dass diese Enteignung rechtswidrig war, führt der Kläger weitere Verstöße gegen andere Normen des BIT an. Unter anderem macht er geltend, die Enteignung könne schon deshalb nicht rechtmäßig sein, weil sie nicht den Anforderungen an einen ordentlichen Prozess genüge und den Klägern insbesondere eine gerechte und billige Behandlung, wie sie in Artikel 3 (1) des BIT festgesetzt ist, verweigert worden sei.[798] Eine Verletzung des Grundsatzes der gerechten und billigen Behandlung stützt der Kläger darauf, dass die grundlegenden Erwartungen des Investors durch die Handlungen der ungarischen Regierung zerstört worden seien.[799] Der Kläger scheint den Grundsatz der gerechten und billigen Behandlung also nicht als einen eigenständigen Grundsatz, sondern vielmehr als ein Element anzusehen, welches die Rechtswidrigkeit einer vorliegenden Enteignung begründet. Nach Artikel 4 des BIT ist eine Enteignung dann rechtmäßig, wenn sie, neben anderen Anforderungen, den Anforderungen an einen ordentlichen Prozess genügt. Diesem genügt sie nach Ansicht des Klägers dann nicht, wenn die Investition nicht gerecht und billig behandelt wurde. Dieser Ansicht folgt aber weder die Beklagte noch das Gericht, die den Standard als einen eigenständigen Standard sehen. Darüber hinaus führt die Argumentation des Klägers zu einem Zirkelschluss. Dieser führt weiter aus, dass das Fehlen eines ordentlichen Prozesses zu einer Verweigerung von Gerechtigkeit führte, was wiederum eine Verletzung des Grundsatzes der gerechten und billigen Behandlung begründe.[800]

Der Kläger argumentiert also, dass die Enteignung unter anderem wegen Fehlens eines ordentlichen Prozesses rechtswidrig ist, wobei ein ordentlicher Prozess wegen einer Verweigerung einer gerechten und billigen Behandlung nicht vorliegen kann, das Fehlen des ordentlichen Prozesses hier ebenfalls einer Verweigerung von Gerechtigkeit gleichkäme, die wiederum zu einer Verletzung des Grundsatzes der gerechten und billigen Behandlung führt.

c) Entscheidung des Gerichts

Das Gericht selbst geht auf die Argumentation des Klägers in Zusammenhang mit einer Verletzung des Grundsatzes der gerechten und billigen Behandlung nicht ein. Es stellt lediglich fest, dass die Bedeutung des Grundsatzes der gerechten und

797 ADC gegen Ungarn, a.a.O., Abschn.375.
798 ADC gegen Ungarn, a.a.O., Abschn.222.
799 ADC gegen Ungarn, a.a.O., Abschn.379.
800 ADC gegen Ungarn, a.a.O.

billigen Behandlung von den konkreten Umständen des Einzelfalls abhängt.[801] Im Lichte der vorliegenden Tatsachen sei das Gericht jedoch davon überzeugt, dass der Grundsatz der gerechten und billigen Behandlung verletzt sei.[802]

d) Stellungnahme

Das Gericht sieht den Grundsatz somit als einen eigenständigen Grundsatz an, der abhängig von den Umständen des Einzelfalls zu bestimmen ist. Im Gegensatz zu den Ausführungen des Klägers zieht das Gericht insbesondere den Grundsatz nicht zur Begründung einer Verletzung eines anderen vertraglichen Grundsatzes, vorliegend zur Begründung einer rechtswidrigen Enteignung, heran.

Es lehnt allerdings auch nicht die Verletzung des Grundsatzes der gerechten und billigen Behandlung mit der Begründung ab, der Kläger habe, indem er primär nur auf eine rechtswidrige Enteignung eingeht, hierzu nicht ausreichend vorgetragen. So hat das Gericht im Fall MTD gegen Chile[803] argumentiert. Hier legt das Gericht die vorgetragenen Umstände vielmehr dahingehend aus, dass diese unabhängig von einer etwaigen Enteignung eine Verletzung des Grundsatzes der gerechten und billigen Behandlung begründen.

16. PSEG v. Türkei

Auch im Fall PSEG gegen die Türkei[804] hatte ein internationales Schiedsgericht unter anderem über eine Verletzung des Grundsatzes der gerechten und billigen Behandlung zu entscheiden.

a) Sachverhalt

Der Entscheidung des Gerichts lag eine Investition der PSEG Global Inc., einem us-amerikanischen Unternehmen, in Zusammenhang mit der Privatisierung des türkischen Energiesektors zugrunde.[805] Das Unternehmen sollte im Rahmen eines sogenannten „Build-Operate-Transfer"-(BOT)-Projektes ein Kraftwerk

801 ADC gegen Ungarn, a.a.O., Abschn.445.

802 ADC gegen Ungarn, a.a.O.

803 MTD Equity Sdn. Bhd. And MTD Chile S.A. v. Republic of Chile, ICSID Case No. ARB/01/7, Urteil vom 25. Mai 2004.

804 PSEG Global Inc. and Konya Ilgin Elektrik Üretim ve Ticaret Limited Sirketi v. Republic of Turkey, ICSID Case No. ARB/02/5), Urteil vom 19.01.2007 (Vicuña, Frotier, Kaufmann-Kohler).

805 PSEG Global Inc. v. Republic of Turkey, a.a.O., Rn. 13 ff.

errichten. In diesem Zusammenhang wurden unterschiedliche Alternativen der möglichen Unternehmensstruktur in der Türkei mit der türkischen Regierung diskutiert, die sich auf die zu zahlenden Steuern, wie auch die zu erhebenden Tarife für den Verkauf der erzeugten Elektrizität des Unternehmens auswirken.[806]

Nach der Beantragung einer Genehmigung zur Errichtung eines Kraftwerks durch den Investor führte das türkische Ministerium für Energie und natürliche Ressourcen eine Durchführbarkeitsstudie durch, die im Ergebnis ein Kraftwerk mit einer Netzleistung von 375 Megawatt mit einer 85%-igen Auslastung und einer Laufzeit von 38 Jahren vorschlug.[807]

Der nächste Schritt war der Abschluss eines Durchführungsvertrags am 9. August 1996, wobei zunächst unklar war, ob der Vertrag nach den Regelungen des Privatrechts oder des öffentlichen Rechts geschlossen werden konnte, nach einer Entscheidung des Verfassungsgerichtshofs der Türkei aber nach öffentlichem Recht geschlossen werden musste.[808] Im Jahr 1998 folgte der Abschluss eines Konzessionsvertrags.

Streitigkeiten zwischen den Parteien entstanden im Folgenden insbesondere hinsichtlich der Auslegung der im Konzessionsvertrag vereinbarten Geschäftsbedingungen.[809]

Eine neue Studie aus dem Jahr 1997 ergab die Notwendigkeit einer wesentlich höheren Investition, woraufhin der Investor dem türkischen Energieministerium verschiedene Vorschläge zur Anhebung der Tarife, der Erhöhung der Kapazität und Auslastung des Kraftwerks oder Kombinationen aus beiden Varianten unterbreitete.[810]

Die durch das Ministerium zunächst gebilligte Variante wurde im Mai 1999 durch das Ministerium zurückgewiesen, mit der Begründung, die Berechnung stimme nicht mit derjenigen, die dem geänderten Bergwerkplan beigelegen habe überein und sei nie durch das Ministerium akzeptiert worden.[811]

Darüber hinaus wurden in den folgenden Jahren verschiedene Gesetze erlassen, die wichtige Vereinbarungen des Vertrages zwischen den Parteien faktisch aufhoben.[812]

Schließlich wurde der Vertrag nach sieben Jahren unmittelbar vor dem Hauptabschluss durch die Türkei gekündigt.[813]

---

806 PSEG Global Inc. v. Republic of Turkey, a.a.O., Rn. 17.
807 PSEG Global Inc. v. Republic of Turkey, a.a.O., Rn. 18 f.
808 PSEG Global Inc. v. Republic of Turkey, a.a.O., Rn. 20 f.
809 PSEG Global Inc. v. Republic of Turkey, a.a.O., Rn. 22 ff.
810 PSEG Global Inc. v. Republic of Turkey, a.a.O., Rn. 28 ff.
811 PSEG Global Inc. v. Republic of Turkey, a.a.O., Rn. 42 f.
812 PSEG Global Inc. v. Republic of Turkey, a.a.O., Rn. 68 ff.
813 PSEG Global Inc. v. Republic of Turkey, a.a.O., Rn. 79.

b) Wortlaut der zugrunde liegenden Norm

Artikel II (3) des zugrunde liegenden Investitionsschutzvertrages lautet:
„Investments shall at all times be accorded fair and equitable treatment ...in a manner consistent with international law."

Darüber hinaus besagt die Präambel des Vertrages, dass "such treatment is desirable in order to maintain a stable framework for investment and maximum effective utilization of economic recources...".

c) Entscheidung des Gerichts

In seiner Entscheidung darüber, ob im vorliegenden Fall der Grundsatz der gerechten und billigen Behandlung verletzt wurde, stellt das Gericht zunächst klar, dass es sich seiner Meinung nach bei dem Grundsatz um einen eigenständigen vertraglichen Grundsatz handelt, der getrennt und eigenständig von den anderen vertraglich vereinbarten Grundsätzen gesehen werden muss und immer dann einschlägig ist, wenn es sich nicht um Verletzungen anderer traditioneller völkerrechtlicher Grundsätze wie etwa einer direkten Enteignung handelt.[814]

Neuere Urteile hätten den Standard zur Beurteilung von Rechten herangezogen, die durch inkonsequentes staatliches Verhalten betroffen wurden, durch willkürliche Veränderungen der rechtlichen Rahmenbedingungen oder nicht endenden normativen Änderungen zum Nachteil des Geschäfts des Investors und der Erforderlichkeit der Sicherung vorhersehbarer und stabiler rechtlicher Verhältnisse.[815] Dies beinhalte maßgeblich die Frage der legitimen Erwartungen des Investors, die, wie das Gericht im Fall Tecmed festgestellt habe, eine Behandlung erforderten, die nicht von den grundlegenden Erwartungen abweiche, die der ausländische Investor im Zeitpunkt seiner Entscheidung zur Tätigung der Investition gehabt habe".[816]

Im vorliegenden Fall ist das Gericht allerdings nicht überzeugt, dass die durch den Investor geltend gemachten Erwartungen solche sind, die der Investor legitimer Weise haben konnte. Legitime Erwartungen würden per definitionem davon

814 PSEG Global Inc. v. Republic of Turkey, a.a.O., Rn.238 f.

815 PSEG Global Inc. v. Republic of Turkey, a.a.O., Rn. 240 unter Verweis auf: *MTD Equity Sdn. Bhd. & MTD Chile S.A. v. Republic of Chile* (ICSID Case No. ARB/01/7), Award of May 25, 2004, para. 164); *Técnicas Medioambientales Tecmed, S.A. v. The United Mexican States* (ICSID Case No. ARB(AF)/00/2), Award of May 29, 2003, para. 154; *Occidental Exploration and Production Company v. The Republic of Ecuador*, LCIA Case No. UN 3467, Award of July 1, 2004, para. 183.

816 PSEG Global Inc. v. Republic of Turkey, a.a.O., Rn. 240 unter Verweis auf: *Técnicas Medioambientales Tecmed, S.A. v. The United Mexican States* (ICSID Case No. ARB(AF)/00/2), Award of May 29, 2003, para. 154.

abhängen, dass die Regierung Zusagen erteilt habe, auf die sich der Investor verlässt, um ein Recht zu begründen, dass zu beachten ist.[817] Derartige Zusagen konnten nach Ansicht des Gerichts durch den Investor nicht nachgewiesen werden. Dieser habe sich vielmehr auf allgemeine politische Standpunkte der türkischen Regierung bezogen, wonach ausländische Investitionen generell als willkommen angesehen wurden, ohne dass konkret auf die Investition des Investors bezogene Zusagen nachgewiesen werden konnten.[818]

Auch der Nachweis eines bösgläubigen Verhaltens der türkischen Regierung konnte nach Ansicht des Gerichts nicht erbracht werden.[819]

Dennoch nimmt das Gericht eine Verletzung des Grundsatzes der gerechten und billigen Behandlung an, indem die türkische Regierung ihre Sorgfaltspflicht in den Verhandlungen mit dem Investor offensichtlich verletzt habe und dieser legitimerweise von einer kompetenten und professionellen Handhabung hätte ausgehen dürfen. So seien wesentliche Streitfragen unbeantwortet geblieben, aus denen eine systematische Haltung erkennbar geworden sei, die Notwendigkeit der Beendigung von Verhandlungen zu umgehen, die nirgendwo hinführen.[820]

Darüber hinaus habe das zuständige Ministerium seine staatliche Autorität missbraucht, indem es die gesetzlichen Grundlagen für Neuverhandlungen angeführt habe, die weit über das gesetzlich geforderte Maß hinausgingen und weder in Zusammenhang zur Verhandlung standen noch sich im Rahmen der Kompetenzen des Ministeriums bewegten.[821]

Inkonsequentes administratives Verhalten liege weiterhin darin, dass das Ministerium gesetzlich garantierte Rechte, wie auch eine Entscheidung des Verfassungsgerichtshofes ignoriert habe, was über eine wohl vorliegende Verletzung nationalen Rechts hinaus jedenfalls einen Verstoß gegen den Grundsatz der gerechten und billigen Behandlung nach dem Investitionsschutzvertrag begründe.[822]

Drittens sei der Grundsatz der gerechten und billigen Behandlung durch die ständigen Veränderungen der rechtlichen Grundlagen einerseits hinsichtlich des gesellschaftsrechtlichen Status des Projekts, des ständigen Wechsels in der Frage, ob sich die zugrunde liegenden Verträge nach privatem oder öffentlichem Recht richten und andererseits, in geringerem Maße, des ständigen Wechsels in den steuerlichen Rechtsgrundlagen verletzt.[823]

---

817 PSEG Global Inc. v. Republic of Turkey, a.a.O., Rn. 241.
818 PSEG Global Inc. v. Republic of Turkey, a.a.O., Rn. 242 ff.
819 Vgl. PSEG Global Inc. v. Republic of Turkey, a.a.O., Rn. 245.
820 PSEG Global Inc. v. Republic of Turkey, a.a.O., Rn. 246.
821 PSEG Global Inc. v. Republic of Turkey, a.a.O., Rn. 247.
822 PSEG Global Inc. v. Republic of Turkey, a.a.O., Rn. 248 f.
823 PSEG Global Inc. v. Republic of Turkey, a.a.O., Rn. 250.

Schließlich stelle sich aufgrund der Gesamtumstände die Frage nach der Notwendigkeit, ein stabiles und vorhersehbares wirtschaftliches Umfeld für die Investition des Investors zu schaffen. Die Handhabung im vorliegenden Fall stelle das genaue Gegenteil dessen dar. Stabilität könne nicht vorhanden sein in einer Situation, in der Gesetze und deren Anwendung und Interpretation ständig und unaufhörlich geändert werden. Während in komplexen Verhandlungen, wie der hier vorliegenden, Veränderungen, die jenseits der Kontrolle der Regierung liegen, nahezu unvermeidlich sind und ein Investor dementsprechend auch nicht legitimerweise davon ausgehen kann, dass alle Umstände vollkommen gleich bleiben, kann der Investor jedenfalls davon ausgehen, dass staatliches Verhalten nach Tätigung seiner Investition gerecht und billig sein wird, im Hinblick darauf, dass die Entscheidung des Investors zur Tätigung der Investition auf einer Beurteilung der Gesamtumstände der rechtlichen und geschäftlichen Bedingungen im Zeitpunkt der Tätigung seiner Investition basiert. Dies führe hier, selbst wenn, wovon das Gericht nicht überzeugt ist, die Regierung gutgläubig handelte, zu einem offensichtlichen Verstoß gegen den Grundsatz der gerechten und billigen Behandlung wie auch gegen nationales Recht.[824]

d) Stellungnahme

In der hier vorliegenden Entscheidung wird die bereits zuvor festgestellte Tendenz der internationalen Schiedsgerichte fortgeführt, zur Begründung einer Verletzung des Grundsatzes der gerechten und billigen Behandlung auf die legitimen Erwartungen des Investors im Zeitpunkt der Tätigung seiner Investition abzustellen. Insbesondere betont das Gericht hier auch, dass es sich nur um solche Erwartungen des Investors handeln kann, die dieser legitimerweise haben konnte, was verdeutlicht, dass nicht jede Erwartung des Investors durch den Grundsatz der gerechten und billigen Behandlung geschützt werden soll, sondern auch die Interessen des Gaststaates in die Beurteilung mit einfließen. Legitime Erwartungen hängen nach Ansicht des Gerichts vielmehr per definitionem davon ab, dass die Regierung Zusagen erteilt hat, auf die sich der Investor verlässt und somit von einem aktiven Verhalten des Staates, an dem sich dieser später festhalten lassen muss.

Diese Aussage wird im Folgenden durch das Gericht allerdings dahingehend relativiert als dass es nicht nur die Nichteinhaltung ausdrücklicher Zusagen des Gaststaates als mögliches Verhalten zur Begründung einer Verletzung des Grundsatzes der gerechten und billigen Behandlung annimmt, sondern wie im vorliegenden Fall auch ein inkonsequentes administratives Verhalten, das not-

---

824 PSEG Global Inc. v. Republic of Turkey, a.a.O., Rn. 253 ff.

wendige Entscheidungen gerade nicht trifft. Ob dies allein nach Ansicht des Gerichtes allerdings bereits eine Verletzung des Grundsatzes der gerechten und billigen Behandlung begründen kann, erscheint insofern nicht eindeutig als dass das Gericht die Verletzung des Grundsatzes letztlich auf verschiedene Verstöße der staatlichen Stellen in deren Zusammenschau stützt.

Dementsprechend kann wohl auch vertreten werden, dass das Gericht davon ausgeht, dass wiederholte Fehler im Verhalten staatlicher Behörden, die für sich genommen gegebenenfalls noch nicht zu einer Verletzung des völkervertragsrechtlichen Grundsatzes der gerechten und billigen Behandlung führen, in der Zusammenschau eine Verletzung des Grundsatzes darstellen.

17. Compagñía de Aguas del Aconquija S.A. and Vivendi Universal S.A. v. Argentine Republic

Im Fall Compagñía de Aguas del Aconquija S.A. and Vivendi Universal S.A. v. Argentine Republic[825] hatte das Gericht über eine Klage unter anderem auf Verletzung des Grundsatzes der gerechten und billigen Behandlung nach dem einschlägigen Investitionsschutzvertrag zwischen den USA und Argentinien zu entscheiden.

a) Sachverhalt

In dem der Entscheidung zugrunde liegenden Fall ging es um eine Investition eines argentinischen Unternehmens, dessen Hauptaktionär ein französischer Investor ist, in Zusammenhang mit einer Privatisierungsinitiative Argentiniens in den frühen 90er Jahren des zwanzigsten Jahrhunderts.

Die Kläger schlossen in diesem Zusammenhang mit der argentinischen Provinz Tucumán eine Konzession über Trink- und Abwasserdienstleistungen mit einer Laufzeit von 30 Jahren ab.[826] Im Rahmen der Konzession tätigte das Unternehmen erhebliche Investitionen, um die Trinkwasserqualität sicherzustellen.[827]

Kurz nach Abschluss der Konzession änderten sich die politischen Verhältnisse in der betreffenden Provinz dahingehend, dass die Privatisierung der Wasserversorgung nun nicht mehr gewünscht war.[828] Entsprechend wurde politischer

825 Compagñía de Aguas del Aconquija S.A. and Vivendi Universal S.A. v. Argentine Republic, ICISD Case No. ARB/97/3, Urteil vom 20. August 2007, (Kaufmann-Kohler, Verea, Rowley QC).

826 Compagñía de Aguas del Aconquija S.A. gegen Argentinien, a.a.O., Abschn. 4.2.4 ff; 4.3.

827 Compagñía de Aguas del Aconquija S.A. gegen Argentinien, a.a.O., Abschn. 4.5.5.

828 Compagñía de Aguas del Aconquija S.A. gegen Argentinien, a.a.O., Abschn. 4.8; 4.11.

Druck auf die Kläger ausgeübt, die in der Konzession vereinbarten Gebühren zu senken.[829] Darüber hinaus wurde die Bevölkerung nach zwei Zwischenfällen in der Trinkwasserversorgung durch die Behörden aufgefordert, gar keine Gebühren mehr zu zahlen.[830] Schließlich versuchte man einen Neuabschluss der Konzession zu niedrigeren Tarifen zu erzwingen, woraufhin die Kläger die Konzession im August 1997 kündigten, aber durch die Behörden in der Provinz Tucumán gezwungen wurden, die Dienstleistung bis Oktober 1998 aufrecht zu erhalten.[831]

b) Wortlaut des Vertrages

Der hier relevante Vertragstext des Investitionsschutzvertrages zwischen Frankreich und Argentinien[832] lautet:

Article 3:

"Chacune des Parties contractantes s'engages à assurer, sur son territoire et dans sa zone maritime, un traitement juste et équitable, conformèment aux principes du droit international, aux investissement effectués par des investisseurs de l'autre Partie et à faire en sorte que l'exercice du droit ainsi reconnu ne soit entravé ni en droit, ni en fait."

c) Entscheidung des Gerichts

Auf der Basis des Vertragstextes, der eine gerechte und billige Behandlung in Übereinstimmung mit den Grundsätzen des Völkerrechtes festlegt und unter Einbeziehung der in der Präambel und dem Vertrag selbst festgelegten Ziele, stellt das Gericht zunächst fest, dass der Wortlaut des Vertrages von völkerrechtlichen Grundsätzen im Allgemeinen spricht und nicht auf den völkergewohnheitsrechtlich anerkannten Mindeststandard eingeschränkt ist.[833] Dies lege eine weitere Auslegung nahe, die die Einbeziehung eines größeren Bereichs an Grundsätzen des Völkerrechtes unterstütze als nur den völkergewohnheitsrechtlichen Mindeststandard.[834]

Zweitens könne der Wortlaut des Vertrages, der eine gerechte und billige Behandlung in Übereinstimmung mit den Grundsätzen des Völkerrechtes for-

---

829 Compagñía de Aguas del Aconquija S.A. gegen Argentinien, a.a.O., Abschn. 4.11.

830 Compagñía de Aguas del Aconquija S.A. gegen Argentinien, a.a.O., Abschn. 4.12 ff.

831 Compagñía de Aguas del Aconquija S.A. gegen Argentinien, a.a.O., Abschn. 4.15 ff.; 4.19 f.

832 Accord entre le Gouvernement de la Republique française et le Gouvernement de la Republique Argentine sur l'encouragement et la protection réciproques des investissiments, unterzeichnet in Paris am 03. Juli 1991.

833 Compagñía de Aguas del Aconquija S.A. gegen Argentinien, a.a.O., Abschn.7.4.2.ff.

834 Compagñía de Aguas del Aconquija S.A. gegen Argentinien, a.a.O., Abschn.7.4.7.

dert, ebenso dahingehend verstanden werden, dass die Grundsätze des Völkerrechtes die Mindestanforderungen bilden, bei deren Verletzung der Grundsatz der gerechten und billigen Behandlung in jedem Fall verletzt ist.[835] Dementsprechend wäre eine Verletzung eines Grundsatzes des Völkerrechtes aber keine notwendige Voraussetzung für eine Verletzung des Grundsatzes der gerechten und billigen Behandlung. Schließlich deute der Wortlaut des Vertrages noch darauf hin, dass von den heutigen Grundsätzen des Völkerrechtes auszugehen sei, nicht von Grundsätzen, die beinahe ein Jahrhundert zurückliegen.[836] Schließlich stellt das Gericht fest, dass beide Streitparteien die Position vertreten, dass zur Beurteilung, ob der Grundsatz der gerechten und billigen Behandlung verletzt wurde, ein Gericht darüber entscheiden muss, ob unter allen Umständen des konkreten Einzelfalles das dem Staat zurechenbare Verhalten gerecht und billig oder ungerecht und unbillig war.[837]

d) Stellungnahme

Im vorliegenden Fall hat das Gericht also basierend auf dem Wortlaut des Vertrages anerkannt, dass der Grundsatz der gerechten und billigen Behandlung jedenfalls dann verletzt ist, wenn ein völkerrechtlicher Grundsatz verletzt wurde. Es geht aber darüber hinaus, indem es sagt, dass dies nur die Grundlage für eine Verletzung des Grundsatzes darstellt. Der Grundsatz kann also auch dann verletzt sein, wenn zwar keine Verletzung eines völkerrechtlichen Grundsatzes festgestellt werden kann, die Umstände des konkreten Einzelfalles aber zu dem Ergebnis führen, dass das Verhalten der Regierung nicht gerecht und billig war. Dies entspricht der Argumentation in frühen Entscheidungen unter NAFTA. Dementsprechend geht das Gericht hier letztendlich sogar von einer autonomen Auslegung des Grundsatzes nach den Umständen des Einzelfalles aus. Dies stellt eine neuerliche Weiterung in der Auslegung gegenüber den Bestrebungen von Schiedsgerichten in früheren Entscheidungen dar, den Grundsatz zu konkretisieren und gerade nicht einer uneingeschränkten Einschätzung eines Gerichts im Einzelfall zu unterwerfen.

835 Compagñía de Aguas del Aconquija S.A. gegen Argentinien, a.a.O., Abschn.7.4.7.
836 Compagñía de Aguas del Aconquija S.A. gegen Argentinien, a.a.O., Abschn.7.4.7.
837 Compagñía de Aguas del Aconquija S.A. gegen Argentinien, a.a.O., Abschn.7.4.12.

18. Duke Energy v. Republic of Ecuador

Interessant an der hier vorliegenden Entscheidung sind neben der ausführlichen Bezugnahme des Gerichts auf die früheren Schiedsgerichtsentscheidungen zur Frage der Verletzung des Grundsatzes der gerechten und billigen Behandlung seine Ausführungen dazu, ob und unter welchen Voraussetzungen durch zivilvertragliche Verletzungen eines Staates gegen den Grundsatz der gerechten und billigen Behandlung verstoßen warden kann.

a) Sachverhalt

Der vorliegende Streitfall zwischen der Duke Energy Electroquil Partners & Electroquil S.A. und der Republic von Ecuador[838] gründet auf verschiedenen Verträgen zwischen den Parteien in Zusammenhang mit der Erzeugung von Elektrizität in Ecuador.[839]

Aufgrund einer nationalen Elektrizitätsunterversorgung schloss das staatliche Energieunternehmen INECEL im Oktober 1995 einen Energieabnahmevertrag mit dem Unternehmen Electroquil, wonach Electroquil zwei Gasturbinen in Ecuador installieren und betreiben sollte. Der Vertrag umfasste verschiedene Garantien und Vertragsstrafen für den Fall, dass die Garantien nicht eingehalten werden. 1996 schlossen die Parteien einen weiteren Vertrag über zwei weitere Einheiten zur Energieerzeugung, dessen Regelungen insbesondere hinsichtlich der Vertragsstrafen denen des ersten Vertrages entsprachen.[840]

Hinsichtlich der an Electroquil zu entrichtenden Zahlungen durch INECEL wurde die Einrichtung eines Treuhandfonds vereinbart, an dem das Finanzministerium nach den vertraglichen Vereinbarungen in der Form beteiligt werden sollte, dass das Ministerium Zahlungsgarantien für den Fall übernahm, dass der Treuhandfonds von INECEL unzureichend sei.[841]

Zu der Zeit der Inbetriebnahme der Elektrizitätswerke war der Treuhandfonds allerdings nicht eingerichtet worden und Zahlungen erfolgten nur zum Teil und verspätet. Erst 1998 wurden entsprechende Treuhandfonds eingerichtet und die Bank ermächtigt, Zahlungen aus dem Treuhandfonds des Finanzministeriums zu veranlassen in dem Fall das INECEL die Zahlungen nicht leisten könne.[842]

838 Duke Energy Electroquil Partners & Electroquil S.A. v. Republic of Ecuador, ICSID Case No. ARB/04/19, Urteil vom 18.08.2008(Kaufmann-Kohler, Pinzón, van den Berg).

839 Duke Energy v. Ecuador, a.a.O., Rn. 9.

840 Duke Energy v. Ecuador, a.a.O., Rn. 16 ff.

841 Duke Energy v. Ecuador, a.a.O., Rn. 37 ff.

842 Duke Energy v. Ecuador, a.a.O., Rn. 40 f.

Gegen Electroquil wurden durch INECEL weiterhin eine Reihe von Bußgeldern erhoben, gegen die Electroquil widersprochen hat.[843]

Ende 1997 beteiligte sich Duke Energy an den Elektrizitätswerken.[844]

1999 wurde das staatliche Unternehmen INECEL liquidiert und der Staat trat durch das Ministerium für Energie und Bergbau in dessen Rechte und Pflichten ein.[845]

b) Relevante rechtliche Grundlagen

Artikel II (3) (a) des Investitionsschutzvertrages zwischen den USA und Ecuador[846]:

"Investment shall at all times be accorded fair and equitable treatment, shall enjoy full protection and security and shall in no case be accorded treatment less than that required by international law."

c) Entscheidung des Gerichts

Hinsichtlich des hier zugrunde liegenden Grundsatzes der gerechten und billigen Behandlung, wie er in Art. II (3) (a) des Investitionsschutzvertrages zwischen den USA und Ecuador[847] festgelegt ist, stellte das Gericht zunächst fest, dass es nach den hier zu entscheidenden Tatsachen des Falles auf die Frage nicht ankomme, ob es sich bei dem Grundsatz der gerechten und billigen Behandlung um einen eigenständigen vertraglichen Grundsatz oder lediglich um eine Ausgestaltung des völkergewohnheitsrechtlich anerkannten Mindeststandards der Behandlung von Ausländern handelt. Im Übrigen stelle sich diese Frage ohnehin im Lichte der Entwicklung der neueren ICSID-Entscheidungen als überholt dar.[848]

Weiter geht das Gericht unter Verweis auf die Rechtsprechung in den Fällen Azurix gegen Argentinien[849] und CMS[850], denen eine vertragliche Regelung mit ähnlichem Wortlaut wie dem hier zu entscheidenden Fall zugrunde lag, davon aus, dass es sich bei den Grundsätzen der gerechten und billigen Behandlung und

---

843 Duke Energy v. Ecuador, a.a.O., Rn.42 f.

844 Duke Energy v. Ecuador, a.a.O., Rn. 44.

845 Duke Energy v. Ecuador, a.a.O., Rn.45 ff.

846 Treaty between the United States of America and the Republic of Ecuador concerning the Encouragement and Reciprocal Protection of Investment vom 27.08.1993.

847 Duke Energy v. Ecuador, a.a.O., Rn. 10 ff.

848 Duke Energy v. Ecuador, a.a.O., Rn. 333.

849 Azurix Corp. v. Argenitne Republic, ICSID Case No. ARB/0/12, Urteil vom 04. Juli 2006, Rn. 361, 364.

850 CMS Gas Transmission Company v. Argentine Republic, ICSID Case No. ARB/01/8, Urteil vom 12. Mai 2005, Rn. 284.

dem völkergewohnheitsrechtlichen Mindeststandard zur Behandlung von Ausländern um im Wesentlichen gleiche Standards handelt.[851]

Inhaltlich interpretiert das Gericht den Grundsatz der gerechten und billigen Behandlung unter Berücksichtigung der Präambel des Vertrages, die besagt:

„fair and equitable treatment of investment is desirable in order to maintain a stable framework for investment and maximum effective utilization of economic resources."[852]

Das Gericht legt unter Verweis auf die Rechtsprechung in den Fällen CMS[853], Tecmed[854], Occidental v. Ecuador[855] und LG&E v. Argentina[856] dar, dass ein stabiles und vorhersehbares rechtliches und wirtschaftliches Umfeld ein wesentliches Element des Grundsatzes der gerechten und billigen Behandlung darstellt, was wiederum in direktem Zusammenhang mit den berechtigten Erwartungen des Investors stehe.[857] Diese seien, so das Gericht, ein wichtiger Bestandteil des Grundsatzes der gerechten und billigen Behandlung. Um geschützt zu sein, müsste es sich aber um berechtigte Interessen des Investors handeln, die er vernünftigerweise in dem Zeitpunkt, in dem er seine Investition getätigt hat, haben konnte. Bei der Beurteilung, ob die Erwartungen des Investors berechtigt gewesen seien und er diese vernünftigerweise angenommen habe, seien alle Umstände, einschließlich nicht nur der unmittelbar die Investition betreffenden Umstände, sondern auch das politische, sozioökonomische, kulturelle und geschichtliche Umfeld, welches in dem betreffenden Gaststaat vorliegt, zu berücksichtigen.[858] Weiterhin müssten die Erwartungen aus den Bedingungen erwachsen, die der Gaststaat dem Investor anbiete und auf die sich der Investor verlassen habe, als er seine Entscheidung getroffen hat, die Investition zu tätigen.[859]

Schließlich stellt das Gericht klar, dass es in Übereinstimmung mit der Rechtsprechung in zahlreichen anderen Fällen davon ausgeht, dass eine Verletzung des

851 Duke Energy v. Ecuador, a.a.O., Rn. 335 ff.

852 Duke Energy v. Ecuador, a.a.O., Rn. 338.

853 CMS Gas Transmission Company v. Argentine Republic, ICSID Case No. ARB/01/8, Urteil vom 12. Mai 2005.

854 Técnicas Medioambientales Tecmed S.A. v. The United Mexican States, ICSID Case No. ARB(AF)/00/2 (Award) (29 May 2003), 43 ILM 133 (2004).

855 Occidental Exploration and Production Company (OEPC) v. The Republic of Ecuador, UNCITRAL Arbitration Case No. UN 3467, Final Award, 01.07.2004 (Vicuña, Brower, Sweeney).

856 LG&E Energy Corp. et al. v. Argentine Republic, ICSID Case No. ARB/02/1, Decision on Liability, 3. October 2006 (de Maekelt, Rezek, van den Berg).

857 Duke Energy v. Ecuador, a.a.O., Rn. 339 f.

858 Duke Energy v. Ecuador, a.a.O., Rn. 340.

859 Duke Energy v. Ecuador, a.a.O., Rn. 340.

Grundsatzes der gerechten und billigen Behandlung nicht notwendigerweise ein arglistiges Verhalten des Gaststaates voraussetzt.[860]

Allerdings sei es umgekehrt auch allgemein anerkannt, dass die Verletzung von Verpflichtungen aus einem zivilrechtlichen Vertrag für sich genommen noch keine Verletzung des Grundsatzes der gerechten und billigen Behandlung begründen kann. Verletzt der Staat eine vertragliche Verpflichtung wie eine normale Vertragspartei, kann allein hierauf nicht ein Verstoß gegen völkerrechtliche Verpflichtungen aus dem Investitionsschutzvertrag gesehen werden. Um eine derartige Verletzung zu begründen müsse eine qualitativ von einer reinen zivilvertraglichen Pflichtenverletzung zu unterscheidendes Verhalten vorliegen, mit anderen Worten eine Verletzung, die der Staat nicht als Vertragspartei, sondern aufgrund der Ausübung seiner staatlichen Hoheitsrechte begeht.[861]

Bei Anwendung dieses Grundsatzes stellte das Gericht fest, dass der Grundsatz der gerechten und billigen Behandlung vorliegend durch das Verhalten des Staates verletzt worden sei.[862]

Zwar stellte das Gericht hier (zivil-) vertragliche Verletzungen fest, die jeder „normale" Vertragpartner begehen könne. Allerdings liege in den durch das Finanzministerium, das nicht direkter Vertragspartner gewesen sei, zugesicherten Zahlungsgarantien die Ausübung staatlicher Hoheitsmacht. Auf diese Zusicherungen habe sich Duke Energy bei Tätigung der Investition im Ergebnis auch berechtigter Weise verlassen können. Somit stelle die Nichtanwendung dieser Zahlungsgarantien eine Verletzung des Grundsatzes der gerechten und billigen Behandlung dar. [863]

d) Stellungnahme

Im Anschluss an die Bestrebungen der Gerichte in früheren Entscheidungen hin zu einer Konkretisierung, stellt das Gericht auch im vorliegenden Fall darauf ab, dass ein stabiles rechtliches und wirtschaftliches Umfeld wesentlicher Bestandteil des Grundsatzes der gerechten und billigen Behandlung sei, eine Verletzung aber nur dann angenommen werden könne, wenn berechtigte Interessen des Investors verletzt seien. Die Entscheidung darüber, ob es sich um Vorstellungen des Investors handelt, die er zur Zeit der Tätigung seiner Investition berechtigter Weise haben konnte, ist der entscheidende limitierende Faktor. Hier muss der Staat aktiv Erwartungen erweckt haben, indem er sich in einer bestimmten Weise

860 Duke Energy v. Ecuador, a.a.O., Rn. 341.
861 Duke Energy v. Ecuador, a.a.O., Rn. 342 ff.
862 Duke Energy v. Ecuador, a.a.O., Rn. 364.
863 Duke Energy v. Ecuador, a.a.O., Rn. 346 ff.

verhalten hat. Nur dann kann der Investor fordern, dass der Staat sich an diesem Verhalten messen lässt.

Schließlich geht das Gericht hier nochmals, wie schon einige Gerichte vor ihm, auf die Frage ein, ob die Verletzung einer zivilvertraglichen Verpflichtung durch einen Staat eine Verletzung des Grundsatzes der gerechten und billigen Behandlung begründen kann und lehnt dies entsprechend der allgemeinen Ansicht grundsätzlich ab. Allerdings belässt es das Gericht hier nicht bei dieser pauschalen Ablehnung, sondern stellt differenzierend fest, dass eine Verletzung einer zivilvertraglichen Verpflichtung des Gaststaates gegenüber dem ausländischen Investor dann eine Verletzung des Grundsatzes der gerechten und billigen Behandlung begründen kann, wenn sie nicht als normale Vertragspartei, sondern in Ausübung staatlicher Hoheitsgewalt begangen wurde.

Über eine Konkretisierung der legitimen Erwartungen hinaus wird somit das Verhalten des Gaststaates wie auch des Investors insgesamt zunehmend differenzierter betrachtet.

19. Bayindir Insaat v. Pakistan

Im Fall Bayindir Insaat gegen Pakistan[864] klagte Bayindir, ein türkisches Unternehmen,[865] das im Bereich der Konstruktion von Autobahnen und anderen größeren Infrastrukturarbeiten in der Türkei und im Ausland tätig ist,[866] gegen die Islamische Republik Pakistan auf noch ausstehende Zahlungen sowie Entschädigung für durch das Verhalten der Regierung entstandene Schäden[867].

a) Sachverhalt

1993 schloss das Unternehmen mit der staatlichen Behörde Pakistans zur Planung, Entwicklung und Betreuung von Autobahnen, der National Highway Authority („NHA“), einen Vertrag über den Bau einer sechsspurigen Autobahn sowie damit in Zusammenhang stehender Arbeiten.[868]

---

864 Bayindir Insaat Turizm Ticaret Ve Sanayi A.Ş. v. Islamic Republic of Pakistan, ICSID Case No. ARB/03/29, Decision on Jurisdiction, 14. November 2005 (Kaufmann-Kohler, Berman, Böckstiegel).

865 Bayindir gegen Pakistan, a.a.O., Abschn.2.

866 Bayindir gegen Pakistan, a.a.O., Abschn.3.

867 Bayindir gegen Pakistan, a.a.O., Abschn.38.

868 Bayindir gegen Pakistan, a.a.O., Abschn.10 ff..

Es entstanden immer wieder Streitigkeiten wegen Verzögerungen der Arbeiten an dem Projekt, da Pakistan das erforderliche Land nicht rechtzeitig übereignete und Zahlungen an Bayindir nicht rechtzeitig tätigte.

Am 23. April 2001 kündigte Pakistan den Vertrag mit Bayindir wegen nicht rechtzeitiger Fertigstellung der Arbeiten und forderte das Unternehmen auf, das Projekt innerhalb von 14 Tagen zu übergeben. Nach Ablauf dieser Frist kreiste die pakistanische Armee die Baustelle ein und das Personal musste evakuiert werden.

Nach mehreren Klagen vor nationalen Gerichten klagte Bayindir gegen die Islamische Republik Pakistan wegen Verletzungen von Regelungen des zwischen der Türkei und der Islamischen Republik Pakistan bestehenden BIT[869], insbesondere wegen Verletzungen der Inländergleichbehandlung und Meistbegünstigung, sowie des Grundsatzes der gerechten und billigen Behandlung und dem Verbot entschädigungsloser Enteignung[870].

b) Wortlaut des Vertrags

Die hier einschlägigen Regelungen des BIT zwischen der Türkei und Pakistan lauten:

Präambel:
„The Islamic Republic of Pakistan [...] and the Republic of Turkey [...] agree that fair and equitable treatment of investment is desirable in order to maintain a stable framework to investment and maximum effective utilization of economic resources.“

Artikel II (2): „Each Party shall accord to these investments, once established, treatment no less favourable than that accorded in similar situations to investments of its investors or to investments of investors of any third country, which ever is the most favourable.“

Darüber hinaus wird der Grundsatz der gerechten und billigen Behandlung unter Verweis auf Investitionsschutzverträge Pakistans mit verschiedenen anderen Staaten in der Fassung des Investitionsschutzvertrages zwischen Pakistan und der Schweiz[871] angewendet, der in Artikel 4 festsetzt:

---

869 Agreement between the Islamic Republic of Pakistan and the Republic of Turkey concerning the reciprocal promotion and protection of investments, unterzeichnet am 16. März 1995.

870 Bayindir gegen Pakistan, a.a.O., Abschn.61.

871 Agreement between the Swiss Confideration and the Islamic Republic of Pakistan concerning the promotion and the reciprocal protection of investments, vom 11. Juli 1995.

„(1) Each Contracting Party shall protect within its territory the investments made in accordance with its laws and regulations by investors from the other Contracting Party and shall not hinder through unjustified or discriminatory measures the management, maintenance, use enjoyment, accrual, sale and, as the case may be, liquidation of such investments [...]

(2) Each Contracting Party shall grant within its territory fair and equitable treatment to investments of investors from the other Contracting Party."

c) Grundlegende Ansicht der Parteien

Pakistan machte unter anderem geltend, dass Artikel II (2) des BIT keine Verpflichtung zu einer gerechten und billigen Behandlung enthalte.[872] Bayindir stellte hingegen darauf ab, dass sich die Verpflichtung zu einer gerechten und billigen Behandlung sowohl aus der Präambel des BIT als auch aus der in Artikel II (2) des BIT festgelegten Meistbegünstigungsklausel ergebe.[873]

d) Entscheidung des Gerichts

Obwohl das Gericht bezweifelt, dass sich aus der Präambel eine eigenständige Verpflichtung zu einer gerechten und billigen Behandlung ergibt, auf die Bayindir sich berufen kann, bejaht es doch die Möglichkeit, den Grundsatz der gerechten und billigen Behandlung über die Meistbegünstigungsklausel in den Vertrag zu importieren, da nachgewiesen wurde, dass Pakistan entsprechende Regelungen in seinen Verträgen mit Frankreich, den Niederlanden, China, Großbritannien, Australien und der Schweiz getroffen habe.[874] Demnach begründet die Meistbegünstigungsklausel nach Ansicht des Gerichtes im vorliegenden Fall eine Verpflichtung zu einer gerechten und billigen Behandlung, da Pakistan diese Verpflichtung dritten Staaten gegenüber eingegangen ist.

Zu Beginn stellt das Gericht fest, dass Voraussetzung für die Einführung des Grundsatzes der gerechten und billigen Behandlung in den vorliegenden Vertrag die Meistbegünstigungsklausel des Vertrages ist, woraus es weiter folgert, dass es sich bei dem Grundsatz der gerechten und billigen Behandlung im Gegensatz zum Mindeststandard des Völkergewohnheitsrechts um eine eigenständige völkervertragliche Verpflichtung handeln müsse.[875] Dies vorausgesetzt hänge es vom Wortlaut des hier anwendbaren Grundsatzes der gerechten und billigen

872 Bayindir gegen Pakistan, a.a.O., Rn.227.
873 Bayindir gegen Pakistan, a.a.O., Rn.228.
874 Bayindir gegen Pakistan, a.a.O., Rn.230ff..
875 Bayindir gegen Pakistan, Urteil vom 27.08.2009, Rn. 164.

Behandlung ab, ob Völkergewohnheitsrecht und die Untersuchungen anderer Schiedsgerichte zur Anwendbarkeit des völkergewohnheitsrechtlichen Mindeststandards hier zu berücksichtigen seien.[876] Seiner Untersuchung legt das Gericht den Wortlaut des Grundsatzes der gerechten und billigen Behandlung im Vertrag zwischen Pakistan und der Schweiz, wie er oben wiedergegeben wurde, zugrunde.[877]

Hier stellt das Gericht als Ausgangspunkt seiner Überlegungen fest, dass der Wortlaut des Vertrages sich nicht auf Völkergewohnheitsrecht bezieht. Gleichwohl sollen das Völkergewohnheitsrecht und die Entscheidungen anderer Gericht bei der Interpretation des Grundsatzes berücksichtigt werden. Dies sei insbesondere deshalb angebracht, weil Artikel 4 (2) des Investitionsschutzvertrages zwischen der Schweiz und Pakistan schlicht eine grundsätzliche Verpflichtung zu gerechter und billiger Behandlung festlege, weshalb das Gericht die Bedeutung einer solchen generellen Verpflichtung festlegen müsse.[878]

In seiner „Decision on Jurisdiction" vom 14. November 2005, stellte das Gericht unter Bezugnahme auf die Entscheidung im Fall Tecmed gegen Mexiko[879] fest, dass es nicht prima facie entscheiden könne, dass Pakistans Verpflichtung zu einer gerechten und billigen Behandlung eine Pflicht beinhaltet, stabile Rahmenbedingungen für Investitionen zu schaffen und das ein Staat seine Verpflichtung zu einer gerechten und billigen Behandlung durch ein Verhalten verletzen kann, dass nicht den gesetzlichen Rahmen, sondern vielmehr die Politik des Staates in Bezug auf Investitionen betrifft.[880] Jetzt müsse es die Umrisse des Grundsatzes der gerechten und billigen Behandlung für das zu fällende Urteil festlegen.[881]

Das Gericht stimmt dem Kläger zu, dass die verschiedenen von anderen Schiedsgerichten herausgestellten Faktoren Teil des Grundsatzes der gerechten und billigen Behandlung geworden sind. Diese beinhalten die Pflichten zu einem durchschaubaren Verhalten und die Garantie der Rechtsstaatlichkeit[882], das Absehen von willkürlichen oder diskriminierenden Maßnahmen,[883] der Ausübung von

876 Bayindir gegen Pakistan, Urteil vom 27.08.2009, Rn. 164.

877 Vgl. Bayindir gegen Pakistan, Urteil vom 27.08.2009, Rn. 165.

878 Bayindir v. Pakistan a.a.O., Rn. 176.

879 Técnicas Medioambientales Tecmed S.A. v. The United Mexican States, ICSID Case No. ARB(AF)/00/2 (Award) (29 May 2003), 43 ILM 133 (2004).

880 Bayindir gegen Pakistan, Decision on Jurisdiction vom 14. November 2005, Rn. 177.

881 Bayindir gegen Pakistan, Urteil vom 27.08.2009, Rn. 177.

882 Unter Verweis auf Metalclad Corporation v. United Mexican States (ICSID Case No. ARB(AF)/97/1), Urteil vom 30. August 2000, Rn. 76.

883 Unter Verweis auf Waste Management, Inc. V. United Mexican States (ICSID Case No. ARB(AF)/00/3), Urteil vom 30. April 2004, Rn. 98; Ronald S. Lauder v. Czech Republik, Ad Hoc Arbitration (UNCITRAL Rules), Urteil vom 03. September 2001, Rn. 292.

Zwang[884] oder der Enttäuschung vernünftiger Erwartungen des Investors im Hinblick auf die seine Investition betreffenden gesetzlichen Regelungen[885].[886]

Das Gericht stimmt weiter der Ansicht Pakistans zu, dass im Fall Tecmed eine weite Auffassung des Grundsatzes der gerechten und billigen Behandlung vertreten wurde. Weiter stellt das Gericht aber fest, dass in der Entscheidung im Fall Thunderbird, auf die sich Pakistan ebenfalls bezieht, das Gericht die Entscheidung im Fall Tecmed als einen verbindlichen Präzedenzfall im Hinblick auf den Grundsatz des Vertrauensschutzes ansieht[887].[888] In ähnlicher Weise stütze sich auch das Gericht in seiner Entscheidung im Fall Siemens gegen Argentinien auf die Entscheidung im Fall Tecmed bei seiner Erörterung des Inhalts des Grundsatzes der gerechten und billigen Behandlung. In einer jüngeren Entscheidung habe das Gericht im Fall Duke Energy gegen Ecuador, in dem es sich ebenfalls teilweise auf die Entscheidung im Fall Tecmed bezog, betont, dass die Erwartungen des Investors ein wichtiges Element des Grundsatzes der gerechten und billigen Behandlung seien, während die Entscheidung sich gleichzeitig mit den Grenzen dieser Erwartungen auseinandersetzte[889]:

„The stability of the legal and business environment is directly linked to the investors justified expectations. The tribunal acknowledges that such expectations are an important element of fair and equitable treatment. At the same time, it is mindful of their limitations. To be protected, the investor's expectations must be legitimate and reasonable at the time when the investor makes the investment. The assessment of the reasonableness or legitimacy must take into account all circumstances, including not only the facts surrounding the investment, but also the political, socioeconomic, cultural and historical conditions prevailing in the host State. In addition, such expectations must arise from the conditions that the State offered the investor and the latter must have relied upon them, when deciding to invest."[890]

Darüber hinaus muss der Kläger, da sich ein Vertragsbruch von einer Vertragsverletzung unterscheidet, einen Vertragsbruch geltend machen, der sich

884 Unter Verweis auf Saluka Investments BV (The Netherlands) v. The Czech Republic, Ad Hoc Arbitration (UNCITRAL Rules), Teilurteil vom 17. März 2006, Rn. 308.

885 Unter Verweis auf Duke Energy Electroquil Partners and Electroquil SA v. Republic of Ecuador, (ICSID Case No. ARB/04/19), Urteil vom 18. August 2008, Rn. 340.

886 Bayindir gegen Pakistan, Urteil vom 27.08.2009, Rn. 178.

887 Unter Verweis auf: Prof. Thomas Wälde, Separate Opinion, Rn. 30 zu: International Thunderbird Gaming Corporation v. United Mexican States, NAFTA Arbitration (UNCITRAL Rules), Urteil vom 26. Januar 2006.

888 Bayindir gegen Pakistan, Urteil vom 27.08.2009, Rn. 179.

889 Bayindir gegen Pakistan, Urteil vom 27.08.2009, Rn. 179.

890 Duke Energy Electroquil Partners and Electroquil SA v. Republic of Ecuador, (ICSID Case No. ARB/04/19), Urteil vom 18. August 2008, Rn. 339 f.

seiner Natur nach von einer bloßen Vertragsverletzung unterscheidet, mit anderen Worten einen Vertragsbruch, den der Staat in Ausübung seiner staatlichen Macht begangen hat.[891] Diese Ansicht wird auch in einer Reihe anderer Entscheidungen internationaler Schiedsgerichte vertreten, z.B. RFCC gegen Marokko[892], Waste Management[893], Impregilo gegen Pakistan[894], und Duke Energy gegen Ecuador[895], obwohl andere Schiedsgerichte weniger strenge Anforderungen stellen[896].[897]

Schließlich stimmt das Gericht mit der Ansicht des Klägers überein, dass ein solcher Vertragsbruch nicht auf eine einzelne Handlung sondern auch aus einer Reihe von Umständen resultieren kann und dass Bösgläubigkeit auf Seiten des Staates keine Voraussetzung für einen Vertragsbruch ist.[898]

Auf der Grundlage der oben dargelegten Auslegung des Grundsatzes der gerechten und billigen Behandlung, betrachtet das Gericht im Folgenden das hier streitige Verhalten Pakistans vor und nach dem Ausschluss, sowie in Verbindung mit der Einlösung der Garantien und schließlich das Verhalten insgesamt. Bei dieser Untersuchung berücksichtigt das Gericht, dass die Beurteilung, was gerecht und billig ist, von den Gegebenheiten des vorliegenden Einzelfal-

891 Bayindir gegen Pakistan, Urteil vom 27.08.2009, Rn. 180.

892 *RFCC v. Morocco:* "The Tribunal must assess whether the State […] has breached the obligations imposed on it by the substantive provisions of the Bilateral Agreement. Such a breach could of course result from a breach of the contract, but a potential breach of the contract does not amount, ipso jure and as such, to a breach of the Treaty". Consortium RFCC v. Kingdom of Morocco (ICSID Case No. ARB/00/6), Urteil vom 22. Dezember 2003, Rn. 48.

893 Waste Management, Inc. v. United Mexican States (ICSID Case No. ARB(AF)/00/3, Urteil vom 30. April 2004, Rn. 115. Rn. 266–270.

894 Impregilo SpA v. Islamic Republic of Pakistan (ICSID Case No. ARB/03/3), Decision on Jurisdiction of 22 April 2005 (Guillaume/Cremades/Landau).

895 Duke Energy Electroquil Partners and Electroquil SA v. Republic of Ecuador, (ICSID Case No. ARB/04/19), Urteil vom 18. August 2008, Rn. 345.

896 Vgl. Mondev International Ltd. V. United States of America (ICSID Case No. ARB(AF)/99/2; Urteil vom 11. Oktober 2002, Rn.134; Noble Ventures, Inc. v. Romania (ICSID Case No. ARB/01/11), Urteil vom 12. Oktober 2005, Rn. 182; SGS Société Générale de Surveillance SA v. Philippines, ICSID Case No. ARB/02/6, Decision on Jurisdiction, 29. Januar 2004, Rn. 162.

897 Bayindir gegen Pakistan, Urteil vom 27.08.2009, Rn. 180.

898 Bayindir gegen Pakistan, Urteil vom 27.08.2009, Rn. 180 unter Verweis auf CMS Gas Transmission Company v. Argentine republic (ICSID Case No. ARB/01/8), Urteil vom 12. Mai 2005, Rn.280; Azurix Corp. v. Argentine Republic (ICSID Case No. ARB/01/12), Urteil vom 14. Juli 2006, Rn. 372; Loewen Group, Inc. and Raymond L. Loewen v. United States of America (ICSID Case No. ARB(AF)/98/3), Award on Merits vom 26. Juni 2003, Rn. 132; Waste Management, Inc. v. United Mexican States (ICSID Case No. ARB(AF)/00/3, Urteil vom 30. April 2004, Rn. 93; Técnicas Medioambientales Tecmed, SA v. United Mexican States (ICSID Case No. ARB(AF)/00/2), Urteil vom 29. Mai 2003.

les abhängt und dass der Standard auf die Umstände jedes Einzelfalles bezogen werden muss.[899]

In Zusammenhang mit den berechtigten Interessen, die nach Ansicht des Gerichts wie auch der Parteien durch den Grundsatz der gerechten und billigen Behandlung geschützt werden, untersucht das Gericht zunächst, welcher Zeitpunkt für die Bildung berechtigter Interessen des Investors zugrunde zu legen ist. Hier verweist das Gericht darauf, dass in mehreren Urteilen betont wurde, dass die zu berücksichtigenden Interessen des Investors diejenigen sind, die vorlagen als der Investor seine Entscheidung getroffen hat, die Investition zu tätigen.[900] Dieser Ansicht schließt sich das Gericht an.[901]

Als zweite Frage in diesem Zusammenhang muss das Gericht klären, welche Umstände berücksichtigt werden müssen, um die Frage zu beantworten, welche Vorstellungen der Investor berechtigterweise im Zeitpunkt der Entscheidung hatte, die Investition zu tätigen.[902]

Hier stellt es unter Verweis auf die Entscheidungen in den Fällen Saluka[903], Generation Ukraine[904] und Duke Energy gegen Ecuador[905] darauf ab, dass alle Umstände berücksichtigt werden müssen, nicht nur die Tatsachen, die die Investition betreffen, sondern auch die politischen, sozialwirtschaftlichen, kulturellen und historischen Verhältnisse, die in dem betreffenden Gaststaat vorliegen.[906]

Vor diesem Hintergrund konnte das Gericht keinen Vertragsbruch durch eine Verletzung der berechtigten Interessen des Investors feststellen, da dieser die Unbeständigkeit der politischen Verhältnisse in Pakistan kannte und im Lichte der Veränderungen der politischen Verhältnisse der vorhergehenden Jahre nicht berechtigter Weise davon ausgehen konnte, dass sich die politischen Verhältnisse nicht erneut ändern.[907]

Zu der Frage, ob es ein Komplott gab, das zum Ausschluss von Bayindir führte, stellt das Gericht zunächst klar, dass hohe Anforderungen an den Nachweis des

---

899 Bayindir gegen Pakistan, Urteil vom 27.08.2009, Rn. 180 unter Verweis auf Mondev v. United States, a.a.O., Rn. 118 und Waste Management v. Mexico, a.a.O., Rn. 99.

900 Bayindir gegen Pakistan, Urteil vom 27.08.2009, Rn. 190 unter Verweis auf Duke Energy gegen Ecuador, a.a.O., Rn. 340, Occidental Exploration and Production Company v. The Republic of Ecuador, LCIA Case No. UN3467, Urteil vom 01. Juli 2004, Rn. 185, LG&E Capital Corp., LG&E International Inc. v. Argentine Republic (ICSID Case No. ARB/02/1), Decision on Liability vom 03. Oktober 2006, Rn. 127 und Tecmed gegen Mexico, a.a.O., Rn. 154.

901 Vgl. Bayindir gegen Pakistan, Urteil vom 27.08.2009, Rn. 191.

902 Bayindir gegen Pakistan, Urteil vom 27.08.2009, Rn. 192.

903 Vgl. Saluka v. Czech Republic, a.a.O., Rn. 304.

904 Generation Ukraine v. Ukraine (ICSID Case No. ARB/00/9), Urteil vom 16. September 2003, Rn. 20.37.

905 Duke Energy v. Ecuador, a.a.O., Rn.340.

906 Bayindir gegen Pakistan, Urteil vom 27.08.2009, Rn. 192.

907 Vgl. Bayindir gegen Pakistan, Urteil vom 27.08.2009, Rn. 193 ff.

Vorliegens eines Komplotts, das bösgläubiges Verhalten umfasst, gestellt werden.[908]

Hinsichtlich der Voraussetzungen orientiert sich das Gericht an der Definition des Begriffs der Verschwörung im Fall Waste Management gegen Mexico, wonach eine Verschwörung vorliegen soll, wenn „ eine bewusste und ungerechtfertigte Verbindung verschiedener Dienststellen erfolgt, um die Zielsetzungen eines Investitionsschutzvertrages zu vereiteln."[909]

Hier kommt das Gericht zu dem Schluss, dass der Ausschluss Bayindirs nicht durch ein Komplott erfolgte, sondern vielmehr unterschiedliche Interpretationen des dem Projekt zugrunde liegenden Vertrages vorlagen. Dies könne, wie auch das übrige eingehend untersuchte Verhalten der beteiligten Behörden Pakistans in diesem Zusammenhang nicht zu der Annahme des Vorliegens eines Komplotts führen.[910]

Weiterhin untersucht das Gericht die Frage, ob der Ausschluss Bayindirs auf Gründen beruht, die nichts mit der Durchführung des Vertrages hinsichtlich des Autobahnprojektes zu tun haben, bzw. ob die Durchführung des Vertrages des Klägers Einfluss auf das Verhalten Pakistans, welches zu einem Bruch des Investitionsschutzvertrages geführt haben soll, hatte.[911]

Nach einer eingehenden Untersuchung, ob es Gründe, wie etwa finanzielle Schwierigkeiten Pakistans, und die Absicht, das Projekt kostengünstiger mit anderen Vertragspartnern im eigenen Land fortzuführen, gab und ob die nicht zufriedenstellende Vertragsdurchführung Bayindirs nicht zu einem Ausschluss habe führen können, kommt das Gericht zu dem Schluss, dass die Tatsachen auf begründete Bedenken der staatlichen Behörden hinsichtlich der Vertragsdurchführung durch Bayindir schließen lassen, mit der Folge, dass ein Ausschluss Bayindirs in Betracht gezogen werden konnte.[912] Aufgrund dieser Umstände kann das Gericht keine Grundlage für die Annahme einer Verletzung des Grundsatzes der gerechten und billigen Behandlung erkennen.[913]

Auch die Frage, ob Pakistan illegitimen Druck oder Zwang gegenüber Bayindir nach dem Ausschluss von Bayindir von dem Autobahnprojekt ausgeübt hat, wurde durch das Gericht verneint. Zwar habe sich die Situation nach der Mitteilung, dass die Baustelle von Bayindir binnen 14 Tagen zu räumen sei, dramatisch dargestellt, indem die Baustelle durch bewaffnete Soldaten bewacht worden sei, diese hätten aber tatsächlich nur für die Sicherhiet auf der Baustelle gesorgt,

908 Bayindir gegen Pakistan, Urteil vom 27.08.2009, Rn. 223.
909 Waste Management v. Mexico, a.a.O., Rn. 138.
910 Vgl. Bayindir gegen Pakistan, Urteil vom 27.08.2009, Rn. 223 ff., 256.
911 Bayindir gegen Pakistan, Urteil vom 27.08.2009, Rn. 282.
912 Vgl. Bayindir gegen Pakistan, Urteil vom 27.08.2009, Rn. 281 ff.
913 Bayindir gegen Pakistan, Urteil vom 27.08.2009, Rn. 314.

nachdem durch Bayindir nicht bezahlte örtliche Arbeiter eine mögliche Gefahr für die Mitarbeiter Bayindirs darstellten.[914] Von den bewaffneten Soldaten sei hingegen zu keiner Zeit Gewalt oder physischer Zwang gegenüber den Mitarbeitern Bayindirs angewendet worden.[915]

Darüber hinaus stelle die Einleitung eines vertraglich zulässigen Schiedsverfahrens – Bayindir hatte vorgetragen, dass die Einleitung eines solchen Verfahrens durch Pakistan eine Nötigungshandlung darstelle, die, wie im Fall Tecmed dargestellt, eine Verletzung des Grundsatzes der gerechten und billigen Behandlung begründe - [916] jedenfalls keinen Vertragsbruch dar.[917]

Schließlich untersucht das Gericht noch die Frage, ob Bayindir ein ordentliches Verfahren und/oder Gerechtigkeit in diesem Verfahren verwehrt wurde, indem Bayindir zu den Vorgängen nicht angehört wurde und alle die Investition betreffenden Entscheidungen in für Bayindir nicht nachvollziehbarer Weise auf höchster Ebene ohne Beteiligung Bayindirs getroffen wurden.[918]

Hier stellt das Gericht zunächst darauf ab, dass entschieden werden muss, ob die sich aus dem Grundsatz der gerechten und billigen Behandlung ergebenden Anforderungen an ein ordentliches Verfahren Situationen wie die vorliegende umfassen, in der möglicherweise kein gerechtes Verfahren gegenüber Bayindir angewendet wurde, indem das Unternehmen an der internen Entscheidungsfindung hinsichtlich des weiteren Vorgehens in Bezug auf die Handhabung des Vertrags nicht beteiligt wurde.[919]

Zunächst betont das Gericht, dass es mit den Schiedsgerichten übereinstimmt, die davon ausgehen, dass die Verweigerung eines ordentlichen Verfahrens einen Vertragbruch durch Verletzung des Grundsatzes der gerechten und billigen Behandlung begründen kann [920], was nicht bedeute, dass derartige Garantien in jeder Situation gültig seien, sondern von den Umständen des Einzelfalles abhingen und auf jeden Einzelfall bezogen geprüft werden müssen.

Das Gericht kommt hier zu dem Schluss, dass die Grundsätze eines ordentlichen Verfahrens und gerechten Entscheidungsprozesses auf die hier in Frage

914 Vgl. Bayindir gegen Pakistan, Urteil vom 27.08.2009, Rn. 316 ff., 326.

915 Bayindir gegen Pakistan, Urteil vom 27.08.2009, Rn. 326.

916 Bayindir gegen Pakistan, Urteil vom 27.08.2009, Rn. 319.

917 Bayindir gegen Pakistan, Urteil vom 27.08.2009, Rn. 337.

918 Bayindir gegen Pakistan, Urteil vom 27.08.2009, Rn. 338 ff.

919 Bayindir gegen Pakistan, Urteil vom 27.08.2009, Rn. 343.

920 Bayindir gegen Pakistan, Urteil vom 27.08.2009, Rn. 344 unter Verweis auf S.D. Myers, Inc. V. Government of Canada, NAFTA Arbitration (UNCITRAL Rules), Teilurteil vom 13. November 2000; Mondev v. United States, a.a.O.; ADF v. United States, a.a.O.; Loewen Group v. United States, a.a.O.; Middle East Cement Shipping and Handling Co. S.A. v. Arab Republic of Egypt, ICSID Case No. ARB/99/6, Urteil vom 12. April 2002 (Böckstiegel, Bernardini, Wallace).

stehenden internen Entscheidungswege nicht anwendbar sind.[921] Darüber hinaus sei Bayindir, selbst wenn man unterstellt, dass die Grundsätze eines ordentlichen Verfahrens hier anwendbar seien, jedenfalls Gelegenheit gegeben worden, seine Position darzustellen.[922]

Auch in dem Verhalten Pakistans nach Ausschluss Bayindirs von dem Autobahnprojekt – ausstehende Zahlungen wurden nicht entrichtet und durch Bayindir erbrachte Leistungen nicht bestätigt – sieht das Gericht keine Verletzung des Grundsatzes der gerechten und billigen Behandlung, da sich nicht nachweisen lasse, dass das Verhalten Pakistans für eine derartige Annahme ausreiche, sondern vielmehr nach Zeugenangaben eine grundsätzlich gute Zusammenarbeit erfolgt sei.[923]

Schließlich sieht das Gericht auch in der Einforderung vertraglich vereinbarter Garantien durch Pakistan keine Verletzung des Grundsatzes der gerechten und billigen Behandlung. Auch hier lägen vielmehr unterschiedliche Interpretationen des dem Autobahnprojekt zugrunde liegenden Vertrages zugrunde, wobei die von Pakistan vorgenommene Interpretation sachlich möglich und durch eine Expertenmeinung bestätigt sei.[924] Darüber hinaus erfordere die Verletzung des Grundsatzes der gerechten und billigen Behandlung ein Verhalten in Ausübung staatlicher Macht, hier gehe es ausschließlich um das Verhalten eines Vertragspartners.[925]

Unter Zugrundelegung der Annahme, dass eine Kumulation einzelner Verhaltensweisen, die für sich genommen nicht zu einem Vertragsbruch führen, insgesamt zu einer Verletzung des Grundsatzes der gerechten und billigen Behandlung führen kann, untersucht das Gericht schließlich noch diese Frage und lehnt auch dies im vorliegenden Fall ab.[926] Selbst insgesamt gesehen könne das Verhalten Pakistans hier nicht zu einer Verletzung des Investitionsschutzvertrages führen.[927]

e) Stellungnahme

Die Entscheidung im vorliegenden Fall ist hervorragend geeignet, ein Zwischenfazit zur bisher ergangenen Rechtsprechung durch die Schiedsgerichte zu dem Grundsatz der gerechten und billigen Behandlung zu ziehen. Das Gericht

921 Bayindir gegen Pakistan, Urteil vom 27.08.2009, Rn. 345 ff., 348.
922 Bayindir gegen Pakistan, Urteil vom 27.08.2009, Rn. 347 f.
923 Bayindir gegen Pakistan, Urteil vom 27.08.2009, Rn. 349 ff.
924 Bayindir gegen Pakistan, Urteil vom 27.08.2009, Rn. 367 ff.
925 Bayindir gegen Pakistan, Urteil vom 27.08.2009, Rn. 377.
926 Bayindir gegen Pakistan, Urteil vom 27.08.2009, Rn. 381.
927 Bayindir gegen Pakistan, a.a.O.

nimmt in seiner Entscheidung ausführlich Stellung zu früheren relevanten Entscheidungen und äußert sich darüber hinaus zu allen in Zusammenhang mit der Geltendmachung des Grundsatzes der gerechten und billigen Behandlung gestellten Fragen.

Zunächst wird klargestellt, dass das Gericht den Grundsatz als eigenständigen völkervertraglichen Grundsatz ansieht. Dies war erforderlich, da der Grundsatz in dem der Entscheidung zugrunde liegenden Vertrag nicht vereinbart wurde, sondern vielmehr über die Meistbegünstigungsklausel hier zur Anwendung kam.

Weiterhin nimmt das Gericht Stellung zu allen inhaltlichen Facetten des Grundsatzes. Zunächst wird hier auf die berechtigten Interessen des Investors abgestellt und eingehend dargelegt, in welchen Grenzen Interessen als berechtigt angesehen werden können. So könne ein Investor dann keine stabilen Rahmenbedingungen erwarten, wenn er diese bereits im Zeitpunkt der Tätigung seiner Investition nicht vorfindet. Darüber hinaus erkennt das Gericht die allgemein anerkannten Grundsätze des Guten Glaubens, des Verbots willkürlichen Verhaltens und der Gewährung eines ordnungsgemäßen Verfahrens an und untersucht das Verhalten des Staates diesbezüglich sowohl im Hinblick auf einzelne Handlungen als auch insgesamt. Dabei stellt das Gericht insbesondere darauf ab, ob der Investor mit einem entsprechenden Verhalten rechnen musste oder konnte und lehnt eine Verletzung des Grundsatzes der gerechten und billigen Behandlung im Ergebnis ab.

Hier wird noch einmal besonders deutlich, dass der Grundsatz der gerechten und billigen Behandlung dann handhabbar wird, wenn die Interessen beider Vertragsparteien berücksichtigt werden. Der Investor hat unabhängig davon, ob er eine Investition im eigenen Land oder im Ausland tätigt, bestimmte unternehmerische Entscheidungen zu treffen und Risiken zu tragen, die nicht durch die Vereinbarungen in Investitionsschutzverträgen gänzlich ausgeschlossen werden können. Vor dem Hintergrund, dass der Investor seine Investition in einem fremden Land tätigt, dessen Verhältnisse er nicht so genau kennen kann wie die Verhältnisse im eigenen Land und auf dessen politische Entwicklungen er insbesondere keinen Einfluss nehmen kann, ist es jedoch interessengerecht, ihm ein gewisses Maß an Schutz zu gewähren, dass über den Schutz von Inländern hinausgeht, aber seine Grenzen in den berechtigten Interessen des Gaststaates findet, der nicht an der Tätigung politischer Entscheidungen gänzlich gehindert werden darf, wenn diese Auswirkungen auf ausländische Investitionen haben können.

Maßstab muss hier das Verhalten des Gaststaates selbst sein. Gibt dieser durch sein Verhalten, insbesondere durch bestimmte Zusicherungen, dem Investor Anlass von bestimmten Voraussetzungen auszugehen, muss er sich an seinem Verhalten messen lassen.

20. Impregilo S.p.A. v. Argentinien

Schließlich hat sich in einer aktuellen Entscheidung ein internationales Schiedsgericht erneut mit der Frage der Verletzung des Grundsatzes der gerechten und billigen Behandlung in Zusammenhang mit der Privatisierung der argentinischen Wasserversorgung befasst.

a) Sachverhalt

Im Fall Impregilo S.p.A. gegen Argentinien[928] klagt Impregilo, ein italienisches Unternehmen,[929] gegen Argentinien unter dem Investitionsschutzvertrag zwischen Italien und Argentinien und macht unter anderem die Verletzung einer gerechten und billigen Behandlung geltend.

Hintergrund der Streitigkeiten sind Ereignisse in Zusammenhang mit der Privatisierung der Trink- und Abwasserversorgung in der Provinz Buenos Aires in den 1990er Jahren.[930] Im Jahr 1996 entschied sich die Provinz dazu, ihre Trink- und Abwasserversorgung zu privatisieren und erließ ein entsprechendes Gesetz. Im Anschluss wurde ein Konzessionsvertrag ausgeschrieben, für welchen die Klägerin den Zuschlag erhielt.[931] Der Konzessionsvertrag enthielt unter anderem Regelungen zu den zu zahlenden Gebühren für die Dienstleistungen in Zusammenhang mit der Wasserversorgung. Bereits zu Beginn hatte die Klägerin allerdings Schwierigkeiten mit dem Gebühreneinzug. Die Ausfälle beliefen sich auf etwa 60 %.[932] In der Folge konnte das Unternehmen eigene vertragliche Verpflichtungen aus der Konzession nicht erfüllen, was dazu führte, dass es dem Unternehmen untersagt wurde, die Tarife für die Wasserversorgung entsprechend dem Anhang zu dem vereinbarten Konzessionsvertrag zu erhöhen. [933]

Die Lage verschärfte sich durch die Wirtschaftskrise in Argentinien und es wurden in der Folge Gesetze erlassen, die das Unternehmen dazu verpflichteten, zum einen die Tarife für die Wasserversorgung nicht zu erhöhen und zum anderen auch solche Kunden weiter zu beliefern, die nicht zahlten. [934]

Obwohl ein anderes Unternehmen in der Folge zu einer graduellen Anhebung der Tarife berechtigt wurde, verweigerte man der Klägerin diese Möglichkeit.

928 Impregilo S.p.A. v. Argentine Republic (ICSID Case No. ARB/07/17) (Danelius, Brower, Stern), Urteil vom 21. Juni 2011.
929 Vgl. Impregilo S.p.A., a.a.O., Rn. 1.
930 Vgl. Impregilo S.p.A., a.a.O., Rn. 13 ff.
931 Impregilo S.p.A., a.a.O., Rn. 13ff; 20.
932 Impregilo S.p.A., a.a.O., Rn. 15ff; 21.
933 Impregilo S.p.A., a.a.O., Rn. 21.
934 Impregilo S.p.A., a.a.O., Rn. 22 ff.

Die Klägerin wurde vielmehr mit einer Vertragsstrafe belegt, da sie Verpflichtungen aus dem Konzessionsvertrag nicht zeitgerecht erbracht hatte. Schließlich wurde der Konzessionsvertrag durch den Gouverneur der Provinz Buenos Aires gekündigt.[935]

b) Wortlaut des Vertrags

Der Wortlaut des hier einschlägigen Investitionsschutzvertrages zwischen Italien und Argentinien[936] lautet (im Rahmen der Gerichtsentscheidung in der englischen Übersetzung[937]):

„Article 2
Promotion and Protection of Investments
1. Each Contracting Party shall promote investments in its territory by investors of the other Contracting Party and shall accept such investments in accordance with its laws.
2. Investments made by Investors of each Contracting Party shall at all times be accorded fair and equitable treatment. Neither Party shall impair by arbitrary or discriminatory measures the management, maintenance, enjoyment, transformation, cessation or disposal of investments made in its territory by the other Contracting Party's investors. "

c) Entscheidung des Gerichts

Das Gericht ist im vorliegenden Fall von einer Verletzung des Grundsatzes der gerechten und billigen Behandlung nach dem der Entscheidung zugrunde liegenden Artikel 2 Abs. 2 des Investitionsschutzvertrages zwischen Brasilien und Italien ausgegangen.[938]

Zunächst stellt das Gericht in seiner Entscheidung klar, dass es sich bei dem Grundsatz der gerechten und billigen Behandlung um einen in vielen Investitionsschutzverträgen verwendeten Grundsatz handelt, der nicht leicht zu definieren sei. Anerkannt sei, dass jedenfalls ein Schutz entsprechend dem völkergewohnheitsrechtlichen Mindeststandard der Behandlung durch den Grundsatz gewährleistet wäre, wobei es das Gericht als nach wie vor umstritten ansieht, ob der

935 Impregilo S.p.A., a.a.O., Rn. 43 ff.

936 Fra la Republica Italiana e la Republica Argentina sulla promozione e protezione degli investimenti, vom 22. Mai 1990, in Kraft getreten am 14. Oktober 1993.

937 Impregilo S.p.A., a.a.O., Rn. 12.

938 Impregilo S.p.A., a.a.O., Rn. 331.

Grundsatz mit dem Mindeststandard gleichzusetzen sei, oder ob es sich um einen autonomen Standard handelt. Diese Frage lässt das Gericht im Ergebnis offen.[939]

Das Gericht stellt vielmehr darauf ab, dass es sich bei dem Grundsatz der gerechten und billigen Behandlung, wie er in dem hier zugrunde liegenden BIT und ähnlichen Verträgen verwendet wird um einen Standard handelt, der die legitimen Erwartungen des ausländischen Investors schützt.[940]

Nach Ansicht des Gerichts sind bei der Entscheidung darüber, welche Erwartungen der Investor legitimer Weise hatte, alle Umstände des Einzelfalles zu berücksichtigen. Allerdings kann es nach Ansicht des Gerichts nicht der Sinn und Zweck des Grundsatzes der gerechten und billigen Behandlung sein, die Unveränderbarkeit der Rechtsordnung, des wirtschaftlichen und sozialen Umfeldes festzuschreiben und wie eine Stabilisierungsklausel zu wirken, die zwischen dem Gaststaat und dem ausländischen Investor im Rahmen eines Investitionsschutzvertrages ausdrücklich vereinbart wurde.[941]

Dementsprechend könne es nicht den legitimen Erwartungen des Investors entsprechen, dass der Staat in Zukunft, insbesondere in Krisenzeiten seine Rechtsordnung nicht mehr ändere, andererseits müssten Investoren jedenfalls vor unsinnigen Änderungen der Rechtsordnung geschützt werden.[942]

In diesem Zusammenhang betont das Gericht, dass das Vorhandensein legitimer Erwartungen und das Vorhandensein vertraglicher Verpflichtungen unterschiedliche Themenbereiche seien, und insbesondere die Verletzung vertraglicher Verpflichtungen durch staatliche Stellen nicht notwendigerweise zu einer Verletzung des Grundsatzes der gerechten und billigen Behandlung unter dem Investitionsschutzvertrag führen. Entscheidend sei vielmehr, ob der Staat oder staatliche Stellen im konkreten Fall wie ein normaler Vertragspartner handeln oder aber ein Verhalten in Ausübung staatlicher Gewalt vorliegt.[943]

Entsprechend diesen Ausführungen untersucht das Gericht zunächst das Verhalten der Provinz Buenos Aires und erkennt darin ein Verhalten als Partei des Konzessionsvertrages, nicht aber die missbräuchliche Ausübung staatlicher Gewalt.[944] Insofern wird diesbezüglich eine Verletzung des Grundsatzes der gerechten und billigen Behandlung abgelehnt.

In einem weiteren Schritt untersucht das Gericht das Verhalten der Regierung im Rahmen der Notstandsgesetze in Zusammenhang mit der Wirtschaftskrise in Argentinien. Hier gelangt das Gericht zu dem Schluss, dass durch die Not-

---

939 Impregilo S.p.A., a.a.O., Rn. 284 ff.
940 Impregilo S.p.A., a.a.O., Rn. 285.
941 Impregilo S.p.A., a.a.O., Rn. 290.
942 Impregilo S.p.A., a.a.O., Rn. 291.
943 Impregilo S.p.A., a.a.O., Rn. 292 ff.
944 Impregilo S.p.A., a.a.O. Rn. 295 ff.

standsgesetze, die die Wasserversorgung in der Provinz Buenos Aires betreffen, insbesondere die Regelung, dass der Wechselkurs, wonach ein Pesos einem US-Dollar entspricht, aufgehoben wurde, dass in dem Konzessionsvertrag zwischen der Provinz Buenos Aires und der Klägerin festgesetzte Gleichgewicht erheblich zu Lasten der Klägerin verlagerte. Dementsprechend sieht es das Gericht als eine Pflicht des Staates im Hinblick auf eine gerechte und billige Behandlung an, Ausgleichsmaßnahmen für den ausländischen Investor für die durch die Notstandsgesetzgebung hervorgerufenen Nachteile zu schaffen. Anfragen nach einer Anpassung bzw. Neuverhandlung des Konzessionsvertrages durch die Klägerin wurden von den zuständigen Behörden jedoch abgelehnt. Hierin sieht das Gericht eine unzulässige Ausübung staatlicher Macht und nimmt eine Verletzung des Grundsatzes der gerechten und billigen Behandlung an.[945]

d) Stellungnahme

Hier zeigt sich zunächst, dass nach wie vor streitig ist, ob der Grundsatz der gerechten und billigen Behandlung mit dem völkergewohnheitsrechtlichen Mindeststandard zur Behandlung von Ausländern identisch ist, und zwar auch in Verträgen, die die beiden Grundsätze ihrem Wortlaut nach nicht miteinander verbinden. Auch hier wird diese Frage durch das Gericht im Ergebnis allerdings offen gelassen.

Inhaltlich stellt das Gericht zur Feststellung einer Verletzung des Grundsatzes der gerechten und billigen Behandlung, wie dies die meisten neueren Entscheidungen internationaler Gerichte tun, auf die legitimen Erwartungen des Investors ab. Hier wird noch einmal deutlich, dass es als entscheidender beschränkender Faktor angesehen wird, was der Investor im Zeitpunkt der Tätigung seiner Investition aufgrund der tatsächlichen und rechtlichen Gegebenheiten legitimer Weise erwarten konnte. Einigkeit scheint mittlerweile darüber zu bestehen, dass der Grundsatz nicht als Stabilisierungsklausel verstanden werden kann, die spätere Änderungen der Rechtsordnung ausschließt. Legitime Erwartungen des Investors sollen diesbezüglich vielmehr erst dann betroffen sein, wenn die entsprechenden Änderungen nicht sachlich begründet werden können, beziehungsweise nicht ersichtlich ist, dass sich um einen Ausgleich bemüht wird, wenn die neue Rechtslage zu erheblichen Nachteilen für den ausländischen Investor führt.

Weiterhin muss es sich bei einem Verhalten, das geeignet ist eine Verletzung des Grundsatzes der gerechten und billigen Behandlung zu begründen, zwingend um Handlungen in Ausübung von Hoheitsgewalt handeln. Von vorneherein aus-

945 Impregilo S.p.A., a.a.O. Rn. 319 ff.

geschlossen ist ein Verhalten als gewöhnlicher Vertragspartner, auch wenn im konkreten Fall staatliche Stellen als Vertragspartner handeln.

Dies stellt insgesamt eine sinnvolle Begrenzung des Grundsatzes der gerechten und billigen Behandlung dar und gibt diesem eine gewisse Konturenschärfe und Rechtssicherheit, ohne dass die intendierte Möglichkeit, Entscheidungen klar nach den Gegebenheiten des jeweiligen Einzelfalles treffen zu können, unverhältnismäßig eingeschränkt wird.

IV. Ergebnis der Untersuchung der Rechtsprechung

Im Ergebnis lässt sich festhalten, dass sich in den letzten Jahren ein umfassender Rechtssprechungsschatz zu der Frage der Verletzung des Grundsatzes der gerechten und billigen Behandlung herausgebildet hat, der zu einer erheblichen Konkretisierung des Grundsatzes beigetragen hat.

Dementsprechend lässt sich aus der obigen Untersuchung der einschlägigen Entscheidungen folgendes feststellen:

1. Verletzung des Grundsatzes durch ungeheuerliches, arglistiges, bösgläubiges Verhalten

Zunächst besteht nach wie vor ein grundlegender Unterschied in der Beurteilung des Umfangs und Inhalts des Grundsatzes der gerechten und billigen Behandlung durch eine Verbindung dieses Grundsatzes nach dem Wortlaut der Investitionsschutzverträge mit dem völkergewohnheitsrechtlich anerkannten Mindeststandard zur Behandlung von Ausländern im Gegensatz zu seiner eigenständigen Nennung in den entsprechenden Vertragsnormen.

So hat sich insbesondere unter dem NAFTA-Übereinkommen und der Interpretation der Free Trade Commission zum Grundsatz der gerechten und billigen Behandlung zum Teil eine deutlich restriktive Auslegung des Grundsatzes herausgebildet, dahingehend, als dass der Grundsatz der gerechten und billigen Behandlung mit dem völkergewohnheitsrechtlichen Mindeststandard zur Behandlung von Ausländern gleichzusetzen ist und weiterhin dieser Grundsatz erst bei einem ungeheuerlichen, bösgläubigen Verhalten und absichtlicher Pflichtverletzung, einer Unzulänglichkeit der Handlung der Behörde vorliege, die so weit hinter dem internationalen Standard zurückbleibt, dass jede vernünftige und unparteiische Person sofort die Unzulänglichkeit erkennen würde.[946]

946 Vgl. Glamis Gold, Ltd. v. United States of America, Urteil vom 08. Juni 2009, Rn. 10.

Die hier vorgegebene Auslegung führt aber zu einer Reihe von weiteren bisher nicht geklärten Problemen. Sollte es sich bei dem Grundsatz der gerechten und billigen Behandlung um den völkergewohnheitsrechtlich anerkannten Mindeststandard zur Behandlung von Ausländern handeln, ist nicht nachvollziehbar, warum nicht letzterer in den entsprechenden Verträgen vereinbart wird, sondern man den Grundsatz praktisch umbenennt, ohne ihm einen eigenständigen Anwendungsbereich zubilligen zu wollen.[947] Darüber hinaus hat sich in der obigen Untersuchung der Rechtsprechung unter NAFTA gezeigt, dass die Grundsätze des Mindeststandards der Behandlung von Ausländern, wie sie Anfang des 20. Jahrhunderts in Zusammenhang mit dem physischen Schutz von Ausländern entwickelt wurden, nicht auf den Schutz von Auslandsinvestitionen im 21. Jahrhundert übertragbar sind. Dass der völkergewohnhietsrechtliche Mindeststandard der Behandlung von Ausländern nicht mit dem im Kontext des modernen Investitionsschutzes verwendeten Grundsatz einer gerechten und billigen Behandlung gleichgesetzt werden kann, ergibt sich bereits daraus, dass er in Zusammenhang mit der physischen Sicherheit von Auländern und ihrem Eigentum verwendet wird, was nicht mit den Anforderungen übereinstimmt, die sich in Zusammenhang mit der Tätigung einer Investition ergeben. So war der Rückgriff auf den allgemeinen Mindeststandard sicherlich zu einer Zeit gerechtfertigt, in der keine speziell auf den Schutz ausländischer Investitionen ausgerichteten völkerrechtlichen Regelungen existierten, ist in der heutigen Zeit, in der solche speziellen Regelungen durch eine hohe Regelungsdichte von Investitionsschutzverträgen und die Existenz zahlreicher Schiedsgerichtsentscheidungen, Kommentierungen und Lehren in diesem Bereich aber nicht mehr erforderlich.[948]

Folge ist der Versuch der Schiedsgerichte, eine Weiterentwicklung des Mindeststandards zu begründen,[949] was wiederum das Ziel einer Konkretisierung des Grundsatzes der gerechten und billigen Behandlung konterkariert.

Entsprechend konnte sich dieser Konkretisierungsversuch des Grundsatzes der gerechten und billigen Behandlung, obwohl er, abhängig vom Wortlaut des zugrunde liegenden Investitionsschutzvertrages, durchaus auch vereinzelt von Schiedsgerichten angenommen wurde, die keine Entscheidung unter dem

---

947 So auch Dolzer/Schreuer, a.a.O., S. 124.

948 So im Ergebnis auch Tudor, The Fair and Equitable Treatment Standard in the International Law of Foreign Investment, 2.1.3.

949 Vgl. etwa Mondev International LTD v. United States of America, ICSID Case No. ARB(AF)/99/2, (Stephen, Crawford, Schwebel), Urteil vom 11. Oktober 2002; ADF Group Inc. v. United States of America, ICSID Case No. ARB (AF)/00/1, Urteil vom 9. Januar 2003 (Feliciano, de Mestral, Lamm).

NAFTA-Übereinkommen zu treffen hatten, angenommen wurde,[950] insgesamt nicht durchsetzen.

Einigkeit besteht allerdings insofern, als dass der Grundsatz der gerechten und billigen Behandlung jedenfalls verletzt ist, wenn ein ungeheuerliches, bösgläubiges Verhalten des Gaststaates im Sinne der Ausführungen der Gerichte in den Fällen Neer[951] und ELSI[952] vorliegt, eine absichtliche Pflichtverletzung, eine Unzulänglichkeit der Handlung der Behörde, die so weit hinter dem internationalen Standard zurückbleibt, dass jede vernünftige und unparteiische Person sofort die Unzulänglichkeit erkennen würde, beziehungsweise eine vorsätzliche Missachtung eines ordentliches Prozesses gegeben ist, die schockiert oder im Sinne rechtlichen Anstands wenigstens überrascht.

2. Verletzung des Grundsatzes durch Verletzung anderer völkervertraglicher Normen

Weiterhin hat sich in der Untersuchung der Rechtsprechung gezeigt, dass die Schiedsgerichte in der überwiegenden Anzahl der Fälle, sofern der Wortlaut des jeweils zugrunde liegenden Vertrages dies zulässt, einer autonomen Interpretation des Grundsatzes der gerechten und billigen Behandlung den Vorzug geben.

Dabei wird unter anderem vertreten, dass der Grundsatz ein übergeordnetes Prinzip ist, welches als Auffangtatbestand dient und durch die Verletzung anderer, in dem zugrunde liegenden Investitionsschutzvertrag enthaltener Normen – welche ihrerseits nur Beispiele des Grundsatzes der gerechten und billigen Behandlung darstellen – verletzt werden kann.[953] Auch diese Ansicht konnte sich aber nicht durchsetzen.

Weiterhin ist festzustellen, dass die Schiedsgerichte, die einer autonomen Auslegung des Grundsatzes folgen, wohl davon ausgehen, dass es sich bei dem Grundsatz der gerechten und billigen Behandlung um einen eigenständigen völkervertragsrechtlichen Grundsatz handelt. Dies hat das Gericht im Fall Bayindir

950 Vgl. Alex Genin, Eastern Credit Limited, Inc. and A.S. Baltoil Genin v. Republic of Estonia, ICSID Case No. ARB/99/2, Urteil vom 25. Juni 2001(Fortier, Heth, van den Berg, Arbs).

951 Neer (U.S.) v. United Mexican States, 4 R.I.A.A. 60 (Mex.-U.S.Gen.ClaimsComm'n) (1926).

952 Elettronica Sicula S.p.A. (ELSI) (United States of America v. Italy), ICJ Reports 1989 S. 15 ff.

953 So u.a. das Gericht im Fall Metalclad v. United Mexican States ICSID Case No. ARB (AF)/97/1; Pope & Talbot, Inc. v. The Government of Canada, Award on the Merits of Phase 2 (Dervaird, Greenberg, Belman); S.D. Myers Inc. v. Canada, Partial Award vom 13. November 2000; a.A.: Azinian v.United Mexican States, ICSID Case No. ARB (AF)/97/21 (1.11.1999); The Loewen Group, Inc. v. United States, ICSID Case No. ARB (AF)/98/3, Award, 26. Juni 2003.

sogar ausdrücklich ausgeführt,[954] da es ihm anderenfalls nicht möglich gewesen wäre, den Grundsatz, der in dem der Entscheidung zugrunde liegenden Investitionsschutzvertrag nicht enthalten war, über die Meistbegünstigungsklausel in den Vertrag zu importieren. Der Ansatz, dass es sich bei dem Grundsatz der gerechten und billigen Behandlung um einen eigenständigen völkervertragsrechtlichen Grundsatz handelt, wird im Übrigen auch von zahlreichen Kommentatoren in der Literatur vertreten.[955]

Demgegenüber findet sich in keiner Entscheidung ein Hinweis darauf, dass der Grundsatz selbst als Grundsatz des Völkergewohnheitsrechts anerkannt wird, was das bereits oben gefundene Ergebnis[956], dass es sich bei dem Grundsatz der gerechten und billigen Behandlung jedenfalls derzeit noch nicht um einen völkergewohnheitsrechtlich anerkannten Grundsatz handelt, stütz.

3. Keine Garantiehaftung des Staates

Inhaltlich besteht weiterhin Übereinstimmung dahingehend, dass es sich zur Begründung einer Verletzung des Grundsatzes der gerechten und billigen Behandlung jedenfalls um ein Verhalten handeln muss, dass dem Staat zurechenbar ist. Dieser übernimmt mit der Zusicherung einer gerechten und billigen Behandlung keine Garantiehaftung für jegliches die Investition schädigende Verhalten, welches nicht nachweisbar von staatlichen Stellen selbst ausgegangen ist.[957]

Dieses Verhalten kann sowohl von Behörden als auch nationalen Gerichten ausgehen.

954 Bayindir Insaat Turizm Ticaret Ve Sanayi A.Ş. v. Islamic Republic of Pakistan, ICSID Case No. ARB/03/29, Decision on Jurisdiction, 14. November 2005 (Kaufmann-Kohler, Berman, Böckstiegel).

955 Vgl. Dolzer/Stevens, Bilateral Investment Treaties 1995, S. 60; Mann, British Treaties for the Promotion and Protection of Investments 1981, 52 BY of Int'l L, S. 241, 244; Muchlinski, Multinational Enterprises and the Law, 1999, S. 626; UNCTAD Series on Issues in International Investment Agreements, Fair and Equitable Treatment 1999, S. 13, 17, 37–40, 53, 61; Vasciannie, The Fair and Equitable Treatment Standard in International Investment Law and Practice, 70 BY of Int'l L 1999, S. 104 f., 139–144.

956 Vgl. oben unter B. III. 3. c).

957 Vgl. Wena Hotels Ltd. (U.K.) v. Arab Republic of Egypt. ICSID Case No. ARB/98/4, Urteil vom 08. Dezember 2000, 41 I.L.M. 896 (2002); American Manufacturing & Trading Inc. (AMT) (US), ICSID Case No. ARB/93/1 Urteil vom 21. Februar 1997; Asian Agricultural Products Ltd. (AAPL) v. Republic of Sri Lanka, ICSID Case No. ARB/87/3 (El-Kosheri, Goldman, Asante), Urteil vom 27. Juni 1990.

4. Transparentes Verhalten

Ein intransparentes Verhalten der Behörden wird von den Schiedsgerichten insbesondere dann geprüft, wenn die Nutzung der Investition von staatlicher Seite beeinträchtigt wird, beispielsweise durch die Entziehung oder Nichterteilung von Betreiberlizenzen.[958] In diesem Zusammenhang wird weiterhin darauf abgestellt, dass der Grundsatz der gerechten und billigen Behandlung ein proaktiver Standard ist, der nicht nur ein schädigendes Verhalten des Gaststaates gegenüber der ausländischen Investition verbietet, sondern weiterhin eine aktive Förderung ausländischer Investitionen gebietet,[959] indem der Staat sich transparent und damit so verhält, dass der ausländische Investor Chancen und Risiken seiner Investition gut einschätzen kann. Dies verlangt eine gewisse Stabilität in den wirtschaftlichen und rechtlichen Rahmenbedingungen.[960]

5. Keine willkürlichen und diskriminierenden Maßnahmen

Die Fälle eines willkürlichen oder diskriminierenden Verhaltens sind immer solche, in denen recht eindeutig eine Verletzung des Grundsatzes der gerechten und billigen Behandlung angenommen werden kann, indem das Verhalten staatlicher Stellen offensichtlich rechtlichen wie auch insbesondere völkervertragsrechtlichen Grundsätzen nicht genügt, wobei die Anforderungen an eine Verletzung nicht die Schwelle eines ungeheurtlichen und arglistigen Verhaltens erreichen müssen, wie nach dem Neer-Fall gefordert. Als ausreichend wurde es angesehen, dass Behörden beispielsweise gezielt zusammenarbeiten, um die ausländische Investition zu schädigen, wobei letzteres auch eine bloß in Kauf genommene Nebenfolge einer vorrangigen politischen Entscheidung sein kann.[961] Dementsprechend war bereits früh allgemein anerkannt, dass es sich bei willkür-

958 Wena Hotels Ltd. (U.K.) v. Arab Republic of Egypt. ICSID Case No. ARB/98/4, Urteil vom 8. Dezember 2000, 41 I.L.M. 896 (2002); Técnicas Medioambientales Tecmed S.A. v. The United Mexican States, ICSID Case No. ARB(AF)/00/2 (Award) (29 May 2003), 43 ILM 133 (2004)

959 Vgl. MTD Equity Sdn. Bhd. And MTD Chile S.A. v. Republic of Chile, ICSID Case No. ARB/01/7, Urteil vom 25. May 2004.

960 Vgl. CMS Gas Transmission Company v. The Argentine Republic, ICSID Case No. ARB/01/8, Urteil vom 12. Mai 2005 (Vicuña, Lalonde, Rezek); Occidental Exploration and Production Company (OEPC) v. The Republic of Ecuador, UNCITRAL Arbitration Case No. UN 3467, Final Award, 01.07.2004 (Vicuña, Brower, Sweeney).

961 Vgl. Eureko B.V. v. Republic of Poland, Teilurteil vom 19.08.2005; MTD Equity Sdn. Bhd. And MTD Chile S.A. v. Republic of Chile, ICSID Case No. ARB/01/7, Urteil vom 25. May 2004.

lichem und diskriminierendem Verhalten um eine Verletzung des Grundsatzes der gerechten und billigen Behandlung handelt.[962]

Weiter kann es sich wie im Fall Loewen[963] dann um diskriminierendes Verhalten handeln, wenn staatliche Gerichte offensichtlich auf die ausländische Staatsbürgerschaft einer der Streitparteien abstellt und auf Rassenunterschiede zwischen den Parteien und diesbezügliche diskreditierende und die Jury unzulässig beeinflussende Äußerungen zulässt.

Selbst eine Verletzung nationaler Gesetze soll einen Verstoß gegen den Grundsatz der gerechten und billigen Behandlung begründen, wenn sie in der Weise erfolgt, dass diskriminierend gegen einen Ausländer vorgegangen wird.[964]

Schließlich ist es nach verbreiteter Ansicht ebenfalls als willkürliches und diskriminierendes Verhalten anzusehen, wenn der Gaststaat einen mit dem ausländischen Investor geschlossenen privatrechtlichen Vertrag verletzt, sofern er die Verletzung nicht als Vertragspartei, sondern in Ausübung seiner Hoheitsgewalt begeht.[965] Dies begründet nämlich unter anderem einen Missbrauch staatlicher Macht, ebenso wie die Überschreitung von Kompetenzen.

6. Schutz der legitimen Erwartungen des Investors

Schließlich wird in der überwiegenden Zahl der neueren Schiedgerichtsentscheidungen auf die legitimen Erwartungen des Investors abgestellt, die entsprechend als das beherrschende Element des Grundsatzes der gerechten und billigen Behandlung angesehen werden können.

Insbesondere dieser Aspekt des Standards der gerechten und billigen Behandlung hat zu weitreichenden Diskussionen in der schiedsgerichtlichen Rechtsprechung, im Schrifttum und auch in der rechtspolitischen Diskussion geführt.[966]

Hintergrund hierfür ist, dass die Aussage, dass der Investor unter bestimmten Voraussetzungen auf die Stabilität, d.h. den Status Quo der innerstaatlichen

962 So bereits das Gericht im Fall Waste Management v. United Mexican States, ICSID Case No. ARB(AF)/3, Final Award vom 30.04.2004; Alex Genin, Eastern Credit Limited, Inc. and A.S. Baltoil Genin v. Republic of Estonia, ICSID Case No. ARB/99/2, Urteil vom 25. Juni 2001(Fortier, Heth, van den Berg, Arbs)

963 The Loewen Group, Inc. v. United States, ICSID Case No. ARB (AF)/98/3, Award, 26. Juni 2003

964 Vgl. The Loewen Group, Inc. v. United States, ICSID Case No. ARB (AF)/98/3, Award, 26. Juni 2003

965 Eureko B.V. v. Republic of Poland, Teilurteil vom 19.08.2005.

966 Tietje, Internationales Investitionsschutzrecht im Spannungsverhältnis von staatlicher Regelungsfreiheit und Schutz wirtschaftlicher Individualinteressen, Beiträge zum transnationalen Wirtschaftsrecht, Heft 93, Februar 2010, S. 5 ff (12).

Rechtsordnung im Zeitpunkt der Vornahme der Investition vertrauen darf, dazu führen könnte, dass dem Gaststaat Änderungen seiner Rechtsordnung aus möglicherweise durchaus legitimen Gründen oder schlichtweg vor dem Hintergrund eines entsprechenden politischen Willens unmöglich gemacht werden.[967]

Dies wird beispielsweise in der oben dargestellten Entscheidung des Schiedsgerichts im Fall Tecmed[968] deutlich, in der sich das Gericht ausführlich mit den grundlegenden Erwartungen des Investors auseinandersetzt und darlegt, dass der ausländische Investor von dem Gaststaat erwarte, dass dieser sein Verhalten nicht grundlos ändere und sich völlig vorhersehbar und unzweideutig gegenüber dem Investor verhalte, so dass er im Vorfeld über alle Gesetze und Regelungen informiert ist, die seine Investition betreffen, sowie die Ziele der ihn und seine Investition betreffenden politischen Entscheidungen und der behördlichen Handhabungen und Vorgaben, so dass er seine Investition unter Berücksichtigung dieser Vorgaben planen kann.[969]

Auf den Punkt gebracht, könnte man insofern geradezu fragen, ob der Standard der gerechten und billigen Behandlung materiell gesehen die Wirkung einer sogenannten Stabilisierungsklausel entfaltet.[970] Stabilisierungsklauseln sind vertraglich etablierte Klauseln in Investitionsverträgen zwischen dem Investor und dem jeweiligen Gaststaat, so genannte State Contracts, durch die sich der Gaststaat ausdrücklich dazu verpflichtet, bestimmte Bereiche seiner innerstaatlichen Rechtsordnung für die wirtschaftliche Laufzeit der Investition nicht zu ändern.[971] Nach ständiger schiedsgerichtlicher Rechtsprechung hindern solche Stabilisierungsklauseln den Gaststaat zwar nicht daran, seine Rechtsordnung später dann doch zu ändern. Fest steht aber, dass er sich mit einem entsprechenden Schritt dem Investor gegenüber schadensersatzpflichtig macht.[972]

Diesen Bedenken kann dadurch begegnet werden, dass gerade in neueren Entscheidungen der Schiedsgerichte, wie sich in der obigen Darstellung gezeigt hat, vermehrt darauf abgestellt wird, dass diese die Erwartungen des Investors dann als berechtigt ansehen, wenn sie durch ein konkretes Verhalten des Gaststaates hervorgerufen werden.[973] Zwar gründe die Entscheidung eines Investors

967 Tietje, a.a.O., S. 12.

968 Técnicas Medioambientales Tecmed S.A. v. The United Mexican States, ICSID Case No. ARB(AF)/00/2 (Award) (29 May 2003), 43 ILM 133 (2004).

969 TECMED, a.a.O., Rn. 154.

970 Tietje, a.a.O., S. 12.

971 Tietje, a.a.O., S. 12.

972 Tietje, a.a.O., S. 12.

973 Vgl. Duke Energy Electroquil Partners & Electroquill S.A. v. Republic of Ecuador, ICSID Case No. ARB/04/19, Urteil vom 18.08.2008(Kaufmann-Kohler, Pinzón, van den Berg); Impregilo S.p.A. v. Argentine Republic (ICSID Case No. ARB/07/17) (Danelius, Brower, Stern), Urteil vom 21. Juni 2011; PSEG Global Inc. and Konya Ilgin Elektrik Üretim ve Ticaret

zur Tätigung einer Investition auf einer Beurteilung der rechtlichen Lage und des gesamten wirtschaftlichen Umfelds im Zeitpunkt der Tätigung seiner Investition. Die Konsequenzen aus dieser Entscheidung müssen Investoren als erfahrene Geschäftsleute entsprechend grundsätzlich auch tragen.[974] Sie übernehmen eine eigene Risikoeinschätzung und die Verantwortung für ihre Entscheidung. Investitionsschutzverträge stellen gerade keine Versicherung gegen Investitionsrisiken dar. Entsprechend soll eine Verletzung des Grundsatzes der gerechten und billigen Behandlung erst dann vorliegen, wenn ein staatliches Verhalten, beispielsweise durch ausdrückliche Zusagen, die später nicht eingehalten werden, unmittelbar zu einer Fehleinschätzung des Investors führt. Nicht ausreichen soll demgegenüber, wenn der Investor sich auf allgemeine politische Standpunkte des Gaststaates verlassen hat.

Dies erscheint interessengerecht, da der Staat sich in diesem Fall selbst bindet. Hier erscheint es insofern auch gerechtfertigt, dass der Staat sich an dem entsprechenden Verhalten dann auch festhalten lassen muss. Er wird nicht in ungerechtfertigter Weise daran gehindert, politische oder rechtliche Rahmenbedingungen zu ändern. Insofern kann auch nicht von einer Stabilisierungsklausel im klassischen Sinne geredet werden.

Insgesamt ist festzuhalten, dass die Grenzen zwischen den einzelnen Fall gruppen fließend sind. Insbesondere werden die legitimen Erwartungen des Investors dann verletzt sein, wenn ein intransparentes, willkürliches oder diskriminierendes Verhalten durch den Staat gegenüber dem Investor ausgeübt wird.

Auf dieser Grundlage ist in den letzten Jahren eine ausgewogene Interpretation des Standards der gerechten und billigen Behandlung entstanden, indem die Erwartungen des Investors einerseits einzelfallbezogen berücksichtigt werden können, andererseits diese Erwartungen legitim sein müssen, womit die Interessen des Gaststaates in die Untersuchung mit einbezogen werden. Konkret wurde klar und deutlich in der schiedsgerichtlichen Praxis erkannt, dass der Standard der gerechten und billigen Behandlung in Abwägung der widerstreitenden Interessen von Gaststaat und Investor zu konkretisieren ist. Dabei stellen die Gerichte in ihren neueren Entscheidungen im Ansatz zutreffend darauf ab, dass nur legitime Interessen des Investors im Hinblick auf die Stabilität der innerstaatlichen Rechtsordnung des Gaststaates geschützt sind. Insofern soll es nach Ansicht der Gerichte insbesondere auf die sozio-ökonomischen Gesamtumstände im Zeitpunkt der Tätigung der Investition ankommen. Insgesamt führt dieses

---

Limited Sirketi v. Republic of Turkey, ICSID Case No. ARB/02/5), Urteil vom 19.01.2007; Saluka Investments BV (The Netherlands) v. The Czech Republic, Ad Hoc Arbitration (UNCITRAL Rules), Teilurteil vom 17. März 2006.

974 Vgl. MTD Equity Sdn. Bhd. And MTD Chile S.A. v. Republic of Chile, ICSID Case No. ARB/01/7, Urteil vom 25. May 2004.

Vorgehen zu einer Interessenabwägung im Einzelfall, so dass keine der beiden Parteien ungerchtfertigt bevorzugt wird und der Grundsatz der gerechten und billigen Behandlung sowohl seinen Charakter als Auffangtatbestand behält, indem er einzelfallbezogen angewendet und ausgelegt werden kann, ohne dass dies zu einer übermäßigen Rechtsunsicherheit bei den Vertragparteien führt. So kann der Investor davon ausgehen, dass seine legitimen Erwartungen durch den Grundsatz geschützt werden, er also davon ausgehen kann, dass der Gaststaat sich transparent und nicht willkürlich oder diskriminierend verhält und sich insbesondere an seine Zusagen hält. Der Gaststaat kann demgegenüber davon ausgehen, dass er durch sein eigenes Verhalten seinen Haftungsgrad nach dem Grundsatz der gerechten und billigen Behandlung selbst bestimmen kann. Er wird bei sachlich begründetem Verhalten, insbesondere im Falle von Änderungen der Rechtslage oder politischer Entscheidungen nicht gegen den Grundsatz der gerechten und billigen Behandlung verstoßen, wenn er nicht zuvor konkrete Zusicherungen gemacht hat.

D. Das Verhältnis des Grundsatzes der gerechten und billigen Behandlung zu anderen völkergewohnheits- und völkervertragsrechtlichen Grundsätzen

Schließlich darf bei der Untersuchung des Grundsatzes der gerechten und billigen Behandlung dessen systematische Stellung, insbesondere das Verhältnis zu anderen in den Investitionsschutzabkommen festgelegten Standards, nicht fehlen.

Die Verpflichtung zu einer gerechten und billigen Behandlung wird oft zusammen mit anderen Standards als Teil der Verpflichtung zur Sicherung ausländischer Direktinvestitionen durch die Gastgeberländer genannt.[975] Gerade auch in der Untersuchung der Rechtsprechung zu dem Grundsatz der gerechten und billigen Behandlung fällt auf, dass dieser oft in Verbindung mit bzw. zusätzlich zu anderen vertraglichen Regelungen geltend gemacht wird. Dies folgt wohl auch daraus, dass der Standard im Grundsatz eng mit den spezifischeren Standards, wie der indirekten Enteignung, der Schirmklausel oder der Inländergleichbehandlung verbunden ist.[976] Entsprechend wird im Folgenden das Verhältnis des Grundsatzes der gerechten und billigen Behandlung zu anderen Grundsätzen näher beleuchtet und untersucht, ob sich aus der systematischen Stellung des Grundsatzes weitere Anhaltspunkte für dessen Konkretisierung ergeben.

I. Das Verhältnis zu anderen völkervertragsrechtlichen Regelungen

1. Der Standard als übergeordnetes Prinzip / Zusammenfassung spezieller, im Vertrag vereinbarter Grundsätze

Ein Ansatz geht davon aus, dass es sich bei dem Grundsatz der gerechten und billigen Behandlung um ein grundlegendes Prinzip handelt, welches andere Normen des Vertrages umfasst. Die anderen Regelungen des Vertrages sollen dementsprechend nur einzelne, spezielle Ausprägungen des grundlegenden Prinzips der gerechten und billigen Behandlung darstellen.

975 Yannaca-Small, Fair and Equitable Treatment Standard in International Investment Law, in: OECD, International Investment Law: A Changing Landscape (2005), S. 74.

976 Dolzer, Fair and Equitable Treatment: A Key Standard in Investment Treaties, a.a.O., S. 87.

Diese Ansicht wurde bereits früh in der Entwicklung des internationalen Investitionsschtuzes, beispielsweise im oben bereits dargestellten „International Code of Fair Treatment for Foreign Investments“ der Internationalen Handelskammer von 1949[977] vertreten. Nach diesem Kodex stellen beispielsweise die Nichtdiskriminierung und die Inländergleichbehandlung Hauptelemente einer gerechten Behandlug ausländischer Investoren dar. Zu beachten ist diesbezüglich allerdings, dass es sich einerseits um ein sehr frühes Dokument aus einer Zeit unmittelbar nach dem Zweiten Weltkrieg handelt, in der, wie oben festgestellt der Investitionsschutz gerade erst begann, sich zu entwickeln. Zum anderen handelt es sich hier um ein Dokument einer Nichtregierungsorganisation, das den Zweck verfolgte, die Politik in dieser Hinsicht zu beeinflussen. Nicht schließen lässt sich indessen aus diesem Dokument, dass auch die Staaten bei Vereinbarung des Grundsatzes der gerechten und billigen Behandlung diese Meinung teilen.

Unter Bezugnahme auf die Investitionspraxis lässt sich aber ebenfalls eine gewisse Unterstützung für den Ansatz feststellen, dass der Standard der gerechten und billigen Behandlung eine große Anzahl anderer Standards umfasst: er stellt die grundsätzliche Regelung dar, während andere Standards im selben Investitionsschutzinstrument spezielle Ausprägungen dieser Grundregel darstellen.

So lautet beispielsweise Art. II (2) des Mustervertrages zum Investitionsschutz von Großbritannien folgendermaßen:

„Investments of nationals or companies of either Contracting Party shall at all times be accorded fair and equitable treatment and shall enjoy full protection and security in the territory of the other Contracting Party. Neither Contracting Party shall in any way impair by unreasonable or discriminatory measures the management, maintenance, use enjoyment or disposal of investments in its territory of nationals or companies of the other Contracting Party. Each Contracting Party shall observe any obligation it may have entered into with regard to investments of nationals or investments of the other Contracting Party.”[978]

---

977 Vlg. oben unter B) I) 3) b).

978 Agreement between the Government of the United Kingdom of Great Britain and Northern Ireland and the Government of ________ for the Promotion and Protection of Investments, veröffentlicht in: UNCTAD, International Investment Instruments: A Compendium (1996), vol. III, S. 185–94; diese Formulierung wird entsprechend den Vorgaben des Mustervertrages in der Mehrzahl der britischen Investitionsschutzverträge verwendet, wie z.B. in Art. 2 (2) der bilateralen Verträge zwischen Großbritannien und jedem der folgend aufgeführten Staaten: Singapore (1975) (ICSID, Investment Laws of the World: Bilateral Investment Treaties (1972a-), vol. 1); Egypt (1975), a.a.O.; Senegal (1980), a.a.O., vol. 2; Phillippines (1980), a.a.O.; Republic of Korea (1976), a.a.O.; Indonesia (1976), a.a.O.; China (1986), a.a.O., vol. 3; Malta (1986), a.a.O.; Mauritius (1986), a.a.O.; Benin (1987), a.a.O.; Dominica (1987), a.a.O.; Poland (1987), a.a.O.; Argentinia (1990), a.a.O., vol. 4; Burundi (1990), a.a.O.; Czechoslovakia (1990), a.a.O.; United Arab Emirates (1992), a.a.O., vol. 5; Trinidad and Tobago (1993), a.a.O., vol.

Liest man diesen Paragraphen als Gesamtheit, impliziert er, dass die Vorschrift gegen willkürliche und diskriminierende Maßnahmen tatsächlich vom Standard der gerechten und billigen Behandlung gefordert wird.[979] Ähnlich kann auch die Idee von pacta sunt servanda, die im dritten Satz festgeschrieben ist, als ein Teil des Standards der gerechten und billigen Behandlung angesehen werden.[980]

Diese Interpretation kann ebenfalls auf den Mustervertrag der USA von 1984[981] angewendet werden, dessen in dieser Hinsicht relevanter Artikel II (2) dem des britischen Mustervertrages sehr ähnlich ist.[982] In Bezug auf diese hier genannten Vertragsformulierungen wird vertreten, dass die Ausführungen zu willkürlichem und diskriminierendem Verhalten der Konkretisierung des Grundsatzes der gerechten und billigen Behandlung dienen.[983]

Dieser Ansatz hat Vorzüge; durch die Einbeziehung von Nichtdiskriminierung, Angemessenheit und Respekt gegenüber vertraglichen Verpflichtungen als Elemente des Standards der gerechten und billigen Behandlung stimmt er mit der gewöhnlichen Wortbedeutung von Gerechtigkeit und Billigkeit überein.[984]

Ein noch weiter reichender Ansatz in der Literatur stellt darauf ab, dass der Grundsatz der gerechten und billigen Behandlung die vorrangige und umfassende Verpflichtung zur Behandlung von Auslandsinvestitionen sei.[985] Diese vorrangige Verpflichtung sei umfassender als ein einfaches Verbot von willkürlichem, diskriminierendem oder missbräuchlichem Verhalten; sie umfasse vielmehr ebenfalls die Meistbegünstigungsklausel und die Inländergleichbehandlung und gehe sogar darüber hinaus, so dass es sehr wohl möglich sein könne, dass andere Regelungen in den Übereinkommen, die substanziellen Schutz erfordern, nicht mehr als Beispiele oder Spezialisierungen dieser umfassenden Verpflichtung seien.[986]

6; Uzbekistan (1993), a.a.O.; Ukraine (1993), a.a.O..; Barbados (1993), a.a.O.; Estonia (1994), a.a.O.; Belarus (1994), a.a.O.

979 Vasciannie, Fair and equitable Treatment, in: Investment Law and Practice, S. 99 ff (131).

980 Vasciannie, Fair and equitable Treatment, in: Investment Law and Practice, S. 99 ff (131).

981 Treaty between the Government of the United States of America and the Government of __________concerning the Encouragement and Reciprocal Protection of Investment, veröffentlicht in: UNCTAD,International Investment Instruments, vol. III, S. 195–205.

982 Vasciannie, Fair and equitable Treatment, in: Investment Law and Practice, S. 99 ff (131).

983 vgl. Bergmann, Bilateral Investment Protection treaties: An Examination of the Evolution and Significance of the US Prototype Treaty, New York University Journal of Internnational Law and Politics, 16 (1983), S. 1–44 (30).

984 Vasciannie, a.a.O., S.131; vgl. auch Artikel 22 des "Economic Agreement of Bogotá", zitiert oben unter B I. 2. a), der ausdrücklich festsetzt, dass der Gedanke der Nichtdiskriminierung in Bezug auf ausländische Investitionen aus dem Grundsatz der gerechten Behandlung folgt.

985 Mann, 'British Treaties for the Promotion and Protection of Investments', in: Further Studies in International Law (1990), S.234–251 (237).

986 Mann, a.a.O., S. 237.

Diese expansive Sichtweise zum Standard der gerechten und billigen Behandlung findet Unterstützung durch den von der Weltbank vertretenen Ansatz.[987] Die "World Bank Guidelines on Treatment of Foreign Direct Investment"[988] von 1992 bestimmten in Art. III (2), dass: "each State will extend to investments established in its territory by nationals of any other State fair and equitable treatment according to the standards recommended in the Guidelines." Diese Formulierung macht es theoretisch möglich, die Forderung nach einer gerechten und billigen Behandlung dahingehend zu verstehen, dass sie eine zusammengefasste Formel der gemeinsamen rechtlichen Effekte sämtlicher im Vertrag festgelegten Standards ist.[989]

Weiterhin wird in einem Arbeitspapier der WTO darauf wie folgt ausgeführt: „the standard is considered to cover the principle of non-discrimination, along with other legal principles related to the treatment of foreign investors, but in a more abstract sense than the standards of MFN and national treatment".[990]

Auch auf bilateraler Ebene implizieren einige Verträge eine Akzeptanz dieses Ansatzes. So wurde zum Beispiel in dem Investitionsschutzübereinkommen von 1964 zwischen der Wirtschaftsunion von Belgien und Luxemburg auf der einen und Tunesien auf der anderen Seite vereinbart:

"Each of the High Contracting Parties undertakes to assure on its territory fair and equitable treatment of investments ... of the other contracting party, and to take steps to ensure that the exercise of the right so recognized is not impeded by unjust or discriminatory measures. To that end, each of the contracting parties shall confer on these investments ... at least the same security and protection that it grants to those of its own nationals or to the investments of nationals and companies of third states."[991]

Mit anderen Worten sollen die im zweiten Satz vereinbarten Klauseln zu Inländergleichbehandlung und Meistbegünstigung ausdrücklich dazu dienen, sicherzustellen, dass der Grundsatz der gerechten und billigen Behandlung nicht vereitelt wird.[992] Diese Formulierung ist in ihrer praktischen Wirkung dem Ansatz, wonach es sich bei dem Standard der gerechten und billigen Behandlung um die grundlegende Verpflichtung handelt und die anderen in den Investitionsschutzinstrumenten festgelegten Grundsätze dazu dienen, dass diese Verpflichtung eingehalten wird, sehr ähnlich.[993]

987 Vasciannie, a.a.O., S.132.

988 World Bank, "Legal Framework for the Treatment of Foreign Investment", 1992.

989 Dolzer, Fair and Equitable Treatment, a.a.O., S.91.

990 WTO Secretariat, Non-Discrimination Most-Favoured-Nation and National Treatment, WT/WGTI/W/118 at 10 (June 4, 2002).

991 ICSID, Investment Laws of the World: Bilateral Investment Treaties (1972a-), vol.1.

992 Vasciannie, a.a.O., S.132.

993 Vasciannie, a.a.O., S.132.

Zu ähnlichen Schlussfolgerungen kann man bei verschiedenen bilateralen Investitionsschutzverträgen mit Beteiligung der Niederlande kommen,[994] die die folgende Klausel enthalten:

"(1) Each Contracting Party shall ensure fair and equitable treatment to the investments of investors of the other Contracting Party and shall not impair, by unreasonable or discriminatory measures, the operation, management, maintenance, use enjoyment or disposal thereof by those investors.

(2) More particularly, each Contracting Party shall accord to such investments the same security and protection as it accords either to those of its own investors or to those investors of any third State, whichever is more favourable to the investor concerned. "[995]

Auch hier legt die Formulierung wieder nahe, dass der Standard der gerechten und billigen Behandlung die umfassende Verpflichtung darstellt und die Meistbegünstigung und die Inländergleichbehandlung zur Verfügung gestellt werden müssen, um dieser Verpflichtung nachzukommen.[996]

Eindeutiger noch wird die Ansicht, dass die gerechte und billige Behandlung von Staaten als ein umfassender Standard angesehen wird, durch die Verträge unterstützt, in denen bereits in der Präambel des Vertrages Bezug auf die Erreichung des Zieles der Verwirklichung einer gerechten Behandlung genommen wird.[997] In dieser Hinsicht sollte dem FCN Vertrag zwischen den USA und Italien von 1948[998] und dem diesen ergänzenden Übereinkommen[999], welches am 26. September 1951 unterzeichnet wurde, Beachtung geschenkt werden. Der FCN Vertrag weist in seiner Präambel darauf hin, dass er grundsätzlich auf den Prinzipien der Inländergleichbehandlung und der Meistbegünstigung in ihrer unbedingten Form gründet, und bestätigt diesen Ansatz in einer Anzahl von Durchführungsregelungen.[1000] Der Vertrag beinhaltet ebenso die Regelungen ‚most constant protection and security' und ‚full protection and security required by international law'. Nachträglich bestimmt das ergänzende Übereinkommen in seiner Präambel allerdings, dass es danach strebt, den im Hauptvertrag festgesetzten Grundsatz einer gerechten Behandlung zu

994 Vasciannie, a.a.O., S.132.

995 Art. 3, Agreement on the Encouragement and Reciprocal Protection of Investments between the Kingdom of the Netherlands and the Argentine Republic (1992), ICSID, Investment Laws of the World: Bilateral Investment Treaties (1972a-), vol. 5. Für eine weitgehend ähnliche Wortwahl vgl. jeweils die Verträge der Niederlande mit Paraguay (a.a.O.), Bolivien (a.a.O.) und Estland (a.a.O.).

996 Vasciannie, a.a.O., S.132 f.

997 Vasciannie, a.a.O., S.133.

998 United Nations Treaty Series, vol. 79, S.171.

999 United Nations Treaty Series, vol. 404, S.326.

1000 Vasciannie, a.a.O., S.133.

stärken.[1001] In diesem Zusammenhang kann die Bezugnahme auf den Grundsatz der gerechten Behandlung dahingehend interpretiert werden, dass die Inländergleichbehandlung, die Meistbegünstigung sowie andere Standards im Hauptvertrag lediglich spezielle Ausformungen der umfassenden Verpflichtung sind, ausländischen Investitionen eine gerechte Behandlung zukommen zu lassen.[1002]

Diese spezielle Konstellation liegt auch der Entscheidung des Internationalen Gerichtshofes (ICJ) im Fall Elettronica Sicula Spa (ELSI)[1003] zugrunde. In dem bilateralen Vertrag zum Schutz von Auslandsinvestitionen zwischen Italien und den USA selbst sowie in dem ebenfalls anwendbaren Zusatzabkommen wird lediglich der Grundsatz von konstantem Schutz und Sicherheit für Investitionen einer Vertragspartei innerhalb des Staatsgebiets der anderen Vertragspartei festgelegt, nicht aber der Grundsatz der gerechten und billigen Behandlung. Richter Schwebel bezieht in seine Interpretation des Vertrages in seiner abweichenden Meinung die Arbeitspapiere zu dem Vertrag sowie dem Zusatzabkommen und die in der Präambel festgelegten Grundsätze mit ein. In der Präambel des Zusatzabkommens wird festgelegt, dass der Vertrag dazu dienen soll, die Prinzipien einer gerechten Behandlung sicherzustellen. Richter Schwebel kommt nach ausführlicher Untersuchung der zugrunde liegenden Fakten zu dem Ergebnis, dass das Verhalten der italienischen Behörden diesen Prinzipien, zu deren Durchsetzung der Vertrag geschaffen wurde, nicht entspricht. Dementsprechend kommt Richter Schwebel zu dem Ergebnis, dass es sich bei den durch den Kläger vorgebrachten Maßnahmen der Regierung um willkürliche Handlungen handelt, die den Vertrag verletzen.[1004]

Unter Berücksichtigung der Besonderheit, dass eine gerechte Behandlung nur in der Präambel des Vertrages als dem Vertrag zugrundeliegendes Prinzip erwähnt wird, nicht aber im Vertrag selbst, ist hier mit Richter Schwebel davon auszugehen, dass der Grundsatz der gerechten und billigen Behandlung, zumindest nach dem Wortlaut des hier einschlägigen Vertrages, lediglich als Auslegungshilfe für die speziellen, im Vertrag festgesetzten Regelungen anzusehen ist, also ein den speziellen Regelungen des Vertrages zugrunde liegendes Prinzip darstellt.

Obwohl verschiedene Beispiele aus der Praxis eine Unterstützung dieses Ansatzes belegen, handelt es sich nichtsdestotrotz um eine Mindermeinung.[1005] So muss, wie bei allen Auslegungsfragen, auch hier vom Wortlaut des jeweiligen Vertrages sowie der Stellung des Grundsatzes der gerechten und billigen Behandlung

1001 United Nations Treaty Series, vol. 404, S.326.

1002 Vasciannie a.a.O., S.133.

1003 Elettronica Sicula S.p.A. (ELSI) (United States of America v. Italy), ICJ Reports 1989 S. 15 ff.

1004 Elettronica Sicula S.P.A. (ELSI) (US v. Italy), 1989, a.a.O.; vgl. auch Murphy, "The ELSI Case: An Investment Dispute at the International Court of Justice", Yale Journal of International Law, 16 (1991), S.391–452.

1005 Vasciannie, a.a.O., S.133.

im Vertragstext ausgegangen werden. Wird der Grundsatz, wie oben in der Vertragspraxis dargestellt, verschiedentlich geschehen, in der Präambel des Vertrages erwähnt, oder jedenfalls vom Wortlaut her eindeutig als ein Ziel des Vertrages bezeichnet, so ist er durchaus als ein allgemeines Prinzip anzusehen, welches die im Vertrag festgesetzten, speziellen Ziele umfasst. Hier ist der Grundsatz nämlich, wie auch das Gericht im Fall United Parcel Service gegen Kanada[1006] betont, nicht als eigenständige Verpflichtung anzusehen, auf die der ausländische Investor unter dem jeweiligen Vertrag klagen kann, sondern vielmehr nur als Auslegungshilfe.[1007] Alle im Vertrag zugesicherten Standards müssen bei ihrer Interpretation daraufhin überprüft werden, ob sie dem Ziel einer gerechten und billigen Behandlung des ausländischen Investors gerecht werden. Auf eine solche Behandlung selbst, kann in einem solchen Fall aber nicht geklagt werden.

Anders ist dies dann, wenn der Grundsatz im Vertrag selbst als eigene Verpflichtung garantiert wird, die dementsprechend von ausländischen Investoren auch eingeklagt werden kann. Dann ist der Grundsatz eben nicht als übergeordnetes Prinzip anzusehen, welches lediglich eine Zusammenfassung der im Vertrag festgesetzten speziellen Ziele bildet.

Gegen die Ansicht, dass es sich bei dem Grundsatz der gerechten und billigen Behandlung um ein übergeordnetes Prinzip handelt, das die anderen im Vertrag festgelegten, speziellen Grundsätze umfasst, spricht, dass die speziellen Grundsätze in den Verträgen in ihrer praktischen Anwendung, so wie es bereits Richter Golsong in seinem Sondervotum im Fall AMT gegen Zaire[1008] für das Verhältnis zwischen der Zusicherung von vollem Schutz und Sicherheit zu den im einschlägigen Vertrag vereinbarten Enteignungsklauseln festgestellt hat,[1009] nutzlos würden. Dies steht wiederum im Widerspruch zu einer grundsätzlichen Regel des Völkervertragsrechtes zur Vertragsinterpretation, wonach sichergestellt sein muss, dass jede vertragliche Regelung einen praktischen Nutzen („effet utile“) hat, oder wie es durch den Grundsatz des römischen Rechts ausgedrückt wird: “Ut res magis valeat quam pereat“.[1010]

Dies zeigt sich auch in den Entscheidungen der Schiedsgerichte, die in ihrer überwiegenden Zahl von der Eigenständigkeit des Grundsatzes der gerechten und

1006 United Parcel Service of America Inc. v. Government of Canada, Award on Jurisdiction 22. November 2002 (Keith, Cass, Fortier).

1007 UPS, Award on Jurisdiction (22. November 2002), Abschn. 44.

1008 American Manufacturing & Trading Inc. (AMT) (US), ICSID Case No. ARB/93/1, Urteil vom 21. Februar 1997.

1009 AMT, Urteil vom 21. Februar 1997, Statement of the individual opinion of Mr. Heribert Golsong, Abschn.20.

1010 AMT, Urteil vom 21. Februar 1997, Statement of the individual opinion of Mr. Heribert Golsong, Abschn.20.

billigen Behandlung ausgehen und es insbesondere ausdrücklich ablehnen, eine Verletzung des Grundsatzes der gerechten und billigen Behandlung mit einer Verletzung einer anderen Norm des der Entscheidung zugrunde liegenden Investitionsschutzvertrages zu begründen.[1011] Vielmehr hat sich anhand der Untersuchung der Rechtsprechung gezeigt, dass zur Begründung einer Verletzung des Grundsatzes der gerechten und billigen Behandlung eine eigenständige Komponente des Verhaltens des Gaststaates hinzukommen muss, wie insbesondere die Verletzung legitimer Erwartungen des Investors durch den Gaststaat.[1012]

2. Eigenständigkeit des Grundsatzes

Folgt man der Ansicht, dass der Grundsatz der gerechten und billigen Behandlung dort, wo er im betreffenden Vertrag selbst als einklagbare Norm vereinbart wurde, nicht lediglich als Zusammenfassung anderer im Vertrag enthaltener Klauseln anzusehen ist, folgt daraus, dass der Grundsatz einen eigenständigen, von den anderen Klauseln abgrenzbaren Anwendungsbereich hat. Dementsprechend wird im Folgenden das Verhältnis des Grundsatzes der gerechten und billigen Behandlung zu anderen im Vertrag enthaltenen Klauseln, mit denen sich typischerweise Berührungspunkte oder auch Überschneidungen ergeben, näher untersucht. Dies kann gleichzeitig zu einer Konkretisierung des Schutzumfanges des Grundsatzes der gerechten und billigen Behandlung beitragen, indem eine Abgrenzung zum Anwendungsbereich der anderen vertraglichen Regelungen erforderlich wird.

a) Das Verhältnis zum Grundsatz von vollem Schutz und Sicherheit

Oft wird der Grundsatz der gerechten und billigen Behandlung zusammen mit dem Grundsatz von vollem Schutz und Sicherheit in derselben Vertragsnorm erwähnt, so dass teilweise die Ansicht vertreten wird, es handele sich um ein und denselben Grundsatz. Nach anderer Ansicht beschränkt sich der Grundsatz von vollem Schutz und Sicherheit auf Polizeischutz gegen die Anwendung physischer Gewalt gegenüber der Investition eines ausländischen Investors.

1011 Vgl. z.B.: Azinian v.United Mexican States, ICSID Case No. ARB (AF)/97/21 (1.11.1999); The Loewen Group, Inc. v. United States, ICSID Case No. ARB (AF)/98/3, Award, 26. Juni 2003; Methanex Corp. v. United States, Endurteil vom 09.08.2005; PSEG Global Inc. and Konya Ilgin Elektrik Üretim ve Ticaret Limited Sirketi v. Republic of Turkey, ICSID Case No. ARB/02/5), Urteil vom 19.01.2007.

1012 Vgl. oben Kapitel C.

aa) Der Grundsatz der gerechten und billigen Behandlung und voller Schutz und Sicherheit als einheitlicher Grundsatz

In seinem Sondervotum zur Entscheidung des Schiedsgerichtes im Fall Asian Agricultural Products Ltd. gegen Sri Lanka[1013] stellt Richter Asante seine Meinung dar, dass die Grundsätze der gerechten und billigen Behandlung und voller Schutz und Sicherheit als ein einheitlicher Schutzstandard zu sehen sind.[1014] Sie unterliegen beide der grundsätzlichen Verpflichtung des Gaststaates zur Anwendung der angemessenen Sorgfalt zum Schutz ausländischer Investitionen in seinem Staatsgebiet, einer Verpflichtung, die sich aus dem Völkergewohnheitsrecht ergebe.[1015] In anderem Zusammenhang nimmt das Gericht im Fall Wena Hotels gegen Ägypten[1016] eine Verletzung des Grundsatzes der gerechten und billigen Behandlung unter Bezugnahme auf die Argumentation der Gerichte in den Fällen AMT gegen Zaire[1017] und AAPL gegen Sri Lanka[1018] an, die beide über eine Verletzung von vollem Schutz und Sicherheit entschieden, ohne zwischen diesen Grundsätzen zu differenzieren.

Das Gericht im Fall Compagñía de Aguas del Aconquija S.A. gegen Argentinien[1019] führte aus, dass der Grundsatz von vollem Schutz und Sicherheit auf jegliche Handlungen angewendet werden solle, die den Investor vollen Schutzes und Sicherheit beraubten, was entsprechend des spezifischen Wortlauts des Vertrages auch eine Verletzung des Grundsatzes der gerechten und billigen Behandlung begründe.[1020] Entsprechende Handlungen müssten nicht notwendigerweise den physischen Besitz des Investors oder rechtlich geschützte Bedingungen im Hinblick auf die Betreibung der Investition verletzen.[1021]

1013 Asian Agricultural Products Ltd. (AAPL) v. Republic of Sri Lanka, ICSID Case No. ARB/87/3 (El-Kosheri, Goldman, Asante), Urteil vom 27. Juni 1990.

1014 AAPL, Dissenting Opinion of Samuel K. B. Asante, S. 628–655 (634); so im Ergebnis auch Wena Hotels Ltd. (U.K.) v. Arab Republic of Egypt. ICSID Case No. ARB/98/4, Urteil vom 08. Dezember 2000, 41 I.L.M. 896 (2002).

1015 AAPL, Dissenting Opinion of Samuel K. B. Asante, S. 628–655 (634).

1016 Wena Hotels Ltd. (U.K.) v. Arab Republic of Egypt. ICSID Case No. ARB/98/4, Urteil vom 08. Dezember 2000, 41 I.L.M. 896 (2002).

1017 American Manufacturing & Trading Inc. (AMT) (US), ICSID Case No. ARB/93/1, Urteil vom 21. Februar 1997.

1018 Asian Agricultural Products Ltd. (AAPL) v. Republic of Sri Lanka, ICSID Case No. ARB/87/3 (El-Kosheri, Goldman, Asante), Urteil vom 27. Juni 1990.

1019 Compagñía de Aguas del Aconquija S.A. and Vivendi Universal S.A. v. Argentine Republic, ICISD Case No. ARB/97/3, Urteil vom 20. August 2007, (Kaufmann-Kohler, Verea, Rowley QC).

1020 Compagñía de Aguas del Aconquija S.A. gegen Argentinien, Urteil vom 20. August 2007, Abschn.7.4.15..

1021 Compagñía de Aguas del Aconquija S.A. gegen Argentinien, Urteil vom 20. August 2007, Abschn.7.4.15..

Ausführlich beschäftigt sich schließlich das Gericht im Fall Azurix Corp. gegen Mexiko[1022] mit dem Verhältnis von gerechter und billiger Behandlung und vollem Schutz und Sicherheit. Obwohl das Gericht hier zu der Feststellung gelangt, dass es sich nach dem Wortlaut von Artikel II (2) (a) des hier einschlägigen BIT zwischen den Vereinigten Staaten von Amerika und Argentinien[1023] bei den Grundsätzen der gerechten und billigen Behandlung und vollem Schutz und Sicherheit um zwei eigenständige Grundsätze handelt, kommt es zu dem Schluss, dass Argentinien, indem es den Grundsatz der gerechten und billigen Behandlung verletzt hat, ebenfalls gegen seine Verpflichtungen zur Gewährung von vollem Schutz und Sicherheit verstoßen habe.[1024]

Während sich die Gerichte in den Fällen APPL und AMT auf das Vorliegen physischer Sicherheit beziehen würden, gebe es andere Fälle, in denen die Gerichte entschieden hätten, dass die Verpflichtung zu vollem Schutz und Sicherheit durch eine Verletzung des Grundsatzes der gerechten und billigen Behandlung verletzt wurde – Occidental gegen Ecuador – oder sie haben umgekehrt festgestellt, dass die Verpflichtung zu einer gerechten und billigen Behandlung verletzt wurde, weil gegenüber der Investition kein voller Schutz und Sicherheit bestand – Wena Hotels gegen Ägypten.[1025]

Entsprechend impliziere das Verhältnis der beiden Standards, dass die Verpflichtung zu vollem Schutz und Sicherheit auch dann verletzt sein kann, wenn keine physische Gewalt vorliegt oder ein physischer Schaden entstanden ist, wie er im Fall Occidental gegen Ecuador vorgelegen hat.[1026] Weiterhin sei zu berücksichtigen, dass in einigen bilateralen Investitionsschutzverträgen die Grundsätze gerechte und billige Behandlung und voller Schutz und Sicherheit als ein einheitlicher Standard erscheinen, in anderen als separate Schutznormen.[1027] Der in diesem Fall einschlägige BIT falle in die letzte Kategorie; die beiden Sätze, welche den Schutz der Investition beschreiben, erscheinen getrennt als eigenständige Verpflichtungen in Artikel II (2) (a) des BIT: „Investment shall at all times be accorded fair and equitable treatment, shall enjoy full protection and security and…“. Allerdings gründete das Gericht im Fall Occidental seine Entscheidung auf einen Vertragstext mit identischem Wortlaut und entschied dennoch, nachdem es eine Ver-

1022 Azurix Corp. v. The Argentine Republic, ICSID Case No. ARB/01/12, Urteil vom 14. Juli 2006, (Sureda, Lalonde, Martins).

1023 Treaty between the United States of America and the Argentine Republic Concerning the Reciprocal Encouragement and Protection of Investment, unterzeichnet am 14. November 1991, in Kraft getreten am 20. Oktober 1994.

1024 Azurix Corp. gegen Argentinien, Urteil vom 14. Juli 2006, Abschn.406 ff..

1025 Azurix Corp. gegen Argentinien, Urteil vom 14. Juli 2006, Abschn.406.

1026 Azurix Corp. gegen Argentinien, a.a.O.

1027 Azurix Corp. gegen Argentinien, a.a.O., Abschn.407.

letzung des Grundsatzes der gerechten und billigen Behandlung festgestellt hatte, dass die Frage, ob zusätzlich eine Verletzung der Verpflichtung zu vollem Schutz und Sicherheit vorliege, sich erübrige, da eine Behandlung, die nicht gerecht und billig sei, automatisch das Fehlen von vollem Schutz und Sicherheit beinhalte.[1028]

In Übereinstimmung mit dieser Entscheidung ist das Gericht von einem Zusammenhang der beiden Grundsätze überzeugt.[1029] Die oben angeführten Fälle zeigten, dass voller Schutz und Sicherheit so verstanden werde, dass er über einen bloßen Polizeischutz hinausgehe.[1030] Es handele sich nicht ausschließlich um einen Fall physischer Sicherheit; die Stabilität, die ein sicheres Investitionsumfeld erfordere, sei aus Sicht eines Investors ebenso wichtig.[1031] Das Gericht sei sich bewusst, dass die Verpflichtung zu Schutz und Sicherheit in neueren Freihandelsabkommen der USA, zum Beispiel dem Freihandelsabkommen mit Uruguay, so verstanden werde, dass voller Schutz und Sicherheit auf den nach völkergewohnheitsrechtlichen Grundsätzen erforderlichen Polizeischutz beschränkt ist.[1032] Dennoch geht die Verpflichtung zu Schutz und Sicherheit, wenn sie als „voller" Schutz und Sicherheit ohne weitere Konkretisierung vereinbart wurde, nach Ansicht des Gerichts nach der gewöhnlichen Wortbedeutung über die physische Sicherheit hinaus.[1033]

bb) Der Grundsatz von vollem Schutz und Sicherheit als Schutz vor der Anwendung physischer Gewalt

Demgegenüber lässt sich allerdings feststellen, dass die Grundsätze typischerweise auf unterschiedliche Sachverhalte angewendet werden. So wird grundsätzlich dann auf eine Verletzung des Grundsatzes, welcher dem ausländischen Investor vollen Schutz und Sicherheit zusichert, abgestellt, wenn es sich um die Anwendung physischer Gewalt gegenüber der Investition des ausländischen Investors handelt. So etwa im Fall AMT gegen Zaire[1034], in welchem AMT, eine amerikanische Firma,[1035] die Mehrheitsaktionär eines Unternehmens in Zaire

1028 Occidental Exploration and Production Company (OEPC) v. The Republic of Ecuador, UNCITRAL Arbitration Case No. UN 3467, Final Award, 01.07.2004 (Vicuña, Brower, Sweeney), Abschn. 187.

1029 Azurix Corp. gegen Argentinien, Urteil vom 14. Juli 2006, Abschn.408.

1030 Azurix Corp. gegen Argentinien, a.a.O.

1031 Azurix Corp. gegen Argentinien, a.a.O.

1032 Azurix Corp. gegen Argentinien, a.a.O.

1033 Azurix Corp. gegen Argentinien, a.a.O.

1034 American Manufacturing & Trading Inc. (AMT) (US), ICSID Case No. ARB/93/1, Urteil vom 21. Februar 1997.

1035 AMT, Urteil vom 21. Februar 1997, Abschn. 1.01.

ist,[1036] nach Plünderungen und Zerstörung der dortigen Lager- und Verkaufsstätten durch Truppen der Regierung von Zaire unter anderem eine Verletzung des Artikel II (4) des Investitionsschutzvertrages zwischen Zaire und den Vereinigten Staaten von Amerika[1037] geltend macht, der eine gerechte und billige Behandlung, sowie vollen Schutz und Sicherheit für ausländische Investitionen garantiert. In der Mehrheitsentscheidung stellt das Gericht ausschließlich auf den Begriff von vollem Schutz und Sicherheit ab und erkennt eine Verletzung dieses Grundsatzes durch das Verhalten der Regierungstruppen von Zaire an.[1038]

Auch im Fall Asian Agricultural Products Ltd. gegen Sri Lanka[1039] geht es um die Anwendung physischer Gewalt. Hier betrieb ein Unternehmen aus Hongkong eine Krabbenfarm in einem Teil Sri Lankas, welchen tamilische Rebellen unter ihre Kontrolle gebracht hatten.[1040] Während einer Operation gegen die Rebellengruppe durch die Sicherheitskräfte der Regierung wurde die Krabbenfarm zerstört und der Manager der Farm sowie Mitarbeiter getötet.[1041] Eine Verletzung des Grundsatzes von vollem Schutz und Sicherheit wird im Ergebnis abgelehnt, da es sich nach Ansicht des Gerichtes hier nicht um eine Gefährdungshaftung des Gaststaates handelt und nicht nachweisbar war, ob die Zerstörung der Krabbenfarm durch die Rebellen oder die Regierungstruppen erfolgte.[1042]

Auch die USA gehen davon aus, dass sich die Forderung nach vollem Schutz und Sicherheit auf ein Mindestmaß polizeilichen Schutzes gegen kriminelle Handlungen beziehe, während der Grundsatz der gerechten und billigen Behandlung auf den völkergewohnheitsrechtlichen Mindeststandard zur Behandlung von Ausländern verweise, der Regelungen beispielsweise für den Fall der Verweigerung eines rechtsstaatlichen Verfahrens oder für den Fall einer Enteignung enthalte, aber auch Regelungen bei sonstigen Handlungen, die unter den absoluten, völkergewohnheitsrechtlich anerkannten Mindeststandard fallen.[1043]

1036 AMT, Urteil vom 21. Februar 1997, Abschn. 1.05.

1037 Treaty between the United States of America and the Republic of Zaire concerning the Reciprocal Encouragement and Protection of Investment, signed on 3 August 1984, entered into force on 28 July 1989.

1038 AMT, Urteil vom 21. Februar 1997, Abschn. 6.05; vgl. Ausführlich oben unter C III.

1039 Asian Agricultural Products Ltd. (AAPL) v. Republic of Sri Lanka, ICSID Case No. ARB/87/3 (El-Kosheri, Goldman, Asante), Urteil vom 27. Juni 1990.

1040 AAPL, Urteil vom 27. Juni 1990, Abschn.1 ff.und 32.

1041 AAPL, Urteil vom 27. Juni 1990, Abschn.3 und 28.

1042 AAPL, Urteil vom 27. Juni 1990, Abschn.53 und 59.

1043 Post-Hearing Submission of Respondent United States of America on Article 1105(1) und Pope and Talbot, 27 June 2002 (Respondent's Post-Hearing Submission), S. 3; Urteil vom 9. Januar 2003, Abschn. 110.

Im Fall CME gegen die Tschechische Republik[1044] sehen beide Parteien des Streitfalles die Grundsätze der gerechten und billigen Behandlung, das Verbot von willkürlicher oder diskriminierender Behandlung ausländischer Investitionen, den Grundsatz von vollem Schutz und Sicherheit sowie den Verpflichtungen aus dem Vertrag in Übereinstimmung mit den Standards des Völkerrechtes nachzukommen, als gesonderte Verpflichtungen an, die alle nebeneinander stehen und von den Vertragspartnern des hier einschlägigen BITs zu erfüllen sind.[1045]

Im Hinblick auf die Forderung nach vollem Schutz und Sicherheit stellt der Kläger aber nicht auf das Vorliegen physischer Gewalt ab, sondern sieht in dem Grundsatz vielmehr eine Verpflichtung des Gaststaates zur Wachsamkeit.[1046] Der Grundsatz fordere, dass der Gaststaat alle notwendigen Vorkehrungen treffe, um die Investition zu schützen, unabhängig davon, ob das nationale Recht des Staates dies fordere oder Mechanismen dazu bereitstelle und unabhängig davon, ob die Gefährdung der Investition durch Handlungen des Staates selbst oder privater Individuen oder anderer hervorgerufen wurde.[1047] Es handele sich eben um eine Überwachungsverpflichtung, unter welcher der Staat alle notwendigen Maßnahmen ergreifen müsse, um den vollen Genuss von Schutz und Sicherheit gegenüber der Investition sicherzustellen.[1048] Dieser Ansicht tritt die Tschechische Republik als Beklagte entgegen, die zwar ebenfalls nicht darauf abstellt, dass physische Gewalt für die Einschlägigkeit des Grundsatzes von vollem Schutz und Sicherheit vorliegen muss, es aber entschieden ablehnt, dass es sich bei dem Grundsatz um eine Garantieübernahme handelt, dass das Eigentum niemals und unter keinen Umständen in Anspruch genommen oder zerstört werde.[1049] Ebensowenig handele es sich um eine absolute Verpflichtung in dem Sinne, dass jede Verletzung des Grundsatzes von vollem Schutz und Sicherheit eine Gefährdungshaftung („strict liability“) des Gaststaates begründe.[1050] Die Verpflichtung zur Gewährung von vollem Schutz und Sicherheit sei vielmehr eine Verpflichtung zur Einhaltung der im Verkehr erforderlichen Sorgfalt in Zusammenhang mit dem Verhalten des Staates.[1051] Letztere Ansicht vertritt auch das Gericht im Fall Lauder[1052], der auf den gleichen Fakten basiert, wie die Klage von CME.

1044 UNCITRAL Arbitration Proceedings, CME Czech Republic B.V. (The Netherlands) vs. The Czech Republic, Partial Award, issued on September 13, 2001 (Kühn, Schwebel, Hándl).

1045 CME, Teilurteil vom 13. September 2001, Abschn. 155 ff.

1046 CME, a.a.O., Abschn. 160.

1047 CME, a.a.O., Abschn. 159.

1048 CME, a.a.O., Abschn. 160.

1049 CME, a.a.O., Abschn. 353.

1050 CME, a.a.O., Abschn. 353.

1051 CME, a.a.O., Abschn. 354.

1052 Lauder v. The Czech Republic, Urteil vom 3. September 2001 (Cutler, Birner, Klein), Abschn. 308.

Insgesamt kann hier festgehalten werden, dass es sich nach Ansicht der Gerichte in den beiden zuletzt dargestellten Fällen bei dem Grundsatz der gerechten und billigen Behandlung und dem Grundsatz von vollem Schutz und Sicherhiet um zwei unterschiedliche Grundsätze handelt. Ist der Grundsatz von vollem Schutz und Sicherheit auch nicht auf einen reinen Polizeischutz bei Anwendung physischer Gewalt begrenzt, soll er doch der Sicherheit der Investition dienen, während sich der Grundsatz der gerechten und billigen Behandlung auf die Behandlung der Investition bezieht. Weiterhin besteht ein breiter Konsens dahingehend, als dass auch der Grundsatz von vollem Schutz und Sicherhiet jedenfalls keine Garantiehaftung des Staates begründet.[1053]

cc) Stellungnahme

Aus den vorhergehenden Ausführungen lassen sich sowohl unterschiedliche Anknüpfungspunkte für den Anwendungsbereich des Grundsatzes der gerechten und billigen Behandlung und von vollem Schutz und Sicherheit erkennen als auch ein unterschiedlicher Schutzumfang. Vor allem in Verträgen, in denen die beiden Grundsätze bereits als eigenständige Regelungen formuliert sind, und gerade in neueren Übereinkommen der USA soll der Grundsatz von vollem Schutz und Sicherheit dort Anwendung finden, wo es sich um die Anwendung physischer Gewalt gegenüber einem ausländischen Investor oder dessen Investition durch der Regierung zurechenbare Handlungen handelt. Korrespondierend mit diesem Anwendungsbereich soll die daraus resultierende Verpflichtung des Gaststaates auf die Gewährung von Polizeischutz beschränkt sein. Der Grundsatz der gerechten und billigen Behandlung soll unabhängig davon dann anzuwenden sein, wenn es sich um Maßnahmen handelt, die gegen die Anforderungen des völkergewohnheitsrechtlichen Mindeststandards zur Behandlung von Ausländern verstoßen. Hiernach ergeben sich also keine Überschneidungen oder auch nur Berührungspunkte der beiden Grundsätze.

Selbst wenn man weniger weitreichend eine Beschränkung auf die Verletzung der Investition durch Anwendung physischer Gewalt ablehnt, stellen sich

1053 Vgl. Dolzer/Schreuer, Principles of International Investment Law, 2008, S. 149; Dolzer/Stevens, Bilateral Investment Treaties 1995, S. 61; Case Concerning Elettronica Sicula S.p.A. (ELSI) (United States v. Italy), (1989), I.C.J. Reports 1989, S. 15, Abschn. 108; Asian Agricultural Products Ltd. (AAPL) v. Republic of Sri Lanka, ICSID Case No. ARB/87/3 (El-Kosheri, Goldman, Asante), Urteil vom 27. Juni 1990; Abschn. 53; Técnicas Medioambientales Tecmed S.A. v. The United Mexican States, ICSID Case No. ARB(AF)/00/2 (Award) (29 May 2003), 43 ILM 133 (2004), Abschn. 177; Noble Ventures Inc. v. Romania, ICSID, ARB/01/11, Final Award, 17. Oktober 2005, Abschn. 164.

die beiden Grundsätze jedenfalls insofern als zwei unterschiedliche Aspekte des Schutzes der Investition dar, als dass sich der Grundsatz der gerechten und billigen Behandlung auf die Art und Weise der Behandlung der Investition bezieht, während der Grundsatz von vollem Schutz und Sicherheit die Sicherheit der Investition garantieren soll.[1054]

Demgegenüber vertreten andere den Ansatz, der sich auch gerade im Hinblick auf den Wortlaut derjenigen Verträge rechtfertigen lässt, welche die beiden Grundsätze in Verbindung nennen, dass es sich bei den Grundsätzen um einen einheitlichen Schutzstandard handelt. So soll eine Verletzung des einen automatisch auch eine Verletzung des anderen Standards begründen. Dies ist allerdings bereits deshalb abzulehnen, da durch diese Ansicht erneut das oben bereits angesprochene Problem auftritt, dass jede Norm entsprechend des „effet utile“ einen eigenen Anwendungsbereich haben muss.

Auch die Meinung der Begründung einer Gefährdungshaftung des Staates durch die Vereinbarung von vollem Schutz und Sicherheit kann sich wohl nicht durchsetzen. Dies würde eine ausufernde Haftung des Staates begründen. Der Staat müsste nach dieser Interpretation die Verantwortung für jegliche Beeinträchtigung der ausländischen Investition übernehmen, auch für Beeinträchtigungen, die durch Privatpersonen (z.B. Rebellengruppen) vorgenommen werden und auf die der Staat entsprechend überhaupt keinen Einfluss nehmen kann. Dieses Verhalten ist für den Staat entsprechend weder vorhersehbar noch diesem zurechenbar. Es kann von den Gaststaaten nicht verlangt werden, sich einer derart umfassenden und nicht abschätzbaren Haftung zu unterwerfen.

Im Ergebnis lässt sich festhalten, dass dort, wo der Vertragswortlaut es zulässt, von zwei unterschiedlichen Grundsätzen mit unterschiedlichem Anwendungsbereich auszugehen ist. Während der Grundsatz von vollem Schutz und Sicherheit auf die physische Sicherheit des Investors, jedenfalls aber auf die Sicherung der Investition abstellt, dient der Grundsatz der gerechten und billigen Behandlung in erster Linie dem Schutz berechtigter Interessen des Investors im Hinblick auf das rechtliche, wirtschaftliche und politische Umfeld, in dem er seine Investition tätigt und damit der Behandlung der Investition.

b) Das Verhältnis zur Meistbegünstigungsklausel

Wie bereits in Teil B dieser Arbeit dargestellt, ergeben sich ebenfalls vielfältige Wechselwirkungen zwischen dem Grundsatz der gerechten und billigen Behandlung und der Meistbegünstigungsklausel. Diese ursprünglich aus dem Handels-

---

1054 So auch Tudor, The Fair and Equitable Treatment Standard in the International Law of Foreign Investment, S. 185.

recht stammende Norm ist, ebenso wie der Grundsatz der gerechten und billigen Behandlung in nahezu allen Investitionsschutzverträgen zu finden, wobei die Wirkung der Meistbegünstigungsklausel speziell im Kontext moderner Investitionsschutzverträge weitgehend ungeklärt ist.[1055]

aa) Der Unterschied zwischen relativen und absoluten Standards

Der grundlegende Unterschied ist hier zunächst, dass die Meistbegünstigungsklausel ein relativer Standard ist, während es sich bei dem Grundsatz der gerechten und billigen Behandlung um einen absoluten Standard handelt.

Dabei ist die Meistbegünstigungsklausel auf das Verhältnis zu Drittstaaten bezogen. Gemäß der Meistbegünstigungsklausel muss der Gaststaat gegenüber dem ausländischen Investor die Norm anwenden, die für diesen am günstigsten ist, auch wenn er sie nicht in dem betreffenden Vertrag mit dem Staat, dessen Staatsangehöriger der Investor ist, vereinbart hat, sondern mit einem dritten Staat. Entsprechend kann diese Regelung nicht unabhängig bestimmt werden, sondern hängt lediglich und ausschließlich davon ab, welche Behandlung eine Vertragspartei gegenüber Investoren aus Drittstaaten anwendet.[1056] Die Behandlung des ausländischen Investors hängt somit jeweils von der Behandlung von Vergleichsgruppen, hier Drittstaaten, ab.

Im Gegensatz dazu ist der Grundsatz der gerechten und billigen Behandlung einer der Hauptgrundsätze im Bereich des Schutzes von Auslandsinvestitionen, die unbedingt oder absolut sind.[1057] Dies bedeutet insbesondere, dass die anzuwendende Behandlung durch Begriffe festgelegt sein muss, deren genaue Bedeutung unter Bezugnahme auf bestimmte Anwendungsvoraussetzungen bestimmt ist.[1058] Ein unbedingter Standard ist ein Standard, der auf ein Rechtssubjekt in einer bestehenden Situation Anwendung findet, ohne Bezug auf andere Standards zu nehmen, die auf andere Rechtssubjekte anwendbar sind; er mag natürlich auch auf andere Rechtssubjekte Anwendung finden, wobei sein Inhalt sich aber nicht danach richtet, wie andere Rechtssubjekte behandelt werden.[1059]

1055 Vgl. Hierzu ausführlich Dolzer, Meistbegünstigungsklauseln in Investitionsverträgen, in: Internationale Gemeinschaft und Menschenrechte, Festschrift für Georg Ress zum 70. Geburtstag am 21. Januar 2005, Köln, Berlin, München 2005, S. 47 ff.

1056 Vgl. United Parcel Service of America Inc. v. Government of Canada, Urteil in der Hauptsache vom 24. Mai 2007, Abschn. 80.

1057 Vasciannie, a.a.O., S. 105.

1058 Yannaca-Small, a.a.O., S. 74; siehe auch: UNCTAD, Bilateral Investment Treaties in the Mid 1990s, 1998; Fatouros, Government Guarantees to Foreign Investors, Columbia University Press (1962), S. 135–141, 214 f.

1059 Vasciannie, a.a.O., S. 105; Walker, Modern Treaties of Friendship, Commerce and Navigation, Minnesota Law Review, 42 (1957–58), S. 805–825.

Bei der Vorbereitung von Investitionsschutzverträgen berücksichtigen die Staaten oftmals diese Unterscheidung, weil sie die Voraussetzungen für die Form der Behandlung schafft, die dem einzelnen Investor angeboten werden soll.[1060] So kann zum Beispiel ein bedingter Standard einem kapitalimportierenden Land eher ein gewisses Maß an Einflussnahme im Hinblick auf den, auf den ausländischen Investor anzuwendenden, Standard der Behandlung bieten, weil das kapitalimportierende Land hier in der Position ist, über die angebotene Behandlung des „meistbegünstigten“ Staates zu entscheiden.[1061]

Vom Standpunkt des Investors aus sind die bedingten Standards in erster Linie deshalb von Vorteil, weil sie Gleichberechtigung oder Nichtdiskriminierung des ausländischen Investors durch ein spezielles Land gegenüber anderen Investoren sichern.[1062] Auf der anderen Seite sichern diese Standards dem Investor keine Gewissheit über die Behandlung; entsprechend ihrer Eigenschaft, dass sie von äußeren Tatsachen oder Normen abhängen, ändert sich auch der auf den ausländischen Investor anwendbare Standard, wenn diese äußeren Bedingungen sich ändern.[1063] Es kann ebenfalls sein, dass der ausländische Investor die Normen oder Umstände, von denen der bedingte Standard abhängt, selbst als nicht zufriedenstellend empfindet und deshalb, obwohl keine Diskriminierung vorliegt, gerne einen weitergehenden Schutz durch den Gastgeberstaat in Anspruch nehmen würde.[1064]

Demgegenüber besteht der Hauptvorteil in der Verwendung eines unbedingten Standards darin, dass dieser einen festgesetzten Bezugspunkt für die betroffenen Parteien bestimmt.[1065] Im Allgemeinen wird ein unbedingter Standard jedenfalls deshalb fest umrissen sein, weil er nicht abhängig von äußeren Faktoren variiert.[1066] Dennoch sollte dieser Vorteil nicht überbewertet werden, da unbedingte Standards, um in den meisten Fällen annehmbar zu sein, in einer vagen, summarischen Weise festgelegt werden müssen.[1067] Dadurch verliert der feststehende Bezugspunkt, wie es die Terminologie der gerechten und billigen Behandlung zeigt, etwas von seiner Genauigkeit, weil er eine Vielzahl zukünftiger Möglichkeiten umfassen muss.[1068] Manche Kommentatoren stellen ebenfalls fest, dass

1060 Vasciannie, Fair and Equitable Treatment, S. 99 (106).

1061 Vasciannie, a.a.O., S. 106.

1062 Vasciannie, a.a.O., S. 106.

1063 Vasciannie, a.a.O., S. 106.

1064 Vasciannie, a.a.O., S. 106.

1065 Vasciannie, a.a.O., S. 106..

1066 Vasciannie, a.a.O., S. 106; vgl. auch United Nations Centre on Transnational Corporations and International Chamber of Commerce (UNCTC), Bilateral Investment Treaties 1959–1991, United Nations, New York 1992, S.12.

1067 Vasciannie, a.a.O., S. 106.

1068 Vasciannie, a.a.O., S. 106f.

unbedingte Standards von Natur aus unflexibel sind: indem sie eine festgelegte Regel aufstellen, können sie grundsätzlich nur geändert werden, wenn eine Änderung in der Interpretation dieser Regelung stattfindet oder wenn die Norm in dem einschlägigen Vertrag geändert wird.[1069]

bb) Die Möglichkeit des „Imports" des Grundsatzes der gerechten und billigen Behandlung über die Meistbegünstigungsklausel

Eine Verknüpfung in tatsächlicher, wenn auch nicht in inhaltlicher, Hinsicht ergibt sich weiterhin zwischen dem Grundsatz der gerechten und billigen Behandlung und der Meistbegünstigungsklausel.

So wollte der Kläger im Fall ADF Group Inc. gegen die Vereinigten Staaten von Amerika über den Grundsatz der Inländergleichbehandlung sowie über den der Meistbegünstigung, Artikel 1102 und 1103 NAFTA, den Grundsatz der gerechten und billigen Behandlung in Form seiner Verwendung in zwei bilateralen Investitionsschutzverträgen der USA, jeweils mit Albanien und Estland, mit einbeziehen.[1070] Der Grundsatz in seiner Verwendung in diesen beiden Verträgen soll nach Ansicht des Klägers ausländischen Investoren eine günstigere Behandlung zusichern als der Grundsatz der gerechten und billigen Behandlung, wie er in Artikel 1105 (1) NAFTA verwendet und durch die FTC interpretiert wurde.

Unabhängig von der Möglichkeit, den Grundsatz der gerechten und billigen Behandlung über die Meistbegünstigungsklausel hier anzuwenden sieht das Gericht im Fall ADF das Verhältnis des Grundsatzes der gerechten und billigen Behandlung zum Grundsatz der Inländergleichbehandlung und Meistbegünstigung darin, dass der Grundsatz der gerechten und billigen Behandlung unter Umständen einen höheren Schutz bieten kann.[1071] In dem Fall, dass die Behandlung eines Staates gegenüber seinen eigenen Staatsangehörigen entsprechend seines nationalen Rechtes hinter dem völkergewohnheitsrechtlichen Mindeststandard zur Behandlung von Ausländern zurückbleibt, werden Ausländer zu einer besseren Behandlung berechtigt als die Staatsangehörigen unter dem nationalen Recht.[1072]

Auch im Fall Pope & Talbot v. Canada[1073], einem Fall der ebenfalls im Rahmen des NAFTA entschieden worden ist, hatte das Gericht unter anderem darüber

1069 Vasciannie, a.a.O., S. 107; Fatouros, Government Guarantees to Foreign Investors, Columbia University Press (1962), S.138.

1070 ADF Group Inc. v. United States of America, ICSID Case No. ARB (AF)/00/1, Urteil vom 9. Januar 2003 (Feliciano, de Mestral, Lamm), Abschn. 75–80.

1071 ADF, Urteil vom 09. Januar 2003, Abschn. 178.

1072 ADF, Urteil vom 09. Januar 2003, Abschn. 178.

1073 Pope & Talbot, Inc. v. Canada, Award on the Merits of Phase 2, vom 10. April 2001.

zu entscheiden, ob die Meistbegünstigungsklausel Anwendung findet, wenn der Basisvertrag „treatment in accordance with international law, including fair and equitable treatment“ für den Investor vorsieht, während Drittverträge „fair and equitable treatment“ ohne Bezug zum allgemeinen Völkerrecht zusichern und bejahte die Anwendung der Meistbegünstigungsklausel für diesen Fall.[1074]

Obwohl das Gericht im Fall Bayindir Insaat gegen Pakistan[1075] bezweifelt, dass sich aus der Präambel eine eigenständige Verpflichtung zu einer gerechten und billigen Behandlung ergibt, auf die Bayindir sich berufen kann, bejaht es doch die Möglichkeit, den Grundsatz der gerechten und billigen Behandlung über die Meistbegünstigungsklausel in den Vertrag zu importieren, da nachgewiesen wurde, dass Pakistan entsprechende Regelungen in seinen Verträgen mit Frankreich, den Niederlanden, China, Großbritannien, Australien und der Schweiz getroffen habe.[1076] Demnach begründet die Meistbegünstigungsklausel nach Ansicht des Gerichtes im vorliegenden Fall also eine Verpflichtung zu einer gerechten und billigen Behandlung, da Pakistan diese Verpflichtung dritten Staaten gegenüber eingegangen ist. Voraussetzung dafür ist nach Ansicht des Gerichts, dass es sich bei dem Grundsatz der gerechten und billigen Behandlung um einen eigenständigen Grundsatz des Völkervertragsrechts handelt, was das Gericht als gegeben ansieht.

Zu beachten ist diesbezüglich noch, dass es bei der MFN-Klausel umstritten ist, ob diese die in den einzelnen Investitionsschutzverträgen enthaltenen Klauseln über die Reichweite der Gerichtsbarkeit ausdehnen kann,[1077] oder ob diese Klauseln vielmehr den Anwendungsbereich der MFN-Klausel begrenzen[1078]. Folgt man der ersten Annahme ist jedenfalls anerkannt, dass die MFN-Klausel den Grundsatz der gerechten und billigen Behandlung gleichsam „importieren“ kann.[1079]

1074 Vgl. Dolzer, Meistbegünstigungsklauseln in Investitionsschutzverträgen, S. 47 (52).

1075 Bayindir Insaat Turizm Ticaret Ve Sanayi A.Ş. v. Islamic Republic of Pakistan, ICSID Case No. ARB/03/29, Decision on Jurisdiction, 14. November 2005 (Kaufmann-Kohler, Berman, Böckstiegel).

1076 Bayindir gegen Pakistan, Urteil vom 14. November 2005, Abschn.230ff..

1077 So grundsätzlich das Gericht im Fall Renta 4 SVSA v. Russian Federation, SCC Case No 24/2007, Award on Preliminary Objections, 20. März 2009, Rn. 80–101.

1078 So das Gericht im Fall Tza Yap Shum v. Peru, ICSID Case No. ARB/07/6, Decision on Jurisdiction and Competence, 19. Juni 2009, Rn. 216 auf Grundlage von Art. 8.3 des China-Peru BIT: "…Any disputes concerning other matters [different from those involving the amount of compensation for expropriation] between an investor of either Contracting Party and the other Contracting Party may be submitted to the Centre if the Parties to the dispute so agree."

1079 Vgl. Bayindir v. Pakistan, Urteil vom 27.08.2009, Rn. 157, 160.

cc) Die Möglichkeit der Inhaltsbestimmung des Grundsatzes der gerechten und billigen Behandlung über die Meistbegünstigungsklausel

Schließlich kann es umgekehrt unter Umständen möglich sein, den Schutzumfang des Grundsatzes der gerechten und billigen Behandlung über die Meistbegünstigungsklausel zu bestimmen.

Dies zeigt sich in der Entscheidung MTD gegen Chile[1080], in der der Kläger geltend machte, aufgrund des Wortlauts der zugrunde liegenden Klausel des Investitionsschutzvertrages sei hier die günstigere Behandlung anzunehmen, die Chile in seinen Investitionsschutzverträgen mit Kroatien und Dänemark vereinbart habe. Die der Entscheidung des Gerichts zugrunde liegende Vertragsklausel lautete:

„ Investments made by Investors of either Contracting Party in the territory of the other Contracting Party shall receive treatment which is fair and equitable, and not less favourable than that accorded to investments made by investors of any third State."[1081]

In den anderen Verträgen wurde „the award of permits subsequent to approval of an investment" und "the fulfilment of contractual obligations" vereinbart. Unter Bezugnahme auf seine Argumentation, dass der Grundsatz der gerechten und billigen Behandlung so auszulegen sei, dass er die Vertragsziele – den Schutz ausländischer Investitionen und die Schaffung vorteilhafter Bedingungen – bestmöglich fördere, hat das Gericht der Argumentation des Klägers zugestimmt und angenommen, dass die oben zitierten Regelungen aufgrund der Meistbegünstigungsklausel vorliegend als nach dem Grundsatz der gerechten und billigen Behandlung zugesichertes Verhalten des Staates anzusehen sind.

dd) Stellungnahme

Aus dem Verhältnis zwischen dem Grundsatz der gerechten und billigen Behandlung und der Meistbegünstigungsklausel werden zunächst die Unterschiede zwischen relativen und absoluten Standards deutlich. So ist es für den Investor jedenfalls vorteilhaft, wenn neben relativen Standards ein absoluter Standard der Behandlung durch den Gaststaat zugesichert wird, da die Behandlung des ausländischen Investors anderenfalls von der Behandlung von Vergleichsgruppen – Inländern bzw. anderen Staaten – abhängt und unter Umständen einem ständigen Wandel unterworfen sein kann. Die Einflussnahmemöglichkeiten des Gaststaates andererseits sind durch die Zusicherung eines absoluten Standards

1080 MTD Equity Sdn. Bhd. And MTD Chile S.A. v. Republic of Chile, ICSID Case No. ARB/01/7, Urteil vom 25. May 2004.

1081 Convenio entre el gobierno de Malasia y el gobierno de la republica de Chile sobre la promicion y proteccion de las inversions, vom 11. November 1992.

wesentlich geringer, weshalb, wie in der Darstellung der Vertragshistorie dargestellt, vor allem lateinamerikanische Staaten zunächst die Vereinbarung einer gerechten und billigen Behandlung strikt ablehnten. Insgesamt ist die Vereinbarung dieses absoluten Grundsatzes aber auch für die jeweiligen Gaststaaten vorteilhaft, indem sie die Investitionsschutzverträge gerade zu dem Zweck der Förderung ausländischer Investitionen schließen, was durch die Zusage einer gerechten und billigen Behandlung erreicht werden kann.

Darüber hinaus trägt die Meistbegünstigungsklausel, geht man davon aus, dass sie den Grundsatz der gerechten und billigen Behandlung „importieren" kann, zusätzlich zu dessen Verbreitung bei. Auf diese Weise gilt der Grundsatz nämlich auch für Investitionsschutzverträge, in denen er nicht vereinbart wurde, sofern der betreffende Staat den Grundsatz mit einem anderen Staat bereits vereinbart hat.

Schließlich besteht jedenfalls dann, wenn ein entsprechender Wortlaut der Vertragsklausel vorliegt, die Möglichkeit, den Inhalt des Grundsatzes der gerechten und billigen Behandlung durch die Meistbegünstigungsklausel dahingehend zu bestimmen, bzw. das zugesicherte Verhalten zu erweitern, indem man über die Meistbegünstigungsklausel günstigere Regelungen anderer Investitionsschutzverträge zwischen dem Gaststaat und anderen Staaten auf den Grundsatz der gerechten und billigen Behandlung anwendet.

c) Verhältnis zum Grundsatz der Inländergleichbehandlung

Insbesondere unter dem NAFTA-Übereinkommen war weiterhin das Verhältnis zwischen dem Grundsatz der Inländergleichbehandlung und dem Grundsatz der gerechten und billigen Behandlung Gegenstand verschiedener Schiedsgerichtsurteile.

aa) Begriff der Inländergleichbehandlung

Die Inländergleichbehandlung ist, wie der Grundsatz der Meistbegünstigung, ein relativer Standard. Sie garantiert ausländischen Investoren, dass der Gaststaat sie nicht schlechter behandelt als seine eigenen Staatsbürger. Der durch diese Regelung zugesicherte Standard der Behandlung eines ausländischen Investors hängt folglich von dem Verhalten des Gaststaates gegenüber seinen eigenen Staatsangehörigen ab.

So hat das Gericht im Fall UPS gegen Kanada[1082] beispielsweise zur Überprüfung eines Verstoßes gegen die Inländergleichbehandlung folgende drei Voraussetzungen aufgestellt:

1082 United Parcel Service of America Inc. v. Government of Canada, Urteil in der Hauptsache vom 24. Mai 2007.

a) Der ausländische Investor muss nachweisen, dass die Vertragspartei ihm gegenüber Handlungen im Hinblick auf die Errichtung, den Ankauf, die Erweiterung, die Betriebsführung, die Leitung, die Betreibung und den Verkauf oder andere Verfügungen über die Investition vorgenommen hat.

b) Der ausländische Investor oder dessen Investition muss sich in einer vergleichbaren Situation mit inländischen Investoren oder deren Investition befinden.

c) Die NAFTA-Vertragspartei muss den ausländischen Investor oder dessen Investition schlechter behandeln, als die inländischen Investoren oder deren Investition.[1083]

Im Gegensatz dazu ist das Prinzip der „gerechten und billigen Behandlung", wie bereits mehrfach dargestellt, absoluter Natur und steht somit unabhängig von der Behandlung anderer Investitionen und Investoren. Sie zielt darauf ab, „einen Mindeststandard im Gastgeberland zu etablieren, den der Investor (bzw. sein politischer Vertreter) einfordern oder gar einklagen kann"[1084].[1085] Die fortlaufende Konkretisierung dieser vagen Grundlage obliegt dem Urteil der Schiedsgerichte, also einer unabhängigen Instanz.[1086] Dementsprechend soll der Grundsatz der gerechten und billigen Behandlung dem Investor unter Umständen einen besseren Schutz bieten können als der Grundsatz der Inländergleichbehandlung dies vermag, da letzterer von dem Verhalten des Staates gegenüber seinen eigenen Staatsbürgern abhängt und insofern keinen Mindestanforderungen unterworfen ist.

Darüber hinaus kann es im Hinblick auf die Inländergleichbehandlung schwierig sein, einen geeigneten nationalen Vergleich für die ausländische Investition zu finden; dies kann zum Beispiel dann passieren, wenn die Rohstoffindustrie in einem Entwicklungsland in weiten Teilen oder sogar ausschließlich in ausländischem Eigentum steht.[1087]

Ein Beispiel für die Schwierigkeiten, eine entsprechende Vergleichsgruppe zu finden, zeigt sich in der Entscheidung des Schiedsgerichts im Fall Loewen gegen die Vereinigten Staaten von Amerika[1088]. Hier urteilte das Gericht zwar, dass die

1083 UPS, a.a.O., Abschn. 83.

1084 Panetta, Ausländische Direktinvestitionen und die Welthandelsordnung, S.95.

1085 Ceyssens/Sekler, Bilaterale Investitionsabkommen der Bundesrepublik Deutschland, S. 19, http://opus.kobv.de/ubp/volltexte/2005/612/.

1086 Ceyssens/Sekler, Bilaterale Investitionsabkommen der Bundesrepublik Deutschland, S. 19, http://opus.kobv.de/ubp/volltexte/2005/612/.

1087 Vasciannie, a.a.O., S. 106; Fatouros, Government Guarantees to Foreign Investors, a.a.O., S. 214; Kronfol, Protection of Foreign Investment: A Study in International Law (1972), S. 59.

1088 The Loewen Group, Inc. v. United States, ICSID Case No. ARB (AF)/98/3, Urteil vom 26. Juni 2003.

Regel der Inländergleichbehandlung fordere, dass sich ein Gericht in Mississippi gegenüber Loewen aufgrund seiner kanadischen Nationalität nicht weniger günstig verhalten darf als gegenüber einem Investor, der ähnliche Geschäfte tätigt und in einen vergleichbaren Rechtsstreit involviert ist, aber aus einem anderen Bundesstaat der USA oder aus Mississippi selbst stammt.[1089] Weiterhin richte sich Artikel 1102 NAFTA (im Gegensatz zu Artikel 1105) ausschließlich gegen Diskriminierungen aufgrund der Nationalität und verbiete ausschließlich nachweisliche und erhebliche Hinweise auf Befangenheit und Vorurteile auf Grundlage der Nationalität, die ihrem Grunde und ihren Auswirkungen nach wahrscheinlich den Ausgang des Prozesses beeinflusst haben.[1090]

Ein kritisches Problem in der Anwendung des Artikel 1102 NAFTA auf die Fakten des vorliegenden Falles sei, dass das Schiedsgericht kein Beispiel für die günstigste Behandlung habe, die in vergleichbaren Umständen durch ein Gericht in Mississippi gegenüber Investoren und Investitionen aus den Vereinigten Staaten von Amerika angewendet wurde.[1091] Was Artikel 1102 (3) NAFTA fordere, sei ein Vergleich zwischen dem Standard der Behandlung, der gegenüber einem Kläger angewendet wurde, und dem günstigsten Standard der Behandlung, der gegenüber einer Person in vergleichbaren Umständen angewendet wurde.[1092]

bb) Verhältnis zum Grundsatz der gerechten und billigen Behandlung

Aus den obigen Ausführungen ergibt sich, dass der Grundsatz der gerechten und billigen Behandlung und die Nicht-Diskriminierung zunächst zwei völlig getrennt voneinander bestehende Grundsätze sind, die keinerlei Gemeinsamkeiten aufweisen. Dennoch gibt es auch hier Verbindungen und Überschneidungen der beiden Grundsätze, mit denen sich internationale Schiedsgerichte in der Vergangenheit auseinandersetzen mussten.

So hat das Gericht im Fall Methanex gegen die Vereinigten Staaten von Amerika[1093] zunächst wiederum auf den Wortlaut der Normen des zugrunde liegenden NAFTA-Übereinkommens abgestellt und festgestellt, dass Artikel 1105 (1), der den Grundsatz der gerechten und billigen Behandlung regelt, Diskriminierung nicht erwähnt. Diese sei vielmehr ausdrücklich in Artikel 1102 geregelt.[1094] Im Anschluss an diese Feststellung hat das Gericht die kategorische Verneinung

1089 The Loewen Group, Urteil vom 26. Juni 2003, Abschn. 139.
1090 The Loewen Group, a.a.O., Abschn. 139.
1091 The Loewen Group, a.a.O., Abschn. 140.
1092 The Loewen Group, a.a.O., Abschn. 140.
1093 Methanex Corp. v. United States of America, Final Award, 09.08.2005.
1094 Methanex Corp. v. United States of America, Final Award, 09.08.2005, Part IV, Chapter C, Abschn., 24.

eines diskriminierungsfreien Verhaltens im Rahmen der gerechten und billigen Behandlung allerdings dahingehend wieder eingeschränkt, als dass es einräumt, dass das Völkergewohnheitsrecht bestimmte Differenzierungen als diskriminierend ansieht.[1095] Diese Aussage ist vor dem Hintergrund zu sehen, dass das Gericht im Fall Methanex entsprechend der Auslegung der FTC davon ausgeht, dass es sich bei dem Grundsatz der gerechten und billigen Behandlung um nichts anderes als den völkergewohnheitsrechtlichen Mindeststandard zur Behandlung von Ausländern handelt. Entsprechend zeigt sich in dieser Entscheidung, dass es sich hier zwar grundsätzlich um zwei eigenständige Grundsätze handelt, diese sich aber durchaus in ihrem Anwendungsbereich überschneiden können.

Weiterhin wird die Inländergleichbehandlung zum Teil als Untergrenze einer zulässigen Behandlung im Sinne des Grundsatzes der gerechten und billigen Behandlung angesehen, wie etwa in der Entscheidung des Gerichtes im Fall Maffezini[1096]. Korrespondierend mit dieser Interpretation hat das Gericht im Fall S.D. Myers eine Verletzung des Grundsatzes der gerechten und billigen Behandlung durch einen Verstoß des Gaststaates gegen die Inländergleichbehandlung angenommen, dabei allerdings betont, dass die Verbindung der beiden Grundsätze auf den Umständen des hier vorliegenden Einzelfalles beruht.[1097]

cc) Stellungnahme

Im Verhältnis zwischen Inländergleichbehandlung und gerechter und billiger Behandlung gibt es einerseits die Ansicht, die eine strikte Trennung der beiden Grundsätze vornimmt und es ausschließt, dass dort, wo eine Verletzung der Inländergleichbehandlung vorliegt gleichzeitig der Grundsatz der gerechten und billigen Behandlung verletzt sein kann. Eine andere Ansicht sieht eine Verletzung des Grundsatzes der gerechten und billigen Behandlung gerade in einem Verstoß gegen den Grundsatz der Inländergleichbehandlung, in dem dieser eine Untergrenze eines im Sinne einer gerechten und billigen Behandlung erforderlichen Verhaltens darstellen soll.

Letzterer Ansicht ist grundsätzlich dann nicht zu folgen, wenn der zugrunde liegende BIT beide Grundsätze vereinbart und seinem Wortlaut nach eine derartige Verbindung zwischen den beiden Grundsätzen nicht herstellt. In diesem Fall ist nicht nachvollziehbar, weshalb die beiden grundsätzlich unabhängig von-

---

1095 Methanex Corp. v. United States of America, Final Award, 09.08.2005, Part IV, Chapter C, Abschn., 26.

1096 Maffezini v. Spain, ICSID Case No. ARB/97/7, Urteil vom 13. November 2000, (Vicuna, Buergenthal, Wolf, Arbs), 16 ICSID Rev. 248, 274 Abschn. 61.

1097 S.D. Myers Inc. v. Canada, Partial Award vom 13. November 2000 (Schwarz/Chiasson/Hunter), Abschn. 266.

einander bestehenden Grundsätze miteinander verbunden werden sollten, zumal es hier inhaltlich für den Investor keinen Mehrwert gibt. Wird eine Verletzung der Inländergleichbehandlung festgestellt besteht vielmehr keine Notwendigkeit, zusätzlich mit der Begründung, das Verhalten des Gaststaates habe gegen den Grundsatz der Inländergleichbehandlung verstoßen, auf die Generalklausel der gerechten und billigen Behandlung zurückzugreifen.

Letztere kann allerdings verletzt sein, wenn ein diskriminierendes Verhalten des Gaststaates gegenüber dem ausländischen Investor vorliegt, was aber nicht als Verstoß gegen die Inländergleichbehandlung gewertet werden kann (bspw. mangels vorhandener Vergleichsgruppen). In diesen Fällen ist der Grundsatz der gerechten und billigen Behandlung seinem ursprünglichen Sinn und Zweck nach anwendbar, nämlich als Auffangtatbestand für die Fälle eines rechtswidrigen Verhaltens des Gaststaates, was aber unter keine der speziellen Regelungen des Investitionsschutzvertrages subsumiert werden kann.

d) Enteignungsklauseln

Enteignungsklauseln bestehen zunächst völlig eigenständig neben dem Grundsatz der gerechten und billigen Behandlung und haben einen anderen Anwendungsbereich als dieser. Auch hier können sich aber abhängig vom Wortlaut des zugrunde liegenden Vertrags Überschneidungen ergeben, was im Folgenden näher ausgeführt werden soll.

aa) Begriff der Enteignung

Aufgrund der Tatsache, dass Investitionsschutzverträge ursprünglich und vorrangig dem besseren Schutz ausländischer Investoren vor Enteignungen dienen sollten,[1098] sind Enteignungsklauseln fester Bestandteil aller Investitionsschutzverträge.

Dabei ist der Regelungsgehalt und Umfang der Enteignungsklauseln nicht abschließend geklärt.

Grundsätzlich lässt sich festhalten, dass jeder Staat aufgrund seiner Gebietshoheit befugt ist, Vermögen zu enteignen, welches auf seinem Staatsgebiet belegen ist, wobei der Begriff der Enteignung jede Entziehung von Vermögensrechten durch einen hoheitlichen Einzelakt oder durch Gesetz erfasst.[1099] Eine Enteignung kann aber auch in der rechtlichen oder faktischen Beschränkung der Eigen-

1098 Vgl. Teil B.

1099 Dolzer in: Vitzthum (Hrsg.), Völkerrecht, 6. Abschn. Rn.42; Herdegen, Internationales Wirtschaftsrecht, § 20 Rn. 1; Gloria, in: Ipsen, Völkerrecht, 4. Aufl. 1999 § 47 Rn. 16, bezieht in seine Definition noch die Zurechenbarkeit staatlichen Verhaltens mit ein.

tumsnutzung liegen, welche einer Entziehung gleichkommt.[1100] Darüber hinaus findet der spezielle Begriff der „Nationalisierung“ vor allem dann Anwendung, wenn es um Enteignungsmaßnahmen geht, welche ganze Unternehmenszweige (etwa den Bankensektor oder den Bergbau) zum Gegenstand haben.[1101] Entschädigungslose Enteignungen werden vielfach mit dem Begriff der „Konfiskation“ bezeichnet.[1102]

Zum enteignungsfähigen Vermögen gehören etwa Immobilien, bewegliche Sachen, Bankguthaben, die Anteile an Gesellschaften oder bestimmte Nutzungsrechte wie Erdölkonzessionen.[1103]

Umstritten ist, inwieweit die Verletzung eines privatrechtlichen Vertrags zwischen einem Staat und einem ausländischen Unternehmen eine Enteignung darstellen kann.[1104]

Weiterhin ist festzuhalten, dass die Staaten beim Entzug des Eigentums eigener Staatsangehöriger weitgehende Regelungsfreiheit genießen.[1105]

Die Enteignung von Ausländern unterwirft jedoch zunächst das Völkergewohnheitsrecht bestimmten Voraussetzungen im Sinne eines fremdenrechtlichen Mindeststandards.[1106] Die Rechtfertigung für den besonderen Schutz von Ausländern liegt darin, dass sie anders als die Staatsangehörigen des enteignenden Staates von der politischen Willensbildung ausgeschlossen und auch nicht in die staatliche „Schicksalsgemeinschaft“ eingebunden sind, der die Vorteile einer wirtschaftlichen Neuordnung mit Enteignungen ebenso zuzurechnen sind wie die damit verbundenen Risiken.[1107]

Völkergewohnheitsrechtlich ist eine Enteignung von Ausländern nur dann zulässig, wenn sie einem öffentlichen Zweck dient, keinen diskriminierenden Charakter hat und mit einer Entschädigung verbunden ist.[1108]

Im Bereich des Investitionsschutzes werden über den völkergewohnheitsrechtlichen Enteignungsschutz von Ausländern hinaus Enteignungsklauseln in den einzelnen Investitionsschutzverträgen zwischen den Vertragspartnern der Verträge aufgestellt. Auch hier ist der Wortlaut der Klauseln nicht in allen Fällen identisch.

1100 Dolzer in: Vitzthum (Hrsg.), Völkerrecht, 6. Abschn. Rn.43; Herdegen, a.a.O., § 20 Rn. 1.
1101 Dolzer in: Vitzthum (Hrsg.), Völkerrecht, 6. Abschn. Rn.43; Herdegen, a.a.O., § 20 Rn. 1.
1102 Dolzer in: Vitzthum (Hrsg.), Völkerrecht, 6. Abschn. Rn.43; Herdegen, a.a.O., § 20 Rn. 1.
1103 Herdegen, a.a.O., § 20 Rn.8.
1104 Herdegen, a.a.O., § 20 Rn.8.
1105 Herdegen, a.a.O., § 20 Rn.2.
1106 Herdegen, a.a.O., § 20 Rn.3.
1107 Herdegen, a.a.O.; vgl. etwa Europäischer Gerichtshof für Menschenrechte, Fall Lithgow v. United Kingdom, Serie A, Bd. 102, 1986, § 116.
1108 Dolzer in: Vitzthum (Hrsg.), Völkerrecht, 6. Abschn. Rn.44; Herdegen, a.a.O., § 20 Rn. 4.

bb) Verhältnis zum Grundsatz der gerechten und billigen Behandlung

Wie bereits in anderem Zusammenhang mehrfach festgestellt, ist auch hier das Verhältnis von Enteignungsklauseln und dem Grundsatz der gerechten und billigen Behandlung von der Wortwahl des zugrunde liegenden Vertrages abhängig.

Artikel 1110 (1) NAFTA etwa lautet:
„No Party may directly or indirectly nationalize or expropriate an investment of an investor of another Party in its territory or take a measure tantamount to nationalization or expropriation of such investment („expropriation") except:
(a) for a public purpose
(b) on a non-discriminatory basis;
(c) in accordance with due process of law and Article 1105 (1); and
(d) on payment of compensation in accordance with paragraphs 2 through 6."

Hier ist folglich eine Verknüpfung zu dem Grundsatz der gerechten und billigen Behandlung, der in Artikel 1105 (1) NAFTA geregelt ist, bereits durch den Wortlaut der Enteignungsklausel hergestellt worden. So ist nach dem hier vorliegenden Vertragstext festgelegt, dass eine Enteignung unter anderem dann rechtswidrig ist, wenn sie nicht den Grundsätzen des Völkergewohnheitsrechtes, insbesondere denen einer gerechten und billigen Behandlung entspricht. Dies ist darin begründet, dass der Grundsatz der gerechten und billigen Behandlung unter dem NAFTA-Übereinkommen als Bestandteil des völkergewohnheitsrechtlich anerkannten Mindeststandards zur Behandlung von Ausländern gesehen wird.

Liegt eine Enteignung vor, ist dies also die konkretere Norm und eine Verletzung der gerechten und billigen Behandlung ist inzident als Merkmal der Rechtswidrigkeit der Enteignung zu überprüfen. Darüber hinaus ist der Grundsatz allerdings als eigenständige Norm im Vertrag festgesetzt. Es wird in der Regelung über Enteignungen lediglich auf diese Norm verwiesen.

Mit dem Verhältnis der Enteignungsklauseln und dem Grundsatz der gerechten und billigen Behandlung hatten sich auch bereits einige Schiedsgerichte unter NAFTA aber auch unter anderen Verträgen auseinander zu setzen.

So führte das Gericht beispielsweise im Fall Azinian[1109], in dem der Kläger eine Enteignung geltend macht und weiterhin einen Verstoß gegen den Grundsatz der gerechten und billigen Behandlung, aus:

„The only conceivable relevant substantive principle of Article 1105 is that a NAFTA investor should not be dealt with in a manner that contravenes inter-

1109 Robert Azinian, Kenneth Davitian, & Ellen Baca v. The United Mexican States, ICSID Case No. ARB(AF)/97/2, Urteil vom 1. November 1999, (Civiletti, von Wobeser, Paulsson).

national law. There has not been a claim of such a violation of international law other than the one more specifically covered by Article 1110. … For the avoidance of doubt, the Arbitral Tribunal therefore holds that under the circumstances of this case if there was no violation of Article 1110, there was none of Article 1105 either."[1110]

Das Gericht prüft hier also die Voraussetzungen des Grundsatzes der gerechten und billigen Behandlung inzident als eine Voraussetzung einer Enteignung. Letztere stellt nämlich nach Ansicht des Gerichts die speziellere und damit vorrangige Norm dar. Eine eigenständige Verletzung des Grundsatzes der gerechten und billigen Behandlung prüft das Gericht hingegen deshalb nicht, da inhaltlich keine über eine mögliche Enteignung hinausgehenden Verletzungen vorgetragen wurden.

Mit dieser Ansicht stimmt auch Richter Asante überein, der in seiner abweichenden Meinung im Fall AAPL[1111] die Bedeutung der gerechten und billigen Behandlung dahingehend kommentierte, dass Artikel 2 (2) des zugrunde liegenden Vertrages den grundsätzlichen Standard zum Schutz einer ausländischen Investition beschreibe. Die Forderungen nach einer gerechten und billigen Behandlung, vollem Schutz und Sicherheit sowie einer nicht-diskriminierenden Behandlung würden alle die grundsätzliche Verpflichtung des Gaststaates betonen, eine rechtsstaatliche Behandlung zum Schutz ausländischer Investoren auf seinem Territorium durchzuführen, eine Verpflichtung, die sich aus dem Völkergewohnheitsrecht ergebe. Die grundsätzliche Natur des Schutzstandards in Art. 2 (2) werde in der Abwesenheit jeglicher Standards, welche Bezug auf eine spezielle Situation oder Entschädigung nehmen, deutlich. Folglich unterscheide sich dieser Standard von den in Artikel 4 und 5 festgesetzten Standards, die spezifische Standards festlegen und auf bestimmte Begebenheiten ausgerichtet sind, namentlich Verluste, die durch staatliche Beeinträchtigungen verursacht wurden beziehungsweise Enteignungen. [1112]

Auch im Fall AMT gegen Zaire[1113] stellt Richter Golsong in seinem Sondervotum darauf ab, dass der vorliegende Fall über die im Vertrag enthaltenen Enteignungsklauseln zu lösen sei.[1114] Dies steht im Gegensatz zur Ansicht des Mehrheitsvotums, in welchem eine Verletzung der Zusicherung von vollem Schutz und

1110 Azinian gegen Mexiko, Urteil vom 1. November 1999, Abschn.92.

1111 Asian Agricultural Products Ltd. (AAPL) v. Republic of Sri Lanka, ICSID Case No. ARB/87/3 (El-Kosheri, Goldman, Asante), Urteil vom 27. Juni 1990.

1112 Asian Agricultural Products Ltd. (AAPL) v. Republic of Sri Lanka, a.a.O.

1113 American Manufacturing & Trading Inc. (AMT) (US), ICSID Case No. ARB/93/1 Urteil vom 21. Februar 1997 (im Folgenden: AMT).

1114 AMT, Urteil vom 21. Februar 1997, Statement of the individual opinion of Mr. Heribert Golsong, Abschn.1 und 6.

Sicherheit untersucht und angenommen wurde.[1115] Nach Ansicht von Richter Golsong sind die Grundsätze der gerechten und billigen Behandlung und von vollem Schutz und Sicherheit subsidiär und somit bei Vorliegen einer Enteignung nicht mehr anwendbar.[1116]

Im Fall ADC gegen Ungarn[1117] machte der Kläger geltend, dass durch die Änderung des Luftfahrtgesetzes und der daraus resultierenden Übernahme aller Aktivitäten des Unternehmens, welches den Budapester Flughafen ausgebaut hatte und betrieb, eine Enteignung der Investition des Klägers gemäß Artikel 4 des BIT vorliege.[1118] Unter anderem macht er geltend, die Enteignung könne schon deshalb nicht rechtmäßig sein, weil sie nicht den Anforderungen an einen ordentlichen Prozess genüge und den Klägern insbesondere eine gerechte und billige Behandlung, wie sie in Artikel 3 (1) des BIT festgesetzt ist, verweigert worden sei.[1119] Eine Verletzung des Grundsatzes der gerechten und billigen Behandlung stützt der Kläger darauf, dass die grundlegenden Erwartungen des Investors durch die Handlungen der ungarischen Regierung zerstört worden seien.[1120] Hier scheint also der Kläger den Grundsatz der gerechten und billigen Behandlung nicht als einen eigenständigen Grundsatz, sondern vielmehr als ein Element anzusehen, welches die Rechtswidrigkeit einer vorliegenden Enteignung begründet. Dieser Ansicht folgt aber weder die Beklagte noch das Gericht, die den Standard als einen eigenständigen Standard sehen. Das Gericht selbst geht auf die Argumentation des Klägers in Zusammenhang mit einer Verletzung des Grundsatzes der gerechten und billigen Behandlung nicht ein.

Schließlich hat das Gericht im Fall CME gegen die Tschechische Republik, in welchem unter anderem auf Verletzungen sowohl der Enteignungsklauseln als auch des Grundsatzes der gerechten und billigen Behandlung geklagt wurde, über beide Grundsätze unabhängig voneinander entschieden.[1121] Es betrachtet die beiden Grundsätze also als eigenständige und unabhängig voneinander bestehende Grundsätze.

1115 AMT, Urteil vom 21. Februar 1997, Abschn. 6.05.

1116 AMT, Urteil vom 21. Februar 1997, Statement of the individual opinion of Mr. Heribert Golsong, Abschn.6.

1117 ADC Affiliate Limited and ADC & ADMC Management Limited v. The Republic of Hungary, ICSID Case No. ARB/03/16, Urteil vom 2. Oktober 2006 (Brower, van den Berg, Kaplan) (im Folgenden: ADC)

1118 ADC gegen Ungarn, Urteil vom 2. Oktober 2006, Abschn.218.

1119 ADC gegen Ungarn, a.a.O., Abschn.222.

1120 ADC gegen Ungarn, a.a.O., Abschn.379.

1121 CME Czech Republic B.V. (The Netherlands) vs. The Czech Republic, Partial Award, issued on September 13, 2001 (Kühn, Schwebel, Hándl), Abschn. 591 ff.

Diese Entscheidung erfolgte auf der Grundlage des Vertrags zwischen den Niederlanden und der Tschechischen Republik[1122], der in seinen hier relevanten Artikeln lautet:

"Article 3 (1)
Each Contracting Party shall ensure fair and equitable treatment to the investments of investors of the other Contracting Party and shall not impair, by unreasonable or discriminatory measures, the operation, management, maintenance, use, enjoyment or disposal thereof by those investors."
(...)
Article 5
Neither Contracting Party shall take any measures depriving, directly or indirectly, investors of the other Contracting Party of their investments unless the following conditions are complied with:
(a) the measures are taken in the public interest and under due process of law;
(b) the measures are not discriminatory;
(c) the measures are accompanied by provision for the payment of just compensation. (...)"

Demnach erfolgte auch hier die Entscheidung des Gerichts in Übereinstimmung mit dem Wortlaut des der Entscheidung zugrunde liegenden Vertrags, der keine Verbindung zwischen den beiden Grundsätzen herstellt.

cc) Stellungnahme

Im Ergebnis lässt sich also festhalten, dass das Verhältnis zwischen dem Grundsatz der gerechten und billigen Behandlung und den Enteignungsklauseln zunächst wiederum maßgeblich durch den Wortlaut der zugrunde liegenden Normen bestimmt wird. Abhängig von diesem wird der Grundsaatz der gerechten und billigen Behandlung grundsätzlich von den Schiedsgerichten als eigenständiger Grundsatz gesehen, der unabhängig von den Enteignungsklauseln besteht und einen von ihnen grundsätzlich verschiedenen Anwendungsbereich hat. Teilweise wird allerdings vertreten, dass der Grundsatz als Generalklausel dann zurücktritt, wenn speziellere Grundsätze, etwa die Enteignungsklauseln, einschlägig sind. Darüber hinaus wird der Grundsatz der gerechten und billigen

1122 Agreement on Encouragement and Reciprocal Protection of Investments between the Kingdom of the Netherlands and the Czech and Slovak Federal Republik vom 29. April 1991, in Kraft getreten am 01. Oktober 1992. Nachdem Tschechien am 31. Dezember 1992 aufgehört hatte, zu existieren, trat die Tschechische Republik in die Rechte und Pflichten des Vertrages ein.

Behandlung zum Teil im Rahmen der Prüfung der Enteignungsklausel inzident geprüft, um eine Rechtswidrigkeit der Enteignung zu begründen.

Die Ansicht, wonach der Standard der gerechten und billigen Behandlung grundsätzlicher Natur ist und in der Abwesenheit jeglicher Standards mit einem Bezug auf eine spezielle Situation oder Entschädigungsregelung relevant wird, verdeutlicht weiterhin den grundlegenden Unterschied zu den Enteignungsklauseln. Letztere legen spezifische Standards fest und sind auf bestimmte Begebenheiten ausgerichtet, namentlich Verluste, die durch staatliche Beeinträchtigungen verursacht wurden beziehungsweise Enteignungen.[1123]

e) Verhältnis zu Schirmklauseln

Auch zwischen den häufig in Investitionsschutzverträgen vereinbarten Schirmklauseln und dem Grundsatz der gerechten und billigen Behandlung bestehen vielfältige Wechselwirkungen.

aa) Beriff der Schirmklausel

Häufig wird festgelegt, dass ein Verstoß gegen eine Vereinbarung des Gastlands mit dem Investor, also ein Verstoß gegen einen privatrechtlichen Vertrag, zugleich als Verstoß gegen den bilateralen Investitionsschutzvertrag angesehen wird („Schirmklausel").[1124] Umstritten ist hierbei, ob in der Folge jeder Verstoß gegen einen privatrechtlichen Vertrag gleichzeitig einen Verstoß gegen den Investitionsschutzvertrag darstellt.

Mit dieser Frage haben sich in der Vergangenheit bereits verschiedentlich internationale Schiedsgerichte auseinandergesetzt.

So geht das Gericht im Fall CMS[1125] davon aus, dass nicht jede Vertragsverletzung zu einer Verletzung der Schirmklausel und damit dem BIT führe.[1126] Der Schutzstandard des BIT sei nur dann betroffen, wenn eine ausdrückliche Verletzung von Rechten oder Pflichten des BIT vorliege oder eine Verletzung von Rechten unter dem Vertrag zwischen dem Investor und dem Staat, welche durch den Investitionsschutzvertrag geschützt werden.[1127] Rein wirtschaftliche Aspekte eines Vertrages können in einigen Situationen nicht durch den Investitionsschutz-

1123 Asian Agricultural Products Ltd. (AAPL) v. Republic of Sri Lanka.

1124 Dolzer in: Vitzthum (Hrsg.), Völkerrecht, 6. Abschn. Rn.48; UNCTAD, IIA MONITOR No. 1 (2006), S.3.

1125 CMS Gas Transmission Company v. The Argentine Republic, ICSID Case No. ARB/01/8, Urteil vom 12. Mai 2005 (Vicuña, Lalonde, Rezek).

1126 CMS, Urteil vom 12. Mai 2005, Abschn. 299.

1127 CMS, Urteil vom 12. Mai 2005, Abschn. 299.

vertrag geschützt sein, wobei aber der Schutz des völkerrechtlichen Vertrages wahrscheinlich dann greifen werde, wenn erhebliche Eingriffe in die Rechte des Investors durch die Regierung oder deren öffentliche Vertretungen bestehen.[1128] Diese Diskussion ist nach Ansicht des Gerichtes in neueren Entscheidungen internationaler Schiedsgerichte in weiten Teilen geklärt worden. So haben sich unter anderem die Gerichte in den Fällen Lauder v. Czech Republic,[1129] Genin v. Estonia,[1130] Aguas del Aconquija v. Argentina,[1131] Azurix v. Argentina,[1132] SGS v. Pakistan,[1133] SGS v. Philippines[1134] und Joy Mining v. Egypt[1135] mit dieser Problematik beschäftigt. In diesen Entscheidungen wurde zwischen wirtschaftlichen Streitigkeiten, die aus einem Vertrag zwischen der Regierung und dem Investor erwuchsen, und solchen Streitigkeiten unterschieden, die sich aus einer Verletzung von Schutzstandards in Investitionsschutzverträgen und den diesbezüglichen Handlungen ergaben.[1136]

Das Gericht im Fall BP American Production Company u.a. gegen Argentinien[1137] hat in Bezug auf die im zugrunde liegenden BIT zwischen den Vereinigten Staaten von Amerika und Argentinien[1138] vereinbarte Schirmklausel zunächst festgestellt, dass es einer ausbalancierten Interpretation im Hinblick sowohl auf

1128 CMS, Urteil vom 12. Mai 2005, Abschn. 299.

1129 UNCITRAL Arbitration between Ronald S. Lauder and The Czech Republic, Urteil vom 3. September 2001 (Cutler, Birner, Klein).

1130 Alex Genin, Eastern Credit Limited, Inc. and A.S. Baltoil Genin v. Republic of Estonia, ICSID Case No. ARB/99/2, Urteil vom 25. Juni 2001(Fortier, Heth, van den Berg, Arbs), a.a.O.

1131 Compagñía de Aguas del Aconquija S.A. and Vivendi Universal S.A. v. Argentine Republic, ICISD Case No. ARB/97/3, Urteil vom 20. August 2007, (Kaufmann-Kohler, Verea, Rowley QC).

1132 Azurix Corp. v. The Argentine Republic, ICSID Case No. ARB/01/12, Urteil vom 14. Juli 2006, (Sureda, Lalonde, Martins).

1133 SGS Société Générale de Surveillance SA v. Islamic Republic of Pakistan, ICSID Case No. ARB/01/3, Decision on Jurisdiction, 6. August 2003 (Feliciano/Faurès/Thomas).

1134 SGS Société Générale de Surveillance SA v. Philippines, ICSID Case No. ARB/02/6, Decision on Jurisdiction vom 29. Januar 2004 (El-Kosheri/Crawford/Cirwellaro).

1135 Joy Mining Machinery Limited v. Egypt, ICSID Case No. ARB/03/11, Award on Jurisdiction, 6. August 2004 (Vicuña/Craig/Weeramantry).

1136 CMS, Urteil vom 12. Mai 2005, Abschn. 300.

1137 Pan American Energy LLC, and BP Argentina Exploration Company v. The Argentine Republic, ICSID Case No. ARB/03/13 und BP American Production Company, Pan American Sur SRL, Pan American Fueguina, SRL, and Pan American Continental SRL v. The Argentine Republic, ICSID Case No. ARB/04/8, (Calfisch, Stern, van den Berg), Decision on Preliminary Objections, July 27, 2006.

1138 Treaty Concerning the Reciprocal Encouragement and Protection of Investment between the Argentine Republic and The United States of America of 14 November 1991.

die Interessen des Gaststaates als auch des Investors bedürfe.[1139] Es müsse sowohl die Souveränität des Gaststaates als auch dessen Verantwortung berücksichtigt werden, geeignete und sich weiterentwickelnde Rahmenbedingungen zur Entwicklung seiner wirtschaftlichen Aktivitäten zu schaffen, sowie die Notwendigkeit, ausländische Investitionen und deren anhaltenden Fluss zu schützen.[1140] Vor diesem Hintergrund beschäftigt sich das Gericht mit der Frage, ob durch die Schirmklausel in einem BIT Klagen aus einem Vertrag, den ein Investor entweder mit einer Regierung oder einer unabhängigen juristischen Person eingegangen ist, automatisch und ipso jure zu Klagen unter dem BIT umgewandelt werden, die von den im BIT festgelegten Streitbeilegungsmechanismen profitieren.[1141]

Diese Frage wird bis heute kontrovers diskutiert und kann und soll im Rahmen dieser Arbeit nicht umfassend beleuchtet geschweige denn entschieden werden. Festzuhalten ist allerdings, dass eine Gefahr in der umfassenden Nutzung der Schirmklausel für jeglichen Streit zwischen dem Investor und dem Gaststaat als Vertragsparteien eines privatrechtlichen Vertrages besteht, da es nicht Sinn und Zweck der Schirmklauseln sein kann, jede kleinere Streitigkeit im Rahmen eines privatrechtlichen Vertrags zwischen Investor und Gaststaat zum Gegenstand von Streitigkeiten unter völkerrechtlichen Investitionsschutzabkommen zu erheben.[1142]

bb) Verhältnis zwischen dem Grundsatz der gerechten und billigen Behandlung und der Schirmklausel

Auch hier ist zunächst festzuhalten, dass sich der Wortlaut der Schirmklauseln in den einzelnen Verträgen im Detail unterscheiden kann. Entsprechend sind die Schirmklauseln von unterschiedlichen internationalen Schiedsgerichten in der Vergangenheit unterschiedlich interpretiert worden. Der der Entscheidung des Gerichts im Fall BP gegen Argentinien zugrunde liegende BIT enthält in seinem Artikel II (2) (c) eine sehr weitgefasste Formulierung: „Each Party shall observe any obligation it may have entered into with regard to investments.“ Nach Ansicht des Gerichtes ist aufgrund einer Schirmklausel nicht jegliche Vertragsverletzung

1139 BP American Production Company u.a. gegen Argentinien, Entscheidung vom 27. Juli 2006, Abschn.99.

1140 BP American Production Company u.a. gegen Argentinien, Entscheidung vom 27. Juli 2006, Abschn.99.

1141 BP American Production Company u.a. gegen Argentinien, Entscheidung vom 27. Juli 2006, Abschn.99.

1142 so auch Tudor, The Fair and Equitable Treatment Standard in the International Law of Foreign Investment, S.200; Schreuer, Travelling the BIT route: of Waiting Periods, Umbrella Clauses and Forks in the Road, in: The World Journal of Investment, (2004) 5 (2), S. 231 (255).

des Staates als durch den Investitionsschutzvertrag geschützt anzusehen, sondern eine Vertragsverletzung müsse zumindest die grundlegenden Standards des BIT verletzen, zu denen der Grundsatz der gerechten und billigen Behandlung gehört.[1143] Dies bedeutet, dass das Gericht bei Geltendmachung einer Verletzung eines Vertrages, den der Staat mit dem Investor eingegangen ist, unter anderem überprüft, ob diese Verletzung gegen den Grundsatz der gerechten und billigen Behandlung oder einen anderen im BIT festgelegten Schutzstandard verstößt. Nur dann kann eine Verletzung eines zugrunde liegenden Vertrages nach Ansicht des Gerichtes gegen den BIT verstoßen. Das Gericht könne also keine rein vertraglichen Klagen überprüfen, die nicht zu einer Verletzung der Schutzstandards des BIT führen.[1144]

Entsprechend können sich hier die Anwendungsbereiche der Schirmklauseln und des Grundsatzes der gerechten und billigen Behandlung überschneiden, wenn das Gericht prüft, ob eine Verletzung eines privatrechtlichen Vertrags zwischen dem Investor und dem Gaststaat zu einer Verletzung des Grundsatzes der gerechten und billigen Behandlung führt und damit gegen die Schirmklausel verstößt. Vorausgesetzt hat das Gericht diesbezüglich, dass der Grundsatz der gerechten und billigen Behandlung zu den grundlegenden Standards des BIT zählt.

Umgekehrt wird zum Teil eine Verletzung des Grundsatzes der gerechten und billigen Behandlung durch einen Verstoß des Gaststaates gegen einen privatrechtlichen Vertrag angenommen. Während es von einigen Gerichten kategorisch abgelehnt wird, eine Verletzung des Grundsatzes der gerechten und billigen Behandlung durch einen Verstoß des Gaststaates gegen Verpflichtungen gegenüber dem Investor aus einem privatrechtlichen Vertrag anzunehmen,[1145] wurde demgegenüber auch nahezu voraussetzungslos von einer Verletzung des Grundsatzes unter dem Investitionsschutzvertrag durch Verletzung eines privatrechtlichen Vertrages ausgegangen.[1146]

Beide Ansichten können als zu pauschale Betrachtungsweisen nicht zu einem zufrieden stellenden Ergebnis führen. Indem der Grundsatz der gerechten und billigen Behandlung als weit gefasste Generalklausel gerade die Möglichkeit

1143 BP American Production Company u.a. gegen Argentinien, Entscheidung vom 27. Juli 2006, Abschn.110 und 112.

1144 BP American Production Company u.a. gegen Argentinien, Entscheidung vom 27. Juli 2006, Abschn.113.

1145 vgl. Noble Ventures Inc. v. Romania, ICSID, ARB/01/11, Final Award, 17. Oktober 2005 (Böckstiegel/Lever/Dupuy), Abschn. 182.

1146 Vgl. Mondev International Ltd. v. United States of America, ICSID Case No. ARB(AF)/99/2, Urteil vom 11. Oktober 2002, Abschn.152; Waste Management, Inc. v. United Mexican States, ICSID Case No. ARB (AF)/00/3 (Apr. 30, 2004), 43 I.L.M. 967 (2004) (Crawford, Civiletti, Gomez, Arbs.), Abschn. 115; Eureko B.V. v. Republic of Poland, Ad-hoc Tribunal, Teilurteil vom 19. August 2005 (Fortier/Schwebel/Rajski), Abschn. 249.

eröffnen soll, auf Umstände des Einzelfalles flexibel reagieren zu können ist auch in dieser Frage eine vermittelnde Ansicht vorzugswürdig, die sich in der Rechtsprechung der internationalen Schiedsgerichte auch zunehmend herausbildet. Hier soll eine Vertragsverletzung nur dann gegen den Grundsatz der gerechten und billigen Behandlung verstoßen, wenn sie in Ausübung von Hoheitsgewalt und nicht als bloße Vertragspartei erfolgt.[1147]

cc) Stellungnahme

Im Ergebnis lässt sich festhalten, dass Verknüpfungen zwischen dem Grundsatz der gerechten und billigen Behandlung und Schirmklauseln in beide Richtungen bestehen können. So wird der Grundsatz der gerechten und billigen Behandlung auch bei Geltendmachung einer Verletzung der Schirmklausel aufgrund einer Verletzung eines privatrechtlichen Vertrages zwischen Investor und Gaststaat inzident als grundlegender Standard des Investitionsschutzvertrages geprüft, um eine Verletzung des Investitionsschutzvertrages durch Verstoß gegen einen nationalen Vertrag zu begründen.

Umgekehrt wird zum Teil eine Verletzung des Grundsatzes der gerechten und billigen Behandlung angenommen, wenn der Gaststaat einen privatrechtlichen Vertrag mit dem Investor verletzt, vorausgesetzt, er verletzt diesen nicht als gewöhnliche Vertragspartei, sondern in Ausübung seiner Hoheitsgewalt.

f) Das Verbot willkürlicher und diskriminierender Maßnahmen

Das Verbot willkürlicher und diskriminierender Maßnahmen ist ein klassischer Standard, der in nahezu allen Investitionsschutzverträgen enthalten ist. Dies ergibt sich bereits daraus, dass jeder Rechtsstaat willkürliche Maßnahmen verbieten wird und der ausländische Investor es erwartet, dass der Gaststaat diesem Grundsatz folgt.[1148] Das Verbot willkürlicher und diskriminierender Maßnahmen ist eng mit dem Grundsatz der gerechten und billigen Behandlung verbunden. Wie sich bereits oben in der Untersuchung der Rechtsprechung gezeigt hat[1149], ist der Grundsatz der gerechten und billigen Behandlung auch nach der restriktivsten Auslegung der Gerichte, die eine Verletzung dieses Grundsatzes nur bei

1147 Consortium RFCC v. Kingdom of Morocco (ICSID Case No. ARB/00/6), Urteil vom 22. Dezember 2003, Rn. 51; Impregilo SpA v. Islamic Republic of Pakistan (ICSID Case No. ARB/03/3), Decision on Jurisdiction of 22 April 2005 (Guillaume/Cremades/Landau), Abschn. 266.

1148 Dolzer/Schreuer, Principles of International Investment Law, Oxford University Press, 2008, S. 173.

1149 Vgl. Oben unter C. IV. 5.

einem Verstoß gegen die Anforderungen des Mindeststandards der Behandlung von Ausländern nach dem Völkergewohnheitsrecht annimmt, jedenfalls bei Vorliegen willkürlicher und diskriminierender Maßnahmen gegeben. Dementsprechend erstaunt es nicht, dass die Meinung vertreten wird, dass jede willkürliche und diskriminierende Handlung jedenfalls den Grundsatz der gerechten und billigen Behandlung verletzt.[1150] Fraglich ist aber, in welchem Verhältnis die beiden Grundsätze zueinander stehen, wenn sie in Investitionsschutzverträgen als eigenständige Regelungen festgesetzt sind.

Die Parteien im Fall CME gegen die Tschechische Republik[1151] vertreten die Ansicht, dass es sich bei dem Grundsatz der gerechten und billigen Behandlung und dem Verbot willkürlicher und diskriminierender Handlungen um eigenständige Grundsätze handelt.

Mit der Verknüpfung dieser Grundsätze beschäftigt sich ausführlich das Schiedsgericht in der Entscheidung im Fall Alex Genin, Eastern Credit Limited, Inc. and A.S. Baltoil (US) v. Republic of Estonia vom 25. Juni 2001[1152], in der der Kläger Verluste in Zusammenhang mit einer Investition in ein estnisches Finanzunternehmen wiedererlangen wollte. Das Schiedsgericht hatte zu überprüfen, ob bestimmte Aktionen der Bank von Estland eine Verletzung der im betreffenden BIT festgesetzten Verpflichtungen darstellen. Insbesondere wurde eine Verletzung des in Artikel II (3) (a) festgesetzten Grundsatzes der gerechten und billigen Behandlung geltend gemacht, sowie ein Verstoß gegen das Verbot willkürlicher und diskriminierender Maßnahmen gegenüber ausländischen Investoren der anderen Vertragspartei, welches in Artikel II (3)(b) des BIT vereinbart ist. Das Gericht behandelt diese beiden Regelungen in seiner Entscheidung als separate Grundsätze, wobei es davon ausgeht, dass der Grundsatz der gerechten und billigen Behandlung an den Anforderungen des völkergewohnheitsrechtlich anerkannten Mindeststandards zur Behandlung von Ausländern zu messen ist, und dementsprechend für die Annahme einer Verletzung dieses Grundsatzes das Vorliegen einer bewussten Missachtung bestehender Pflichten, mangelnde Aktivitäten, die weit hinter den völkerrechtlich geforderten Standards zurückbleiben, oder sogar das Vorliegen subjektiver Arglist fordert.[1153] Dies lehnt das Gericht ab. Im Folgenden prüft es das Vorliegen von Willkür.[1154] Zur Bestimmung, ob das Verhalten der Bank von Estland gegenüber dem ausländischen Investor willkür-

1150 Vasciannie, Fair and equitable Treatment, 99, S. 133.

1151 UNCITRAL Arbitration Proceedings, CME Czech Republic B.V. (The Netherlands) vs. The Czech Republic, Partial Award, issued on September 13, 2001 (Kühn, Schwebel, Händl).

1152 Alex Genin, Eastern Credit Limited, Inc. and A.S. Baltoil Genin v. Republic of Estonia, ICSID Case No. ARB/99/2, Urteil vom 25. Juni 2001(Fortier, Heth, van den Berg, Arbs).

1153 Alex Genin v. Republic of Estonia, Urteil vom 25. Juni 2001, Abschn. 366 ff.

1154 Alex Genin v. Republic of Estonia, Urteil vom 25. Juni 2001, Abschn. 368 ff.

lich war, zieht das Gericht die Definition von Willkür durch den internationalen Gerichtshof im Fall ELSI[1155] heran, wonach ein willkürliches Verhalten sich durch eine „vorsätzliche Missachtung eines ordentliches Prozesses auszeichnet, die schockiert oder im Sinne rechtlichen Anstands wenigstens überrascht“[1156].[1157]

Aus den obigen Ausführungen wird deutlich, dass das Gericht im Fall Alex Genin u.a. gegen Estland zwar den Grundsatz der gerechten und billigen Behandlung und das Verbot willkürlicher und diskriminierender Handlungen als zwei unterschiedliche und unabhängig voneinander bestehende Grundsätze ansieht, indem es von Grundsätzen im Plural redet und deren mögliche Verletzung in unterschiedlichen Abschnitten des Urteils überprüft. Es geht jedoch von den gleichen Voraussetzungen aus, die für das Vorliegen einer Verletzung der Grundsätze vorliegen müssen, nämlich der vorsätzlichen Missachtung bestehender Pflichten, unzulänglicher Maßnahmenergreifung, die weit hinter den völkerrechtlich geforderten Standards zurückbleibt, oder sogar das Vorliegen subjektiver Arglist.

Die Anwendung dieser Voraussetzungen ergibt sich für die Bestimmung der Verletzung des Grundsatzes der gerechten und billigen Behandlung daraus, dass das Gericht davon ausgeht, dass der Grundsatz der gerechten und billigen Behandlung den Anforderungen des völkergewohnheitsrechtlich anerkannten Mindeststandards entspricht, dessen Voraussetzungen wiederum entsprechend im Neer-Fall[1158] festgelegt wurden. Die Voraussetzungen für das Vorliegen von willkürlichem Verhalten im Sinne des Völkerrechts wurden wiederum durch den internationalen Gerichtshof im Fall ELSI festgelegt, der sich an der Wortwahl des Neer-Falles orientierte. Da das Gericht für beide Grundsätze dieselben Voraussetzungen annimmt, ist im Ergebnis also festzuhalten, dass die Grundsätze der gerechten und billigen Behandlung und des Verbotes willkürlicher und diskriminierender Maßnahmen sich inhaltlich nicht unterscheiden, obwohl sie durch das Gericht als zwei getrennte Grundsätze angesehen werden.

Daraus ergibt sich wieder das bereits mehrfach angesprochene Problem, dass vertragliche Grundsätze so auszulegen sind, dass sie entsprechend des „effet utile“ jeweils einen eigenständigen Anwendungsbereich haben. Dieser ergibt sich für den Grundsatz der gerechten und billigen Behandlung daraus, dass er zwar

---

1155 Case Concerning Elettronica Sicula S.p.A. (ELSI) (United States v. Italy), (1989), I.C.J. Reports 1989, S. 15 ff.

1156 Elettronica Sicula S.p.A. (ELSI) (United States of America v. Italy), ICJ Reports 1989 S. 15 auf Seite 76 (Abschn. 128), zitiert die Entscheidung des Gerichtshofs in "the Asylum Case", ICJ Reports 1950 S. 266 (284), wonach eine willkürliche Handlung in grundlegender Weise gegen das Rechtsstaatsprinzip verstößt.

1157 Alex Genin v. Republic of Estonia, Urteil vom 25. Juni 2001, Abschn. 371.

1158 Neer (U.S.) v. United Mexican States, 4 R.I.A.A. 60 (Mex.-U.S.Gen.ClaimsComm'n) (1926), veröffentlicht unter: http://untreaty.un.org/cod/riaa/cases/vol_IV/60–66.pdf; vgl. Oben unter C. II. 2. d) aa).

jedenfalls dann, aber nicht ausschließlich in den Fällen verletzt ist, in denen eine willkürliche und diskriminierende Behandlung vorliegt.[1159]

Bestehen allerdings getrennte Regelungen in dem jeweiligen BIT, die einerseits ein diskriminierendes und willkürliches Verhalten verbieten und andererseits eine gerechte und billige Behandlung zusichern muss im Falle des Vorliegens diskriminierenden und willkürlichen Verhaltens des Gaststaates der Grundsatz der gerechten und billigen Behandlung als Generalklausel zurücktreten, sofern nicht weitere Maßnahmen oder Handlungen des Gaststaates einen eigenständigen Verstoß gegen letzteren Grundsatz zusätzlich begründen.

2. Das Verhältnis zu anderen Standards, die nicht oder nicht ausdrücklich, in Investitionsschutzverträgen genannt werden

Schließlich ist noch das Verhältnis des Grundsatzes der gerechten und billigen Behandlung zu einigen Grundsätzes des Völkergewohnheitsrechts zu untersuchen, die grundsätzlich nicht ausdrücklich in Investitionsschutzverträgen vereinbart sind, aber dennoch in Zusammenhang mit dem Grundsatz der gerechten und billigen Behandlung diskutiert werden.

Vor allem anderen betrifft dies das Verhältnis des Grundsatzes der gerechten und billigen Behandlung und dem völkergewohnheitsrechtlichen Mindeststandard der Behandlung von Ausländern, aber auch der Grundsatz der Transparenz war bereits Gegenstand schiedsgerichtlicher Entscheidungen in Zusammenhang mit dem Grundsatz der gerechten und billigen Behandlung, ebenso wie der Grundsatz des Guten Glaubens und das aus dem englischen Recht stammende Estoppel-Prinzip. Die hier auftretenden Zusammenhänge und gegebenenfalls Auswirkungen auf den Inhalt und Umfang des Grundsatzes der gerechten und billigen Behandlung sollen im Folgenden untersucht werden.

1159 So die Gerichte in den Fällen Mondev International Ltd. v. United States of America, ICSID Case No. ARB(AF)/99/2, Urteil vom 11. Oktober 2002; Técnicas Medioambientales Tecmed S.A. v. The United Mexican States, ICSID Case No. ARB(AF)/00/2 (Award) (29 May 2003), 43 ILM 133 (2004); Eureko B.V. v. Republic of Poland, Ad-hoc Tribunal, Teilurteil vom 19. August 2005 (Fortier/Schwebel/Rajski); Saluka Investments BV (The Netherlands) v. The Czech Republic, Ad Hoc Arbitration (UNCITRAL Rules), Teilurteil vom 17. März 2006; Waste Management, Inc. v. United Mexican States, ICSID Case No. ARB (AF)/00/3 (Apr. 30, 2004), 43 I.L.M. 967 (2004) (Crawford, Civiletti, Gomez, Arbs.); UNCITRAL Arbitration between Ronald S. Lauder and The Czech Republic, Urteil vom 3. September 2001 (Cutler, Birner, Klein); Bayindir Insaat Turizm Ticaret Ve Sanayi A.Ş. v. Islamic Republic of Pakistan, ICSID Case No. ARB/03/29, Decision on Jurisdiction, 14. November 2005 (Kaufmann-Kohler, Berman, Böckstiegel); siehe auch oben unter C. IV. 5.

a) Verhältnis zum Grundsatz der Transparenz

Die Frage des Verhältnisses von gerechter und billiger Behandlung und dem Grundsatz der Transparenz ist bereits in den Fordergrund von Rechtsstreitigkeiten und Entscheidungen gelangt, indem entschieden wurde, ob der Grundsatz der Transparenz im Grundsatz der gerechten und billigen Behandlung enthalten ist.[1160] Die Schwierigkeiten in dieser Frage liegen einerseits in der konzeptionellen Affinität der beiden Standards („Kann eine Entscheidung, die nicht transparent ist, als „gerecht und billig" angesehen werden?") und andererseits in der Existenz einer extensiven, unabhängigen Diskussion innerhalb des Völkerrechts über nicht nur die Notwendigkeit, sondern auch die Reichweite des Grundsatzes der Transparenz als einem Element eines geeigneten Investitionsregimes.[1161] Der „Supreme Court of British Columbia" (SCBC) hat im Jahr 2001 den Teil der Metalclad-Entscheidung als unwirksam deklariert, in welchem festgestellt wurde, dass Transparenz als ein Standard diene, nach welchem die NAFTA-Parteien zu beurteilen seien.[1162] Dies lässt sich allerdings mit der Eigenheit des NAFTA-Übereinkommens erklären, in dem der Grundsatz der Transparenz in einem separaten Kapitel geregelt ist, welches nicht der Überprüfung durch internationale Schiedsgerichte unterfällt. So argumentiert der SCBC in seiner Entscheidung, dass das Schiedsgericht durch die Berücksichtigung des Grundsatzes der Transparenz im Rahmen der Prüfung des Vorliegens einer gerechten und billigen Behandlung seine Zuständigkeit unzulässig ausgeweitet habe. Für die Annahme, dass es sich bei dem durch das Gericht in Zusammenhang mit der Prüfung einer Verletzung des Grundsatzes der gerechten und billigen Behandlung angenommenen Transparenzgebotes um einen völkergewohnheitsrechtlichen Standard gehandelt habe, was desssen Anwendung rechtfertige, gebe es weiterhin keine Anhaltspunkte.[1163] Nichtsdestotrotz haben nachfolgende Schiedsgerichte den Punkt erneut diskutiert, ohne auf die Metalclad-Entscheidung einzugehen und bestätigt, dass der Standard der gerechten und billigen Behandlung die Forderung nach Transparenz umfasst.[1164]

1160 Dolzer, Fair and Equitable Treatment, a.a.O., S.92.

1161 Dolzer, Fair and Equitable Treatment, a.a.O., S.92.

1162 The United Mexican States v. Metalclad Corporation, 2001 BCSC 664, Reasons for Judgement vom 02.05.2001, Abschn. 58 ff.

1163 The United Mexican States v. Metalclad Corporation, a.a.O.

1164 so z.B. die Gerichte in den Fällen Maffezini v. Spain, ICSID Case No. ARB/97/7, 16 ICSID Rev. 248, Urteiol vom 13. November 2000 (Vicuna, Buergenthal, Wolf, Arbs), Abschn. 83; Técnicas Medioambientales Tecmed S.A. v. The United Mexican States, ICSID Case No. ARB(AF)/00/2 (Award) (29 May 2003), 43 ILM 133 (2004), Abschn. 154, 164; Occidental Exploration and Production Company (OEPC) v. The Republic of Ecuador, UNCI-

b) Verhältnis zum völkergewohnheitsrechtlich anerkannten Mindeststandard

Viel größere Beachtung wurde dem Verhältnis des Grundsatzes der „gerechten und billigen Behandlung" zum Konzept eines Mindeststandards geschenkt, welcher solche Regeln des allgemeinen Völkerrechts bezeichnet, die ein Staat in seinen Beziehungen gegenüber Ausländern immer beachten muss.[1165] Während man argumentieren kann, dass eine Beziehung zwischen den beiden Standards nicht offensichtlich ist, ist das Thema doch durch die Formulierung in einigen BITs aufgekommen, welche zum Ausdruck bringen, dass die beiden Konzepte die gleiche Bedeutung haben („fair and equitable in accordance with international law") und die Vertragsparteien des NAFTA-Vertrages haben, als Antwort auf eine gegenteilige Rechtsprechung, darauf insistiert, dass die beiden Standards innerhalb des NAFTA-Regimes („treatment in accordance with international law, including fair and equitable treatment") dahingehend interpretiert werden müssen, dass sie denselben Inhalt haben.[1166] So gehen die Vereinigten Staaten von Amerika im Fall ADF Group Inc. gegen die Vereinigten Staaten von Amerika, unter dem NAFTA-Übereinkommen und unter Bezugnahme auf die Interpretation des Artikel 1105 (1) NAFTA durch die FTC davon aus, dass der Begriff der gerechten und billigen Behandlung vom völkergewohnheitsrechtlichen Mindeststandard der Behandlung von Ausländern abhängt.[1167] Dieser wiederum soll speziell auf besondere Kontexte zugeschnittene Regelungen des Völkergewohnheitsrechtes, etwa zu Enteignungen und der Verweigerung eines rechtsstaatlichen Verfahrens enthalten, nicht aber einen umfassenden Standard, der auf alle Kontexte angewendet werden kann.[1168] Hier wird also der Begriff der gerechten und billigen Behandlung mit dem Mindeststandard der Behandlung von Ausländern im Völkergewohnheitsrecht gleichgesetzt. Um einen Verstoß gegen den Grundsatz der gerechten und billigen Behandlung geltend zu machen, müsse der Investor eine Verletzung einer speziellen Norm des Völkergewohnheitsrechtes anführen.[1169]

TRAL Arbitration Case No. UN 3467, Final Award, 01.07.2004 (Vicuña, Brower, Sweeney), Abschn. 185; siehe auch: Dolzer, Fair and Equitable Treatment, a.a.O., S.92.

1165 Dolzer, Fair and Equitable Treatment, a.a.O., S.92.

1166 Dolzer, Fair and Equitable Treatment, a.a.O., S.92; vgl. ausführlich oben unter C. II. 2.

1167 ADF Group Inc. v. United States of America, ICSID Case No. ARB (AF)/00/1, Urteil vom 09. Januar 2003), Abschn. 110.

1168 ADF, a.a.O., Abschn. 110.

1169 ADF, a.a.O., Abschn. 110.

Diese Position beantwortet das Verhältnis der beiden Standards außerhalb von NAFTA allerdings nicht, da dritte Staaten nicht an den NAFTA-Standard gebunden sind.[1170]

Aufgrund der starken Leitfunktion des NAFTA ist das Verhältnis zwischen dem Grundsatz der gerechten und billigen Behandlung allerdings Gegenstand nahezu jeder Entscheidung internationaler Schiedsgerichte, die sich mit einer Verletzung des Grundsatzes der gerechten und billigen Behandlung beschäftigen.[1171] Ergebnis der Untersuchung ist hier in den meisten Fällen, dass eine Verletzung des Mindeststandards zur Behandlung von Ausländern jedenfalls eine Verletzung des Grundsatzes der gerechten und billigen Behandlung begründet, wobei diese umgekehrt keine notwendige Voraussetzung hierfür ist. Darüber hinaus besteht Einigkeit darüber das der Mindeststandard zur Behandlung von Ausländern jedenfalls verletzt ist, wenn die in der Neer- Entscheidung diesbezüglich aufgestellten Voraussetzungen vorliegen. Demgegenüber wird eine Weiterentwicklung des Standards bis heute kontrovers diskutiert.[1172]

c) Guter Glaube

Der völkergewohnheitsrechtlich anerkannte Grundsatz des Guten Glaubens weist eine ähnliche Beziehung zu dem Grundsatz der gerechten und billigen Behandlung auf wie der völkergewohnheitsrechtliche Mindeststandard zur Behandlung von Ausländern außerhalb des NAFTA Übereinkommens.

So gehen die Gerichte grundsätzlich davon aus, dass der Grundsatz der gerechten und billigen Behandlung immer dann verletzt ist, wenn der Gaststaat nicht in Gutem Glauben gehandelt hat, umgekehrt ist bösgläubiges Verhalten aber keine Voraussetzung zur Begründung einer Verletzung des Grundsatzes der gerechten und billigen Behandlung.[1173] So hat beispielsweise das Gericht im Fall Tecmed in seiner Entscheidung ausdrücklich dargelegt, dass sich der Umfang der Verpflichtung zu einer gerechten und billigen Behandlung nach Artikel 4 (1) des Übereinkommens daraus ergebe, dass es sich um einen Ausdruck und Teil des Grundsatzes des guten Glaubens, wie er im Völkergewohnheitsrecht besteht,

1170 Dolzer, Fair and Equitable Treatment, a.a.O., S.92.

1171 vgl. oben Teil C.

1172 hierzu im Einzelnen oben Teil C.

1173 vgl. z.B. die Entscheidungen in den Fällen The Loewen Group, Inc. v. United States, ICSID Case No. ARB (AF)/98/3, Award, 26. Juni 2003; PSEG Global Inc. and Konya Ilgin Elektrik Üretim ve Ticaret Limited Sirketi v. Republic of Turkey, ICSID Case No. ARB/02/5), Urteil vom 19.01.2007; Técnicas Medioambientales Tecmed S.A. v. The United Mexican States, ICSID Case No. ARB(AF)/00/2 (Award) (29 May 2003), 43 ILM 133 (2004); Waste Management, Inc. v. United Mexican States, ICSID Case No. ARB (AF)/00/3 (Apr. 30, 2004), 43 I.L.M. 967 (2004) (Crawford, Civiletti, Gomez, Arbs.).

handele, obwohl die Annahme einer Verletzung des guten Glaubens durch den Staat nicht Voraussetzung einer Verletzung des Grundsatzes der gerechten und billigen Behandlung sei.[1174]

d) Estoppel-Prinzip

Eine wichtige Rolle spielt auch das aus dem englischen Recht stammende estoppel-Prinzip als eine Ausprägung des Grundsatzes von Treu und Glauben.[1175] Danach kann sich derjenige, der einen anderen zu bestimmten Maßnahmen veranlasst, später nicht mehr darauf berufen, der andere habe rechtswidrig gehandelt (Gedanke des vertrauensbegründenden Vorverhaltens, Verbot des venire contra factum proprium).

In Zusammenhang mit dem Schutz von Auslandsinvestitionen führt das Gericht im Fall Pope & Talbot grundlegend zu dem estoppel-Prinzip aus:

„In international law it has been stated that the essentials of estoppel are (1) a statement of fact which is clear and unambiguous; (2) this statement must be voluntary, unconditional, and authorised; and (3) there must be reliance in good faith upon the statement either to the detriment of the party so relying on the statement or to the advantage of the party making the statement. That statement is cited without disapproval by Professor Brownlie in Public International Law 5th Ed. 646. At the same place Brownlie suggests that the essence of estoppel is the element of conduct which causes the other party in reliance on such conduct detrimentally to change its position or to suffer some prejudice."[1176]

Dieser Grundsatz korrespondiert mit dem Schutz legitimer Erwartungen des ausländischen Investors, der sich in den Entscheidungen der internationalen Schiedsgerichte als das beherrschende Element des Grundsatzes der gerechten und billigen Behandlung herausgebildet hat.[1177] So sollen die Erwartungen des Investors insbesondere dann als legitim anzusehen sein, wenn sie sich auf ein konkretes Verhalten des Gaststaates stützen, wie etwa konkrete Zusagen.[1178]

1174 Técnicas Medioambientales Tecmed S.A. v. The United Mexican States, ICSID Case No. ARB(AF)/00/2 (Award) (29 May 2003), 43 ILM 133 (2004), Rn. 153 unter Bezugnahme auf die Entscheidung im Fall Mondev International Ltd v United States of America, ICSID Arbitration No. ARB(AF)/99/2, Urteil vom 11. Oktober 2002, S.40, 116.

1175 Herdegen, a.a.O., § 2 Rn.16.

1176 Pope & Talbot Inc. v. The Government of Canada, Interim Award (26.06.2000), (Dervaird,Greenberg, Belman), Abschn.111.

1177 vgl. oben unter C. IV. 6.

1178 So z.B. die Gerichte in den Fällen Duke Energy Electroquil Partners & Electroquill S.A. v. Republic of Ecuador, ICSID Case No. ARB/04/19, Urteil vom 18.08.2008(Kaufmann-Kohler, Pinzón, van den Berg); Impregilo S.p.A. v. Argentine Republic (ICSID Case No. ARB/07/17) (Danelius, Brower, Stern), Urteil vom 21. Juni 2011; PSEG Global Inc. and Konya Ilgin Elek-

Folglich muss sich der Gaststaat entsprechend des estoppel-Prinzips an seinem Verhalten gegenüber dem Investor festhalten lassen. Begründet er durch sein Verhalten bestimmte Erwartungen des Investors, verletzt er den Grundsatz der gerechten und billigen Behandlung, wenn er nach Tätigung der Investition dieses Verhalten ändert und in der Folge die hieraus resultierenden Erwartungen des Investors enttäuscht.

3. Stellungnahme

Insgesamt lässt sich festhalten, dass das Verhältnis des Grundsatzes der gerechten und billigen Behandlung zu anderen in den Investitionsschutzverträgen festgesetzten Grundsätzen maßgeblich vom Wortlaut des jeweiligen Vertrages abhängt. Dabei sollte im Rahmen der Auslegung darauf geachtet werden, dass die jeweiligen Grundsätze im Sinne des „effet utile“ einen eigenständigen Anwendungsbereich behalten, was im Zweifel dazu führt, dass der Grundsatz der gerechten und billigen Behandlung dort als subsidiäre Generalklausel zurücktreten muss, wo der Anwendungsbereich eines anderen, spezielleren Grundsatzes eröffnet ist.

Von besonderem Interesse ist hier das Verhältnis des Grundsatzes der gerechten und billigen Behandlung zu der Meistbegünstigungsklausel. Hier liegt eine Verknüpfung in zwei Richtungen vor. Zum Einen kann durch die Meistbegünstigungsklausel der Grundsatz der gerechten und billigen Behandlung unter Umständen in einen Vertrag „importiert“ werden, in dem der Grundsatz nicht vereinbart ist, zum Anderen kann Sie den Schutzumfang des Grundsatzes beiinflussen, wenn der Grundsatz seinem konkreten Wortlaut nach in einem anderen Vertrag des Gaststaates einen weiterreichenden Schutz bietet.

Weiterhin sollte der Schutzumfang des Grundsatzes der gerechten und billigen Behandlung nicht durch seine Gleichsetzung mit anderen Standards eingeschränkt werden. Vorzugswürdig ist es hier, insbesondere im Hinblick auf die Grundsätze des Völkergewohnheitsrechts mit der überwiegenden Ansicht in der Rechtsprechung davon auszugehen, dass dort, wo der Vertragswortlaut es zulässt, jedenfalls bei einem Verstoß gegen völkergewohnheitsrechtliche Grundsätze der Grundsatz der gerechten und billigen Behandlung verletzt ist, diese aber keine unbedingte Voraussetzung für eine Verletzung des Grundsatzes sind. In diesem Zusammenhang ist weiterhin festzustellen, dass durch den Grundsatz der gerechten und billigen Behandlung völkergewohnheitsrechtliche Grundsätze

trik Üretim ve Ticaret Limited Sirketi v. Republic of Turkey, ICSID Case No. ARB/02/5), Urteil vom 19.01.2007; Saluka Investments BV (The Netherlands) v. The Czech Republic, Ad Hoc Arbitration (UNCITRAL Rules), Teilurteil vom 17. März 2006.

für den Investor zu einklagbaren Normen nach dem Investitionsschutzvertrag werden und er insofern nicht mehr auf den diplomatischen Schutz seines Staates angewiesen ist.

Schließlich hat die obige Darstellung gezeigt, dass die einzelnen Grundsätze jeweils miteinander in Verbindung stehen und eine klare Abgrenzung kaum möglich ist. So erscheint es anerkannt, dass der Grundsatz der gerechten und billigen Behandlung mit den legitimen Erwartungen des Investors die grundlegenden Standards des Völkergewohnheitsrechts wie Guter Glaube, Transparenz, Nichtdiskriminierung und Rechtsstaatlichkeit umfasst. So kommt es im Ergebnis immer auf die Umstände des konkreten Einzelfalls an, auf was die Schiedsgerichte zur Begründung einer Verletzung des Grundsatzes der gerechten und billigen Behandlung abstellen.

E. Zusammenfassung

Aus der vorliegenden Untersuchung des Grundsatzes der gerechten und billigen Behandlung wird zunächst dessen weitreichende Bedeutung im Bereich des Schutzes von Auslandsinvestitionen deutlich, aber auch die Schwierigkeiten in dessen Handhabung. Die Bedeutung des Grundsatzes der gerechten und billigen Behandlung im modernen völkerrechtlichen Investitionsschutz wird anhand der Ausbreitung des Grundsatzes in den Investitionsschutzabkommen wie auch in den thematisch weiter gefassten Freihandelsabkommen deutlich. Aber insbesondere auch darin, dass eine Verletzung des Grundsatzes der gerechten und billigen Behandlung in beinahe allen neueren Investitionsstreitigkeiten geltend gemacht wird.

Dabei hat sich in der Untersuchung des Grundsatzes zunächst dessen Heterogenität in der Wortwahl in den einzelnen Verträgen gezeigt, woraus sich zwangsläufig Unterschiede in seiner Auslegung ergeben.

Wesentliche Unterschiede bestehen hier darin, dass der Grundsatz zum Teil -insbesondere in frühen Investitionsschutzverträgen - ausschließlich in der Präambel genannt wird. Dementsprechend handelt es sich bei diesen Verträgen nicht um einen eigenständigen Grundsatz, der durch den ausländischen Investor geltend gemacht werden kann oder einklagbar wäre, sondern vielmehr um ein dem Vertrag zugrunde liegendes allgemeines Prinzip, an dem sich die Auslegung der Vertragsnormen zu orientieren hat.

Ein weiterer wesentlicher Unterschied besteht darin, dass der Grundsatz der gerechten und billigen Behandlung in mehr oder weniger enger Verbindung zum völkergewohnheitsrechtlichen Mindeststandard der Behandlung von Ausländern festgesetzt wird, indem beispielsweise das NAFTA-Übereinkommen: „treatment in accordance with international law, including fair and equitable treatment and full protection and security“ festsetzt,[1179] während andere Verträge formulieren: „Investments shall at all times be accorded fair and equitable treatment, shall enjoy full protection and security and shall in no case be accorded treatment less than that required by international law. ...“. [1180] Wie sich gezeigt hat, hat vor allem die Verbindung des Grundsatzes der gerechten und billigen Behandlung mit dem völkergewohnheitsrechtlich anerkannten Mindeststandard der Behandlung von

1179 Vgl. Art. 1105 (1) NAFTA.

1180 z.B. Art. II (3) Treaty between the United States of America and the Kingdom of Morocco Concerning the Encouragement and Reciprocal Protection of Investments.

Ausländern weitreichende Auswirkungen auf Inhalt und Umfang des Grundsatzes.

Darüber hinaus bestehen weitere zahlreiche Differenzierungen in der Wortwahl, so dass insgesamt festgehalten werden kann, dass entsprechend den Vorgaben zur Auslegung völkerrechtlicher Verträge nach der Wiener Vertragsrechtskonvention, die als Ausgangspunkt den Wortlaut der Vertragsnorm für die Auslegung vorgibt,[1181] der Inhalt und Umfang des Grundsatzes der gerechten und billigen Behandlung bereits aus diesem Grund nicht allgemeinverbindlich festgelegt werden kann.

Weitere Unsicherheiten in der Handhabung des Grundsatzes ergeben sich darüber hinaus aus seinem Charakter als Generalklausel. So sind gewisse Unbestimmtheiten Generalklauseln bereits deshalb immanent, weil sie entsprechend ihrer Funktion als Auffangtatbestände möglichst allgemein formuliert sein müssen, um alle erdenklichen Einzelfälle, die im Übrigen nicht geregelt wären, erfassen zu können.

Obwohl eine gewisse Unbestimmtheit dem Grundsatz als Auffangtatbestand immanent ist, kann jedenfalls anhand der bisher ergangenen Rechtsprechung eine Eingrenzung erfolgen. Insbesondere können durch den mittlerweile vorliegenden umfangreichen Rechtsprechungsschatz einige grundsätzliche Aussagen über Inhalt und Umfang des Grundsatzes der gerechten und billigen Behandlung getroffen werden, die auch als gesicherte und allgemein anerkannte Ansichten angesehen werden können.

So erscheint es jedenfalls allgemeiner Konsens zu sein, dass eine Verletzung des völkergewohnheitsrechtlich anerkannten Mindeststandards der Behandlung von Ausländern den Grundsatz der gerechten und billigen Behandlung verletzt. Letzterer wiederum ist, abgesehen von allen in diesem Zusammenhang bestehenden Streitigkeiten fedenfalls dann verletzt, wenn ein ungeheuerliches, bösgläubiges Verhalten des Gaststaates im Sinne der Ausführungen der Gerichte in den Fällen Neer[1182] und ELSI[1183] vorliegt, eine absichtliche Pflichtverletzung, eine Unzulänglichkeit der Handlung der Behörde, die so weit hinter dem internationalen Standard zurückbleibt, dass jede vernünftige und unparteiische Person sofort die Unzulänglichkeit erkennen würde, beziehungsweise eine vorsätzliche Missachtung eines ordentliches Prozesses gegeben ist, die schockiert oder im Sinne rechtlichen Anstands wenigstens überrascht.

Abgesehen von dieser Feststellung hat sich gezeigt, dass die Gerichte dort, wo der Wortlaut der zugrunde liegenden Verträge dies zulässt, eine autonome Inter-

1181 Art. 31 (1) Wiener Übereinkommen über das Recht der Verträge vom 23. Mai 1969, BGBl. 1985 II, S. 927.

1182 Neer (U.S.) v. United Mexican States, 4 R.I.A.A. 60 (Mex.-U.S.Gen.ClaimsComm'n) (1926).

1183 Elettronica Sicula S.p.A. (ELSI) (United States of America v. Italy), ICJ Reports 1989 S. 15 ff.

pretation des Grundsatzes der gerechten und billigen Behandlung vornehmen, wobei sich die zunächst sehr uneinheitliche Rechtsprechung im Laufe der letzten Jahre dahingehend entwickelt hat, dass nunmehr einige recht gesicherte Aussagen zu Inhalt und Umfang des Grundsatzes der gerechten und billigen Behandlung auch bei autonomer Auslegung des Grundsatzes getroffen werden können.

So ist festzuhalten, dass es sich jedenfalls um ein staatliches Verhalten oder ein Verhalten nationaler Gerichte handeln muss, welches geeignet ist, den ausländischen Investor zu verletzen. Als zentrales Element des Grundsatzes der gerechten und billigen Behandlung haben sich hier die legitimen Erwartungen des Investors herausgebildet. Während diese zunächst sehr weit ausgelegt wurden, was zu einer sehr umfassenden Haftung des Gaststaates für Beieinträchtigungen ausländischer Investitionen führte, ist in neueren Entscheidungen der Schwerpunkt auf die Frage gelegt worden, wann die Erwartungen des Investors als legitim angesehen werden können. Dies ist zunächst dann der Fall, wenn der Gaststaat konkrete Zusagen gegenüber dem Investor getroffen hat. Nicht ausreichend ist es demgegenüber, wenn der Investor sich auf allgemeine politische Standpunkte des Gaststaates verlassen hat. Dies ist auch interessengerecht, da der Gaststaat sich durch sein Verhalten hier selbst gebunden hat und bestimmte Erwartungen des Investors selbst begründet, die diesen zur Tätigung seiner Investition veranlassen. Werden diese Erwartungen im Nachhinein durch ein staatliches Verhalten verletzt, ist es legitim, den Staat hierfür zur Verantwortung zu ziehen. Umgekehrt werden die Interessen des Gaststaates dahingehend berücksichtigt, als dass dieser nicht für Änderungen in der Rechtslage, wirtschaftlicher Rahmenbedingungen oder seiner politischen Haltung haftet, auch wenn diese eine ausländische Investition betreffen. Derartige, sachlich begründete Änderungen liegen in der staatlichen Souveränität des Gaststaates begründet, die nicht unangemessen eingeschränkt werden darf, indem ausländischen Investitionen ein unbeschränkter Schutz zugebilligt wird. Derartige sachlich begründete Entscheidungen des Staates zu Änderungen der politischen, wirtschaftlichen und rechtlichen Rahmenbedigungen gehören vielmehr zum allgemeinen Risiko, das ein Investor bei Tätigung einer Investition eingeht.

Grenzen bestehen darüber hinaus dann, wenn der Gaststaat sich in völlig intransparenter Weise gegenüber dem Investor verhält, so dass diesem eine vernünftige Risikoeinschätzung nicht möglich ist. Entsprechend besteht ein enger Zusammenhang zwischen den legitimen Erwartungen des Investors und einem transparenten Verhalten des Staates und der Grundsatz der gerechten und billigen Behandlung wird ebenfalls bei intransparentem Verhalten des Staates gegenüber dem Investor verletzt. Auch in diesem Zusammenhang sind die Fälle zu nennen, in denen der Gaststaat mit dem Investor einen privatrechtlichen Vertrag in Zusammenhang mit der Investition abgeschlossen hat und gegen Normen dieses Vertrages verstößt. Auch hier ist, abgesehen von einer möglichen Verletzung einer Schirmklausel und deren höchst strittigen Voraussetzungen, der Grundsatz der gerechten und billigen Behandlung jedenfalls dann verletzt, wenn der Gaststaat nicht als normale Vertragspartei den privatrechtlichen Vertrag verletzt – dies unterfällt wiederum einem normalen Geschäftsrisiko und folglich dem Zuständigkeitsbereich der staatlichen Gerichte – sondern in Ausübung von Hoheitsgewalt. Hier darf der ausländische Investor darauf vertrauen, dass der Staat als Vertragspartner nicht seine Hoheitsgewalt nutzt, um Regelungen des Vertrages oder den Vertrag selbst außer Kraft zu setzen.

Schließlich ist der Grundsatz der gerechten und billigen Behandlung auch dann verletzt, wenn allgemeine Grundsätze des Völkergewohnheitsrechts durch den Staat missachtet werden, wie insbesondere der Grundsatz des Guten Glaubens, Transparenz, Nichtdiskriminierung, und Rechtsstaatlichkeit.

Insgesamt hat sich die Rechtsprechung in Bezug auf den Grundsatz der gerechten und billigen Behandlung hin zu einer umfassenden Interessenabwägung zwischen den Interessen des Investors auf der einen und den Interessen des Gaststaates auf der anderen Seite entwickelt. Dies ist insofern zu begrüßen, als das der Staat in seinen politischen Entscheidungen nicht unangemessen eingeschränkt wird. Hat ein Investor die Entscheidung, im Gaststaat eine Investition zu tätigen, aufgrund der allgemeinen rechtlichen, wirtschaftlichen und politischen Rahmenbedingungen getroffen, kann er nicht eine Verletzung des Grundsatzes der gerechten und billigen Behandlung geltend machen, wenn diese sich ändern. Der Staat ist grundsätzlich frei, politische Entscheidungen oder Gesetze zu ändern, auch wenn eine ausländische Investition davon betroffen ist. Andererseits werden die Interessen des Investors geschützt, indem diesem mit dem Grundsatz der gerechten und billigen Behandlung ein absoluter Standard der Behandlung zur Verfügung gestellt wird, dessen Einhaltung er gerichtlich geltend machen kann und der ihn und in erster Linie seine Investition vor nicht dem normalen unternehmerischen Risiko unterliegenden schädigenden Ereignissen, die dem Gaststaat zugerechnet werden können grundlegend schützt. Hat der Staat etwa konkrete Zusagen gegenüber dem ausländischen Investor gemacht, um diesen dazu zu bewegen, eine Investition im Gaststaat zu tätigen oder in einer bestimmten Form oder einem bestimmten Umfang zu tätigen und entscheidet sich der Investor aufgrund dieser Zusage zur Investition, ist der Staat daran gebunden. Dies schränkt den Staat ebenfalls nicht unangemessen ein, da er selbst abwägen kann, wie wichtig ihm die Investition ist und inwieweit er sich durch Zusagen binden möchte. In diesem Fall kann er sich im Nachhinein nicht auf seine Freiheit zu politischen oder legislativen Entscheidungen berufen.

Weiter ist es in rechtsstaatlichen Verfahren üblich, dass demjenigen die Beweislast obliegt, der eine für sich günstige Tatsache geltend macht. Dies entspricht auch der Praxis der Schiedsgerichte, von einem Investor den Nachweis zu verlangen, dass er aufgrund einer Zusicherung oder eines bestimmten staatlichen Verhaltens seine Investition tätigte, der Staat dann aber die Zusicherung nicht einhielt bzw. sein Verhalten änderte, wenn er eine Verletzung des Grundsatzes der gerechten und billigen Behandlung geltend macht.

Schließlich kann der Investor berechtigter Weise erwarten, dass der Gaststaat sich an allgemein anerkannte Grundsätze des Völkergewohnheitsrechts hält, bei deren Verletzung entsprechend jedenfalls keine gerechte und billige Behandlung vorliegt.

Mit dieser Rechtsprechung dürfte sich folglich eine für beide Seiten zufriedenstellende Handhabung des Grundsatzes der gerechten und billigen Behandlung herausgebildet haben, die weder den Investor vor unüberwindbare Nachweishürden stellt, oder von diesem verlangt, ein unkalkulierbares Risiko mit seiner Investition einzugehen, noch den Gaststaat in seiner staatlichen Souveränität unangemessen einschränkt oder diesem eine nicht vorhersehbare umfängliche Haftung für ausländische Investitionen auferlegt.

Der Grundsatz erfüllt so auch nach wie vor seine Funktion als Auffangtatbestand, insbesondere kann festgehalten werden, dass durch die in den neueren Entscheidungen herausgebildete Konkretisierung des Grundsatzes und die umfassende Interessenabwägung in diesem Zusammenhang die bestehende Rechtsunsicherheit für beide Seiten handhabbar und in gewissen Grenzen vorhersehbar geworden ist, ohne die notwendige Unbestimmtheit, die im Wesen von Generalklauseln liegt zu konterkarieren. So wird die Interessenabwägung anhand der dargestellten Fallgruppen dem Sinn und Zweck des Standards, dem ausländischen Investor einen grundlegenden absoluten Schutzstandard zu bieten und so Investitionen in den Gaststaat zu fördern wesentlich besser gerecht als durch eine Beschränkung auf den völkergewohnheitsrechtlichen Mindeststandard zur Behandlung von Ausländern. Dies erscheint auch nach den Entwicklungen der letzten Jahre nicht mehr erforderlich und ist entsprechend nur noch dort anzuwenden, wo der Wortlaut des zugrunde liegenden Vertrages dies vorgibt.

Zu beachten ist weiterhin, dass es sich nach den hier gefundenen Ergebnissen bei dem Grundsatz der gerechten und billigen Behandlung um einen eigenständigen völkervertraglichen Grundsatz handelt, der jedenfalls derzeit noch kein eigenständiger Grundsatz des Völkergewohnheitsrechts ist. In diesem Zusammenhang ist bei der Auslegung des Grundsatzes, auch in Bezug auf die anderen vertraglichen Grundsätze darauf zu achten, dass jedem der vertraglich vereinbarten Grundsätze, unabhängig von der Tatsache, dass sich naturgemäß zahlreiche Überschneidungen ergeben, im Sinne des „effet utile“ ein eigenständiger Anwendungsbereich verbleibt. Dies ist im Hinblick auf den Grundsatz der gerechten und billigen Behandlung vor allem auch dadurch zu erreichen, dass man seinen Anwendungsbereich in formeller Hinsicht dahingehend einschränkt, dass der Grundsatz als Auffangtatbestand grundsätzlich immer dann einschlägig ist, wenn kein anderer, spezieller Grundsatz des betreffenden Vertrages zur Anwendung kommt. Sollte ein spezieller Grundsatz verletzt sein, ist die Ansicht, dass dadurch auch der Grundsatz der gerechten und billigen Behandlung verletzt ist, grundsätzlich abzulehnen. Allenfalls kann der Grundsatz der gerechten und billigen Behandlung zusätzlich zu einer Verletzung spezieller Grundsätze dann verletzt sein, wenn ein zusätzliches schädigendes Verhalten des Gaststaates ausdrücklich dessen Verletzung begründet.

Dementsprechend kann insgesamt festgestellt werden, dass der Grundsatz der gerechten und billigen Behandlung einen Großteil seiner Rechtsunsicherheit verloren hat und durch eine zunehmend von den internationalen Schiedsgerichten angewendete umfassende Interessenabwägung zwischen den legitimen Erwartungen des Investors und den berechtigten Interessen des Gaststaates konkretisiert wurde, ohne dass sein ihm als Auffangtatbestand immanenter weitreichender Anwendungsbereich eingeschränkt wird. Dies dürfte zu einer größeren Sicherheit in der Anwendung des Grundsatzes führen und die in der letzten Zeit gerade in Industriestaaten aufkommenden Bedenken, ob die Staaten sich durch die direkten Klagemöglichkeiten von Investoren vor dem Hintergrund der expansiven Verwendung des Grundsatzes der gerechten und billigen Behandlung in ihrer staatlichen Souveränität zu sehr einschränken, zerstreuen.

Liste völkerrechtlicher Verträge

(Die völkerrechtlichen Verträge sind innerhalb der einzelnen Kategorien in alphabetischer Reihenfolge aufgeführt)

Soweit nicht anders vermerkt, stehen die Verträge zum Download auf folgender Internetseite zur Verfügung:
http://www.unctadxi.org/templates/DocSearch.aspx?id=779

Verträge und internationale Abkommmen der USA sind veröffentlicht in: Treaties and Other International Acts Series (TIAS), ab dem Jahr 1996 im Internet veröffentlicht unter: ***http://www.state.gov/s/l/treaty/tias/index.htm***

A. FCN-Verträge der USA mit:

- Äthiopien, veröffentlicht in: 1953, US Treaties and Other International Agreements, vol. 4, S. 2134 (Art. VIII (1))
- Belgien, veröffentlicht in: 1963, US Treaties and Other International Agreements, vol. 12, S. 1284 (Art. I)
- China, unterzeichnet am 4. November 1946; siehe: Bevans, Treaties and Other International Agreements of the USA, 1776–1949, vol.6, S.761
- Deutschland, veröffentlicht in: 1956, US Treaties and Other International Agreements, vol. 7, S. 183999 (Art. I (1))
- Frankreich, veröffentlicht in: 1960, US Treaties and Other International Agreements, vol. 11, S. 2398 (Art. I)
- Griechenland, veröffentlicht in: 1954, US Treaties and Other International Agreements, vol. 5, S. 1831 (Art. I)
- Irland, veröffentlicht in: 1950, US Treaties and Other International Agreements, vol. 1, S.785
- Israel, veröffentlicht in: 1954, US Treaties and Other International Agreements, vol. 5, S. 550 (Art. I)
- Italien von 1948, veröffentlicht in: United Nations Treaty Series, vol. 79, S.171.
- Luxemburg, veröffentlicht in: 1963, US Treaties and Other International Agreements, vol. 12, S. 251 Art. I)
- Nicaragua, veröffentlicht in: 1958, US Treaties and Other International Agreements, vol. 9, S. 449 (Art. I)

- Niederlanden, veröffentlicht in: 1957, US Treaties and Other International Agreements, vol. 8, S. 2043 (Art. I)
- Pakistan, veröffentlicht in: 1961, US Treaties and Other International Agreements, vol. 12, S. 110 (Art. I)
- Protektoraten Muskat und Oman, veröffentlicht in: 1960, US Treaties and Other International Agreements, vol. 11, S. 1835 (Art. IV).

B. Investitionsschutz- und Förderverträge (BITs)

Alle Investitionsschutz- und Förderverträge sind, soweit nicht anders vermerkt veröffentlicht unter: http://www.unctadxi.org/templates/DocSearch.aspx?id=779

Investitionsschutzverträge zwischen:

A

- Afghanistan und der Bundesrepublik Deutschland: Vertrag zwischen der Bundesrepublik Deutschland und der islamischen Republik Afghanistan über die Förderung und den gegenseitigen Schutz von Kapitalanlagen, unterzeichnet am 19./20. April 2005
- Ägypten und Australien: Agreement between the Government of Australia and the Government of the Arab republic of Egypt on the Promotion and Protection of Investments, unterzeichnet am 03. Mai 2001
- Ägypten und Großbritannien: Agreement between the Government of the United Kingdom of Great Britain and Northern Ireland and the Government of the Arab Republic of Egypt for the Promotion and Protection of Investments, unterzeichnet am 11. Juni 1975
- Ägypten und Vereinigte Staaten von Amerika: Treaty between the United States of America and the Arab Republic of Egypt concerning the Reciprocal Encouragement and Protection of Investments, unterzeichnet am 11. März 1986, in Kraft getreten am 27. Juni 1992
- Albanien und Bulgarien: Agreement between the Government of the Republic of Bulgaria and the Government of the Republic of Albania on mutual Promotion and Protection of Investments, 1994
- Argentinien und Armenien: Agreement between the Republic of Armenia and the Argentine Republic for the Promotion and Reciprocal Protection of Investments, unterzeichnet am 16. April 1993, in Kraft getreten am 10. Oktober 1994
- Argentinien und Frankreich: Accord entre le Gouvernement de la Republique française et le Gouvernement de la Republique Argentine sur l'encouragement et la protection réciproques des investissiments, unterzeichnet am 03. Juli 1991

- Argentinien und Großbritannien: Agreement between the Government of the United Kingdom of Great Britain and Northern Ireland and the Government of the Republic of Argentina for the Promotion and Protection of Investments, unterzeichnet am 11. Dezember 1990
- Argentinien und Italien: Fra la Republica Italiana e la Republica Argentina sulla promozione e protezione degli investimenti, unterzeichnet am 22. Mai 1990, in Kraft getreten am 14. Oktober 1993
- Argentinien und Niederlande: Agreement on the Encouragement and Reciprocal Protection of Investments between the Kingdom of the Netherlands and the Argentine Republic (1992), ICSID, Investment Laws of the World: Bilateral Investment Treaties (1972a-), vol. 5
- Argentinien und Vereinigte Staaten von Amerika: Treaty between the United States of America and the Argentine Republic Concerning the Reciprocal Encouragement and Protection of Investment, unterzeichnet am 14. November 1991, in Kraft getreten am 20. Oktober 1994
- Armenien und der Bundesrepublik Deutschland: Vertrag zwischen der Bundesrepublik Deutschland und der Republik Armenien über die Förderung und den gegenseitigen Schutz von Kapitalanlagen, unterzeichnet am 21. Dezember 1995
- Armenien und Frankreich: Accord entre le Gouvernement de la République Française et le Gouvernement de la République d'Arménie sur l'Encouragement et la Protection Réciproques des Investissements, unterzeichnet am 4. November 1995
- Armenien und Kanada: Agreement between the Government of Canada and the Government of the Republic of Armenia for the Promotion and Protection of Investments, unterzeichnet am 8. Mai 1997
- Armenien und Vereinigte Staaten von Amerika: Treaty between the United States of America and the Republic of Armenia Concerning the Encouragement and Reciprocal Protection of Investment, unterzeichnet am 23. September 1992, in Kraft getreten am 29. März 1996
- Äthiopien und Sudan: Agreement between the Government of the Federal democratic Republic of Ethiopia and the Government of the Republic of the Sudan on the reciprocal promotion and protection of investments, unterzeichnet am 07. März 2000
- Australien und Uruguay:Agreement between Australia and Uruguay on the Promotion and Protection of Investments, unterzeichnet am 03. September 2001

B

- Bahrain und Vereinigte Staaten von Amerika: Treaty between the Government of the United States of America and the Government of the State of Bahrain Concerning the Encouragement and Reciprocal Protection of Investment, unterzeichnet am 29. September 1999

- Bangladesch und Großbritannien: Agreement between the Government of the United Kingdom of Great Britain and Northern Ireland and the Government of the People's Republic of Bangladesh for the Promotion and Protection of Investments, unterzeichnet am 19. Juni 1980, in Kraft getreten am gleichen Tag
- Bangladesch und Indonesien: Agreement between the Government of the Republic of Indonesia and the Government of the People's Republic of Bangladesh Concerning the Promotion and Protection of Investment, unterzeichnet am 09. Februar 1998
- Bangladesch und Korea: Agreement between the Government of the Republic of Korea and the Government of the People's Republic of Bangladesh for the Promotion and Protection of Investments, unterzeichnet am 18. Juni 1986, in Kraft getreten am 06. Oktober 1988
- Bangladesch und den Philippinen: Agreement between the Government of the Republic of the Philippines and the the Government of the People's Republic of Bangladesh for the Promotion and reciprocal Protection of Investments, unterzeichnet am 8. September 1997
- Bangladesch und Thailand: Agreement between the Government of the Kingdom of Thailand and the Government of the People's Republic of Bangladesh for the Promotion of the Investment of Capital and for the Protection of Investments, unterzeichnet am 13. März 1988
- Bangladesch und Vereinigte Staaten von Amerika: Treaty between the Unites States of America and the People's Republic of Bangladesh Concerning the Reciprocal Encouragement and Protection of Investment, unterzeichnet am 12. März 1986, in Kraft getreten am 25. Juli 1989
- Barbados und Großbritannien: Agreement between the Government of the United Kingdom of Great Britain and Northern Ireland and the Government of Barbados for the Promotion and Protection of Investments, unterzeichnet am 07. April 1993, in Kraft getreten am gleichen Tag
- Belarus und Großbritannien: Agreement between the Government of the United Kingdom of Great Britain and Northern Ireland and the Government of Republic of Belarus for the Promotion and Protection of Investments, unterzeichnet am 01. März 1994, in Kraft getreten am 28. Dezember 1994
- Belgien und Luxemburg und China: Agreement between the Government of the People's Republic of China and the Belgian-Luxembourg Economic Union on the Reciprocal Promotion and Protection of Investment, unterzeichnet am 06. Juni 2005
- Benin und Großbritannien: Agreement between the Government of the United Kingdom of Great Britain and Northern Ireland and the Government of the

People's Republic of Benin for the Promotion and Protection of Investments, unterzeichnet am 27. November 1987, in Kraft getreten am gleichen Tag

- Bolivien und Niederlande: Agreement on encouragement and reciprocal protection of investments between the Kingdom of the Netherlands and the Republic of Bolivia
- Bolivien und Vereinigte Staaten von Amerika: Treaty between the Government of the United States of America and the Government of the Republic of Bolivia Concerning the Encouragement and Reciprocal Protection of Investment, unterzeichnet am 17. April 1998
- Bosnien- Herzegovina und Frankreich: Accord entre le Gouvernement de la République Française et la Bosnie-Herzégovine sur l'Encouragement et la Protection Réciproques des Investissements, unterzeichnet am 12. Dezember 2003
- Bosnien-Herzegovina und Großbritannien: Agreement between the United Kingdom of Great Britain and Northern Ireland and Bosnia and Herzegovina for the Promotion and Protection of Investments, unterzeichnet am 02. Oktober 2002, in Kraft getreten am 25. Juli 2003
- Bosnien- Herzegovina und Ungarn:Agreement between the Republic of Hungary and Bosnia and Herzegovina for the Promotion and Reciprocal Protection of Investments, unterzeichnet am 26. September 2002
- Bulgarien und Ghana: Agreement between the People's Republic of Bulgaria and the Government of the Republic of Ghana concerning the mutual promotion and protection of Investments, unterzeichnet am 20. Oktober 1989
- Bundesrepublik Deutschland und Guinea: Traité entre la République fédérale d'Allemagne et la République de Guinée relatif à l'encouragement des investissements de capitaux,1962, abgelöst durch Vertrag vom 08. November 2006
- Bundesrepublik Deutschland und Korea: Treaty between the Republic of Korea and the Federal Republic of Germany Concerning the Promotion and Reciprocal Protection of Investments, unterzeichnet am 04. Februar 1964, in Kraft getreten am 15. Januar 1967
- Bundesrepublik Deutschland und Litauen: Vertrag zwischen der Bundesrepublik Deutschland und der Republik Litauen über die Förderung und den gegenseitigen Schutz von Kapitalanlagen, unterzeichnet am 28. Februar 1992
- Bundesrepublik Deutschland und Malta: Treaty between Malta and the Federal Republic of Germany Concerning the Encouragement and Reciprocal Protection of Investments, unterzeichnet am 17. September 1974
- Bundesrepublik Deutschland und Mauritius: Abkommen zwischen der Bundesrepublik Deutschland und Mauritius über die Förderung und den gegenseitigen Schutz von Kapitalanlagen, unterzeichnet am 25. Mai 1971
- Bundesrepublik Deutschland und Pakistan: Pakistan and Federal Republic of Germany Treaty for the Promotion and Protection of Investments, unterzeich-

net am 25. November 1959; abgelöst durch einen neuen Investitionsschutzvertrag, der am 01.12.2009 in Berlin unterzeichnet wurde und am 08. 07.2011 in Kraft getreten ist

- Bundesrepublik Deutschland und Türkei: Treaty between the Federal Republic of Germany and the Republic of Turkey Concerning the Reciprocal Promotion and Protection of Investments, unterzeichnet am 02. Juni 1962
- Bundesrepublik Deutschland und Uganda: Vertrag zwischen der Bundesrepublik Deutschland und Uganda über die Förderung und den gegenseitigen Schutz von Kapitalanlagen, unterzeichnet am 29. November 1966
- Bundesrepublik Deutschland und Zentralafrika: Vertrag zwischen der Bundesrepublik Deutschland und der Zentralafrikanischen Republik über die Förderung und den gegenseitigen Schutz von Kapitalanlagen, unterzeichnet am 23. August 1965
- Bundesrepublik Deutschland und Estland: Vertrag zwischen der Republik Estland und der Bundesrepublik Deutschland über die Förderung und den gegenseitigen Schutz von Kapitalanlagen, unterzeichnet am 12. November 1992
- Burundi und Großbritannien: Agreement between the Government of the United Kingdom of Great Britain and Northern Ireland and the Government of the Republic of Burundi for the Promotion and Protection of Investments, unterzeichnet am 13. September 1990, in Kraft getreten am gleichen Tag

C

- Chile und Malaysia: Convenio entre el gobierno de Malasia y el gobierno de la republica de Chile sobre la promicion y proteccion de las inversions, unterzeichnet am 11. November 1992
- China und Großbritannien: Agreement between the Government of the United Kingdom of Great Britain and Northern Ireland and the Government of the People's Republic of China concerning the Promotion and Reciprocal Protection of Investments, unterzeichnet am 15. Mai 1986, in Kraft getreten am gleichen Tag
- China und Kambodscha: Agreement between the Government of the Kingdom of Cambodia and the Government of the People's Republic of China for the Promotion and Protection of Investment, unterzeichnet am 19. Juli 1996

D

- Dänemark und Kuba: Agreement between the Government of the Republic of Cuba and the Government of the Kingdom of Denmark concerning the Promotion and Reciprocal Protection of Investments unterzeichnet am 19. Februar 2001
- Dominica und Großbritannien: Agreement between the Government of the United Kingdom of Great Britain and Northern Ireland and the Government of

the Commonwealth of Dominica for the Promotion and Protection of Investments, unterzeichnet am 23. Januar 1987, in Kraft getreten am gleichen Tag

E

- Ecuador und Vereinigte Staaten von Amerika: Treaty between the United States of America and the Republic of Ecuador Concerning the Encouragement and Reciprocal Protection of Investment, unterzeichnet am 27. August 1993, in Kraft getreten am 22. April 1997
- El Salvador und Vereinigte Staaten von Amerika: Treaty between the Government of the United States of America and the Government of the Republic of El Salvador Concerning the Encouragement and Reciprocal Protection of Investment, unterzeichnet am 10. März 1999
- Estland und Finnland: Agreement between the Government of the Republic of Finland and the Government of the Republic of Estonia for the Promotion and Protection of Investments, unterzeichnet am 13. Februar 1992
- Estland und Frankreich: Accord entre le Gouvernement de la République Française et le Gouvernement de la République d'Estonie sur l'Encouragement et la Protection Réciproques des Investissements, unterzeichnet am 14. Mai 1992
- Estland und Großbritannien und Nordirland: Agreement between the Government of the United Kingdom of Great Britain and Northern Ireland and the Government of the Republic of Estonia for the Promotion and Protection of Investments, unterzeichnet am 12. Mai 1994, in Kraft getreten am 16. Dezember 1994
- Estland und Niederlande: Agreement on encouragement and reciprocal protection of investments between the Kingdom of the Netherlands and the Republic of Estonia
- Estland und Österreich: Abkommen zwischen der Republik Österreich und der Republik Estland über die Förderung und den Schutz von Investitionen, unterzeichnet am 16. Mai 1994, in Kraft getreten am 1. Oktober 1995
- Estland und Polen: Agreement between the Republic of Estonia and the Republic of Poland on the Reciprocal Promotion and Protection of Investments, unterzeichnet am 06. Mai 1993.
- Estland und Schweden: Agreement between the Government of the Kingdom of Sweden and the Government of the Republic of Estonia on the Promotion and Reciprocal Protection of Investments, unterzeichnet am 31. März 1992
- Estland und Schweiz: Accord entre la Confédération suisse et la République d'Estonie concernant la Promotion et la protection réciproque des investissements, unterzeichnet am 21. Dezember 1992, in Kraft getreten am 18. August 1993
- Estland und Vereinigte Staaten von Amerika: Treaty between the Government of the United States of America and the Government of the Republic of Esto-

nia for the Encouragement and Reciprocal Protection of Investment, 1994, in Kraft getreten am 16. Februar 1997

F

- Finnland und Litauen: Agreement between the Government of the Republic of Finland and the Government of the Republic of Lithuania for the Promotion and Protection of Investments, unterzeichnet am 12. Juni 1992
- Frankreich und Korea: Accord entre le Gouvernement de la République Française et le Gouvernement de la République de Corée sur l'Encouragement et la Protection des Investissements, unterzeichnet am 28. Dezember 1977
- Frankreich und Litauen: Accord entre le Gouvernement de la République Française et le Gouvernement de la République de Lituanie sur l'Encouragement et la Protection Réciproques des Investissements, unterzeichnet am 23. April 1992
- Frankreich und Madagaskar: Accord entre le Gouvernement de la République de Madagascar et le Gouvernement de la République française sur l'encouragement et la protection réciproques des investissements, unterzeichnet am 25. Juli 2003
- Frankreich und Malta: Agreement between the Government of the Republic of Malta and the Government of the Republic of France Concerning the Reciprocal Encouragement and Protection of Investments, unterzeichnet am 11. August 1976
- Frankreich und Mauritius: Convention entre le Gouvernement de la République Française et le Gouvernement de l'Ile Maurice sur la Protection des Investissements, unterzeichent am 22. März 1973
- Frankreich und Singapur: Accord entre le Gouvernement de la République Française et le Gouvernement de la République de Singapour sur l'encou Ragement et la Protection des Investissements, ensemble trois échanges de lettres, unterzeichnet am 08. September 1975
- Frankreich und Zaire: Convention entre le Gouvernement de la République Française et le Gouvernement de la République du Zaire sur la Protection des Investissements, unterzeichnet am 05. Oktober 1972

G

- Grenada und Vereinigte Staaten von Amerika: Treaty between the United States of America and Grenada Concerning the Reciprocal Encouragement and Protection of Investment, unterzeichnet am 02. Mai 1986
- Griechenland und Russland: Agreement between the Government of the Hellenic Republic and the Government of the Russian Federation for the Promotion and Reciprocal Protection of Investments, unterzeichnet am 22. Juni 1993

- Großbritannien und Indonesien: Agreement between the Government of the United Kingdom of Great Britain and Northern Ireland and the Government of the Republic of Indonesia for the Promotion and Protection of Investments, unterzeichnet am 20./30. Juli 1999, in Kraft getreten am 30. Juli 1999
- Großbritannien und Kamerun: Agreement between the Government of the United Kingdom of Great Britain and Northern Ireland and the Government of the United Republic of Cameroon for the Promotion and Protection of Investments, unterzeichnet am 04. Juni 1982, in Kraft getreten am 07. Juni 1985
- Großbritannien und Korea: Agreement between the Government of the Republic of Korea and the Government of the United Kingdom of Great Britain and Northern Ireland for the Promotion and Protection of Investments, unterzeichnet am 04. März 1976, in Kraft getreten am gleichen Tag
- Großbritannien und Malta: Agreement between the Government of the Republic of Malta and the Government of the United Kingdom of Great Britain and Northern Ireland for the Promotion and Protection of Investments, unterzeichnet am 04. Oktober 1986, in Kraft getreten am gleichen Tag
- Großbritannien und Mauritius: Agreement between the Government of the United Kingdom of Great Britain and Northern Ireland and the Government of Mauritius for the Promotion and Protection of Investments, unterzeichnet am 20. Mai 1986, in Kraft getreten am 13. Oktober 1986
- Großbritannien und Philippinen: Agreement between the Government of the United Kingdom of Great Britain and Northern Ireland and the Government of the Republic of the Philippines for the Promotion and Protection of Investments, unterzeichnet am 03. Dezember 1980
- Großbritannien und Polen: Agreement between the Government of the United Kingdom of Great Britain and Northern Ireland and the Government of the Polish People's Republic for the Promotion and Protection of Investments, unterzeichnet am 08. Dezember 1987, in Kraft getreten am 14. April 1988
- Großbritannien und Senegal: Agreement between the Government of the United Kingdom of Great Britain and Northern Ireland and the Government of the Republic of Senegal for the Promotion and Protection of Investments, unterzeichnet am 07. Mai 1980, in Kraft getreten am 09. Februar 1984
- Großbritannien und Singapur: Agreement between the Government of the United Kingdom of Great Britain and Northern Ireland and the Government of the Republic of Singapore for the Promotion and Protection of Investments, unterzeichnet am 22. Juli 1975, in Kraft getreten am 13. Januar 1978
- Großbritannien und Sri Lanka: Agreement between the Government of the United Kingdom of Great Britain and Northern-Ireland and the Government of Sri Lanka for the Promotion and Protection of Investments, unterzeichnet am 13. Februar 1980

- Großbritannien und Thailand: Agreement between the Government of the United Kingdom of Great Britain and Northern Ireland and the Government of the Kingdom of Thailand for the Promotion of the Investment of Capital and for the Protection of Investments, 28. November 1978
- Großbritannien und Trinidad und Tobago: Agreement between the Government of the United Kingdom of Great Britain and Northern Ireland and the Government of the Republic of Trinidad and Tobago for the Promotion and Protection of Investments, unterzeichnet am 23. Juli 1993, in Kraft getreten am 08. Oktober 1993
- Großbritannien und Tschechien: Agreement between the Government of the United Kingdom of Great Britain and Northern Ireland and the Government of the Republic of the Czech and Slovak Federal Republic for the Promotion and Protection of Investments, unterzeichnet am 23. August/ 24. Oktober 1991, in Kraft getreten am 26. Oktober 1992
- Großbritannien und die Ukraine: Agreement between the Government of the United Kingdom of Great Britain and Northern Ireland and the Government of Ukraine for the Promotion and Protection of Investments, unterzeichnet am 10. Februar 1993, in Kraft getreten am gleichen Tag
- Großbritannien und Usbekistan: Agreement between the Government of the United Kingdom of Great Britain and Northern Ireland and the Government of Uzbekistan for the Promotion and Protection of Investments, unterzeichnet am 24. November 1993, veröffentlicht in: Investment Laws of the World: Bilateral Investment Treaties (1972a-), vol.6
- Großbritannien und Vietnam: Agreement between the Government of the United Kingdom of Great Britain and Northern Ireland and the Government of the Socialist Republic of Vietnam for the Promotion and Protection of Investments, unterzeichnet am 01. Juli/01. August 2002
- Großbritannien und Vanuatu: Agreement between the Government of the United Kingdom of Great Britain and Northern Ireland and the Government of the Republic of Vanuatu for the Promotion and Protection if Investments, unterzeichnet am 22. Dezember 2003, bisher nicht in Kraft getreten
- Großbritannien und Vereinigte Arabische Emirate: Agreement between the Government of the United Kingdom of Great Britain and Northern Ireland and the Government of the United Arab Emirates for the Promotion and Protection of Investments, unterzeichnet am 08. Dezember 1992, in Kraft getreten am 15. Dezember 1993

H-J

- Jordanien und Vereinigte Staaten von Amerika: Treaty between the Government of the United States of America and the Government of the Hashemite

Kingdom of Jordan Concerning the Encouragement and Reciprocal Protection of Investment, unterzeichnet am 2. Juli 1997

K

- Kambodscha und Malaysia: Bilateral Agreements for the Promotion and Protection of Investments between Cambodia and Malaysia, unterzeichnet am 17. August 1994
- Kamerun und Mali: Accord entre le Gouvernement de la Republique du Cameroun et le Gouvernement de la Republique du Mali relative a la promotion et la protection reciproques des investissements, unterzeichnet am 18. Mai 2001
- Kamerun und Vereinigte Staaten von Amerika: Treaty between the United States of American and the Republic of Cameroon Concerning the Reciprocal Encouragement and Protection of Investment, unterzeichnet am 26. Februar 1986
- Korea und Peru: Republic of Korea and Peru, Agreement for the Promotion and reciprocal Protection of Investment, unterzeichnet am 03. Juni 1993

L

- Lettland und Polen: Agreement between the Government of the Republic of Latvia and the Government of the Republic of Poland on the Reciprocal Promotion and Protection of Investments, unterzeichnet am 26. April 1991
- Litauen und Österreich: Abkommen zwischen der Republik Österreich und der Republik Litauen über die Förderung und den Schutz von Investitionen, unterzeichnet am 28. Juni 1996
- Litauen und Polen: Agreement between the Republic of Lithuania and the Republic of Poland on the Reciprocal Promotion and Protection of Investments, unterzeichnet am 28. September 1992
- Litauen und Slowenien: Agreement between the Government of the Republic of Lithuania and the Government of the Republic of Slovenia on the Promotion and Protection of Investments, vom 13. Oktober 1998
- Litauen und Tschechien: Agreement between the Government of the Czech Republic and the Government of the Republic of Lithuania for the Promotion and Reciprocal Protection of Investments., 1994
- Litauen und Ungarn: Agreement between the Republic of Lithuania and the Republic of Hungary for the Promotion and Reciprocal Protection of Investments, vom 25. Juli 1999
- Litauen und Vereinigte Staaten von Amerika: Treaty between the Government of the United States of America and the Government of the Republic of Lithuania Concerning the Encouragement and Reciprocal Protection of Investment, unterzeichnet am 14. Januar 1998

M

- Marokko und Vereinigte Staaten von Amerika: Treaty between the United States of America and the Kingdom of Morocco Concerning the Encouragement and Reciprocal Protection of Investments, unterzeichnet am 22. Juli 1985, in Kraft getreten am 29. Mai 1991

N

- Niederlande und Paraguay: Agreement between the Kingdom of the Netherlands and the Republic of Paraguay on encouragement and reciprocal protection of investments
- Niederlande und Tschechien: Agreement on Encouragement and Reciprocal Protection of Investments between the Kingdom of the Netherlands and the Czech and Slovak Federal Republik, unterzeichnet am 29. April 1991, in Kraft getreten am 01. Oktober 1992. Nachdem Tschechien am 31. Dezember 1992 aufgehört hatte, zu existieren, trat die Tschechische Republik in die Rechte und Pflichten des Vertrages ein.
- Norwegen und Russland: Agreement between the Government of the Kingdom of Norway and the Government of the Russian Federation on Promotion and Mutual Protection of Investments, unterzeichnet am 4. Oktober 1995.

O-P

- Pakistan und Türkei: Agreement between the Islamic Republic of Pakistan and the Republic of Turkey concerning the reciprocal promotion and protection of investments, unterzeichnet am 16. März 1995
- Pakistan und Schweiz: Agreement between the Swiss Confideration and the Islamic Republic of Pakistan concerning the promotion and the reciprocal protection of investments, unterzeichnet am 11. Juli 1995
- Panama und Vereinigte Staaten von Amerika: Treaty between the Government of the United States of America and the Government of the Republic of Panama Concerning the Treatment and Protection of Investments, unterzeichnet am 27. Oktober1982, neu abgeschlossen am 01. Juni 2000

Q-S

- Senegal und Vereinigte Staaten von Amerika: Treaty between the United States of America and the Republic of Senegal Concerning the Reciprocal Encouragement and Protection of Investment, unterzeichnet am 6. Dezember 1983, in Kraft getreten am 25 Oktober 1990

T

- Türkei und Vereinigte Staaten von Amerika: Treaty between the United States of America and the Republic of Turkey Concerning the Reciprocal Encouragement and Protection of Investments, unterzeichnet am 3. Dezember 1985, in Kraft getreten am 18. Mai 1990

U-Z

- Ungarn und Zypern: Agreement between the Government of the Republic of Cyprus and the Government of the Hungarian People's Republic of Mutual Promotion and Protection of Investments, unterzeichnet am 24. May 1989
- Uruguay und Vereinigte Staaten von Amerika: Treaty between the United States of America and the Oriental Republic of Uruguay Concerning the Encouragement and Reciprocal Protection of Investment, unterzeichnet im November 2005
- Vereinigte Staaten von Amerika und Zaire: Treaty between the United States of America and the Republic of Zaire (heute: Kongo) Concerning the Reciprocal Encouragement and Protection of Investment, unterzeichnet am 03. August1984, in Kraft getreten am 28. Juli 1989; neu abgeschlossen mit dem Kongo am 12. Februar 1990, in Kraft getreten am 13. August 1994

C. Musterverträge

- China: Agreement between the Government of the People's Republic of China and the Government of ______ Concerning the Encouragement and Reciprocal Protection of Investments, abgedruckt in: Dolzer /Schreuer, Principles of International Investment Law, 2008, S. 352 ff.
- Deutschland: Treaty between the Federal Republic of Germany and Concerning the Encouragement and Reciprocal Protection of Investments, abgedruckt in: Dolzer /Schreuer, Principles of International Investment Law, 2008, S. 368 ff.
- Griechenland: Agreement between the Government of the United Kingdom of Great Britain and Northern Ireland and the Government of ______ for the Promotion and Protection of Investments, Text veröffentlicht in: UNCTAD, International Investment Instruments: A Compendium (1996), vol. III, S. 185–94
- Kanada: Foreign Investment Protection and Promotion Agreement (FIPA), Text veröffentlicht unter: http://www.international.gc.ca/trade-agreements-accords-commerciaux/assets/pdfs/2004-FIPA-model-en.pdf
- USA: Treaty between the Government of the United States of America and the Government of _______ concerning the Encouragement and Reciprocal Pro-

tection of Investment, 1984, Text veröffentlicht in: UNCTAD, International Investment Instruments, vol. III, S. 195–205
- USA: Treaty between the Government of the United States of America and the Government of ________ Concerning the Encouragement and Reciprocal Protection of Investment, 2004, Text veröffentlicht unter: http://www.state.gov/documents/organization/117601.pdf

D. Multilaterale Abkommen

Abs-Shawcross Draft Convention: Draft Convention on Investments Abroad von 1959, veröffentlicht in: Abs, Herman and Shawcross, Hartley (1960), "Draft Convention on Investments Abroad", in "The proposed convention to protect private foreign investment: a round table", Journal of Public Law (presently Emory Law Journal), vol. 1, Frühjahr1960, S. 115–118.

Agreement between Singapore and EFTA, Juni 2002, veröffentlicht unter: http://www.worldtradelaw.net/fta/agreements/eftasingfta.pdf

ASEAN-Vertrag: Agreement among the Government of Brunei Darussalam, the Republic Indonesia, Malaysia, the Republic of the Philippines, the Republic of Singapore and the Kingdom of Thailand for the promotion and Protection of Investments (ASEAN-Vertrag) veröffentlicht unter: http://www.asean.org/12812.htm
1996 Protocol to Amend the ASEAN Agreement for the Promotion and Protection of Investments signed on 12 September 1996 in Jakarta, Indonesia by the Economic Ministers

Colonia Protocol on Reciprocal Promotion and Protection of Investments in Mercosur, veröffentlicht unter: http://www.cvm.gov.br/ingl/inter/mercosul/coloni-e.asp

COMESA: Vertrag über die Errichtung eines gemeinsamen Marktes für die Ost- und Südafrikanischen Staaten, veröffentlicht unter: http://www.iss.co.za/AF/RegOrg/unity_to_union/pdfs/comesa/2COMESA_Treaty.pdf

Cotonou-Abkommen: Partnership Agreement between the Members of the Africa, Caribbean and Pacific Group of Statesof the one Part and the European Community and its Member States of the other Part, signed in Cotonou, Benin on 23 June 2000, veröffentlicht unter: http://www.acp.int/en/treaties.htm

Draft Convention on the Protection of Foreign Property, OECD (1967),Text unter: OECD Publication No. 23081, reprinted in International Legal Materials, 7 (1968), S.117–143

Draft United Nations Code of Conduct on Transnational Corporations, veröffentlicht in: UNCTAD, The United Nations Code of Conduct on Transnational Corporations, Current Studies, Series A (New York, 1986) UN Doc. ST/CTC/SER. A/4, Annex 1

Economic Agreement of Bogotá; Text veröffentlicht unter: http://www.oas.org/juridico/english/treaties/A-43_Economic_Agreement_of_Bogota.PDF

Energiechartavertrag von 1994, veröffentlicht unter: http://www.encharter.org/fileadmin/user_upload/Publications/GE.pdf

Havanna Charter: Havanna Charter for an International Trade Organisation von 1948, veröffentlicht unter: http://www.worldtradelaw.net/misc/havana.pdf

International Code of Fair Treatment for Foreign Investments von 1949 veröffentlicht in: UNCTAD, International Investment Instruments: A Compendium (1996), vol. III, S. 273–278.

Lomé-Abkommen (I–IV) veröffentlicht unter: http://www.acp.int/en/treaties.htm

MAI: Draft OECD Multilateral Agreement on Investment von 1998, veröffentlicht unter: http://www1.oecd.org/daf/mai/pdf/ng/ng987r1e.pdf

MIGA Convention: Abkommen über die Errichtung der Multilateralen Investitions-Garantie-Agentur, veröffentlicht unter: http://www.miga.org/documents/miga_convention_november_2010.pdf

NAFTA-Übereinkommen: Nordamerikanische Freihandelsabkommen zwischen Kanada, Mexiko und den USA (NAFTA = North American Free Trade Agreement), veröffentlicht unter: http://www.nafta-sec-alena.org/en/view.aspx?x=343&mtpiID=142

Pacific Basin Charter on International Investments, veröffentlicht in: UNCTAD, International Investment Instruments: A Compendium (1996), vol. III, S.375–379.

World Bank Guidelines on Treatment of Foreign Direct Investment von 1992, veröffentlicht unter: http://italaw.com/documents/WorldBank.pdf

E. Freihandelsabkommen

Australien und Thailand: Australia-Thailand Free Trade Agreement, veröffentlicht unter: http://www.dfat.gov.au/fta/tafta/tafta_toc.html

CARICOM und Dominikanische Republik: Übereinkommen zur Einrichtung einer Freihandelszone zwischen der Karibischen Gemeinschaft (CARICOM) und der Dominikanischen Republik von 1998 am 1. Januar 1999 in Kraft getreten, Text veröffentlicht unter: http://www.caricom.org/jsp/secretariat/legal_instruments/agreement_caricom_dominicanrep.jsp?menu=secretariat

Japan und Singapur: Agreement between the Republic of Singapore and Japan for a New-Age Economic Partnership, 2002, veröffentlicht unter: http://www.mofa.go.jp/region/asia-paci/singapore/jsepa.html

Japan und Malaysia: Agreement between the Government of Japan and the Government of Malaysia for an economic Partnership, veröffentlicht unter: http://www.mofa.go.jp/region/asia-paci/malaysia/epa/index.html

Korea und Singapur: Free Trade Agreement between the Government of the Republic of Korea and the Government of the Republic of Singapore, veröffentlicht unter: http://fta.customs.go.kr/html/kor/_down/Kor-Sing-06-ENG-PSR.pdf

Freihandelsabkommen der Vereinigten Staaten von Amerika mit:

Alle 17 Freihandelsabkommen der USA, die derzeit in Kraft sind veröffentlicht unter: http://www.ustr.gov/trade-agreements/free-trade-agreements

Australien: US-Australia Free Trade Agreement unterzeichnet im März 2004

Chile: US – Chile Free Trade Agreement unterzeichnet am 6. Juni 2003

Dominikanische Republik und Zentralamerika: US-Dominican Republic – Central America Free Trade Agreement unterzeichnet am 5. August 2004

Marokko: US – Morocco Free Trade Agreement unterzeichnet am 15. Juni 2004

Singapur: US – Singapore Free Trade Agreement unterzeichnet am 6. Mai 2003

Rechtsprechungsverzeichnis

Die Entscheidungen auf Grundlage des NAFTA-Übereinkommen sind veröffentlicht unter: http://www.naftalaw.org/disputes.htm

Die Entscheidungen unter ICSID sind, soweit nicht anders vermerkt veröffentlicht unter:
http://icsid.worldbank.org/ICSID/FrontServlet?requestType=CasesRH&actionVal=ShowHome&pageName=Cases_Home

Andere Entscheidungen sind, soweit nicht anders vermerkt veröffentlicht unter:
http://italaw.com/
bzw. http://www.investmentclaims.com/subscriber_awards_by_investor (Anmeldung erforderlich)

ADC Affiliate Limited and ADC & ADMC Management Limited v. The Republic of Hungary, ICSID Case No. ARB/03/16, Urteil vom 02. Oktober 2006 (Brower, van den Berg, Kaplan)

ADF Group Inc. v. United States of America, ICSID Case No. ARB (AF)/00/1 Urteil vom 9. Januar 2003 (Feliciano, de Mestral, Lamm)

Alex Genin, Eastern Credit Limited, Inc. and A.S. Baltoil Genin v. Republic of Estonia, ICSID Case No. ARB/99/2, Urteil vom 25. Juni 2001(Fortier, Heth, van den Berg, Arbs)

AMOCO International Finance Corp. v. Islamic Republic of Iran (1987) 15 Iran-US Claims Tribunal Reports, S.189 ff.

American Manufacturing & Trading Inc. (AMT) (US), ICSID Case No. ARB/93/1 Urteil vom 21. Februar 1997 (Sucharitkul, Golsong, Mbaye)

Asian Agricultural Products Ltd. (AAPL) v. Republic of Sri Lanka, ICSID Case No. ARB/87/3, Urteil vom 27. Juni 1990 (El-Kosheri, Goldman, Asante)

Asylum Case (Colombia/Peru), Entscheidung vom 20. November 1950, veröffentlicht unter: http://www.icj-cij.org/docket/files/7/1849.pdf

Azinian v. United Mexican States, ICSID Case No. ARB (AF)/97/21, Urteil vom 01.11.1999 (Civiletti, von Wobeser, Paulsson)

Azurix Corp. v. The Argentine Republic, ICSID Case No. ARB/01/12, Urteil vom 14. Juli 2006 (Sureda, Lalonde, Martins)

Bayindir Insaat Turizm Ticaret Ve Sanayi A.Ş. v. Islamic Republic of Pakistan, ICSID Case No. ARB/03/29, Decision on Jurisdiction, 14. November 2005, Urteil vom 27. August 2009 (Kaufmann-Kohler, Berman, Böckstiegel)

Chemtura Corporation v. Government of Canada, Urteil vom 02. August 2010 (Kaufmann-Kohler, Brower, Crawford)
CME Czech Republic B.V. (The Netherlands) vs. The Czech Republic, Urteil vom 14. März 2003 (Kühn, Schwebel, Brownlie)
CMS Gas Transmission Company v. The Argentine Republic, ICSID Case No. ARB/01/8, Urteil vom 12. Mai 2005 (Vicuña, Lalonde, Rezek)
Compagñía de Aguas del Aconquija S.A. and Vivendi Universal S.A. v. Argentine Republic, ICISD Case No. ARB/97/3, Urteil vom 20. August 2007, (Kaufmann-Kohler, Verea, Rowley QC)
Consortium R.F.C.C. v. Kingdom of Morocco, ICSID Case No. ARB/00/6, Urteil vom 10. Januar 2005 (Tercier, Faurès, Gaillard)

Duke Energy Electroquil Partners & Electroquill S.A. v. Republic of Ecuador, ICSID Case No. ARB/04/19, Urteil vom 18.08.2008 (Kaufmann-Kohler, Pinzón, van den Berg)

Elettronica Sicula S.p.A. (ELSI) (United States v. Italy), (1989), I.C.J. Reports 1989, S. 15 ff., veröffentlicht unter: http://www.icj-cij.org/docket/files/76/6707.pdf.
Eureko B.V. v. Republic of Poland (Netherlands/Poland BIT), Teilurteil vom 19. August 2005 (Fortier/Schwebel/Rajski)

Glamis Gold, Ltd. v. United States of America, Urteil vom 08. Juni 2009 (Young, Caron, Hubbard)
Grand River Enterprises Six Nations Ltd., et al. v. United States of America, Urteil vom 12. Januar 2011 (Nariman, Anaya, Crook)

Impregilo SpA v. Islamic Republic of Pakistan, ICSID Case No. ARB/03/3, Urteil vom 21. Juni 2011(Danelius, Brower, Stern)
International Thunderbird Gaming Corporation v. United Mexican States, NAFTA Arbitration (UNCITRAL Rules), Urteil vom 26. Januar 2006 (Ariosa, Wälde, van den Bergh)

Joy Mining Machinery Limited v. Egypt, ICSID Case No. ARB/03/11, Award on Jurisdiction, 6. August 2004 (Vicuña/Craig/Weeramantry)

Lauder, Ronald S. v. The Czech Republic, UNCITRAL Arbitration, Urteil vom 03.September 2001 (Cutler, Birner, Klein)
LG&E Energy Corp. et al. v. Argentine Republic, ICSID Case No. ARB/02/1, Decision on Liability, 3. October 2006 (de Maekelt, Rezek, van den Berg)
The Loewen Group, Inc. v. United States, ICSID Case No. ARB (AF)/98/3, Urteil vom 26. Juni 2003 (Mason, Mikva, Mustill)

Maffezini v. Spain, ICSID Case No. ARB/97/7, Urteil vom 13. November 2000, (Vicuna, Buergenthal, Wolf, Arbs)
Merrill & Ring Forestry L.P. v. The Government of Canada, Final Award vom 31. März 2010 (Vicuña, Dam, Rowley)
Metalclad v. United Mexican States ICSID Case No. ARB (AF)/97/1, Urteil vom 30. August 2000 (Lauterpacht, Civiletti, Siqueiros)
The United Mexican States v. Metalclad Corporation, 2001 BCSC 664, Entscheidung vom 02. Mai 2001
Methanex Corporation v. The Unites States of America, Notice of Intent to submit a Claim to Arbitration Under Article 1119, Section B, Chapter 11 of the North American Free Trade Agreement at 1. Methanex Corp. v. United States (2.7.1999), Urteil vom 08. August 2005 (Rowley, Reisman, Veeder)
Middle East Cement Shipping and Handling Co. S.A. v. Arab Republic of Egypt, ICSID Case No. ARB/99/6, Urteil vom 12. April 2002 (Böckstiegel, Bernardini, Wallace)
Mondev International LTD v. United States of America, ICSID Case No. ARB(AF)/99/2, 42 I.L.M. 85, Urteil vom 11. Oktober 2002 (Stephen, Crawford, Schwebel)
MTD Equity Sdn. Bhd. and MTD Chile S.A. v. Republic of Chile, ICSID Case No. ARB/01/7, Urteil vom 25. May 2004 (Sureda, Lalonde, Blanco)

Neer (U.S.) v. United Mexican States, 4 R.I.A.A. 60 (Mex.-U.S.Gen.ClaimsComm'n) (1926), veröffentlicht unter: http://untreaty.un.org/cod/riaa/cases/vol_IV/60–66.pdf
Noble Ventures Inc. v. Romania, ICSID, ARB/01/11, Urteil vom 17. Oktober 2005 (Böckstiegel/Lever/Dupuy)

Occidental Exploration and Production Company (OEPC) v. The Republic of Ecuador, UNCITRAL Arbitration Case No. UN 3467, Urteil vom 01. Juli 2004 (Vicuña, Brower, Sweeney)

Pope & Talbot, Inc. v. The Government of Canada, Interim Award (26.06.2000), Award on the Merits of Phase 2, vom 10. April 2001, Urteil vom 19. Juli 2002 (Dervaird,Greenberg, Belman)

PSEG Global Inc. and Konya Ilgin Elektrik Üretim ve Ticaret Limited Sirketi v. Republic of Turkey, ICSID Case No. ARB/02/5), Urteil vom 19.01.2007 (Vicuña, Frotier, Kaufmann-Kohler)

Renta 4 SVSA v. Russian Federation, SCC Case No 24/2007, Award on Preliminary Objections, 20. März 2009 (Brower, Landau, Paulsson)

Saluka Investments BV (The Netherlands) v. The Czech Republic, Ad Hoc Arbitration (UNCITRAL Rules), Teilurteil vom 17. März 2006 (Watts, Fortier, Behrens)

S.D. Myers Inc. v. Government of Canada, Teilurteil vom 13. November 2000 (Schwartz, Chiasson, Hunter)

SGS Société Générale de Surveillance SA v. Islamic Republic of Pakistan, ICSID Case No. ARB/01/3, Decision on Jurisdiction, 6. August 2003 (Feliciano/ Faurès/Thomas)

SGS Société Générale de Surveillance SA v. Philippines, ICSID Case No. ARB/02/6,

Decision on Jurisdiction, 29. Januar 2004 (El-Kosheri, Crawford, Crivellaro)

Técnicas Medioambientales Tecmed, S.A. v. United Mexican States, ICSID Case No. ARB (AF)/00/2, Urteil vom 29. Mai 2003 (Naon, Rozas, Verea)

Tza Yap Shum v. Peru, ICSID Case No. ARB/07/6, Urteil vom 07. Juli 2011 (Kessler, Otero, Fernández-Armesto)

United Parcel Service of America Inc. v. Government of Canada, Award on Jurisdiction 22. November 2002 (Keith, Cass, Fortier)

Waste Management, Inc. v. United Mexican States, ICSID Case No. ARB (AF)/00/3 (Apr. 30, 2004), 43 I.L.M. 967 (2004), Urteil vom 30. April 2004 (Crawford, Civiletti, Gomez, Arbs)

Wena Hotels Ltd. (U.K.) v. Arab Republic of Egypt, ICSID Case No. ARB/98/4, Urteil vom 08. Dezember 2000 (Leigh, Fadlallah, Wallace)

Literaturverzeichnis

Abs, Herman/ Shawcross, Hartley, "The proposed Convention to Protect Foreign Investment: A Round Table: Comment on the Draft Convention by its Authors", Journal of Public Law (aktuell Emory Law Journal), vol. 1, Frühjahr 1960, S.119–124.

Bergman, Mark S., Bilateral Investment Protection Treaties: An Examination of the Evolution and Significance of the US Prototype Treaty, New York University Journal of International Law and Politics, 16 (1983), S. 1–44.

Bevans, Charles, Treaties and Other International Agreements of the USA, 1776–1949, Washington, D. C.: Dept. of State

Brandon, Michael, Survey of Current Approaches to the Problem, in: "The Encouragement and Protection of Investment in Developing Coutries" (International and comparative Law Quaterly, Supplementary Publication No.3 (1962)), S. 1–17.

Brower, Charles H., Fair and Equitable Treatment Unter NAFTA's Investment Chapter, ASIL 9, Proceedings of the 96 Annual Meeting (American Society of International Law), 2002

Buxbaum, Richard/Riesenfeld, Stefan, Investment Codes, Encyclopedia of Public International Law (EPIL), Band II (1995), S. 1439 ff.

Ceyssens, Jan/Sekler, Nicola, Bilaterale Investitionsabkommen der Bundesrepublik Deutschland, veröffentlicht unter http://opus.kobv.de/ubp/volltexte/2005/612/

Coe, J. J., Fair and Equitable Treatment Unter NAFTA's Investment Chapter, ASIL 9 Proceedings of the 96 Annual Meeting (American Society of International Law), 2002, S.17 ff.

Dennett, Raymond / Turner, Robert K. (Hrsg.), Documents on American Foreign Relations, vol. X (1948), S. 515–527.

Dolzer, Rudolf, Fair and Equitable Treatment, A Key Standard in Investment Treaties in: The International Lawyer, 2005, S. 87 ff.

Dolzer, Rudolf, Meistbegünstigungsklauseln in Investitionsschutzverträgen, in: Internationale Gemeinschaft und Menschenrechte, Festschrift für Georg Ress zum 70. Geburtstag am 21. Januar 2005, Köln, Berlin, München 2005, S. 47 -54.

Dolzer, Rudolf /Schreuer, Christoph, Principles of International Investment Law 2008, Oxford University Press 2008
Dolzer, Rudolf/ Stevens, Margrete, Bilateral Investment Treaties, International Centre for Settlement of Investment Disputes, 1995

Eberhard, Johann August, Synonymisches Handwörterbuch der deutschen Sprache, 1910

Fatouros, Arghyrios A., An International Code to Protect Private Investments – Proposals and Perspectives, University of Toronto Law Journal, vol. 14 (1961), S.77–102.
Fatouros, Arghyrios A.,Government Guarantees to Foreign Investors, Columbia University Press (1962).
Fatouros, Arghyrios A.,Legal Security for International Investment, in: LEGAL ASPECTS OF FOREIGN INVESTMENT, Boston: Little, Brown, 1959 (1959), S.699–733.

Garner, Bryan A., Black's Law Dictionary 9th edition, 2009.

Happ, Richard, Dispute Settlement Under the Energy Charter Treaty, in: German Yearbook of International Law, Vol. 45 (2002), S.331- 362.
Herdegen, Matthias, Internationales Wirtschaftsrecht, 9. Auflage, München 2011
Hoffmann, in: Reinisch (Hrsg.), Standards of Investment Protection (2008), S. 151 ff.

Ipsen, Knut, Völkerrecht, 5. Auflage, München 2008

Karl, Joachim, Das multilaterale Investitionsabkommen, in: Recht der internationalen Wirtschaft (RIW) 1998, S. 432–440
Kirkman, Courtney C., NOTE: Fair and Equitable Treatment: Methanex v. United States and the Narrowing Scope of NAFTA Article 1105, in: 34 Law and Policy in International Business, 2002, S. 343 ff.
Kronfol, Protection of Foreign Investment: A Study in International Law (1972)

Larson, Arthur, Recipients Rights Under an International Investment Code, Journal of Public Law, 9 (1960) (aktuell Emory Law Journal), S. 172–175.

Mann, F. A., 'British Treaties for the Promotion and Protection of Investments', in: Further Studies in International Law (1990), S.234–51; 52 British Yearbook of International Law 1981, S. 241 ff.

Mo, J.S., "Some Aspects of the Australia-China Investment Protection Treaty", Journal of World Trade Law, 25 (1991), No. 3, S. 43–80

Menaker, Andrea J., "Standards of Treatment: National Treatment, Most-Favoured-Nation Treatment and Minimum Standard of Treatment", APEC Workshop on Bilateral & Regional Investment Rules and Agreements, APEC Committee on Trade and Investment Experts, Ministry of Economy, Mexico, for the APEC Secretariat, 2002

Muchlinski, Peter T., Multinational Enterprises and the Law, Blackwell Publishers 1999

Murphy, Sean D., "The ELSI Case: An Investment Dispute at the International Court of Justice", Yale Journal of International Law, 16 (1991), S.391–452

Nash (Leich), Marian, Cumulative Digest of United States Practice in International Law 1981- 1988 (Washington: Department of State, 1993) (Book I, Chapter 5).

Nanda, Ved P., Fair and Equitable Treatment Unter NAFTA's Investment Chapter, ASIL 9 Proceedings of the 96 Annual Meeting (American Society of International Law), 2002

Newcombe, Andrew/Paradell, Llouis, Law and Practice of Investment Treaties, Austin, Boston, Chicago, New York, The Netherlands, 2009

Nwogugu, E.I., The Legal Problems of Foreign Investment in Developing Countries, Manchester: Manchester University Press (1965)

OECD, "A Multilateral Agreement on Investment: Report by the Committee on International Investment and Multinational Enterprises (CIME) and the Committee on Capital Movement and Invisible Transactions (CMIT)", Doc. OECD/GD(95)65, Paris 1995, veröffentlicht in: The South Centre, Foreign Direct Investment, Development and the New Global Order: A Policy Brief for the South (1997), veröffentlicht unter: http://www.oecd.org/officialdocuments/publicdisplaydocumentpdf/?cote=OCDE/GD%2895%2965&docLanguage=En

OECD, Intergovernmental Agreements Relating to Investment in Developing Countries, 1984.

Office of the Legal Advisor, Dept. of State, Cumulative Digest of United States Practice in International Law, II (1981–88)

Oppermann, Thomas/Classen, Claus D./Nettesheim, Martin, Europarecht, 5. Auflage, München 2011

Panetta, Frank, Ausländische Direktinvestitionen und die Welthandelsordnung, Heidelberg 2003

Petersmann, Codes of Conduct, Encyclopedia of Public International Law (EPIL), Band I (1992)

Rubin, Seymour J., Private Foreign Investment – Legal and Economic Realities (1965)

Schreuer, Christoph, Travelling the BIT route: of Waiting Periods, Umbrella Clauses and Forks in the Road, in: The World Journal of Investment, (2004) 5 (2), S. 231 ff.

Sornarajah, M., The International Law on Foreign Investment (Cambridge: Cambridge University Press, 3. Auflage 2010)

Thomas, C. J., "Reflection on Article 1105 of NAFTA: History, State Practice and the Influence of Commentators", ICSID Review – Foreign Investment Law Journal (2002), 17 (1), S. 21–101

Tietje, in: Dicke/Hobe/Meyn u.a. (Hrsg.), Weltinnenrecht, Berlin 2005

Tietje, Internationales Investitionsschutzrecht im Spannungsverhältnis von staatlicher Regelungsfreiheit und Schutz wirtschaftlicher Individualinteressen, Beiträge zum Transnationalen Wirtschaftsrecht, Heft 93, Februar 2010, S. 5 ff.

Tschofen, Franziska, Multilateral Approaches to the Treatment of Foreign Investment, ICSID Review 7 (1992,) S. 384 ff.

Tudor, Ioana, The Fair and Equitable Treatment Standard in the International Law of Foreign Investment, Oxford University Press 2008.

U.N. Conference On Trade & Development: Bilateral Investment Treaties in the Mid-1990s, S. 53, U.N. Doc. UNCTAD/ITE/IIT/7, U.N. Sales No. E.98.II.D.8 (1998)

U.N. Conference On Trade & Development: Fair And Equitable Treatment, Vol. III, U.N. Doc. UNCTAD/ITE/IIT/II, U.N. Sales No. E.99.11.D.15 (1999).

UNCTAD, Bilateral Investment Treaties in the Mid-1990s, New York, United Nations 1998

UNCTAD, South-South Investment Agreements Proliferating, IIA MONITOR No.1 (2005) veröffentlicht unter: http://www.unctad.org/en/docs/webiteiit20061_en.pdf

UNCTAD, Recent Developments in International Investment Agreements, IIA MONITOR No.2 (2005) veröffentlicht unter: http://www.unctad.org/en/docs/webiteiit20051_en.pdf

UNCTAD, Systemic Issues in International Investment Agreements (IIAs), IIA MONITOR No.1 (2006), veröffentlicht unter: http://www.unctad.org/en/docs/webiteiia20062_en.pdf

UNCTAD, The Entry into Force of Bilateral Investment Treaties (BITs), The Entry into Force of Bilateral Investment Treaties (BITs), IIA MONITOR No.3 (2006), veröffentlicht unter: http://www.unctad.org/en/docs/webiteiia20069_en.pdf

UNCTAD, Recent developments in international investment agreements (2006 – June 2007), IIA Monitor No. 3 (2007); veröffentlicht unter: http://www.unctad.org/en/docs/webiteiia20076_en.pdf

UNCTAD, Latest Developments in Investor-State Dispute Settlement, IIA Monitor No. 1 (2009), veröffentlicht unter: http://www.unctad.org/en/docs/webdiaeia20096_en.pdf

UNCTAD, Recent developments in international investment agreements (2008– June 2009), IIA MONITOR No. 3 (2009), veröffentlicht unter: http://www.unctad.org/en/docs/webdiaeia20098_en.pdf

UNCTAD, Latest Developments in Investor – State Dispute Settlement, IIA ISSUES NOTE No. 1 (2010), veröffentlicht unter: http://www.unctad.org/en/docs/webdiaeia20103_en.pdf

UNCTAD, International Investment Instruments: A Compendium Vol. I; Vol. II; Vol. III, veröffentlicht unter: http://www.unctad.org/templates/Page.asp?intItemID=2323&lang=1

UNCTAD, World Investment Report 2007, veröffentlicht unter: http://www.unctad.org/en/docs/wir2007_en.pdf

United Nations Centre on Transnational Corporations and International Chamber of Commerce (UNCTC), Bilateral Investment Treaties 1959–1991, United Nations, New York 1992, veröffentlicht unter: http://unctc.unctad.org/data/e92iia16a.pdf

Vandervelde, Kenneth J., The Bilateral Treaty Program of the United States, Cornell International Law Journal, 21 (1988), S. 201–276

Vandervelde, Kenneth J., The Political Economy of a Bilateral Investment Treaty, AJIL 92 (1998), S. 621 ff.

Vasciannie, Fair and Equitable Treatment in International Investment Law and Practice, British Yearbook of International Law 70 (1999), S. 99–164

Vitzthum (Hrsg.), Völkerrecht, 5. Auflage, Berlin, New York 2010

Voss, "The Protection and Promotion of Foreign Direct Investment in Developing Countries: Interests, Interdependencies, Intricacies", International and Comparative Law Quaterly, 31 (1982), S.686–708

Walker, Herman Jr., Modern Treaties of Friendship, Commerce and Navigation, Minnesota Law Review, 42 (1957–58), S. 805–824

Wilcox, Clair, A Charter for World Trade, New York; Macmillan Co., (1949).

Wilson, Robert R., UNITED STATES COMMERCIAL TREATIES AND INTERNATIONAL LAW, New Orleans: The Hauser Press, 1960

World Bank, "Legal Framework for the Treatment of Foreign Investment", 1992.

WTO Secretariat, Non-Discrimination Most-Favoured-Nation and National Treatment, WT/WGTI/W/118 at 10 (June 4, 2002)

Yannaca-Small, Catherine, Fair and Equitable Treatment Standard in International Investment Law. in: OECD, International Investment Law: A Changing Landscape (2005), S. 73 ff.